U0089958

中國學術思想 研究輯刊

六 編

林慶彰 主編

第3冊

荀子哲學思想

魏元珪 著

花木蘭文化出版社

國家圖書館出版品預行編目資料

荀子哲學思想／魏元珪 著—初版—台北縣永和市：花木蘭
文化出版社，2009〔民98〕
序 4+ 目 6+280 面；19×26 公分
（中國學術思想研究輯刊 六編：第3冊）
ISBN：978-986-254-054-1（精裝）
1.（周）荀況 2.荀子 3.研究考訂 4.學術思想
121.27 98015168

ISBN - 978-986-2540-54-1

9 789862 540541

中國學術思想研究輯刊
六 編 第 三 冊
ISBN：978-986-254-054-1

荀子哲學思想

作　者　魏元珪
主　編　林慶彰
總編輯　杜潔祥
出　版　花木蘭文化出版社
發行所　花木蘭文化出版社
發行人　高小娟
聯絡地址　台北縣永和市中正路五九五號七樓之三
　　　　　電話：02-2923-1455／傳真：02-2923-1452
網　址　http://www.huamulan.tw 信箱 sut81518@ms59.hinet.net
印　刷　普羅文化出版廣告事業
封面設計　劉開工作室
初　版　2009 年 9 月
定　價　六編 30 冊（精裝）新台幣 50,000 元

荀子哲學思想

魏元珪　著

作者簡介

魏元珪，民國四十五年畢業於台灣大學獲法學士學位，後繼入輔仁大學哲學研究所獲哲學碩士及國家哲學博士學位。前後歷任教於東吳大學、中原大學、國立陽明醫學院（現為陽明大學）、輔仁大學及東海大學等校。並曾擔任東海大學哲學系主任、哲學研究所所長等職。又兼任東海大學《中國文化月刊》社總編輯十餘年。力主海峽兩岸文化交流，打破固蔽之陋習。

著者 1998 年在東海大學哲學系教授退休，目下仍兼任東海大學哲學研究所教授以及靜宜大學通識中心等教職。前後擔任《道家哲學》、《易經哲學》、《中國哲學史》、《西方古代哲學》以及《當代西方哲學》與《宇宙學》等課程（當代物理哲學）。

著者酷愛中西文學、詩詞，對中西歷代名詩人之作品深有涉獵，尤好英國詩人濟慈、白朗寧、艾略特等人之作品，力倡愛智、愛德之統合，乃本先師方東美博士之遺教，以哲者、先知、詩人相結合，以文學、哲學、歷史不可分離。

曾著有《當代文明之危機》、《人生步履》、《生命的透視》、《孟荀道德哲學》以及《老子思想體系》等書，晚近以文學、哲學觀點，出版了《生命默想錄》，對啟迪青年學子人生之路程，頗有裨益。

提　　要

本書除緒論外共計十章六十七節，凡二十餘萬言，緒論部分敘述荀子之身世經歷及其時代背景，暨其與思孟學派之異同並著述傳經之貢獻。

第一章敘述荀子之知識方法及其論理法則，並其以經驗為基礎之推理與思考。

第二章敘述荀子之天道宇宙觀，以明其天生人成，強調人為之重要性，並破除災異與宿命思想之束縛，以明其天人分職之主張。更進而著重荀子天道思想與孔孟天道觀之比較，以明儒家天道思想之演變。

第三章敘述荀子之心性論，說明其對人性之基本觀點並與思孟學派之差異，更進而就道德形上學之觀點評述荀子人性論之優劣。

第四章敘述荀子之人生哲學與倫理思想，以明其大儒精神與群倫道德。並進而申論君子與小人之辨以及有關人生修養之法則。

第五章敘述荀子有關教育哲學之學說，以明其教育之主旨與目的、方法與步驟，以及隆禮師法之重要性，俾發揮荀子積極入世之教育萬能論之主張。

第六章敘述荀子之政治思想，以明其提倡禮治之主旨與內容以及立國治國之道，更進而說明荀子所強調之政治與道德之重要性，以及人治，禮治與法治之相互關係。

第七章敘述荀子之禮治思想與法家諸子之關係，並進而說明荀子有關法律哲學之諸般觀點。

第八章敘述荀子之軍事思想及其論國防、用兵、統帥、與治軍之原則。

第九章敘述荀子之主知主義與解蔽精神、及其評述十二子之主張，並予以公正之平議。

第十章說明荀學在我國學術思想文化上之價值與地位，及其根本精神與文化取向，並進而說明荀學精神對我國歷代學術上之影響，藉為結論。

目

次

自　序

　　孟荀二子雖同宗儒術，但卻同戶而異門，孟由仁入、荀由禮出，一主心性之直悟，一主禮義之規範。雖孟主性善，荀主性惡，但要皆同歸於善，以「善」爲人生最高之鵠的，夫《大學》教人「止於至善」，荀子教人「止於至足」。孟子之言性善，以吾人性上承天心，乃繼天之至善與至誠，俾義理內住，明誠自見，故以吾性之順承天心，自無惡之可言。然就荀子以言乃率性就情，以情就欲，故人性難免爲惡，但此之所謂「惡」，並非本體惡，乃指其具有惡之意向而已，而其終極目的厥在教人化性起僞而歸於至善。

　　荀子以吾人之心乃「理智心」與「認識心」，是以意與知皆理之昭明靈覺處，夫意可以存誠，知可以格物，俾使人人誠意致知，循理格物，以達知德合一之境。

　　孟子以尊德性而道問學，荀子卻以道問學而尊德性，孟子以道德主體之至誠無間，發爲上下與天地同流之境界，荀子則以知性主體之明誠，而日格吾性之非，以此心之明道，以匡正人性之不逮。

　　歷代以來論者多左祖孟子而屈荀子，皆以荀子爲儒家之別派，非得《論》、《孟》、《中庸》、《易傳》之思路，以之乃得仲弓南面之術者，故乃轉而言禮、言法、言外在之約束，認爲其所言多不類於孟子。是以唐宋以來之眾儒多有非之者，以之非出孔門嫡派，故皆儲意貶抑荀子學說之價值，但觀荀子生當戰國末季，世變日亟，亂君亡國相屬，社會道德逐漸崩潰，人心險詐，荀子蒿目時艱，亟欲有以匡正之，且以人性若果爲眞善，則惡由何來，社會上既充滿強凌弱、眾暴寡之局面，是可證人性之未必盡善，故須由外在之禮法與賢君之教導俾化民爲善。

　　按荀子禮治之思想，實開後世法治之先河；夫無懷氏之民渾渾噩噩，不知爲善，不知爲惡，終日但知日出而作，日入而息，莘勤劬勞，自無加以外力治理之必要。然人類繁衍益繁，社會交往日切，則相互間利害關係疊起，降自戰國以還，工商社會逐日抬頭，社會組織與人際關係益行複雜，自非單純之德治所可濟事，且人與人間之貿易交往和相互關係自需典章制度以爲規範俾相互遵守，故荀子之禮，實爲廣義之法。又觀荀子特重革故鼎新之義，以法過三代則蕩，故必隨時興革，不斷日新又新，以配合時代之需要，是有得於孔子時中之義。由是乃可知荀子法後王之初衷，實不欲抱殘守缺，以前人之典章制度作繭自縛，但荀子亦曾言法先王之處，此所謂法先王，乃法效聖哲人格之光輝與其道德之圓滿處，並非指法效先王之典章制度而言。

　　有清一代，王先謙氏最崇荀子且評之謂：「荀子論學論治，皆以禮爲宗，反復推詳，務明其指趣，爲千古修道立教所莫能外。其曰：倫類不通，不足謂善學，又曰：一物失稱，亂之端也。探聖門一貫之精，洞古今成敗之故，論議不越几席，而思慮浹於無垠。」先謙爲維護荀子起見又謂：「而刻覈之徒，詆諆橫生，擯之不得與於斯道，余又悲荀子不用於當時，而名滅裂於後世，流俗人之口爲重屈也」。是觀清儒在理學上多反陸王而近程朱，以道問學爲主，故其變化氣質之論反近乎荀子。按荀子佚文曾云：「有人道我善者，是吾賊也。道我惡者，是吾師也。天下無二道，聖人無兩心。神人無功，聖人者，天下利器也。」是觀荀子之所以道性惡，乃欲人之積極向善，而不欲人之滯於惡而每下愈況。夫荀子爲學重積善全盡，更重倫類相通，是其心態有似於西哲亞理士多德，而皆本乎客觀，經驗、求證、與符驗之精神，而不徒尚於虛文。按孟荀二子本皆無意於建立知識形上學，孟子所重者乃道德形上學，而荀子所重者，卻爲道德之實踐與篤行，殊無意於形上學之架構。在知識方面，孟子固重仁德之歸攝系統，即荀子亦以爲學之道在乎成聖，故皆不重視純粹之思辨工作，是以不論孟荀二子皆對於墨辨與名家諸子，恒持鄙夷之態度，荀子尤力排曲士之知，其非十二子之讜論，要在發揚大儒精神，而以陋儒、賤儒爲恥，故以學禮盡倫乃爲人生之至足。

　　論者多以荀子曾倡「隆禮義殺詩書」，故驟認其爲反對《詩》、《書》之價值者，然觀荀子之著書立說，每篇輒多引《詩》、《書》，何得言其竟輕視《詩》、《書》之價值者。蓋荀子以爲學之道貴在實踐篤行，不在誦習成數，倘口能誦《詩》、《書》之言，而不見諸行事之深切著明，則於一己之身家性命當毫

無裨益，故荀子乃力排口慧尤忌文過而飾非，故以學禮盡倫乃為學之主旨。夫宋儒在表面上固多反對荀子，但在骨子裡皆多言變化氣質之性，是其多少總受荀子化性起偽學說之影響。

　　按荀學千古以來雖毀譽參半，但其確有益於世道人心，且其能鼓勵人心積極向善，蓋荀子者究非亂世中之隱遯者，實乃一積極有為之入世的大教育家，雖身處亂世而猶不頹唐喪志，乃能本其大儒之精神，熱愛群倫，發揮人類之道德勇氣，俾與狂風逆浪搏鬥。是觀荀子之一生除對傳經、明禮、盡倫之外，對於為學之功，處世之道，為人之方，尤多所發揮足為後人矜式。且觀當今之世正處一新戰國時代，社會之險詐，人心之惡劣，實千百倍於荀子之時，故荀子精神及其道德勇氣實可為吾人當今之借鑑，且其知行合一與實踐之工夫，尤值吾人當今之效法，是所樂為探討荀學精神俾闡其偉大之志趣。惟以學淺才疏，所述區區，恐難表達荀學於萬一，尚祈海內外時賢與碩學之士不吝賜教焉。

凡　例

一、本文凡直接採用《荀子》註釋與原文者，即在引用章句下直接加括弧注
　　明出處，不另列旁註。

二、本文凡引證歷代諸般經典、子籍、集類之文辭者，均於所引原文下分別
　　列注，以明其出處，並於當頁詳加說明解釋，以明其原文之大意。

三、本文凡直接引用原文者，附註以「見」原書第幾頁爲準。凡參照原文意
　　義而以己文寫出者，則以「參」原書第幾頁爲準。

緒論——荀子之學術背景

一、荀子之身世及其風格

荀子，名況，字卿，趙國人。古籍中，荀字有作孫字者，故亦稱孫卿，但荀之作孫，或謂係避漢宣帝之諱，而爲後人所改者，或謂古代荀、孫二字同音，本可通用，故世人孫、荀並稱。荀卿生當戰國末期，其生卒年代甚難確定，今人有關荀卿的生平傳述所根據的文獻資料，不外《史記》的〈孟子荀卿列傳〉，《鹽鐵論》以及《漢書・藝文志》孫卿子的傳述。此外，多是根據王先謙《荀子集解》中所錄的諸家記載，因此，要判定荀子的生卒年代，難免人言言殊。

漢朝劉向所撰〈孫卿書序〉，曾述荀卿曾與孫臏議兵，按胡適先生考據研究，認爲孫臏破魏當在公元前三四一年，到春申君死時，荀卿至少是一百三四十歲了。〔註1〕故認劉向所載有失實之處。

按《史記・孟子荀卿列傳》記載：荀卿，趙人，年五十，始來遊學於齊，騶衍、田駢之屬皆已死齊襄王時，而荀卿最爲老師，齊尚脩列大夫之缺，而荀卿之爲祭酒焉，齊人或讒荀卿，荀卿乃適楚，而春申君以爲蘭陵令，春申君死而荀卿廢，因家蘭陵。李斯嘗爲弟子，已而相秦，荀卿嫉濁世之政，亡國亂君相屬，不遂大道而營於巫祝，信禨祥，鄙儒小拘，如莊周等又滑稽亂俗，於是推儒、墨、道德之行事興壞，序列著數萬言而卒，因葬蘭陵。〔註2〕

劉向與諸家都說荀卿當齊襄王時最爲老師，據考襄王即位當在公元前二

〔註 1〕 胡適：《中國哲學史》第十一篇，230 頁。
〔註 2〕 參《史記》卷七十四。

八三年，距春申君死時，還有四十五年，荀卿死在春申君之後，約為公元前二三○年，故即使他活到八十歲，亦不能在齊襄王時最為老師，事實上按《史記》所載，乃說「騶衍、田駢之屬，皆已死齊襄王時」，此在學術上乃表明前輩已凋零，故在齊襄王之後以荀卿最為老師，後人遂以劉向之文章誤為「齊襄王時，而荀卿最為老師」，遂將荀卿與齊襄王同時，此乃一大附會，當我們考察荀卿生平時，不可不辨。

又按應劭《風俗通》謂：「齊威、宣之時，孫卿有秀才，年十五，始來遊學，至襄王時，孫卿最為老師。」後人因遂按應劭《風俗通》之說法，乃將荀卿年五十始來遊學於齊改為年十五。〔註3〕胡適先生謂：《史記》本文說年五十始來遊學，此「始」字即含有遲來之意，若說年十五即來遊學，自不必說「始」了。因此，胡適先生的辨正，不可謂不當。〔註4〕但按錢穆先生《先秦諸子繫年考辨》，則認為：「今按三說相舛，以年十五之說為是，何者，曰「游學」是特來從學於稷下諸先生而不名一師，非五十以後學成為師之名也。曰：「始來游學」，此乃以後之「最為老師」而言，謂卿之始來，尚年幼，為從學，而其後最為老師也。且荀卿於湣王末年去齊，至襄王時復來，則始來者，又對以後之一再重來而言。據此又按錢穆先生考證，齊威王之卒在周慎靚王之元年，荀卿遊學，當在威王晚世，《史記·儒林傳》所謂：「威宣之際，孟子荀卿之列咸遵夫子之業，而潤色之，以學顯於當世。」但按顏之推《家訓·勉學》亦作荀卿五十始來游學，之推所見《史記》古本已如此，未可遽以為譌字，且漢之張蒼、唐之曹憲皆百有餘歲，何獨孫卿不能，但荀子究竟係五十抑十五始來齊，司馬遷當時尚已模糊不清，故今日之考證，亦惟供參考而已。又按《鹽鐵論》說：荀卿於李斯作丞相時繾死，此說亦頗值存疑，因為李斯為相約當公元前二一三年當齊襄王死後五十二年，若按《鹽鐵論》所記，則李斯相秦之時，荀子猶健在，但觀《鹽鐵論》原文載「方李斯之相秦也，始皇任之，人臣無二，然而荀卿為之不食」，〔註5〕事實上，此段文字未必可證明李斯為相時，荀卿猶健在，祇足以證明荀子對李斯曾有所教戒而已。

〔註3〕 按春申君死而卿廢，考《史記·六年國表》，載春申君之死，上距宣王之末凡八十七年，《史記》稱卿年五十始游齊，則春申君死之年，卿年當一百三十七歲於理不近，晁公武《郡齋讀書志》，謂《史記》所云年五十為年十五之譌。（見《四庫全書總目·子部·儒家類》）。

〔註4〕 參胡適：《中國哲學史》卷三〈荀子〉，頁25。

〔註5〕 見楊家駱主編，世界文庫，四部刊要《荀子集解》，〈考證下〉，頁24。

　　按胡適先生在其《中國哲學史》中對荀子生平之考證，認為荀卿年五十遊齊，乃在公元前二六○年，入秦見秦昭王及應侯，約在公元前二五五年，遊趙見孝成王約在公元前二五○年，遊楚為蘭陵令約在公元前二三八年，約於公元前二三○年死於蘭陵。

　　有關荀卿五十歲前之經歷，殊缺文獻可徵，僅《史記》謂其年五十，始來游學於齊……齊尚修列大夫之缺，而荀卿三為祭酒焉。因此五十歲以前，荀卿做過甚麼事，我們不得而知，即《史記》亦未提及，按列大夫之爵，相當於大夫，然為不治而議論之職位，荀子在齊雖三為祭酒，並不負擔實際上之政治責任，惟此後到過秦趙兩國，向秦趙二王面陳大義，均不為當道所採納，《史記》載以後乃適楚、春申君以為蘭陵令，方擔負一時微小的實際政治責任，但自春申君死後旋而罷官，是故荀子一生猶如孟子，所如不遇，道之不能行，皆退而發憤著書，以澤後世。

　　考荀子之生，上距孔子之卒，約百有餘年，《孔子家語》所載仲弓少孔子二十九歲，荀子曾師事仲弓，然按清俞樾考據，認為殊不可能，不過荀子推崇仲弓，自必服膺之而深受其影響而已，雖云未直接師事，但不失為私淑弟子。

　　觀荀子為人剛介不苟，生當亂世，有感於儒道之凌浸，雖每有匡正之志，終未能藉仕途，以竟其志，卒以在野之身，發憤為言，其對後世人心之規正，實不亞於孔孟。按後世有荀子佚文曾讚其人格說：「桃李蓓粲於一時，時至而後殺，至於松柏，經隆冬而不凋，蒙霜雪而不變，可謂得其眞矣。」〔註6〕荀卿者誠無愧以松柏當之，是其氣節稟然，同沐孔門之宗風，有以致之。

　　昔秦昭王聞荀子之重儒，乃詢問他說：「儒無益於人之國。」荀卿卻答以：「儒者法先王，隆禮義，謹乎臣子，而致貴乎上者也，人主用之，則勢在本朝而宜，不用則退，編百姓而慤，必為順下矣，雖窮困凍餓，必不以邪道為貪，無置錐之地，而明於持社稷之大義，嗚呼而莫之能應，然而通乎財萬物，養百姓之經紀，勢在人上，則王公之材也。在人下，則社稷之臣，國君之寶也，雖隱于窮閭漏屋，人莫不貴之，道誠存也。」〔註7〕又說：「儒者在本朝則美政，在下位則美俗，儒之為人下如是矣。」〔註8〕

〔註6〕見《文選·左思招隱詩注》，又分見於〈蜀都賦注〉及〈上林賦注〉等。參《荀子集解》，〈考證上〉，頁12。
〔註7〕見〈儒效篇〉第八。
〔註8〕參《荀子集解》，頁29。胡元儀〈荀卿別傳引證〉，同見〈儒效篇〉第八。

由是可見荀卿光明磊落之風格，與夫坦誠之心地，雖遇時之不祥，闇乎天下之晦盲，忠臣危殆，讒人弄權，猶能振臂高呼，力挽狂瀾，不爲權勢所屈，不爲利欲所誘，誠乃孔門師弟，高風亮節之所播，與夫大儒精神之陶冶有以致之。

按《史記》載：春申相楚之二十五年，楚考烈王卒，春申君被李園所殺，荀卿亦因之廢蘭陵令，乃家蘭陵二十餘年，起初李園之包藏禍心，李園女弟之陰謀，荀卿洞悉其奸，且早知其必發，故多以書刺春申，又爲之歌賦以遺春申君，但惜春申之不察，故終自食其後果。〔註9〕此益見荀卿謀國之忠與爲人之厚良堪矜式。

至始皇三十四年，李斯爲秦相，卿聞之爲之不食，知其必敗，故亦爲文刺之，蓋當荀卿至稷下之時，諸子尤多作書刺世，此中如蘇秦、張儀之輩咸以邪道說諸侯，卒獲大貴顯，荀卿有見如斯乃退而而笑曰：「夫不以其道進者，必不以其道亡。」此誠乃荀卿獨具隻眼之處。

胡元儀〈荀卿別傳〉認荀卿善爲《詩》、《禮》、《易》、《春秋》，從根牟子受《詩》，以傳毛亨、號《毛詩》，又傳浮丘伯、伯傳申公號《魯詩》，從馯臂子弓受《易》，並傳其子，從虞卿受《左氏春秋》，以傳張蒼，蒼傳賈誼、穀梁俶亦爲經作傳，傳荀卿、卿傳浮丘伯、伯傳申公、申公傳瑕丘江公，世爲博士。荀卿尤精於《禮》，由是漢之治《易》、《詩》、《春秋》者，皆源於荀卿。荀卿弟子知名者有：韓非、李斯、陳囂、毛亨、浮丘伯、張蒼等人，至漢之時，蘭陵人多善爲學。皆孫卿之門人，漢人特稱之爲蘭陵人。

荀卿教澤流長，及後十一世孫遂，遂生淑，淑生子八人，時號八龍。卿之後甚著於東漢，迄魏晉六朝，知名之士猶不絕云。〔註10〕

漢時董仲舒曾作書美荀卿，夫仲尼之門，五尺童子，皆羞稱五伯，董子以如人君能用荀卿，庶幾夫王，然世莫能用，卒致大亂，秦亦不旋踵而亡。胡元儀〈荀卿別傳〉嘆道：「觀荀卿之書，其陳王道甚易行，疾世莫能用，其言悽愴，甚可痛也。嗚呼，使斯人卒終於閭巷，而功學不得現於世，哀哉。」〔註11〕

事實上，荀卿之不幸，正學林之大幸，設昔荀卿見遇於當時，則必周旋於權勢之間，其當無暇於自顧，何遑傳《詩》、《書》、《禮》、《樂》以遺澤後

〔註9〕參王先謙《荀子集解·序言》。
〔註10〕參《荀子集解》頁29。胡元儀〈荀卿別傳〉。
〔註11〕參《荀子集解》頁30。胡元儀〈荀卿別傳〉。

世，此誠聖人多蒙塵，方其成爲聖人，豈無故哉！

考荀卿立論雖稍異於孟子，然卻不失同本孔門之宗風，惟孟子偏於內聖之道，而荀卿卻重於外王之功，但亦不失大儒之效，其識見和人格均極卓越高超，《鹽鐵論》謂：「李斯之相秦也，始皇任之人臣無二，然而荀卿爲之不食，覩其罹不測之禍也。」〔註12〕此表明荀卿洞囑機先，及其獨具隻眼處。

復據〈李斯傳〉載：「斯長男由，爲三川守，告歸咸陽，李斯置酒于家，百官長皆前爲壽，李斯喟然而嘆曰：『嗟乎，吾聞之荀卿曰，物禁太盛，斯乃上蔡布衣，今人臣無居臣上者，物極則衰，吾未知所稅駕也，所謂荀卿爲之不食，必有戒斯之詞，物禁太盛，其戒斯之詞歟。』」〔註13〕由是觀之，荀卿必有得於孔門《易傳》之學，故能挈淨精微，察機觀變，預知事物的機微，其不汲汲於富貴，自係有得於孔門安貧樂道之教，雖說重外王，自亦不失於內聖之功。

按〈荀卿別傳〉以荀卿卒於始皇三十四年之後，去孔子已百有餘年，世道益非，其倡人性惡，自有鑒於當日之情景而發，然歷代以降，自漢以迄宋明諸子，對荀卿難免有微詞，自未得其平，今讀其書，益見其博大氣象，和大儒風範，猶足爲今人鑑賞法效，且荀卿所述之論點有恰爲當今之時弊者，是不可不慎爲研讀，庶幾可資爲錯鑑焉。

二、荀子思想之源流暨與思孟學統之異同

荀子爲儒家的別派，雖亦同登大儒、雅儒之列，但其學術思想究與曾子子思，孟子一脈的思路不同。孟子所得者爲《論語》、《中庸》、《詩》、《書》的學統，荀子所繼者卻爲《禮》、《樂》制約的學統。

荀子的學脈可說是繼承孔門卜商子夏和子弓的門派，荀卿一生雖亦飽學五經，但其旨趣究不在單注內聖，卻更重外王的功夫，蓋內聖的目的，厥在彰顯外王，苟無外王的功夫，則內聖亦無所著落。此外荀子在儒家中更重傳經，使儒家之經籍得以發揚光大。

孔門論學初首重《禮》論，以禮爲踐仁的基本功夫，透過禮的踐履，以達行仁的目的。荀子論學論治，皆以禮爲宗本，反復推詳，務明其旨趣，爲千古修道立教所莫能外，荀子且以倫類不通，不足謂善學，又以一物失稱，

〔註12〕參桓寬《鹽鐵論・毀學篇》。
〔註13〕參《史記・李斯傳》。

亂之端也。故治平之道首在崇禮明儀，以禮爲矯正性情之根本，禮且爲聖王化天下之大儀。觀乎孟子所重者爲義理內住，而重乎內心的變化，而荀子卻重於外在行爲的規範和約束，俾收督導匡正之功。

按孟子法先王，而荀子卻法後王，昔周公稽古之道，損益夏殷之典，制禮作樂，以仁義理天下，其德化刑政皆存乎《詩》，迄平王東遷，治道凌夷，諸侯力爭，王道力衰，霸業代起，仲尼乃定《禮》、《樂》，作《春秋》、繼三代之遺風，以振天下之紀綱，然世道陵夷至戰國，暴虐有作，申商苛虐之法興，孔子之道幾乎息亡，孟子乃起而闡其前，荀卿繼而振其後，雖所道不同，但其匡復儒家之本志，毫不衰竭。尤以荀卿著書，多所羽翼六經，增光孔氏。韓文公曾謂，荀卿之書，法聖人必曰孔子、子弓，是荀卿學術思想之直接淵源爲孔氏，而繼崇子弓之能發揚光大，此子弓實即仲弓，向博極群書，通覽六經，荀卿乃繼之起而發揚爲聖學之傳經之路線。

此外我們觀察荀子的天道觀，顯與孟子不同，顯係受道家天道思想的影響，以自然流衍爲萬化之本，故不重主宰天和位格天是其倡聖人不求知天之說，但荀子所強調知天之另一方面不過在求制天之用，以明天人之分，而非復同於孔子之敬天、畏天和孟子之樂天、事天之本趣。故乃特倡制天與用天、因天本無厚於堯舜，而薄於桀紂，不過應之以治則吉，應之以亂則凶而已。

總觀荀子之學脈有得於子夏門人之詩教，雖云隆禮義、殺詩書，但其所殺者，實刪約其義，並非摒棄詩教於不顧。按荀卿善爲《詩》、《禮》、《易》、《春秋》。從根牟子受《詩》，以傳毛亨，又從馯臂子弓受《易》，並傳其學，荀卿尤崇子弓，以之比擬於孔子，又從虞卿受《左氏春秋》，以傳張蒼，蒼傳賈誼，穀梁俶亦爲經作傳，傳郇卿，卿傳浮丘伯，伯傳申公，申公傳瑕丘江公，世爲博士。由是漢之治《易》、《詩》、《春秋》者皆源於荀卿，是荀卿在孔門中，對傳經之學頗多貢獻，〔註14〕與思孟派的傳道正成一顯著的對比。

觀荀卿傳經之學脈，歷歷可考，荀卿書中曾述引《詩》之處幾達八十二處。又論《詩》者又達十一處。〔註15〕按陸德明《經典釋文‧敍錄》說：「《毛詩》，子夏授高行子，高行子授薛倉子，薛倉子授帛妙子，帛妙子授河間大毛公，毛公爲詩詁訓傳于家，以授趙人山毛公，一云子夏授曾申，申授魏人李克，克傳魯人孟仲子，孟仲子授根牟子，根牟子授趙人孫卿子，孫卿子傳魯

〔註14〕參胡元儀〈荀卿別傳〉，見《荀子集解》，〈考證下〉。

〔註15〕見皮錫瑞《經學通論》。

人大毛公。」又按陸璣《毛詩草木虫魚疏》說：「孔子刪詩，授卜商，商爲之序以授魯人曾申，申授魏人李克，克授魯人孟仲子，孟仲子授根牟子，根牟子授趙人孫卿，卿授魯國毛亨，亨作詁訓傳以授趙國毛萇，時人謂亨爲大毛公，萇爲小毛公，此《毛詩》得荀卿之傳之根據。」〔註16〕

又按《漢書·楚元王傳》，楚元王交、嘗與魯穆生、白公、申公，俱受《詩》于浮丘伯，浮丘伯、孫卿之門人也，是《魯詩》亦得荀卿之傳。〔註17〕復按劉向《別錄》：「左丘明授曾申，申授吳起，起授其子期，期授楚鐸椒，椒作鈔撮八卷，授虞卿，虞卿作鈔撮九卷授孫卿，卿授張蒼。」《經典釋文》又說：「左丘明作傳以授曾申，申傳衛人吳起，起傳其子期，期傳楚人鐸椒，椒傳趙人虞卿，虞卿傳同郡荀卿名況，況傳武威張蒼，蒼傳洛陽賈誼，此《左氏春秋》亦荀卿之傳也。」〔註18〕

復據楊士勛《穀梁疏》說：「穀梁小名俶，字元始，一名赤，魯人，受經於子夏，爲經作傳，授孫卿，卿傳魯人申公，申公傳瑕丘江翁。」顏師古亦說：「穀梁授經于子夏，傳荀卿，此可證《穀梁春秋》亦荀卿之傳也。」〔註19〕

由是觀之，荀子與思孟學派之源流截然有別，思孟派本於曾子與子思；而孟子重直觀與義理之精微處，以傳道爲本；荀卿則有得於子夏、仲弓之學派，重整理經傳以傳孔子之學也。前者重夫子之道，後者重夫子之學，是爲傳道與傳經之別。故在文獻學術方面，荀卿之功不可沒；倘無荀卿，則儒家之典籍必缺乏完整之流傳。

荀卿在傳經過程中，特重禮之教化，以禮爲百學之首務，更認爲終日思不如一時之學，是其繼承夫子「思而不學則罔」之義，〔註20〕但荀子除重博學外，亦重參省的功夫，故在〈勸學篇〉說：「君子博學而日參省乎己，則知明而行無過矣。」

荀子固善於《禮》，但有關其授受源流不可考，按《漢書·儒林傳》載：「東海蘭陵孟卿事蕭奮，以《禮》授后蒼，蒼說《禮》數萬言，號曰《曲臺記》，授戴德延君，戴聖次君；德號大戴，聖號小戴。」按此所說的孟卿乃蘭陵人，善

〔註16〕參《荀子集解》，〈考證下〉，頁35～36。
〔註17〕按浮丘一作包丘，見《鹽鐵論·毀學篇》，浮丘蓋齊地名，因以爲氏，且浮、包本同聲，故亦作包丘。參《荀子集解》，〈考證下〉，頁36。
〔註18〕見《荀子集解》，〈考證下〉，頁36。
〔註19〕見《荀子集解》，〈考證下〉，頁36。
〔註20〕參《荀子·勸學篇》第一云：「吾嘗終日而思矣，不如須臾之所學也。」

爲《禮》，乃得荀卿之傳。故《禮》之傳承乃荀卿對儒學極大的貢獻。〔註21〕

荀卿固得子夏、仲弓一脈之學統，但荀卿似不可能直接師事子夏和仲弓，因時代上的差距，不可能親自蒙其教澤，殆不過心儀此學派傳經之大系而已。因孔子曾稱仲弓可使南面，故荀卿遂認必仲弓方可比附於孔子，故乃終身敬仰不已。

我們比較孟荀二子的源流，可得一極清晰的學脈系統，孟子不重傳經，而重乎聖道之闡揚，而且直承《詩》、《書》、《論語》和《中庸》。思孟派之學統，尤以看重《中庸》「誠」的思想，蔚爲內觀反省與自性清明之路；荀子卻一方面闡揚聖道，另一方面直承孔門禮樂化約和傳經的鉅任，有得於卜商、子夏、仲弓一脈之傳經，而重孔子之學，故其傳道繼絕學之功，厥不可沒；孟子更法先王，以堯舜爲大同之臻境，而荀子卻法後王，以禹湯爲法式，蓋認後王之文物制度斑斑可考，粲然有備，故曰：欲觀聖王之跡，則於其粲然者矣，後王是也。舍後王而道上古，譬之是猶舍己之君，而事人之君也（〈非相〉），但荀子之法後王，並不意味後王勝過先王，不過因爲上古制度文物均不可考，不如後王之齊備而已。

三、荀子著述與傳經

荀子著述頗富，按漢時劉向讎校卿書，曾云凡得三百二十二篇，但經相校除而去重覆二百九十篇，共得定著三十二篇。言中秘所藏孫卿之書，共有三百二十二篇，實爲三十二篇，餘皆爲重覆之篇。〔註22〕又根據《漢書‧藝文志》所說：「《孫卿子》三十三篇，實乃傳刊之誤，當作三十二篇。」王伯厚氏對《漢書‧藝文志》之考證亦作如是觀。〔註23〕《漢志》既列《孫卿子》爲三十二篇，此外于諸子儒家又列孫卿著賦十篇，但今荀卿書有關賦篇僅存有賦六篇，致使讀者莫明其故。

根據〈荀卿別傳考異〉認爲：「《漢志》云孫卿賦十篇者亦脫一字，當作十一篇。」〔註24〕《隋書‧經籍志》有楚蘭陵令，《郇況集》一卷，但其中註云亦行殘闕，未得其全。〔註25〕

〔註21〕參《荀子集解》，〈考證下〉，頁37。
〔註22〕參《荀子集解》，〈考證下〉，頁34。
〔註23〕參《荀子集解》，〈考證下〉，頁34。
〔註24〕參〈荀卿別傳〉，見《荀子集解》，〈考證下〉，頁34。
〔註25〕參〈荀卿別傳〉，見《荀子集解》，〈考證下〉，頁35。

復按《舊唐書·經籍志》所說，有《荀況集》二卷，《新唐書·藝文志》，亦作《荀況集》二卷，但皆根據《隋志》：「梁二卷」之文轉載之而已，非別有全本之謂。據王伯厚氏所著《玉海》，引宋李淑書目云：「《春秋公子血脈譜》傳本，曰荀卿撰，案荀卿從虞卿受《左氏春秋》，故作《春秋公子血脈譜》，蓋據《左氏傳》文及左丘明《世本》之〈姓氏篇〉以成書，惟李淑疑非荀卿所作，但荀卿卒於始皇三十四年後，其去秦亡與項滅子嬰，不過數年而已，是又何疑之有。雖其書終不見引于群籍，據傳《七略》、《七錄》雖皆不書其目，但於宋時猶存，惟後竟至亡佚，終不可考，殊深可惜。此外又據《虞荔鼎錄》云：「荀況在嵩溪曾作一鼎大如五石甕，表裏皆紀兵法，大篆書四足，惟迄今亦不見傳，殊以爲憾。〔註26〕

考荀子著述實較孟子爲廣，今所傳《孟子》七篇，而荀卿卻得三十二篇。而《孟子》一書復多爲萬章及諸弟子所述，而荀卿三十二卷則多出自其一己之手筆，是其可貴處。按孟、荀二子之際遇似有相通之處，皆所如不合，及退而講述修書，各述仲尼之志，但孟子所論偏於仲尼內聖之道，荀卿所述卻重仲尼外王之業，前者傳仁義之道與心性之養，後者則傳先儒之經說，與制禮明儀之大典，考之二子所同者，即彼等著書，皆在晚年，雖二者相去六十餘年，但其祖述仲尼，各有千秋，儒家之學因而繼緒，此孟、荀二子之大功也。

徵諸孟、荀二子所不同處，孟子重心性之道，以盡心知性而知天，以義理內住，明心見性，下啓宋明一代之理學；荀卿卻重傳經明禮，以禮之規範與教化以收外礫之功，開啓以後法家崇法務實之路線。又荀子特重名理之大義，繼仲尼正名之宗旨，對我國名學亦大有助益。以孟、荀二子相較，孟子可比諸西哲柏拉圖，而荀子則媲美亞理士多德。蓋孟子重內在之直觀，與心性之體會，而荀子卻重客觀之徵驗，與經驗之積累，是二子同本孔門，但其造詣卻有千差萬別者在。不過二子同崇聖言，歸結於仲尼之志，孟傳仁義之道，重心性之本，荀傳禮樂之制，重外在之約束，各有其不可磨滅之成就，而爲先秦儒家奠下不朽之基業，同爲大儒、雅儒之典範，足爲千秋矜式。

〔註26〕參〈荀卿別傳〉，見《荀子集解》，〈考證下〉，頁35。

第一章　荀子的知識方法論

第一節　荀子思想的經驗基礎

　　荀子思想較為誠樸篤實，故擅長於用智與析理，尤注重於類別的綱紀而能把握事物的條理，是以說：「類不悖，雖久同理。」（〈非相篇〉），又云：「有法者以法行，無法者以類舉」（〈王制篇〉），此可見荀子著重分析之功俾條分縷析事物之端倪。因為大凡每一類都有其成類之理，而此理即是所以成類的根據。我們能把握此事物之理，即可以通事物之類而貫串之，故荀子特重類通之方法，認為總方略，齊言行，知統類，一制度，若倫類不通，仁義不一，則不足謂善學，雖其所重者為禮義之統與全盡之道，但其根本精神處即在於把握此理性主義的邏輯基礎為其思考的法則。

　　考諸荀子的思想方法，實肇端於經驗的實徵和積累，咸以無徵驗而必者愚也。因此，荀子極重經驗實徵的思考基礎，倘無經驗實徵做為我們思考的資料，則我們當缺乏思想的根據。

　　荀子以我們外感官的感覺系統是我們知識的接觸處，但統類外感官的卻是我們的心，所以認為心有徵知的能力，故於〈天論篇〉說：「心居中虛，以治五官，夫是之謂天君。」因為我們的眼、耳、鼻、舌、身有感知的作用，而心卻有徵知之明，如心緣耳知聲，緣目而知形，倘無此徵知之心則耳目等天官，對於所知的事物，只能感覺其形態，而不知其究為何物，如我們之所以知樹為樹，即為此心之徵知，而透過目之觸緣而生覺識。而且我們的心，能將所有個體的事物，列入我們所已知的事物之統類中，然後按其類別詳審

之而知其物。因此，倘在我們的經驗之中，本無樹類的事物，則我們的心當無法知道此個體的事物究為樹抑或為其他的事物了。所以荀子在認識過程中特別強調：「五官簿之而不知，心徵之而無說，則人莫不然謂之不知」（《荀子》卷十六〈正名篇〉）。這說明五官不過僅提供我們感覺與料而作為經驗的基礎，而心知卻能提供我們理性的判斷和分別的能力。

按荀子在知識論方面的主張可說是理性與經驗的合一論者，其見解有如希臘哲人亞里士多德，皆以感覺知覺作為經驗的基礎，而經驗復為理知的基礎。荀子確認我們的心有能知的材能，必與所知的事物相遇，始可感覺其態；故荀子在〈天論篇〉中說：「耳目鼻口形能，各有接不相能也，夫是之謂天官。」〔註1〕這說明了我們的五官各有其職司，彼此不能隕越，必我們能知的官能遇到外物而生觸緣而方有所知，不但能感覺其形態，且能透過心的徵知而知道究為何物。故荀子可說是理知和感知的合一論者。不過在荀子看來，理知的基礎還是建立在感覺的經驗上，所以荀子說：「凡論者貴其有辨合，有符驗」（卷十七〈性惡篇〉），此所謂的有辨合，即是指我們心知的辨別力，而所謂有符驗即指感官對外物接觸時所產生的直接經驗，因而，感覺經驗乃為推理的基礎，故荀子說：「無稽之言，不見之行，不聞之謀，君子慎之」（卷十六〈正名篇〉）。

由此可知荀子對於一切論據，必基於感官所能得之經驗為準，一切非感官經驗所能及者，則難予信任，故在〈儒效篇〉特別說道：「不聞不若聞之，聞之不若見之，見之不若知之，知之不若行之。學至於行之而止矣，行之明也，明之為聖人。」（《荀子》卷四）由是可知荀子之重視知行合一的道理。

我們從知識論的觀點，可知荀子乃由感覺知覺著手而向上推移，以感官知覺作為徵知之本。倘無感官之徵知，則我們所得的知識，必虛而不實。惟荀子歸根究底乃以心官作為一切感官的總樞紐，並作為一切同類綜合判斷的依據，設無心官之綜合判斷，則其他感官之知，亦無所發揮，由是可知，荀子並非純感官論者，乃確認知識是感官知覺與心的密切作用，因此可說是經驗論和理性論的並重者。荀子且以心為知性主體，為思維之中心，為知能之原，且以心操持一切，有自主自發自動之本能，故荀子亦稱心為「天君」，故云：「心者形之君也，而神明之主也，出令而無所受令」（卷十五〈解蔽篇〉），

〔註1〕王念孫曰：「耳目鼻口形能」能讀為態，是形態之意。荀子此所說之「耳目鼻口形態，各有接不相能」，即云五官各有其職司，彼此不能相替，即其所接觸之對象有不同，而辨識之力亦有差別。

故荀子以「心」爲一切意志活動之統攝機關，心處於主宰地位，能思辨並判斷是非，我們的心動則與外物相緣而生情慮，而後方有知識，在近代歐洲哲學知識論中特重主體性，而荀子早在二千餘年前即強調此主體性之重要，不以心爲客體，此爲亞里士多德所不及者。

　　一言以蔽之，荀子由感性之知開始，藉經驗之知以推理，但對於非感性之知，所能觸及的領域，則主悟性之綜合，荀子亦確認有非感官所能盡知的事物，故說：「坐於室而見四海，處於今而論久遠，疏觀萬物而知其情，參稽治亂而通其度，經緯天地而材官萬物，制割大理，而宇宙裏也」（卷十五〈解蔽篇〉），荀子此所說的「制割大理，而宇宙裏矣。」乃表示透過感官經驗爲基礎，藉爲對萬事萬物的判準，而後透過理性的思考，去觀察宇宙萬物的至理，因此制割大理，必先得之於心，但此心究應先透過外在事物，始可有所覺顯。是以知識之形成，不僅基於感官知覺，而是基於感覺經驗與理性推理之綜合，故荀子以「善學盡其理」（卷十九〈大略篇〉）。此理實應由感覺經驗開始，觀照於心，然後以心推此理，以統類宇宙萬物，然後再去條分縷析，觸類旁通，庶幾可得其全眞矣。

　　按荀子知識論的觀點而言，我們的「心」固有徵知的作用，但此心亦有「兼知」的能力，即此心有回憶、評判、分類的能力，可透過記憶反省而分類推理，俾兼知萬物，故云：「萬物可兼知也」（卷十五〈解蔽篇〉），在此荀子且透過心理學上的見解，認爲我們的知性主體有聯想作用和分類能力，俾使我們不爲一隅之見所蔽而陷於偏狹之見。故荀子力闢曲士之知，而認其不能全盡精粹故。

　　荀子固重心爲知性主體，但更看重心的清明狀態，因爲心知必在乎「虛一而靜」，按荀子看來我們知性主體的心，約有三種作用，即意識、記憶和判斷，此所謂判斷實包括理性判斷、和純粹直觀的判斷在內，我們的心可以靜慮而統一諸概念，故荀子說：「虛壹而靜，心未嘗不臧也」。按此所謂的「心未嘗不臧」，即指我們的心原蘊藏諸般觀念，亦即說心本爲觀念的場所，但必以虛靜靈明爲先決條件，否則心爲外境所亂，則縱有經驗的徵知，亦必無所聞、無所見，因此虛壹而靜爲心知之關鍵。

　　我們總觀荀子的知識論可知其乃建立在心理學的基礎上，確認人的心有綜合的作用，人類的心慮爲統轄心性的樞紐，所以荀子稱「心也者道之主宰也」（〈正名篇〉），又以：「心者形之君也，而神明主也。」（〈解蔽篇〉），此即闡明心爲主宰精神作用的中心，是即「認識心」或「意識心」，但此意識心必

須透過外緣之知，方能成爲我們的智識，所以他說：「所以知之在人者謂之知，知有所合謂之智」，此所說的「知有所合」，即是指能知和所知的統一，亦即理性和經驗的綜合，而所謂智者乃指心之所悟處，所以荀子的知識論和思想方法，並非單純的經驗論，不過以經驗爲建立知識體系的基礎，然後在超越經驗層面之上去建構其心識的歷程。

第二節　荀子的論理法則

荀子的名學，多本演繹法的推衍系統，秉承儒家春秋正名的大義，不過孔子的正名卻在乎政治意義和倫理意識，俾使各得其名實之正，以爲社會人心之張本，荀子的正名主義卻有名學上邏輯的意義，俾與當時的名家和別墨諸子相抗衡。

荀子的論理學說在儒家中可稱首屈一指，且有鑒於公孫龍、鄧析子、惠施等名家之流將論理流入詭辯，而別墨諸子復將之導入煩瑣，反有淆亂名實、顛倒是非之傾向，因此荀子乃起而辨名實之大義，綜核推理之大要，而釐定其正名之宗旨，而對名學卓有貢獻。

按我國名學思想大系本大成於《墨子》〈大取〉、〈小取〉篇，而名家者流，反混淆是非，使之暗晦不明，荀子所云，多據《墨經》〈小取〉之宗旨，而益加以發揮，對名實大義，頗有釐清之功用。茲分述之如下：

一、荀子名實觀的基本原則

荀子認爲天下所以擾亂不安，人心無所適從，社會秩序之所以紊亂，多由名實混淆不得其正，而人心在名實間無所適從，故欲匡正天下人心，當由正名實之分，俾使各導得其正，庶幾可免混淆之義。

惠施及名家諸子蔽於辭而不知實，反而有混淆名實、顛倒是非的傾向，故荀子對之力加斥責，而作〈正名篇〉，在此〈正名篇〉中，荀子力言正名的重要，列舉正名有三大要領：

（一）制名的必要

荀子以萬物之外形，彼此大相懸殊，各個體間彼此皆不相同，是以人人之心亦有所懸殊差別，如以不同的心意，對不同的事物，任予命名，則同一事物因人而異名，各各不同，彼此之間無共同的指謂，則名實之間就難免混亂，遑

論進而據名實而辨是非，是以人類社會若產生共識，則必對同一事物判定其共通的名稱，藉為共同的指謂。因指謂一亂，則主賓之間必無從適從。所以荀子首言「所為有名」，亦即言為何需要名的道理，荀子在〈正名篇〉中說道：「異形離心交喻，異物名實互紐」，〔註2〕此即說明不同的事物，因不同的心識而隨便指謂，彼此稱喻，因此不同事物間彼此混淆莫衷一是，如我見黑白二物，倘無黑白之名予以指謂稱喻，則別人可稱黑為白，稱白為黑，此必形成名實上極大的混淆。此外「名實之紐」，亦可涉及內涵與外延之混淆，如《爾雅》說：「犬未成豪曰狗」《說文》說：「犬，狗之有縣蹏者也。」故依《爾雅》的解釋，「狗」當為「犬」的一種，故「犬」可包括所有的狗。然依《說文》則「犬」是「狗」的一種，「狗」又可包括「犬」，此即適物名實互紐之例。

荀子為了說明此中的困惑，故道：「貴賤不明，同異不別，如是，則志必有不喻之患，而事必有困廢之禍。」（〈正名篇〉），此即說明事物不同，名亦應不同，如金、銅本相似，但實不同，如無金、銅之名喻實，則銅可為金，金可為銅，則貴賤之間，必大為混淆，且引起相同與相異之間無所適從之虞，因此必使心識難以明白，而致無法指謂稱喻，而使百事物因之困惑難明。故荀子特言分別之必要：「故知者為之分別，制名以指實，上以明貴賤，下以辨同異。貴賤明，同異別，如是，則志無不喻之患，事無困廢之禍，此所為有名也。」（〈正名篇〉）

這是荀子闡明為何有制名的必要，其簡單的原因，就是「制名以指實」，而名的用處有二，一為明貴賤，二為別同異，墨家對於制名之必要，只言及別同異，荀子在此卻更加以「明貴賤」，是除了邏輯的意義外，更加上價值觀的判別，因為明貴賤中已隱含揚善貶惡之意，因此制名除了邏輯上的名實需要外，更有倫理道德上的價值意義，且此倫理上的意義向為儒家所強調者，但別異同的指謂意義卻為荀子有得於《墨經》的教示所特為表達者。

「所為有名」，一言以蔽之，即使人間的心識對萬物外形之不同，有以共同的辨別，然後以所思之名予以區分，名之釐定後，應有共同之標準，不得因人而異，此名即萬人共用的名，為一切知識來源的基礎。

（二）制名的根據

亦即荀子所說的「所緣以同異」。此乃言當制名之時，究當以何種標準作

〔註 2〕按此十二字，楊倞注讀四字一句，王校仍之。今從郝懿行說，讀六字為句，「互」字舊註作「玄」，今從王校考。

爲根據的問題，依荀子所見，當我們的感覺系統向外探索時，最普遍的是透過耳目口鼻體等五種感覺器官，此五官給予我們聽、視、味、嗅、觸等感覺，但若我們所用的感官不同，則所知亦異。不過人之爲人，其五官所見大致相同，不可能有極大的懸殊，故應將個人之感覺知覺予以綜合比較，以制定名稱，因爲在制名的依據上，至少有二大基點，一即各人都以感官以行知覺，其次即各人之感官知覺大體一致，本無分軒輕。

此亦即荀子所說的「所緣有同異」（〈正名篇〉），所緣之所以有同異，即由於我們的耳目鼻口心體之天官而來，但荀子強調五官雖異，作用則一，故云：「凡同類同情者，其天官之意物也同，故比方之，疑似而通，是所以共其約名以相期也。」（〈正名篇〉），此段說明人同此心，心同此理，雖外物有所不同，但心能通此不同之事物，而予以分別，而人類對外在之意義大概相同，故方可能造名以象形，藉此以達意，因此名不過是符號系統，藉此符號系統以指實，荀子確認人類可透過心識以知物，且吾心具有分別同異的先天能力，能以共同的符號予以識別。

荀子說：「凡同類同情者，其天官之意物也同，故比方之，疑似而通，是所以共其約名以相期也。」（〈正名篇〉），這說明感覺器官所接觸的同類，同情的事物，可透過我們的心識而予以識別，而知其同異，這是制名的主要根據，但我們五官的作用即是制名的起點，因爲形體色等乃依視覺而辨別，聲音清濁乃依聽覺而辨別，甘苦鹹淡辛酸苦辣等味乃依味覺而辨別，臭香等則依嗅覺而辨別，冷熱圓方輕重則依觸覺而分別，但喜怒哀樂惡欲等七情，則依心而作用，故感覺知覺爲制名之基礎，而心識則爲其根據，因我們的心，有徵知的功能可透過類別原理而予以分類，別其同異，而爲制名的依據。〔註3〕因此心知是證明五官當簿其類的所在，荀子在此確認各人都用感官以行知覺，又以各人的感官以及知覺在根本上並無太大的差異，故確認其有一致性，即憑此一致性而爲制名的根據。

（三）制名的規範

亦即荀子所說的制名的樞要，這牽涉到名實的相互對應問題。因爲就感

〔註3〕 按楊倞注，心有徵知，徵字有召義，即能召萬物而知之，但章太炎先生則以徵字有證明之意。如《中庸》所云「杞不足徵也」其注即作，「徵，猶明也」。荀子於〈性惡篇〉亦云「善言天者，必有徵於人」，顏師古亦曰：徵，證也。參章太炎先生《國故論衡》下，〈原名篇〉。

覺知覺而言，雖萬人亦皆有其共通之處，必同類之物賦以同名，異類之物賦以異名，單稱可用時用單名稱，單稱不可用時則用複合名辭，亦即所謂兼名，因名稱本有單名、兼名之別（即單純名稱與複合名稱之謂），單名所指者為一個事物，兼名所指者為二個以上的事物。

如「馬」為單名，「白馬、黃馬」則為兼名。然將許多單名與兼名加以相互比較，必發現此中有共同相通之點，因而抽同而捨異，而得制其共名，即一般之普通名辭，如「馬」即為「白馬」、「黃馬」、「一匹馬」、「百匹馬」之共名。

共名的外延廣些，兼名外延較狹，但共名之上，復有大共名，如「犬」與「馬」可得「動物」之共名，「動物」與「植物」可得「生物」之共名，最後可得「物」之大共名，此種陳述由上而下，由大而小，細別而下，而至於無別，此即論理學上內涵與外延的關係，如物為大共名，細分之而得兼名之物，在彼此分別下更得其別名，但別中還有別，最後必得大別名。共名所包攝的範圍較廣，其外延廣大，兼名所包含的內容較富，亦即其內涵較大，因此按歸納法向上推演，萬物芸芸雖各各不同，但可得「物」之大共名，苟按演繹法向下推衍，則必將大共名加以分別，別名之下又有別名，以至推衍至不能再分為止。此種共名、別名之分，即邏輯上所說的高層類概念和低層種概念的分別。

但一切事物本來皆無名，所有名稱均由人們所賦與，不過在制名之時必須有所約束，俾使人們有所依據，此種約束即是正名時的標準。以上三項為荀子所提有關制名時之基本法則。透過歸納法、演繹法，以類別與種差定事物之共名，大共名與別名，對釐定名實關係有莫大的貢獻。此乃孔門思孟系統中所未曾道者，惟荀子獨注意及之，或係受名家與別墨派之影響，俾有所匡正所致。按孔子正名之意義，端在君君、臣臣，即為君者必合乎君之名，為臣者必合乎臣之名，而專重其倫理意義，荀子則繼儒家傳統的精神，其所謂正名，除邏輯意義外，兼含有倫理意義，故曰：「上以明貴賤，下以辨同異」。

二、荀子論名實之間的關係

荀子對名實間的關係，純採約定俗成的看法，故認為「名無固宜」、「名無固實」，因為當初制名之時，以某名指某實，本可隨人而任意約定，故「狗」未必即指「狗」亦可指馬，故云「名無固宜」、「名無固實」，但既經約定之後，即有所約束，「狗」之指狗，「馬」之指馬，皆有其特定之指謂，不容人們再行混淆，否則名實必行混亂不清而無法釐定指謂。故當初制名之時固可任意斟酌，

而無固宜、固實，但此中卻有固善，即須順其平易之道，而不可任所欲爲。

荀子以「名」必有一定的意義，且須大家約定俗成，故爲統一起見，一切皆由政府所公開制定，制定後世世相守，不容任爲更改，因此方可「志無不喻之患，事無困廢之禍」（〈正名篇〉），故荀子謂：「故王者之制名，名定而實辨，道行而志通，則愼率民而一焉，故析辭擅作名，以亂正名，使民疑惑，人多辨訟，則謂之大姦，其罪猶爲符節度量之罪也，故其民莫敢託爲奇辭，以亂正名。故其民愨，愨則易使，易使則公」、〔註4〕「其民莫敢託爲奇辭，以亂正名，故壹於道法，而謹於循令矣，如是則其迹長矣，迹長功成，治之極也。是謹於守名約之功也……昔有王者起，必將有循於舊名，有作於新名」（《荀子》卷十六〈正名篇〉）。荀子在此簡直將「名」與度量衡並重，因爲「名」的指謂不容混淆，必須統一，正如全國之度量衡必須統一，不容私下任意制定，否則法度將無所遵循，而致人民無所適從了。

此外荀子認爲「名」純由知識之增長而增加，人類知識愈發達，則制名愈多，名愈多則以之爲言說辯論必愈繁，故名實之關係，實決定於人類經驗之積累，而人類用「名」去指謂事物，亦即如《墨子‧小取篇》所謂之「以辭抒意」。荀子在〈正名篇〉特申論之謂：「名聞而實喻，名之用也，累而成文，名之麗也。用麗俱得，謂之知名，名也者，所以期累實也。辭也者，兼異實之名，以論一意也。〔註5〕辨說也者，不異實名，以喻動靜之道也。期命也者，辨說之用也。辨說也者，心之象道也。心也者，道之工宰也。道也者，治之經理也。心合於道，說合於心，辭合於說。正名而期，質請而喻。辨異而不過，推類而不悖，聽則合文，辨則盡故，以正道而辨姦，猶引繩以持曲直，是故邪說不能亂，百家無所竄。……是聖人之辨說也。」（《荀子》卷十二）〔註6〕

按以上荀子所述，皆不離《墨子‧小取篇》之道理，荀子更加以強調而已，蓋以「名」之爲用，不過指實，故必「名」、「實」相互符合方可爲喻，名者不過事實之指謂，「名」之積累而成文，有文辭方可進而辨說；然後以存於心中之名，代表外在之實，予以推類辨異，使其不悖，因此，我們今天對事物有所認定辨別，未必眞接觸及事物本身，反而是以其「名」的指謂存於

〔註4〕「易使則公」，當作「易使則功」。

〔註5〕「以論一意也。」王念孫云：「論當爲諭字之誤」。

〔註6〕質請而喻。王念孫曰：「請讀情，情實也」言辨說之時所用之名旣正，所舉之實亦喻。

心中，藉作爲辨析的基礎。故倘無「名」，而單有「實」則人類文化亦不可能向前邁進，故制名不僅爲邏輯上的意義，實亦爲文化價值的樞紐，因人類知識增加時，其制名亦必增加。

三、論正名的困惑

荀子在〈正名篇〉提出正名的三大困惑，即用實亂名，用名亂實，與用名亂名，是謂之惑。按名是指謂的表徵，故不可以名亂實，以實亂名、或以名亂名，雖云名無固宜，名無固實，但既經制定之後彼此間約定俗成，則當世世相守，不容彼此混淆，趙高之指鹿爲馬，事實上即是名實間的相互混淆。蓋以名亂實，則必使人混淆莫辨，一切文化價值頓形混亂，故正名之道，必使名實相符，且名既經制定之後，名即代表實，存乎我們心意和思想之中，念念莫非「名」的概念，因此作爲思維和辨析的基礎，厥爲無數的名稱指謂，因此「名」所示之情，即代表其實，故名之作用大矣哉。

因此，名實間固不可互亂，而名亦不可亂名，否則亦必形成困惑，因此所謂「正名」，不僅要正名實之相當，更要正名實之確當，正「名實之相當」乃富邏輯上的意義，正「名實之確當」則富倫理和道德上的意義，對於事物而言，自應偏重於前者，然對於人物而言，則須兩者兼顧及之。

荀子認爲當時名實之間以及名與名之間，皆有混淆之處，且審當時諸家學說難免犯上名實相混淆的弊病，故荀子特著論以闢之，稱之爲三惑。茲述之如下：

（一）惑於用名以亂名

如云：「見侮不辱，聖人不愛己，殺盜非殺人。」等語（〈正名篇〉），按「見侮不辱」乃宋牼所述，「聖人不愛己，殺盜非殺人」等語則見諸墨者學說與莊子之文。〔註7〕據《墨子‧大取篇》所載：「愛人不外己，己在所愛之中。己在所愛，愛加於己，倫列之愛己，愛人也。」此所謂倫列之愛己，即是愛人，故曰，聖人不愛己，此種論調均是名家辯者之流，以名亂名之所由。

所謂見侮不辱，乃內涵之混淆，因「見侮」之名之內涵中，即含有「見辱」之義，而又云見侮不辱，是乃名稱指謂之混淆，至於殺盜非殺人，因盜

〔註7〕「殺盜非殺人也」見《墨辯‧小取篇》語。聖人不愛己。見《墨子‧兼愛》說。見侮不辱，則見宋牼說。參《莊子‧逍遙遊》、《荀子‧正名篇》、《韓非‧顯學篇》。

之中亦涵有「人」之意，故殺盜亦即是殺人，此亦即內涵之混淆，至云「聖人不愛己」，按「己」之名與「人」之名，雖指涉不同，同「人」與「己」有別，但「己」卻是「人」的自我稱謂，云「己」非「人」，聖人愛人即包括愛己，不愛己者何能愛人。聖人雖有仁懷天下之心本人溺己溺，己溺人溺，故愛人即愛己，反之單愛己者卻不能謂之愛人，因愛人的外延較廣，愛己之外延甚狹故。是以總括以上三言，我們說見侮不辱，殺盜非殺人，聖人不愛己，都是名稱上使用的混亂，亦即內涵外延的混淆。

析言之，見侮本即是見辱，見侮本爲可恥之事，豈能以可恥之事當作不可恥之事，否則誠如荀子所謂的「貴賤不明，同異不別」（〈正名篇〉）了。殺盜亦即是殺人，蓋盜亦即是人，盜乃人外延之一，盜固爲別名，但卻涵於「人」之共名中，至於「人」，「己」本有別，初觀之，「愛己」與「愛人」其內涵與外延皆各不同，但凡說「人」者，即是共名，包括聖人與凡人均在內，是以若說聖人不愛己，亦隱含不愛人之意，不愛己的聖人，何能愛人。所以聖人不能不愛己，若以「聖人不愛己」，此種似是而非的論調，都是名辭的混淆使用，若不察其實，即易陷入以名亂名的困惑。

（二）惑於用實以亂名

如云：「山淵平，情欲寡，芻豢不加甘，大鐘不加樂。此惑於用實以亂名者也，驗之所緣無以同異，而觀其孰調，則能禁之矣。」（《荀子》卷十六〈正名篇〉）

所謂「山淵平」語見《莊子·天下篇》，即惠施所謂「山與澤平」，而「情欲寡」爲宋牼所倡，至於「芻豢不加甘，大鐘不加樂」，則出諸〈墨辯〉之說。[註8]

此處所論實以五官認識的誤謬所致，而以事實而亂「名」——如山本高崇，而淵卻低漥，此乃人人所共通的認識，而言「山淵平」，實和我們正當的官能知覺作用相反。但按惠施原意，乃就個體之特殊事實而言，如山有時可立於卑地，而淵有時卻亦可處於高原之上，若是，則淵亦可謂之高，因爲處於高地之淵，有時尙比平地之山爲高，故云「山淵平」。但在我們概念系統中對山的認識，自較淵爲高，故不能以個別的實例，去涵蓋事物的普遍相，因

〔註8〕「驗之所緣無以同異，而觀其孰調。」按梁叔任著荀子約注，引王懋竑注云：「緣下『無』字衍」。參梁叔任著《荀子約注》頁316。而胡適之《中國哲學史》卻作「驗之所緣而以同異」，參胡著《中哲史》頁55。

此說「山淵平」難免有以「實亂名」之嫌。

至於「情欲寡」，此說本見宋輕說〈正論篇〉，此種論調咸以個體之事實，加諸其名所泛指的普遍共同情況，因為人情皆有欲，故「欲」者為人之普遍事實，今謂「情欲寡」，是以少數特殊的個體實況去涵蓋此事實中所包括的「名相」，如僧人、道士、修士、尼姑等輩，其生活謹嚴，皆以寡欲抑情而自期許，但我們究不得以此少數的特殊個案去涵蓋多數人類普遍的事實，故云「情欲寡」，實係以某些個別事實去混淆「欲」字所代表的名相意義，故亦係以實亂名。

再次說到「芻豢不加甘，大鐘不加樂」（語見《墨子》）乃是指五官感覺方面的謬誤，因為芻豢本即是甘味，大鐘本即樂聲，此本是我們天官的直接觀察，今忽說「芻豢不加甘」，如同說見「鈔票不見錢」一樣的誤謬，錢未必是鈔票，但不可說鈔票非錢，同樣的，美味未必是芻豢，但不可說芻豢不是美味，又如音樂未必是大鐘，但不可說大鐘非音樂，此即以實亂名的顯例。雖然修道之人，清淡茹素，未必以芻豢為甘，但此究如上述所云，皆以個體少數的案例去涵蓋普遍的事實，在邏輯的內涵和外延上究無法自圓其說。

（三）惑於用名以亂實

如說：「非而謁楹，有牛馬非馬也，此惑於用名以亂實者也。」荀子此所引之言未曾見諸《墨經》，惟此處上下文諸家所引，略有出入，有作「非而謁，楹有牛，馬非馬也。」〔註9〕孫詒讓在《墨子閒詁》中曾謂「故曰牛馬、非牛也未可，牛馬牛也，未可，則或可，或不可，而曰牛馬牛也，未可，亦不可，且牛不二，馬不二，而牛馬二。」〔註10〕

又梁叔任氏在《荀子約注》中曾以此文上下句必有偽舛之處，且各家之注均欠妥，故疑「非而謁楹」是一句，「有牛馬非馬」是另一句。梁氏認為上句非字當作為排，蓋按〈釋名〉，〈釋言〉語第十二曾云：「非，排也，人所惡排去也」，〔註11〕謁當作「謂」，「楹」當作「盈」，皆是字之誤刊，故梁氏認為此句當訂正為「排，而謂盈。」〔註12〕但此種說法實不過梁氏一家之考訓，徵諸各家意見未必儘行相當，且作如此解釋，對《荀子》原義亦未必儘合，在釋義上當無甚

〔註9〕　見梁叔任撰《荀子約注・正名篇》，頁316。

〔註10〕　參孫詒讓《墨子閒詁・經說下》，頁68～69。

〔註11〕　見梁著《荀子約注》，頁316～317。

〔註12〕　參商務印書館大本原式精印《四部叢刊》正編卷〇〇三，〈釋名〉卷第四，〈釋言語〉第十二，頁第16。

助益處。

按「非而謁，楹有牛」等句未詳所出，《莊子・天下篇》記惠施之言，亦無此兩句，「非而謁」這句話，考證不明，上下文恐有脫落，至於「楹有牛」，則出諸《墨子・經說上》，又同見於《莊子・天下篇》，以及《儀禮・鄉射篇》，與《禮記・投壺》等篇中，但按一般揣測，「牛」字當爲「矢」字之誤，而「馬非馬也」，亦必爲「白馬非馬也」之脫落，此三語俱見於公孫龍之所述，荀子對此悖詞則認爲「驗之名約，悖其所辭，則能禁之矣。」日人渡邊秀方認爲古者射矢於屋場，故云楹間有矢，乃就矢之通過楹柱之間的一瞬間而言，蓋按概念上觀之，當矢通過兩楹之間，可說有不行，不動的瞬間，故云「楹有矢」，〔註13〕但在我們五官認識上，則認爲不可能，無論如何應作「矢過楹間」，同樣而言，「白馬非馬」，在概念上可以成立，因白馬爲兼名，馬爲共名，言馬則一切馬皆可包括在內，言白馬則黑馬，黃馬皆不可至，故云白馬非盡是馬也，〔註14〕因馬的外延比白馬爲更廣，故此意顯然含有個體名與類名之別，然亦顯然涵有白馬、黑馬、皆是馬也，區別白馬名，與馬名彼此不同則可，而藉以謂白馬非馬則不可也。公孫龍因曾說明：呼白馬，則黑馬不能應，呼馬，則白馬黑馬皆可應，此中顯然含有個體名稱與類名的分別，但亦顯然默認，白馬黑馬皆在馬中，但區別白馬之名，與馬之名則不可盡同，但「白馬」之個體究不能說非屬於馬類也。

荀子在此有鑒於公孫龍子等有以名亂實之虞，而藉以謂白馬非馬不可也，故在荀子看來，此輩人等皆不免於玩琦辭之罪，蓋凡邪說辟言之離正道而擅作者，無不類于三惑者矣，故明君知其分而不與辨也。

第三節　荀子論名的定義和功用

荀子極重正名，但荀子正名的意義不端在人倫方面，亦在乎辨正名實間的契合關係，使不同事物的概念得以澄清，藉爲思辯上的依據。故荀子曾對

〔註13〕《墨子・經說上》云：「止，無久之不止，當牛非馬，若矢過楹，是楹有牛之說也，王念孫曰：「矢之篆文作**夫**，似「而」字，過之篆文作**䙵**，似「謁」字，故此兩字疑皆涉漫患形似而誤，又非、飛古字本相通，，若矢過楹，孫詒讓《閒詁》引《莊子》曰：「鏃矢之疾，而有不行不止之時」。故疑此「非矢」，亦「鏃矢之疾」之意。參梁叔任、《荀子約注》，頁316。

〔註14〕參日本渡邊秀方《中國哲學史・上世哲學》，第二編，儒家，頁97。

名詞下過如此的解釋：「名也者所以期累實也，〔註15〕辭也者，兼異實之名，以論一意也，辨說也者，不異實名以喻動靜之道也，期命也者，辨說之用也。辨說也者，心之象道也，心也者道之工宰也。」（〈正名篇〉）

　　荀子以「名」乃個體的代表，個體有其名，彼此間不能混同，集個體之名而有類名，但名詞之基礎究在乎代表個體事物，當個體不同事物的概念現於言語時，即成為名辭，但名之為名，乃成俗曲期。易言之，即共約名以相期，此謂「期」即是期約，要約之義，我們透過許多實物（即累實）去一一地分別約定俗成，並予以一一地指義，既經指義完畢，則必大家共同遵守，以後凡此「指謂」，即代表此項特定的事物，而彼此間不容混淆。但單是有事物之名，還不夠去表達思想，必須去釐定此名所代表的主屬關係，與其動態情況，然後方可了悟此名所代表的實際狀況究竟如何，故由「名」之約定俗成而進為「辭」之組合，乃是思想的進步。「辭」即是命題，由主辭、賓辭、繫辭三者而成，荀子以辭也者，兼異實之名以論一意也（論或作諭）。〔註16〕換言之，所謂辭乃是說事之言辭，並非對單純的個體事物的指謂，辭之中必須兼含不同事實的名稱方可成為言辭，言辭乃用來表論事物的動態和情況的，有了表論事物的動態和情況的言辭，方可進一步對事實加以判斷和辨別，故「期命」即期約命定之謂，荀子以之為「辨說」之用。〔註17〕

　　但辨說亦不過是手段，不是目的，辨說為學問所必經歷的過程，故荀子進而言「辨說也者，心之象道也，心也者，道之工宰也。道也者，治之經理也，心合于道，說合于心，辭合于說，正名而期，質請而喻，辨異而不過，推類而不悖。」（〈正名篇〉），然按此段中所云質請而喻，恐有訛誤，王念孫說：「質本也，請讀為情，情實也，言本其實而曉喻之也。」〔註18〕

〔註15〕名也者，所以期累實也，楊倞《荀子註解》云或曰：「累實當為異實。」

〔註16〕按王念孫註解，認為此處「論」字當為「諭」字之誤。參《荀子集解》卷十六〈正名篇〉第二十二，頁281。

〔註17〕《荀子集解》以「期」謂委曲為名以會物也，期與命所以為辨說之用。日人渡邊秀方在《中國哲學史概論》中將「期命」解釋為三段論法中的媒辭（或中辭）立於大小前提之間者，此乃其臆說，未必符合荀子之本義。參渡邊秀方《中國哲史概論》，頁97。

〔註18〕參《荀子集解》卷十六，〈正名篇〉第二十二，頁281。王念孫曰：楊倞說質請其迂，質本也，請讀為情，情實也，言本其實而曉喻之也。上文云，名聞而實喻，是其證也。正名而期質情而喻，情即是實，實與名正相對也。古者情請本同聲而通用。

　　總言之，荀子認爲名之意義乃在指實，俾名與實相符，故云名聞而實喻，名必須實實在在地與事實的本質相符，否則必名不正，言不順了。名正而後實顯，更透過辭句之辨說以達到合乎道的目的。此所謂合乎道。即合乎事物理則之條貫、和事理之常法，乃我們思想推理的大本。

第四節　荀子論思辨之原則

　　荀子所著重的思辨原則，可以「隆正」二字做爲大前提，凡合乎隆正的皆是正道，否則即屬非是。因此辨論的主要目的不在以辭勝義，更不在乎強辭奪理，抑或玩弄名學，故弄玄虛，若以奇辭亂名，巧飾論辨，去聖人之道愈遠，而不自覺之間已墮入名言障之中，反成爲扼殺名教的罪人。故荀子對之甚爲疾惡，並以疑玄詐辨爲亂源之一，故治國者對之不可不愼。

　　荀子說：「凡議必將立隆正然後可也，無隆正則是非不分，而辨訟不決。故所聞曰，天下之大隆，是非之封界，分職名象之所起，王制是也。故凡言議期命，是非以聖王爲師。」（《荀子》卷十二〈正論篇〉）

　　在〈解蔽篇〉荀子又說：「凡人之患蔽於一曲，而闇於大理。」傳曰「天下有二，非察是，是察非」（《荀子》卷十五〈解蔽篇〉），由此數段所述，可知荀子認爲天下之大謬，莫若故作玄虛，以是爲非，以非爲是，徒事巧辯僞飾，若如此則必愈辯愈謬，愈走入岐義而致離隆正之大道愈遠，故荀子期期然認爲「天下有不以是爲隆正也，然而猶有能分是非治曲直者邪。」（〈解蔽篇〉）

　　故按荀子之論辨標準，不在徒逞口才，或表現一己之巧飾，端在持守正道，以達隆正之理，凡與此「隆正」大前提不合的，雖所云似是而非，皆屬非是，均係析辭擅作名，以亂正名，使民益增疑惑人多辨訟，則謂之大姦。

　　荀子曾感慨其當時之處境，有惑於亂說異辭亂人心目，故說：「今聖王沒，名字慢，奇辭起，名實亂，是非之形不明，則雖守法之吏，誦數之儒，亦皆亂，若有王者起，必將有循於舊名，有作於新名」（〈正名篇〉），是新名之立，必有所本於舊名，不能憑空捏造之謂，故按荀子的構想，國家教育的要務，務使先端正天下之名言，不可使之陷入混亂，否則民必迷惑難治。故荀子說：「無稽之言，不見之行，不聞之謀，君之愼之」（〈正名篇〉），此即對於一切無考驗的言語，亦即莊子所謂的無端崖之辭，應行注意防備，不可使之泛濫，是以，教育之目的不在使人好辨難，玩奇辭，乃在使人徵驗篤行，必使人人

以「仁心說」，以「學心聽」，以「公心辨」。

辯論之目的，不在徒逞意氣，亦不在沽名釣譽，更不在巧辭詭辯以逞一己之意氣，故必開誠布公，以仁存心而後發爲仁心之說，務於開導，不騁辭辨。至於一般聽眾，更應心平氣和，存謙遜聆教的態度，以學習的心情去審度他人的言論，庶幾不致意氣用事，故爲刁難，故云當以學心悚敬而聽，處處存受教的態度，海涵大量以同情別人的意見，不徒事尋章摘句以非難別人之言說，此即有容乃大之謂，但對於別人一切之言論，亦非不分軒輊，隨意認可，故必以「公心辨」，即以大中至正的立場，去審度別人言說的是非，決不盲目做一應聲蟲之謂。

荀子此種以仁心說，以學心聽，以公心辨的主張，誠開歷代人之所未曾言，而觀其基本精神所在，即不外立誠守仁，故不以譁眾取寵，或隨聲附和，是以荀子辨說的基本原則在消極方面，端在求客觀上事理之明瞭，而不求主觀上誇耀於眾人，故云「不治觀者之耳目，[註19] 不賂貴者之權勢，不利傳辟者之辭（〈正名篇〉），但在積極方面厥在乎「處道而不貳，吐而不奪，利而不流，貴公正而賤鄙爭，是士君子之辨說也」（〈正名篇〉），因此荀子之基本態度是辨而不爭，此所謂不爭，並非說不要爲公理而爭，乃是不爭辭鬥氣，不吐論以傷中和之謂，俞樾認爲楊倞所訓之吐而不奪，未必合義，認吐字當爲咄形，爲咄字之誤，乃是教人存拙而不奪口頭之利謂。[註20]

事實上荀子之基本精神乃在強調「辨說也者，心之象道也，心合於道，說合於心，辭合於說，正名而期，質請而喻，辨異而不過，推類而不悖，聽則合文，辨則盡故，以正道而辨姦，猶引繩以持曲直，是故邪說不能亂，百家無所竄。有兼聽之明，無奮矜之容，有兼覆之厚，而無伐德之色，說行則天下正，說不行則白道而冥窮，是聖人之辨說也。」（〈正名篇〉）

這可說是荀子對辨說的最嚴正態度，因爲辨說之目的正如以準繩量度，若準繩本身不準，則愈量愈謬，辨說乃是心之象道，必心有所明而後藉言辭以爲說，但所說必合乎正誼，使此心合於正道，而所說又合乎吾心，彼此層層相應，最後務使辭合於所說，是此所說應與吾心看齊，而此欲說之心，必

〔註19〕原文爲「不治觀者之耳目」。王念孫曰：治字義不可通，治當爲冶字之誤。所謂不冶觀者之耳目，即謂不爲妖辭以惑眾人之耳目也。按冶字與蠱古字相通。參《荀子集解・正名篇》，頁282。

〔註20〕同參《荀子集解・正名篇》，頁282。

須在道的正誼指導下去正確發揮，不得以強辭飾辯，以巧偽為工，故荀子強調辨說猶如引繩以持曲直，方如是始不為邪說所亂。

在莊子看來世有真人而後方有真知，而在荀子觀之，世必有合道之人始真有辨說，否則均難免逞一己之意氣，而強為立說，以滿足一己之曲意，此在荀子看來誠為一曲之士，常不足與語正道也。

總括言之，荀子對辨說之原則，主張就實體上求其合乎正誼，至於技術上之方法則不類名家之繁複，故言不求多而求其精，求其正中乎道，而合乎理，故曰：「君子之言，涉然而精，俛然而類，善差然而齊，彼正其名，當其辭，以務白其志義者也。彼名辭也者，志義之使也，足以相通，則舍之矣，苟之，姦也。故名足以指實，辭足以見極，則舍之矣。外是者謂之訒，是君子之所棄，而愚者拾以為己寶。故愚者之言，芴然而粗，嘖然而不類，諮諮然而沸，彼誘其名，眩其辭，而無深於其志義者也，故窮藉而無極，甚勞而無功，貪而無名。故知者之言也，慮之易知也，行之易安也，持之易立也，成則必得其所好，而不遇其所惡焉，而愚者反是。」（〈正名篇〉）

荀子以辨說之主要目的在求志義之明白，不在誘名眩辭，此正如孔子所謂：「巧言令色鮮矣仁」之謂，智者辭達而已矣，愚者則眩耀其辭，華而不實，既淺疏而又無統類，如水流諮諮而沸騰，此乃務己之譽，以名害實，以辭害意是為君子所不取，而愚人反而津津樂此不疲，此誠論說之大誡，荀子期期然以為不可之處。

荀子在此立論有鑒於辯者惠施逐物而不反，恰似形影之競走，而批判其善辯，難免巧飾立說，且相識別墨中之苦獲，己齒，鄧陵子之屬，皆以堅白同異之辯相訾，以觭偶不仵之辭相應，總之在戰國末期，不論是惠施、公孫龍或別墨諸子皆以辯而起家，莊子有鑒如斯，乃於〈齊物論〉中對巧辯立辭作一宣判，俾終止辯論本身為目標，但在《荀子‧正名篇》，則以匡正名實為職志，將視名辯為妖辭，而欲有所糾正，俾以匡正人心，此正莊、荀二子有覩於辯說之事實，而表現為二種絕然不同的態度，亦正表現儒道二家超世入世差異之處。

總觀荀子對辯說之態度，端求其合乎大理，不必合乎名家之巧飾，以今日形式邏輯的法則而言，凡合乎形式邏輯法則者，固未必一一合乎事實，此對稍攻邏輯學之人必洞若觀火，無可隱諱。因此，荀子不是一個名家，但卻是個正名者，以辯說必以志義為準，苟玩巧辭而傷志義，則寧可不辯，寧可不說。

按孟荀二子均擅長辨說，孟子且說予豈好辯哉，予不得已也（見《孟子‧

滕文公下》）蓋孟荀二子皆生當亂世，夫亂世之亂，未必即專指殺伐之禍，亦係指公理泯滅，人心萎靡，大道不明，是非不彰，道德混淆無所適從之謂，故二子均以正名自任，繼紹孔子之遺志，一求聖王之大道內住於心，一求禮法之規約，以匡正人之行為，此正二子異時而同心，雖所趣不同，但皆欲撥亂反正，以收匡正之功也。

總觀荀子辨說之最高原則，厥在藉辨說以明大理，以收隆正之功，固不如名家或別墨諸子，端在剖析名理尋章摘句，玩弄於名辭之間，雖得析理之小巧，卻反使大道大明，是非混淆，而落入名言障中而不自知，此正荀子深惡痛絕的所在。

荀子認為凡言不合先王，不順禮義，謂之姦，言雖辯，君子不聽，姦言起，邪說僻辭，流統無窮，或用名以亂名，或用實之亂名，或用名以亂實，名實亂，一切皆舛，三亂惑天下，故須辯說也。因此要做為一個誠士，有時不得不言，此正如孟子所發揮的道德勇氣一樣，故荀子說：「法先王，順禮義，黨學者，然而不好言，不樂言，則必非誠士也。」（〈非相篇〉）

孟子之不得不辯，乃仁心之不得已，荀子所認之非誠士，亦即無仁心之輩，故辯說之最高原則乃根於仁，因此荀子特別強調以仁心說，以學心聽，以公心辯。誠士者必根於仁，故能聽之以謙虛，而知是非之何在，而期委曲引轉之，是以荀子主張以同情的態度去瞭解對方，庶幾不致以私心固步自封，蓋居仁由義，方能致虛而公，故辯說務當以「仁」為本，凡邪說流言，必皆出于私，故辯說之不仁自不能動人之良知，而產生正覺，故荀子特以仁為辯說之大本。

辨說除仁為大本外，其次亦當以「智」為舉，故曰：「智者明于事，達于數」，又說：「語曰，流丸止于甌臾，流言止於智者。」（〈大略篇〉）〔註21〕

夫智者必能截斷眾流，不為世惑所困，智光普照，以達無礙之境，蓋智者之用，一能守名理，二在明層次，釐清範圍，催邪顯正，而建構其清明之理性系統，使明白無隱，此智者之全體大用也。孟子亦以「始條理者，智之事也。終條理者，聖之事也。」（〈萬章下〉），是孟子乃重知言為集義養氣之始，至於孔子則直截了當謂：「舉直錯諸枉，能使枉者直」（〈顏淵第十二〉），觀乎二聖旨意莫不以仁智互生，仁能生智，智能利仁，金聲玉振，終始其條理，故能集義理之大成。

荀子與孟子在辯說方面有一共同之原則，即皆反對以琦辭怪說之詭辯，

〔註21〕甌臾為瓦器，揚子雲《方言》云：「陳魏宋楚之間，謂罃為臾，甌臾謂地之坳坎。」

去紊亂名理之層次，辯說之道，務使名實不相亂，以免欺惑愚眾，故辯說以仁爲本，智之爲用，則在輔仁。一爲批判，一爲建構，前者在釐清範圍，摧邪顯正，後者在彰顯系統，而明其底蘊，此即仁智雙彰之辯說系統。

荀子在〈正名篇〉鑒於詭辯有害天下之太平。故要正名實，此乃承受孔子正名思想之傳統，故荀子特別著重論理的反省，在其思想上與莊子有相通之處，但卻與別墨、名家諸子有天壤之別。荀子不重純邏輯之興趣，故在其哲學思辨上，未將正反兩個矛盾概念，在更高的階段上求其調和統一，而僅止於實用的範疇，此亦即儒學思想對辨說的特色，而辨說的風氣在荀子之後，亦在我國消聲匿跡，此蓋荀子提倡爲明理而辨，不在於爲辯證術而辯之緣故。苟無荀子提供對論理之反省，則名學諸子間之巧言飾辯，必致混淆天下人心，而不得廓清之機會，此亦荀子重實踐理性而歸之於道德學問，而一反空疏不實之論辯，由是荀子由仁智雙彰之存養，終歸趨之於大勇之事實，故曰：「不動乎眾人之非譽，不治觀者之耳目，不賂貴者之權勢，不利傳辟者之辭。」（〈正名篇〉）〔註22〕

在荀子看來一個有大勇的人，必係仁且智的人，以仁存心，以智爲用，不以眾人之是非而動吾心，故貴有明辨之能力，獨持自正之辭說，不以一己之辭辯誇眩於眾人，以沽名釣譽，更不以詭辭巧辯去迷惑眾人之耳目，故荀子在〈正名篇〉強調辨說之道，貴公正而賤鄙事，是士君子之辨說也。司馬談在《評六家要旨中》，曾對名家有中肯之評述，氏謂：「名家苛察繳繞，使人不得反其意，專決於名而失人情。」故曰：「使人儉而善失眞，若夫控名責實，參伍不失，此不可不察也。」司馬談此所謂苛察繳繞，即太過於嚴名纏繞，拘泥名句，而有穿鑿附會之意，但名家之儉覆名實，亦自有其邏輯功蹟在，自不可隨意抹煞也。

第五節　荀子論謬誤的根由

按近代理則學中有專章討論謬誤之原因，其中有實質的謬誤和形式的謬誤等等，荀子名學系統中，亦曾對謬誤加以論述，但荀子之論謬誤之根由，主要在根據其心觀之看法。荀子以虛心、專心、靜心爲求道與觀察事物之張本，因「心之所可中理」實不易做到。

荀子以觀察正確與否，主要在乎此心能否守道，故云：「故心不可不知道，

〔註22〕不治觀者之耳目，原文爲不治觀者之耳目，王念孫曰：「治字義不可通，治當爲冶字之誤，不冶觀者之耳目，謂不爲妖辭以惑眾人之耳目之謂。」同註19。

－28－

心不知道，則不可道，而可非道……心知道然後可道，可道然後能守道，以禁非道。」（〈解蔽篇〉）

荀子特別著重此心虛壹而靜的狀態。故云：「虛壹而靜，謂之大清明。」（〈解蔽篇〉），然如何達到虛壹而靜，則在乎虛，在乎靜，在乎專一。所謂專一，即不以夫一害此一，是謂之大壹，心有此壹，則能契合於道，而得大清明之覺解，方能去蔽靜觀，專心接物，而得知識。

因此，荀子之論謬誤，主要乃根據其心觀之基礎，故認有關錯誤之判斷，實由心生，故云：「人心譬如槃水，正錯而物動，則湛濁在下而清明在上，則足以見鬚眉而察理矣。微風過之，湛濁動乎下，清明亂於上，則不可以得大形之正也，心亦如是矣，故導之以理，養之以清，物莫之傾，則足以定是非，決嫌疑矣，小物引之，則其正外易，其心內傾則不足以決庶理也。（〈解蔽篇〉）〔註23〕

按荀子觀之，一切謬誤皆生於外物之擾亂五官，使官能失其正常功用，故使吾心不能知物，乃生種種謬誤，是以荀子謂：「凡觀物有疑，中心不定，則外物不清，吾慮不清，則未可定然否也。冥冥而行者，見寢石以為伏虎也，見植林以為後人也；冥冥蔽其明也，醉者越百步之溝，以為蹞步之澮也；俯而出城門，以為小之閨也，酒亂其神也……故從山上望牛者若羊，而求羊者不下牽也，遠蔽其大也，從山下望木者，十仞之木若箸，而求箸者不上折也，高蔽其長也。水動而影搖，人不以定美惡，水勢玄也，瞽者仰視而不見星，人不以定有無，用精惑也。有人焉，以此時定物，則世之愚者也，彼愚者之定物，以疑決疑，決必不當，夫苟不當，安能無過乎。」（〈解蔽篇〉）

是按荀子觀之，一切謬誤，皆來自外物擾亂五官，使我們的官能失其作用，故使吾心不能知物，遂產生種種之謬誤。此種謬誤在現代邏輯看來乃屬實質謬誤之一種，至於形式不當運用之謬誤，荀子則未嘗列舉。蓋荀子之名學系統，尚難與當今論理學體系相提並論故。

我們的知識因我們觀察的偏差而生謬誤，因此荀子乃提出如何取代的標準，此種標準在對事物方面，固應詳予觀察，以求正確，惟對於倫理學說方面，則應預設一「止諸至足」的標準，此種標準即為「法聖王」，故荀子謂：「聖也者，盡倫者也，王也者，盡制者也。」（〈解蔽篇〉），故學者之為學，固學止於

〔註23〕〈解蔽篇〉所云其心內傾，則不足以決庶理矣，按盧文弨曰：「庶理宋本作廳理」，參王先謙《荀子集解》，頁267。

此至聖之域，以此「至聖之域」，爲一切倫理學說之典範，遂不至爲邪說所乘。

荀子所稱之妄人，乃以有人至老猶不知錯，而仍固執一己之謬見，是爲與愚者若一；故學也者，固學知其所止，此所謂所止，乃止諸至足，在荀子看來所謂至足，即效法聖王之制。故學者當以聖王爲師，法其所法，以求其統類，以聖王之心思爲準繩，做爲後人的規矩，此爲荀子所倡的教育捷徑，惟循乎此，方可使我們的知識不至走向偏差。

參酌當今邏輯學中論謬誤之觀念而言，荀子所重者厥在道德倫理方面，而對純形式邏輯方面之結構謬誤，則罕言之，是其所說的謬誤，乃重在認識心方面的偏差，故補救之道，端在匡正人們的認識心，以增強認識能力，此顯係在荀子知性主體的體系中，所必然的結構。荀子認爲「萬物爲道一偏，一物爲萬物一偏，愚者爲一物一偏，而自以爲知道，無知也。」（〈天論篇〉），此蓋荀子認爲謬誤之所以發生，乃在此認識心之偏差，即被外物之一曲之見所扭，而未得其全、其粹、其盡所致。故荀子在〈天論篇〉中且批評愼子有見於後，無見於先。老子有見於拙，無見於信。墨子有見於齊，無見於畸。宋子有見於少，無見於多。以荀子看來，皆是囿於一偏之見，遂致產生謬誤也。

第六節　荀子對認識心的探討

荀子在知識論上可以說是理性與經驗的合一論者，一方面既強調證驗的必要，另方面亦承認理性的功用。其學說體系可說是基於心理學的觀點以論知性主體的關係者。

荀子一方面著重由感官之徵知爲本，同時亦確認心官爲一切感官之總樞紐，爲一切同類綜合判斷之依據，設無心官之綜合作用。則其他感官之知，亦無所發揮，故荀子以心爲知性主體，爲思維之中心，爲知能之源，且以心操持一切，有自主自發自動之本能，故稱爲天君。故云：「心有徵知、徵知、則緣耳而知聲可也，緣目而知形可也。然而徵知必將待天官之當薄其類，然後可也。」（〈正名篇〉）

荀子以心爲知性主體，爲思維之中心，爲知能之源，且心操持一切之思慮，有自主自發自動之本能，故云：「心者形之君也，而神明之主也，出令而無所受令。」（〈解蔽篇〉），此即明示心爲一切意志活動之統攝機關，心處於主宰地位，能思辨判斷是非，分辨事物，惟荀子此所云之心知，實乃建立在

感官知覺的綜合判斷上，以知有所合謂之智，必心動與外物相緣而生情慮，故其心知之主張實與孟子之道德本心說不同，乃是思慮與感官之知，即「精合感應」、「慮積焉，習能焉然後成」之知，亦即情意思慮之知，此種知，純由心之向外動態所生，而非如孟子之先天道德之本心說也。

荀子固由感性之知以言學，藉經驗之知以推理，但對於非感性之所能觸及的領域，則主悟性之綜合，荀子亦確認有非感官所能盡知之事物，故云：「生於室而見四海，處於今而論久遠。疏觀萬物而知其情，參稽治亂而通其變，經緯天地而材官萬物，制割大理，而宇宙裏矣。」（〈解蔽篇〉），此所云之知即不僅屬於感官，而是感官與理性推理之綜合。

此外荀子復將心知分爲二類，一爲「徵知」，一爲「兼知」。所謂心有徵知，乃緣五官而知形色，即依感官外緣所生之知覺，而所謂兼知，即指心有回憶、記憶、評判、分類之能力，可透過記憶反省分類而推理，俾兼知萬物。故云：「萬物可兼知也。」（〈解蔽篇〉），最後荀子乃強調心可兼陳萬物而中懸衡焉。故必打破成見、偏見、方能求得事物之眞相，俾常養此心清明向外，使心物相互圓融，使理無不明，而物無不彰。

荀子以萬物有其常態面，亦有其變態面，必知常達變，方得其眞，且更應博洽圓融，方不爲一隅之見所蔽，而陷於偏，故云：「治之要在於知道。」（〈解蔽篇〉），但此「道」實非生而知之者，故並非如孟子所云之「本心」。此道實乃基於經驗而爲一切判準之基礎。此「道」實乃「上取象於天，下取象於地，中取則於人。」（〈禮論篇〉），乃在乎經驗中以擷取「人所以群居和一之理。」（〈禮論篇〉），故荀子重「心」亦重「道」必須二者之相互配合。

荀子以人苟能知「道」，則必具「全」、「盡」、「一」、「兼」等之能力。「全」者指其博洽圓融，「盡」者指其無所遺漏，能通觀全局，直透徹底。「一」者指其精粹不雜，得其環樞以應無窮。「兼」者指其兼容並畜，無所偏頗，不專斷，不曲解，而得其會通處。故荀子以心必須與「道」相互契合，庶幾無訛，故吾人之認識心，首先必須透過感官之接物而得到感性經驗之知，然後配合綜合判斷之理性心，而得其全備。故荀子之知識論非純爲經驗主義，與理性主義者，實乃兼賅心物，綜合理性與經驗而爲全備之知識論。

一般論荀子者，多主張荀子爲經驗論者，殊不知荀子亦極重心觀之基礎，心除了分別喜、怒、哀、樂等心理上之作用外，更是辯證知識之總樞紐。故心爲「道」之工宰，形之君、與神明之主，但荀子基本上以心究竟不能直接和外

物發生關係，故必須透過器官和外物相接觸，然後吾心加入工作，而作認識判斷之功，故知覺之發生，必待感官接物而生感覺，然後以心體認之而得知覺，故心為辨知之主宰。荀子除了確認心有徵知之能力外，更具兼知之功，心具有回憶、記誦、聯想組織等功能，蓋感官固能提供吾人感覺，倘無以前之經驗回憶，則亦無從判斷，故荀子所用的「知」字，兼具知的作用與知的結構而言，就感覺而來之資料而言，為知覺作用之基礎，就吾人內心之判斷處而言則為知慮之基。知覺之來源沿自眼耳鼻口體等五官之當薄其類，知慮則沿自吾人思考之判斷心，按荀子本意，必待五官主管其類而後始能知覺，但五官雖當薄其類，然而心若不使焉，則亦不能成知覺也，故云：「心不使焉，則白黑在前，而目不見，雷鼓在側，而耳不聞。」（〈解蔽篇〉），「心憂恐，則口銜芻豢而不知其味，耳聽鐘鼓而不知其聲，目視黼黻而不知其狀，輕煖平簟而體不知其安，故嚮萬物之美，而不能嗛也。」（〈正名篇〉），由是可知荀子注重心知之基礎，但心之徵知仍須依靠經驗之積累，倘無以前經驗之積累，則雖有知覺能慮，亦無所判斷。如有一人，從未聞過鈴聲，一旦聞之，蓋未曾有過鈴聲之經驗，則雖有叮噹之聲，亦不知其有何意義，故感官只在提供符號形式系統，心之慮知，必透過經驗然後始可綜合判斷，故經驗中有理性，理性中有經驗，缺一皆不完整。

荀子雖重視經驗，但卻又特別指出過去經驗之危險性，故云：「人生而有知，知而有志，志也者，臧也。然而有所謂虛，不以所已臧害所將受，謂之虛。」（〈解蔽篇〉）

荀子此番教示，言簡意賅，為先哲所未曾道，卻為名理學中一重要指導原理，即教人要虛，切勿受一己過去之經驗所龔斷，教人「不以所已臧害所將受。」事實上，荀子早知人們時常以「所已臧害所將受。」故教人當以此為戒。按綜合判斷固有待吾人內心中所先存之經驗，然此種經驗乃靠記憶之作用銘刻於吾人內心之中，故云所志於心。按志也者，臧也，即記憶的保存作用，人心中輒有記憶中所保藏的過去經驗，以之作為當前知覺所將受的指導，但有時難免以過去的經驗妨害當前的知覺。一般人以為知覺猶如照相，知覺所得必與對象一一符合，事實上，卻未必盡然，知覺的成立，固有賴於過去的經驗為之解釋，但正因此故知覺往往會被過去之經驗所歪曲，而與當前之對象有所出入，故荀子特發現此一重大事實，而特教人以「不以所已臧害所將受。」故荀子雖重經驗，實亦以經驗為戒也。

荀子在知覺作用之過程中除強調「虛」外，更注重「靜」的功夫，故云：

「心未嘗不動也，然而有所謂靜，不以夢劇亂知謂之靜。」（〈解蔽篇〉），荀子此說亦知覺過程中之一大指導原則，意在教人要靜。按楊倞注云：「夢，想像也，劇，囂煩也。」依此解釋，想象雖亦出自心之創作，惟多以舊日之所見而另成心象。且想象與知覺實大有區別，而常人心中時常分辨不清，總以想像所得爲親身所經歷者，此乃導引知覺謬誤之關鍵，是不可不慎，故必以靜處而闢錯覺，此實乃荀子知識論的一大特色。

第七節　荀子名學思想平議

我國論理思想雖發展於春秋戰國時代之名家，大成於別墨諸子，但以之比擬於希臘亞理士多德時期的形式邏輯或近世萊布尼茲之數理邏輯，抑或當代之符號邏輯，以及印度因明學之系統，則仍有天壤之別。

因爲國人的思想習慣乃重實效，不重拘泥形式，故不肖爲形式上的爭辯，但春秋戰國時期名家諸子莫不重巧辭辯飾，故管子在當時曾評之謂：「行辟而堅，言詭而辯，術非而博，順惡而澤者，聖王之禁也。」（《管子・法禁篇》）漢時在劉安著作中，亦有同樣的批判：「衹文者，處煩撓以爲慧，爭爲詭辯，久稽而不訣，無益于治。」（《淮南子・齊俗訓》）這些都是對名家巧飾詭辯的反動。

按名家之所以興起，原有其社會時代之背景，因東周以後禮的崩潰，名實混亂，於是爲代「禮」而興起的新秩序，以及爲新政治統合原理的探索，乃產生了諸子間爲求全而起的辯論。其中就自然而然地產生了對名辭的自覺，並透過名辭所做的反省而對現實情勢問題作一種認識上的肯定，因而遂產生了名家的諸般學說。

孔子在當時亦提出正名的主張，但孔子之正名，乃對於興禮樂、正刑罰之基本政治原則，作一番確定，並不是對所謂萬物的名，作一番論理上的辨正，其正名的主要動機與其說富有邏輯上的意義，無寧說是對禮樂所支撐的社會秩序作一番澄清的功夫，當齊景公問其爲政之方時，孔子答以「君君、臣臣、父父、子子」之語（《論語・顏淵篇》）由是可確知孔子正名之義，多在釐定倫理關係的常規，而與鄧析、公孫龍等名家在範疇上有所差異，雖其主題同爲「名」，但處理之方向卻恰好相反。

荀子在正名篇內繼承孔子的志業，故其雖對論理上有所主張，但其旨趣與名家迥異。孔子對於邪說採取摒棄的態度，有人批評孔子富有仁德但不善

於辯論，孔子卻答以：「焉用佞，御人以口給，屢憎於人」（《論語・公冶長篇》）孔子認爲善辯非必要，且謂：「巧言亂德」（《論語・衛靈公篇》），又說：「巧言令色，鮮矣仁」（《論語・陽貨篇》）孔子將巧言認爲有損仁德，繼之又舉出「友便辟，友善柔，友便佞」爲損者三友（〈季氏篇〉），孔子堅認「利口之覆邦家」（〈陽貨篇〉），故於《論語》之中斥善辯者爲佞者，以口給、利口、巧言、便佞稱之。

　　荀子除在正名篇中對論理之說有所主張外，在〈解蔽篇〉與〈非十二子篇〉中亦多所陳說，荀子在論理上的基本態度是反對名家的，荀子之說不在辯辭析理，乃重在對於名辭的自覺與反省，以及透過名辭所做的有關現實認識的問題，故其旨趣與名家諸子不同。荀子在求君子之辯與小人之辯的分野，君子之辯在乎隆理達道以求全盤的認識，小人之辯在乎巧言、便佞、尋章摘句，徒有口慧之稱。故荀子之名學非屬於「名家」型的範圍，但就實質的意義方面而言，荀子在儒家中卻最具代表名家之學說者。

　　荀子在〈非十二子篇〉開宗明義的說：「假今之世，飾邪說，文姦言，以梟亂天下。矞宇嵬瑣，使天下混然不知是非治亂之所存者，有人矣。」又在〈解蔽篇〉開首說：「凡人之患，蔽於一曲，而闇於大理」，荀子此所謂蔽，即指不能通明，而滯於一隅之見，故一曲之士，蔽於小知而昧於大局，是荀子所斥爲曲士者也。荀子認爲譎詭之言訐委曲說，虛而不實，但見於瑣細之論，而昧於通達之知，是其所見不高，以小害大，適足以梟亂天下人心，故荀子特別宣稱「夫堅白、同異、有厚、無厚之察。非不察也，然而君子不辯，止之也」（〈修身篇〉），荀子在此感覺到「窮無窮，逐無極」之愚，以及無此必要之故。

　　荀子辯說之最高原則爲君子不辯，但對於邪說與詭譎之言則主張「君子必辯」，但此「辯」與小人言險之辯有異，而爲言仁之辯。故荀子在〈非相篇〉特別強調：「凡言不合先王，王順禮義，謂之姦。言雖辯，君子不聽。法先王，順禮義，黨學者，然而不好言，不樂言，則必非誠士也。故君子之於言也，志好之，行安之，樂言之，故君子必辯」（〈非相篇第五〉），荀子在此揭櫫了言辯的標準，認爲做爲一個君子，一個誠士，對於違背正義公理之邪說竟然三緘其口，則有失誠士之風，故竟大聲疾呼，認爲：「易曰括囊無咎無譽，腐儒之謂也」（〈非相篇〉），按此所謂括囊無咎無譽，原係《易經・坤卦》六四之爻辭，教人晦藏其智，如結囊口，不可任意造次，須謹慎自守，勿輕易發言之謂，然而荀子在〈非相篇〉中所引對《易・坤卦》之批評，並非反對《易

經》對《易・坤卦》六四之爻辭之原義，但責若干不能圓通之士，死守經義辭句，而闇於大理，不能順時而適中，而得其時用之大義，故斥此輩三緘其口之人，乃昧於大義，不通時務，是爲腐儒之輩，不足效法之謂。

故觀荀子言辯之原則，在基本上乃是守仁存義的，然於不得不言時，則人人當就「君子必辯」之原則，挺身而起，奮勇有爲。蓋君子之辯，乃定天下是非之封界，亦分職名象之所起，故不可不愼，但天下是非根本之基準爲何？荀子則認係體之制割大理，至於堅白同異之察，則入焉而溺而無補於人世。

荀子認爲「凡議必將立隆正然後可也，無隆正，則是非不分，而辯訟不決，故所聞曰，天下之大隆，是非之封界，分職名象之所起，王制是也。」（〈正論篇〉），荀子此所謂的隆正，即是指中正與大中之理，凡有所辨說必合乎中正與大中之道，而謀求秩序的建立，其目的在於使「其民莫敢託爲奇辭以亂正名」，其結果則欲達到「壹於道法而謹於循令。」故荀子憑王者或是王者之名所做的制名，均在求新的禮的秩序之確立，因此〈正名篇〉中所謂之「名」，並非似《墨經》中之指謂物性，或辯析定義之謂。

荀子無意於純邏輯體系的建構，雖其論理學說曾釐訂單名、兼名、共名、大共名、別名、大別名等，但此乃徹底表示對事物概念大小關係的釐定，以一字表現單名（如馬），二字表現兼名（如白馬）即所謂複合名辭，又以概念外延量之更大者，稱爲共名或大共名。相反地，以表示概念的類別關係者爲別名，或大別名，此皆非就事物本身加以一一命名，不過將已有之名予以概念分類，使之富有秩序範疇，以便分類列學。

按《墨經》所謂之名，在〈經說上〉曾謂：「達、類、私」。「達名」爲萬物之通名，例如物，即指一切物，爲最普通之實名，故以最普遍之名名之。「類名」爲一類之名，例如動物、植物、人類、牛、馬羊等等，凡具有同一類之實，都應以此類之名名之。「私名」爲一人或一物所固有之名辭，如「臧」爲一人之固有之名，即爲私名，僅此一個體可用。總括言之，所謂「達名」即是有實必得之名。「類名」即若實也者，必以是名也。「私名」者即是名也，止於是實者。（《墨子》卷十）

《墨經》邏輯思想之主要精神在乎「以之名學彼實」，在於將物之實況，做即物性之描寫，其所謂名，必先有以構成名的直接內容之物的實在，故所謂私名乃透過類名而包涵於達名之中，最後從屬於同質事物之世界中。

荀子所謂之「名」，雖亦從其實之同異，然乃依據「約定俗成」而確立其

實名，而名者之最後表現，實爲規定民心之依據，故荀子認爲：「名無固宜，約之以命，約定俗成謂之宜，異於約，則謂之不宜。名無固實，約之以命實，約定俗成，謂之實名。」（〈正名篇〉），且在荀子觀之，做爲認知「名」之系統性之主體，實爲吾人徵知活動之「心」，故荀子特重主體性之認識心，故言：「心也者，道之工宰也，道也者，治之經理也」（〈正名篇〉）。

故荀子之〈正名篇〉不在巧立名學之體系，反而在制約制名的樞要，若說《莊子・齊物論》之主旨，在于終止大言巧辯，則《荀子・正名篇》之立場可說是匡正名學，循名察實而嚴戒佞者之利口者。

總括而言，荀子仍繼孔子正名之餘緒，而重立名之實義，不尚幽深奧遠，此乃荀子之所缺，蓋心智之運用，固須限於經驗，但亦未嘗不遵守邏輯之法則，荀子未能及此，此正亦中國名學之遺憾，此外荀子亦未發展出純形上之推理系統，此皆因荀子過於運用經驗事物而定名辨實，以條理萬物。此雖云係荀子之缺，但正亦中國哲學之共同特色，蓋其所重者，乃名理合一之學，俾能見諸事業，形諸文化，以眞道爲依歸，不尚巧言飾辯，蓋關心世道隆污，人心邪正，此誠亦荀學之深切著明處。

惟荀子太重認識心而忽略了形上之心，蓋無知能活動之心自不能語於形上的心之充實，惟倘無形上之心以爲本，則知性之成就亦不能有其最後之歸趨，此正亦孟荀二子各有其長短，而收其相反相成之處。

第二章　荀子的天道思想

第一節　荀子天道思想的根本立場

一、孔孟天道思想的回顧

　　孔子言天乃本《尚書》一貫之主旨，以主宰天爲準，故倡敬天、畏天之立場。〈商書湯誓〉云：「予畏上帝，不敢不正。」孔子對天之態度乃承繼《尚書》一貫敬畏之精神，然孔子認爲對天之敬畏，與其在外面以敬肅之祭祀去祭天、敬天，不如在吾人內心深處去反省，來得深切著明，故有意將外在主宰天，轉化爲吾人內在靈明自覺即義理神明之天。孟子承襲發揚孔子此種精神，更本《中庸》以誠爲本的義理天的路線，獨闡樂天事天之思想，故特重吾心之靈明自省，但對主宰神明之天，仍確認其存在，故云：「雖有惡人，齋戒沐浴則可以祀上帝」（《孟子・離婁下》）。

　　孟子強調將外在之敬祀，化爲內在之靈明與自覺，透過人心之自反、自省與本心之誠，即可上配上帝，故孟子雖確認主宰天之存在，但其重點卻在德性心與義理之天。蓋當孟子之時對天之態度，已由外在之敬畏，轉化爲內在之明誠，故由敬天、畏天，轉化爲事天、樂天，且將「天與」之思想，化爲人內在之明德，認天道與人道相契，至誠則明，必可感召天人。是以孟子確認道德主體性之自顯，以人心與天心相齊，以確立其明誠之天道思想，雖以天道本身含有主宰、義理、命運三重性質，然卻以義理爲主。義理之天特以天爲至高之眞理所在，亦即大化流衍之天道，但此天道之流行，與天理之

彰顯，乃在吾人之良知與明誠中見之。必吾心之明誠與天道之本誠相互契合，方可見天理之所在。故天之意志乃由我之覺解而生，苟無此覺解之心，天道亦無法內住，故孟子之重事天、樂天、而不重畏天之威，蓋以吾心之誠明處，即可與大化同流也。此種天道本誠的思想，實為《中庸》思想的詳切發揮，而《中庸》中所言之天命，實已由《尚書》中之主宰性，轉化為義理性之命哲或教命，故天命之主旨，實在疾敬德，而重其道德心之趨向。孟子繼此而發揮道德主體性之自主與自覺，以天道非僅外在於高天，實在吾人本心之方寸中彰顯，故特本《中庸》之主旨，而建立以誠為主體之天道觀，以事天樂天，代替昔日之畏天之威，故明天意不在外求，端在一己之靈明自覺處之反省與體證。

二、荀子天道思想的根本立場

　　荀子在學統上，乃繼承孔門子夏、子弓的門系，而與繼承敦厚謹嚴的曾子學統中子思、孟子之門系，自有其不同的傾向。荀子在〈天論篇〉、〈非相篇〉，均重個人的意志力，而不重外在的他力，而且否定天道的神秘性，以天象之運行不過純任自然，人定勝天，故荀子之天道觀專於自然的意味內去解釋天之作為。荀子不以祥瑞妖孽去忖度天意，不以有意志有主宰去解釋天，對於天人相感，亦持存疑的態度。

　　按先秦墨家敬天明鬼，確認有主宰之天，孔孟亦確認主宰天、命運天，但卻將重點放在義理之天，至於荀子既不重主宰天、命運天，亦不重義理天，卻採絕對的人事論，在〈儒效篇〉中，特說：「道者非天之道，非地之道，乃人之道，君子之道」。此種不重天道的神秘性與有意志之主宰性顯為荀學的大特色，且與孔孟歷來之學統頗有迥異處。

　　荀子之天道思想，在表面上看來似受道家之影響頗深，但衡其實則又有甚大之差異，蓋老子所云之天雖倡無為而自然，但尚保持其形上的「道」的超越性，至於莊子則更將天道情意化，且特重道之內在性與無所不在，在在富有其形上的意義，荀子且因之而批評「莊子蔽於天而不知人」（〈解蔽篇〉），而認為莊子把天道看得太重，而輕忽了人為，故難免產生安天樂命的思想，荀子對此則生一激烈的反響，是以高呼「惟聖人為不求知天」（〈天論篇〉）。

　　總觀荀子在先秦儒家中最為突出，而與曾子、子思，孟子一脈之學派不同。他特用老子自然無為之天，以改正先儒與墨家之賞善罰惡之有意志的天，

但卻拋棄老莊天道無為而自化的舊觀念，而處處主張戡天役物，要人們與天地參，且要人們駕天行以為人用。

因此，天的觀念在荀子的心目中，特重自然的意味，對於歷來所信奉的有意志有主宰的天，則持不同的看法，一切天象如列星隨旋，日月遞炤，皆是自然的運行。由於天道觀點的差異，所以孟荀二子在思想上顯有極大的差別。孟子言義理之天，以性為天之所賦，人性與天性相契，此所以為孟子言性善之道德形上學的根據。然荀子所言之天，既重自然之天，其中並無宗教與道德原理，是以人性與天本無必然的關係。故荀子不就道德形上學的層次去解釋天，惟卻側重於天行的法則性，認為自然界的現象是天的作用，天遵行一定的法則在不斷的演變，故云：「四時代御，陰陽大化，風雨施博，萬物各得其和以生，各得其養以成，不見其事而見其功，夫是之謂神，皆知其所以成，莫知其無形，夫是之謂天。」（〈天論篇〉），按荀子此處所云是否確認宇宙冥冥中並無一主宰，而採純自然的天道觀；考道家所見尚以形而上之「道」去統括一切萬有。以「道」為萬有的真宰，即在道家尚且確認萬物由「道」而化生，並非純無原因。荀子在此所云之「神」字，恐非當主宰解乃當神妙言。然考若干對此之註釋，有以「不見和養之事，但見其造化之工程與成績，所以為神，若有真宰然也。」是荀子是否為徹底的自然主義者，尚值探討。〔註1〕

惟察荀子對天的思想乃其宇宙觀和人生觀的基礎，不過所側重的中心思想卻在於「天有其時，地有其財，人有其治」因而發揮「官天地，役萬物」的積極人為思想。是以詳言之，荀子的天道思想可分為三個階段：

（一）明天人之分：不與天爭職，不錯人而思天。

（二）取法天象之可以期，地宜之可息，四時之數之可以事，陰陽之和之可以治，以理人事，不僅不慕天，不爭職而已。

（三）制天命而用之，物畜而制之，應時而使之，騁能而化之，理物而勿失之，達到官天地役萬物的最高目的，故不僅僅停留於取法的階段。

由是可知荀子所謂的天，乃特重天的自然現象方面，而不重其神祕性。

〔註1〕萬物各得其和以生，各得其養以成，不見其事，而見其功，夫是之謂神。各家注釋所見略同。按清，謝墉《荀子箋釋》均按楊倞注，作「和謂和氣，養謂風雨，不見和養之事，但見其成功，斯所以為神，若有真宰然也。」又王念孫氏《荀子雜志》云：「人功有形，天功無形，故曰莫知其形，夫是之謂天功。」參謝墉《荀子箋釋》，及王先謙《荀子集解・天論篇》註疏。

蓋荀子專就自然的層次去說明天，欲人注重天人之分，而各盡其職，而排斥以往任天、靠天的思想。

尅實而論，荀子的天道觀頗受道家思想的影響，但又與道家的態度儼然有別，因為老莊的態度是無為而自化，聽任大化的自然，而荀子卻反對此種不盡人事純然任天的態度，且特別強調人為的重要，俾達於天工人成的地步。然觀荀子因重人為之功，與人事之盡，故就其為儒家傳統的立場而言，並不絕端反對古人尊天與古制，蓋按古禮而言，天道之於今有徵，而不反乎成俗者，儘可視之與今禮與人道同，自可齊類而循習之，固未必儘在排斥之列。〔註2〕

第二節　論天之分與天生人成

荀子所說的天人之分，並非反對歷來儒家所倡的天人相契，天人合一的精神，其主要關鍵乃在於天有其職，人有其分，故應各盡其當盡之職。人不能廢弛其職分而妄求天，天亦不能奪人所應負之職，故倡天人分工說。此種主張，事實上是強調人為的重要，並非一反儒家向來天人相契的精神，因天有其可知的一面，可求的一面，也有其不可知，不可求的一面，倘若廢弛人事之所當務，而妄意求天，則不但無補於事，反而因疏忽一己之努力而遭受其災，故天災之起或多因人事之不逮所致。是以荀子所重視者即此天人之分，與天生人成的觀念，至對於不可測之天，荀子但存盡力而為之態度，故云制天命而用之，即制天之所命於萬有者而為我用，雖云人可勝天，但有時天亦可勝人，是以人之所當盡者但問求之在我而已也。

孔、曾、思、孟乃多就形上與義理的層次去說明天道與人心的道德關係，至於荀子則多就自然形質的天以說明其對人生的實質關係，是以與思、孟的路線不同，彼此所側重的問題也有差異，非謂荀子本身必反對我國傳統的天人合一的形上義理。

在荀子看來，自然的天有其一定的常理和常則，且皆一視同仁，對於自然界和人生界本無厚此薄彼之分，故曰：「天行有常，不為堯存，不為桀亡，應之以治則吉，應之以亂則凶，彊本而節用，則天不能貧，養備而動時，則天不能病，循道而不貳，則天不能禍。〔註3〕故水旱不能使之飢渴，寒暑不能

〔註2〕見譚正璧撰《荀子讀本·序》。參《無求備齋荀子集成》，第三二冊，序頁2。
〔註3〕循道而不貳，據王念孫註，認循字當為循字之誤，因隸書循、循二字，字形頗

使之疾，妖怪不能使之凶，本荒而用侈，則天不能使之富，養略而動逆，則天不能使之全。」（〈天論篇〉）〔註4〕按荀子在此所見乃強調人為的重要性。苟不盡人事，則天亦不能富人。至關於一切天災人禍，則泰半由人為之不慎而起，故人不可以怨天。治世與衰世，皆因人為自身而定，故特倡「明於天人之分，則可謂至人矣」（〈天論篇〉）。按此所云之「天人之分」，並非單訓謂天人之分別，乃在於強調天人之間各有其本分耳。

在荀子看來吉凶多由人之自招，並非由天之前定，蓋天所賦予各人之機會，皆係均等，然禹以治，桀以亂，乃由為而不為，治而不治，故荀子特引》《詩》曰：「天作高山，大王荒之，彼作矣，文王康之。」（《詩・周頌・天作之篇》）此蓋引議以證吉凶多由人為而生，非純由天也。蓋「天不為人之惡寒也輟冬，地不為人之惡遼也輟廣」（〈天論篇〉），此乃荀子所以強調天有常道、地有常數、君子有常禮，欲人善盡其在我，俾順其天政，養其天情，以全其天功。是乃荀子所謂之至人。因此，至人者必係明於天人之分，而知凡事之成皆在於人而不在於天，斯為至人矣。

荀子曾評莊子：「蔽於天而不知人」，此蓋莊子心目中所謂之至人，乃「以天為宗，以道為本」者，且主張天人不相勝〔註5〕不以人勝天，亦不以天勝人。且認所謂真人，乃不以心捐道，不以人助天者，〔註6〕此在荀子看來似太過於無為而自化，是為不盡人力。按荀子之主張既強調官天地役萬物之勘天役物思想，故自不同意於莊子的看法。

夫天生萬物，成之者在人，此乃荀子天生人成思想的關鍵。然荀子亦不否認天有其不可知的一面，此不可知的一面即為天職，即不為而成，不求而得者謂之天職，荀子對此自然之天職，咸認人人皆知其所以成，而莫知其無形，故曰：「唯聖人為不求知天」（〈天論篇〉），此所云不求知天的一面乃強調天人之分、天生人成的效果。蓋就荀子以觀，物之生雖在天，然成之者則在人，若廢人為而妄思天，則雖勞心苦思猶無益也，故曰：「大天而思之，孰與

相似，參《管子・形勢篇》可知。按循為順之意，言順天時之道而無不利也。

〔註4〕脩道不貳之貳字、王念孫氏認係貣字之誤，故應修正為循道而不忒，以正楊倞本之誤。按貳字當為貣字之差，蓋貣忒同義，但按謝墉及王先謙二氏本，仍作脩道而不貳。

〔註5〕參《莊子》內篇卷四，〈大宗師篇〉。莊子以天人合德，兩不相傷，故不相勝，如是方為真人。

〔註6〕同見《莊子》內篇〈大宗師〉，莊子以心與道遊，故不捐道，按捐字當棄解，人即是天，故不假修為，不以人助天。

物畜而制之，從天而頌之，孰與制天命而用之，望時而待之，孰與應時而使之⋯⋯願於物之所以生，孰與有物之所以成，故錯人而思天，則失萬物之情」（〈天論篇〉），由此可知荀子對「天」不重其形上義，乃重其自然現象的一面，故欲人人善駕自然以爲人用。

第三節　論聖人不求知天與所志於天者

荀子既強調天人之分，與天生人成之說，以天有其職、人有其分，故倡天人分職，而唯聖人爲不求知天，蓋此不可知之天，即人力所不可及之天，夫天乃自然之造化與運行，列星隨旋、日月遞炤，四時代御，陰陽大化，風雨博施，萬物各得其和以生，各得其養以成，不見其事而見其功，夫是之謂神，皆知其所以成，莫知其無形，夫是之謂天。是此自然變化莫測之天，尤非人力所能盡參，故聖人但求之於人事所當盡者，且荀子有見於當時陰陽五行家的思想，以及帶有神秘色彩的學說，對之頗不以爲然。咸認以此種神秘的觀點去窺測天，是無疑一偏之見。蓋聖人但知盡人事以補天工之不足，何遑坐而論天，而致怠忽人爲之努力，故云「大巧在所不爲，大智在所不慮」（〈天論篇〉），是乃倡唯聖人爲不求知天之說。

但荀子對天道之觀點究非不可知論者，天固有其不可測的一面，但按其現象與法則之運行而言，顯有足堪人間之法象，是爲聖人所志於天者。故聖人之知天，乃在於順天道之自然法則，而作爲官天地、役萬物的張本。

至於知天之道，端在於明天政、順天情、全天功，俾吾人把握大自然的法則而爲人用，夫是之謂知天。故荀子說：「正其天官、備其天養，順其天政，養其天情，以全其天功，如是則知其所爲，知其所不爲矣，則天地官而萬物役矣，其行曲治，其養曲適，其生不傷，夫是之謂知天」（〈天論篇〉），由此可知荀子所謂的知天，實乃就明人事而知天道的立場去求了解。蓋聖人雖不務於知天，但見天之垂文，足堪爲人們的法式，故云：「所志於天者，已其見象之可以期者矣」（〈天論篇〉），故荀子此所謂知天，實乃把握天象、氣候、日月星辰之變化，俾敬授天時之謂，使人們順四時之序，而春作、夏長、秋斂、冬藏，順其時，理其事，俾與天地同節以人和不違天時之意。

對荀子所說的天，既偏重於自然大化之義，故自反對人們以反自然的方法去隨便揣測，因天有天職，人有人事，彼此本不相涉，是以大化本身，本不爲

而成，不求而得，故明達聖者，通乎天任自然之道，於天人之際，各有其分，而不與天爭職，但求盡其在我而已。至於天道淵深，自非人力所盡能揣測，誠如莊子所云：「六合之外，聖人存而不論。」《《莊子・齊物論》》蓋天有其時，地有其財，人有其治，夫是之謂能參，故吾人所能參者，乃本乎天之所賜，而制之而為人用，是乃唯聖人不求知天之本意。但聖人所能知之天，乃指天之自然造化與運行，但求順其序以隨大化之演變，俾使萬物各得其和與養，蓋天既有其常道，是人所能把握者，即在此天行之有常中去把握之。

夫六經不道怪異之事，子不語怪力亂神，唯從其道而順適之，故荀子乃倡順天情，安天養，和天政，俾順天之則而勿失其宜之謂。聖人者但問修人事，循造化生養之道，順守其正，俾不違天道；天則與天秩。天既已垂象以文，故萬物各得其理以生，是吾人當明其徵候，而使凡百所行莫不合乎符節，是以君子務在修己，俾德行厚知慮明而庶幾無過。

荀子以人之所能盡力者，即在目下，不在未來，其能當下竭盡職責，努力圖成，即所以期之於未來，苟未能竭盡厥職，期期然以未來相許，並寄望於渺渺之天，俾徼倖以成，則反而日退，故君子必求其在我，步步踏實，不冀人力所不可測之天。是以就荀子一方面而言，唯聖人為不求知天，另方面則又云所志於天者，以其見象之可以期者，以並非前後矛盾，乃以天有其垂象可徵，堪為吾人之記識以助治道，俾順天則而隨時把握之意。苟能順其道而行之，則無所不利，倘若違天則而行之，則莫不招致萬害。

第四節　論治亂在人不在天

孟子嘗謂：「天時不如地利，地利不如人和」（〈公孫丑篇〉），又謂「仁則榮，不仁則辱」（〈公孫丑篇〉），更進而引《詩》、《書》謂禍福無不自己求之者，《詩》云：「永言配命，自求多福。」〈太甲〉曰：「天作孽，猶可為，自作孽，不可活，此之謂也。」（〈公孫丑篇〉），由是可知孟子亦未嘗不重人為之功，咸認人間之治亂禍福，莫不由人為之所自致者。

至於荀子則更看重人為之事功，故於〈天論篇〉首言：「天行有常，不為堯存，不為桀亡，應之以治則吉，應之以亂則凶，彊本而節用，則天不能貧，養備而動時，則天不能病……水旱不能使之飢渴，寒暑不能使之疾，妖怪不能使之凶。本荒而用侈，則天不能使之富，養略而動罕，則天不能使之全，倍道而

妄行，則天不能使之吉，故水旱未至而飢，寒暑未薄而疾，妖怪未至而凶，受時與治世同，而殃禍與治世異，不可以怨天，其道然也。」（〈天論篇〉）

由以上荀子所述，可知其如何看重人爲的力量，蓋荀子天道思想之基本立場既重自然的天，與孔孟所重義理與主宰之天迥然不同。且孔子對天素持敬天、畏天的態度，孟子則持樂天、事天的精神，至荀子則一變而爲制天用天的純人事論者，倡天人分工說，認爲天的職分端在於生生萬物，而人的職分則在乎治理萬物，故禍福治亂皆非天意，悉在人爲，是乃主張善盡人事，俾利用自然以達厚生的目的。故其學說含有制天用天的說法。但衡荀子〈天論篇〉思想，雖重自然之天，然究非純任自然主義的學者，他承認天有其職，人有其分，故主張應制天之所命之萬有而善予利用，至對自然本身則應保持彼此分工的立場，彼此不可隕越，故云：「不與天爭職」，此蓋荀子思想的中心問題本在「人」而不在「天」，故其思想方式乃落實在人間的層次，欲人善把握今生而加以運用，俾免「錯人而思天」。

吾人細觀荀子之所以強調治亂在人不在天，此蓋有鑒於戰國當時陰陽五行家之思想，與五德終始之說，以爲治亂本身有其週期，悉乃前定，或出乎天意，無關乎人爲，故非人力所能左右者，荀子對此主張則力斥其非，確認人間禍福治亂悉多由人之自招，曷能任意責天，怨天，而罔顧人爲之當盡，故特云怨天者無志。

故觀荀子所倡，天有其時，地有其財，人有其治之理，可知寒來暑往，春生夏長，秋收冬藏，悉乃天道之必然，又大地蘊生動植礦物等無限寶藏，則更有待人工之治理，是以荀子云：「天地生君子，君子理天地，君子者，天地之參也，萬物之總也……無君子則天地不理」（〈王制篇〉）。

是天生萬物，理之者卻在人，因此人之職責厥在能參，惟荀子在此所說的能參乃指「能治」而言，即對天時、地利善加利用之意，並非如孔孟之「與天地參」之精神上的融合，而含有道德形上學方面的意義。

天有陰陽寒暑的變化，人即當隨時調和而適應之，俾觀象授時，藉爲民用，故人類應敬修人事，善用自然，自求多福，不可對自然存倚賴的心理，且荀子認爲天對於任何人皆賦予同等之權利，而操之者有成有敗卻在人爲之功，故云：「治亂天邪，曰：日月星辰瑞曆，是禹桀之所同也，禹以治，桀以亂，治亂非天也。時邪，曰：繁啓蕃長於春夏，畜積收藏於秋冬，是又禹桀之所同也，禹以治，桀以亂，治亂非時也。地邪，曰：得地則生，失地則死，

是又禹桀之所同也，禹以治，桀以亂，治亂非地也。」（〈天論篇〉）。

由以上所陳，顯然可知荀子強調吉凶禍福唯人自招，而與天時地利無關，而成敗利鈍端在人事而已。故其特重凡事盡之在我，乃曰：「君子敬其在己者，而不慕其在天者，小人錯其在己者，而慕其在天者，君子敬其在己者，而不慕其在天者，是以日進也。小人錯其在己者，而慕其在天者，是以日退也。故君子之所以日進，與小人之所以日退，一也，君子與小人之所以相縣者，在此耳」。（〈天論篇〉），由此益可確知荀子心目中所謂國家之治亂，個人人格之良窳，悉在人為，而與上天無關，故君子務應修治人事，不可妄賴天命而坐失其機宜。

第五節　破天人相應與災異說

我國古代術數之學大成於騶衍，據《史記》所載，齊有三騶子，一名騶忌，以鼓琴干威王，因及用政，封爲成侯，而受相印，先孟子。其次爲騶衍後孟子，乃深觀陰陽消息而作怪迂之變，《終始大聖》之篇十萬餘言。此外另有騶奭者是爲三騶。齊諸騶子，頗採騶衍之術以紀文，故齊人頌曰：「談天衍，雕龍奭」。（見《史記·孟子荀卿列傳》）。

按騶衍等陰陽家之思想觀之，認自天地剖判以來，五德轉移，治各有宜，而符應若茲，故信機祥巫祝之說，咸注意於所謂天人之際，以爲天道人事互相影響。迨及戰國，更將此種神秘思想，加以推衍，並予以理論化，而成爲天人相應之一貫宇宙觀，更騁其想像力，對於天然界與人事界之事，作種種推測，此即秦漢之際之陰陽家思想。

迨《呂氏春秋》更推衍此種天人相應與災異之說，認爲凡帝王之將興，天必先見祥乎下民，黃帝之時，天先見大螾大螻。黃帝曰：「土氣勝，土氣勝，故其色尚黃，其事則土。及禹之時，天先見草木，秋冬不殺。禹曰：「木氣勝、木氣勝，故其色尚青，其事則木。及湯之時，天先見金，刃生於水。湯曰：「金氣勝，金氣勝，故其色尚白，其事則金。及文王之時，天先見火，赤烏銜丹書集於周社，文王曰：「火氣勝，火氣勝，故其色尚赤，其事則火，代火者必將水，天且先見水氣勝，水氣勝，故其色尚黑，其事則水，水氣至而不知，數備，將徙於土。」〔註7〕

按《呂氏春秋》此文，雖未明言乃引諸騶衍之說，但據李善《文選》引《七

〔註7〕見《呂氏春秋·有始覽》名類，《四部叢刊》本，卷十三，頁4。

略》云：「鄒子終始五德，從所不勝，木德繼之，金德次之，火德次之，水德次之。」〔註8〕李善文又引鄒子云：「五德從所不勝，虞土、夏木、殷金、周火」，〔註9〕是與《呂氏春秋》之說相合，故可知其即仿鄒衍之說。

　　鄒衍以五行爲天然界中五種基本的力量，即所謂五德，每種力量皆各有其盛衰消長之時，當其盛時，則爲當運之際，故天道人事莫不受其支配，及其運盡而衰，則能勝而尅之者，必繼運而生，盛於一時，如是輾轉相乘，盛衰成敗相繼，如木能勝土，金能勝木，火能勝金，水能勝火，如是相互循環，無有止息，即所謂「自天地剖判以來，五德轉移，治各有宜。」因此，歷史上每一次人事之更迭，朝代之演變，皆順此天然勢力之自然表現。因此，每一朝代皆代表一德，其服色制度，皆受此德之支配，依此觀點，故人事天道，息息相關，此即五德終始說之歷史決定論。此種思想在漢時極爲盛行，但當荀子之時營於巫祝，信機祥之風，與陰陽家的學說，已爲當時之顯學，荀子有見於斯，乃爲儒家重振門風，樹立壁壘，作說以駁斥之。蓋荀子爲孟子之後最善於批評的學者。

　　荀子首破天心示警之說，認爲自然界的演變純是天體運行的必然現象與人事無關，至於災異則多半由人爲之不當所釀成，是與上天無涉，故當懼者應爲人妖，而非天災，懼天災而不畏人妖，是乃本末倒置，而爲荀子所不取。又觀陰陽家咸認天象與人事彼此相應，故人事將有所變動，天象必先預警，天現異兆，人間必發大事，此中最顯見者厥爲彗星與日蝕。荀子站在「天行有常」的觀點著論以破之，認爲：「星墜木鳴，國人皆恐，曰，是何也，曰，無何也。是天地之變，陰陽之化，物之罕至者也。怪之可也，而畏之非也。夫日月之有蝕，風雨之不時，怪星之黨見，是無世而不常有之，上明而政平，則是雖竝世起無傷也。上闇而政險，則是雖無一至者無益也，夫星之墜、木之鳴，是天地之變，陰陽之化，物之罕至者也。怪之可也，而畏之非也，物之已至者，人妖則可畏也」。（〈天論篇〉）

　　荀子雖非天文學家，但對天文卻具有科學的見解，認爲天象的演變有其規律可循，千古以來歷歷如是，故日月之蝕，怪星之儻現，乃歷世歷代所常有的事，與政治無涉，人當注意者是人爲的妖孽，而非天災。苟得政平人和，則雖有天災亦可合力防禦之，倘不得人和，雖風雨調順，亦難免災殃，因此，

〔註8〕參李善《文選》，〈左思魏都賦注〉引。
〔註9〕參李善《文選》，沈休文〈故安陸昭王碑文注〉引。

荀子強調天災不可怕，人妖卻極可怕，所謂人妖即人謀之不臧，故云：「苦耕傷稼，耘耨失薉，政險失民。田薉稼惡，糴貴民飢，道路有死人，夫是之謂人妖，政令不明，舉錯不時，本事不理，夫是之謂人妖。禮義不脩，內外無別，男女淫亂，則父子胡疑，上下乖離，寇難竝至、夫是之謂人妖，妖是生於亂，三者錯，無安國」。（〈天論篇〉）

　　由以上荀子所陳之人妖觀之，約可分爲三類，一爲農業經濟失調，財政措施不當，致民有飢餓之虞。二爲政治暴戾，政令乖張，使民毫無寧日。三爲社會道德解體，倫常廢弛，人心萎靡，國有此三種情形，勢必形成人妖。雖無天災之患，亦終無安國，由是可知荀子對人事之重視。

　　惟按陰陽家看來，人間有亂政，亂國，悉乃天數之所預定，氣數之所必然，終必假天象以顯之，此在荀子觀之，顯係倒果爲因之說法，乃因人事不修，勉力不時，未能未雨綢繆，有以致之，卒至禍來，無以倖免，故當懼者乃爲人妖，而非天災。大自然本身間有失調之時，然人工可補天之遺憾，苟人事之不盡，雖有良辰亦未造益也。

　　荀子以百王之無憂，皆以禮爲貫，失禮終必大亂，故云：「水行者表深，表不明則陷；治民者表道，表不明則亂。禮者表也，非禮，昏世也，昏世，大亂也。」荀子此所謂之「表」，即「標準」與「標誌」之義，認爲凡治民不以禮之常道爲標準，則必形成亂政，有亂政終必有亂國，終究與天道無涉。人行水而溺乃因水上標誌不明之故。

第六節　論卜筮與知命問題

一、談卜筮之不足恃

　　我國殷商之際凡國之大事，未嘗不訴諸龜卜，待周之世，遂用蓍草以筮代卜，按卜筮所以預知吉凶，休咎，禍福，三代以前有國者未嘗不卜，然按《尚書・洪範》稽疑之原則，並非每事必訴諸卜筮，必先訴之於公議，訴之於國士與國人，不決而後筮之，然按《易傳》所云，聖人樂天知命故不憂，凶之大者莫過於死，然有生，必有死，是又何懼之有，學《易》者所以求無大過，占卜之道在求知幾補過，苟不能補過，則雖玩占而知吉凶，天又何能佑之。故《易》之爲書，其微言大義之所存，崇德廣業之所愼，不可徒以卜

筮之書視之。易本爲君子觀過之書，〔註10〕豈止用以卜筮而已。

　　荀子曰：「善爲易者不占」（〈大略篇〉），蓋所占者象也，倘吾人心中之理，外在之行，不能與外在之象相互配合，則所占吉凶之象又曷有助益，荀子認爲「日月食而救之，天旱而雩，卜筮然後決大事，非以爲得求也。以文之也。故君子以爲文，而百姓以爲神，以爲文則吉，以爲神則凶也。」（〈天論篇〉），由以上所述可知荀子對古代若干迷信，均持反對的態度，咸認此乃對大自然的演變缺乏真正的了解，故每逢日月蝕時就鳴鼓而救之，天久旱不雨即祈禱以求之，此皆是一種心靈上惶急的表示。至於藉卜筮然後決大事，此固表示古人鄭重將事的態度，但究其實亦不過古時爲政者用於撫慰民情之一種權宜措施，做爲政事上的一種文飾，俾表明俯順民情之意，但若人事不盡，則終日坐而求天，亦終無裨益。因此由荀子所說的「卜筮然後決大事，非以可得求也，以文之也。」由是可知荀子對卜筮本未存肯定的態度，乃強調以此爲文飾則可，若敬之如神明，則反凶多吉少也。

二、談命運問題

　　荀子在〈彊國篇〉與〈天論篇〉中嘗謂：「故人之命在天，國之命在禮」。又於〈榮辱篇〉中說：「知命者，不怨天」，在〈正名篇〉中卻說：「節遇謂之命」，因此，有關其知命思想不得不加以剖析。

　　按荀子天道觀的一貫體系而言，既重自然的天運，故天不能任爲禍福，亦不能任意控制人，成敗利鈍之間純出人爲，是以君子貴能自反，蓋人事可補天工之不足，故錯人而思天，則失萬物之情。是觀荀子所說的「知命」，實乃知窮通之際，與己所當盡之務，非謂冥冥之中早有定數之謂。因此，荀子知命的思想與當時陰陽家以及漢時王充之骨命論思想並無相侔之處。且天地有常經，人間有常法，宇宙有常道，知其變通之則，而順之以時，守之以恒，盡其在我，是爲知命君子。

　　〈正名篇〉所說的「節遇謂之命」，此乃重人生之際遇之謂，按堯舜禹湯，桀紂幽厲，本非天所定之賢不肖，一切所爲，莫不由一己方寸所定，且禹有十年水，湯有七年旱，而天下無菜色者，誠乃禹湯之陳積有餘，而非天之獨厚於堯舜禹湯，而薄桀紂幽厲。故所云之「人之命在天」，實應了解作制命之

─────────────

〔註10〕有清《易學》泰斗焦循氏曰：「學《易》者所以明其象，通其辭，達其理，而《易》乃教人觀過之書」。見《焦氏易學三書‧序言》。

理，俾順守其正，以盡人所當盡之道，非謂冥冥之中早有主宰安排定數之謂。

　　然而人生際遇亦有人爲所不逮之時，孟子以「莫之致而至者命也。」（〈萬章上〉），是孟子承認冥冥之中，亦有非人力所盡能左右者，誠所謂形勢比人強。對此莫之致而至之命，君子惟有安時順處以俟命待之。至於荀子並非不重時遇之重要，但其寧可強調，「所以知之在人者」（〈正名篇〉），故君子當盡其在己，雖然人之才情和際遇未必相當，其通達與否，有時未必儘可操之在己，故節遇有順逆，人生有不可測之事故。然就荀子觀之，君子之學非爲求一己之通達，但求無愧於己，一切盡之在我，不可存凡福皆天之報價，而禍則必係天譴的看法，荀子關於此特引孔子與門人之對話，以明持定命說者之錯謬。按〈宥坐篇〉曾記：「孔子南適楚，厄於陳蔡之間，七日不火食，藜羹不堪，弟子皆有飢色。子路進問之曰：由聞之，爲善者天報之以福，爲不善者天報之以禍。今夫子累德積義懷美，行之日久矣，奚居之隱也。孔子曰：由不識，吾語女。女以知音爲必用邪？王子比干不見剖心乎。女以忠者爲必用邪？關龍逢不見刑乎。女以諫者爲必用邪？吳子胥不磔姑蘇東門外乎？夫遇不遇者時也，賢不肖者材也。君子博學深謀不遇時者多矣，由是觀之，不遇世者眾矣，何獨丘也哉。且夫芷蘭之生於深林，非以無人而不芳，君子之學，非爲通也，爲眾而不困，憂而意不衰也，知禍福終始而心不惑也。夫賢不肖者材也，爲不爲者人也。遇不遇者時也，恐生者命也。今有其人不遇其時，雖賢其能行乎。苟遇其時，何難之有。故君子博學深謀，修身端行，以俟其時。」〔註11〕

　　由荀子上述所引孔子之言觀之，可知材與遇未必相當，此與其說乃命之安排，無寧說乃節遇之不時，故荀子強調爲不爲者人也，遇不遇者時也，乃力排宿命觀，而提倡積極有爲的人事論。是以荀子之「知命」思想，實涵通觀萬有之原理，與事物之幾微，而貴能制而用之。至於貧窮通達，實乃時遇之不濟，故荀子亦持孔子之態度，但本「君子博學深謀，修身端行，以俟其時矣。」（〈宥坐篇〉）。

　　荀子在〈正名篇〉既強調「節遇謂之命」。所謂節遇，乃指當時所際遇之環境，與當值之時況，此乃自然之成數，而非冥冥中之預定。〔註12〕至於〈天論

〔註11〕按關龍逢乃夏時之賢臣，桀作酒池糟丘，爲長夜飲，龍逢常引黃圖以諫，立而不去，桀不聽，焚黃圖，因而殺之。

〔註12〕王先謙以節遇謂之命，節，猶適也。節謂所遇之時命也，俞樾曰：節猶適也，

篇〉所云，「人之命在天」，不可望文生義，而認荀子確認有冥冥中注定之天，此「天」之解釋，應按其思想體系中去求了解，事實上即指自然的成數，非謂主宰的天。

綜上所云以觀，荀子所說的知命，自非命運之命，亦非天命之命，乃時命之命，亦即本乎孔子知其時中之義。故一言以蔽之，荀子之知命思想，實乃君子自知之明，俾能自適，自節，以順大化之流衍。故在〈非十二子篇〉，荀子宣告：「古之所謂處士者，德盛者也，能靜者也，修正者也，知命者也，箸是者也」。此所謂「箸是」，乃箸定之意，亦即內心有所定守而不隨境播遷之謂，故知命君子乃知時會所當然，天道有常則有所當循，人事有所當盡，一己之有所當敬事而信，至對於境遇之不可強處，則當安時順處而不失其時宜。

第七節　荀子天道思想與儒家傳統天道觀之比較

一、與孔子天命思想之比較

孔子天道天命思想可謂直承夏商周三代，祀天、敬天、畏天之觀點，本乎《尚書》疾敬德，敬歷年，永保厥命之思想，而畏天之威，于時保之。對高高在上之昊天上帝，赫赫上帝，時存戰兢謹慎的態度，端肅其心而不敢或違。是孔子心目中之天，乃有位格有意志之大主宰。而所謂天命者，實指上天之教命與命哲，亦即上天對人之道德命令。雖然孔子答季路問事鬼神，曾謂：「未能事人，焉能事鬼。」〔註13〕對樊遲問知，則云：「務民之義，敬鬼神而遠之，可謂知矣。」〔註14〕由以上諸語表面觀之，孔子似不重祭祀鬼神之義，蓋鬼神之事，實非夫子人文教化中所重要者，故置而不論，但衡諸儒經及《論語》中之一般觀點，對昊天上帝恒存敬慎之精神，且孔子順從周道，其本身復為宋後，故並未盡棄殷人尊神之教，與天命之說。〔註15〕

猶曰是其適然者，即當值之適其遇而莫可逃者。

〔註13〕見《論語・先進篇》，季路問事鬼神，子曰：「未能事人，焉能事鬼」，曰：「敢問死」，曰：「未知生，焉知死」。按孔子在此原意乃謂非誠敬不足以事人，則亦不能事神，故非否定鬼神之存在。

〔註14〕見《論語・雍也篇》，言務民之義，猶云做人所當做之事，雖敬重鬼神而不迷信之，能如此方為智者。

〔註15〕《論語・述而篇》，〈子罕篇〉以及〈憲問〉諸篇，皆以道之將興或廢謂命也。〈季氏篇〉且云：「君子畏天命」，又《禮記・表記》云：「周人尊禮尚施，事鬼神而

但古代宗教性之天，至孔子時已逐漸式微，且自孔子後已漸將天命天道思想予以義理化，俾作爲道德力量之根源，以道德義理之超越性，內在於心，以代替外在的，祭祀的敬肅態度。迨孔子倡踐仁思想與下學上達之人格修養功夫，乃以道德之超越性與天命觀念相互融合，而乃著重人之內在道德生命的涵養，而已不重外在之祭祀了。

孔子所云之「天生德於予」，實係孔子透過踐仁而後，對天道之信心與道德之使命感，此種道德使命感，及融天德人德爲一，透過踐仁與克己復禮的功夫以達之。孔子云：「仁遠乎哉，我欲仁，斯仁至矣。」〔註16〕性與天道之貫通合一，實際上，即仁之自我實現所達到之最高境界，亦即天德在我生命中之完成，故孔子所感到的自我生命與天命的連結，實即其一己踐仁的果效，使自家性分與天命之仁，合而爲一，故其畏天命，實即本乎其一己內在人格世界中無限之道德要求與使命感。

二、與孟子天道思想之比較

孟子秉承師說，且直承子思，《中庸》學派一脈相承的思想，將《尙書》中之天命觀念，化爲吾人內在之德命，由疾敬德，敬歷年，永保厥命，轉化爲吾身之自貽哲命，是以天命不再是高高在上的外在命令，乃係我們良知中的道德命令，因此，「天命之謂性」的思想，乃將外在之命，化爲我內在的性分，而天命不僅是上天之教命與命哲，卻係指一己之德命與自覺而已。至於孟子對於《尙書》與《詩經》中所云之昊天上帝，固乃深信其爲客觀存在，惟必透過吾人主體性的踐仁思想，始可知此義理天之內住之重要性。

我們綜觀孟子所說的天，實含四種含義，孟子確認主宰天與意志天，但其本身卻重義理天，對於無可奈何之形勢，間亦歸之於命運的天，不過此殆指其無可奈何的形勢，而爲人力所不能挽回者，故云：莫之爲而爲，莫之致而至者命也。此外孟子亦以天爲自然的運行，有其自身的法則性與客觀的存在條件，爲人類生活所必需仰求者，如天油然作雲，沛然下雨，即是指此自然運行之天。

但在孟子整個的思想體系之中，極重天人相與之觀念，必將一己的小宇宙（小我）與大宇宙合一，以求宇宙大化的生命與我相契，是以謂：君子所存者神，所過者化，上下與天地同流，即此種思想的最佳說明。此外，孟子

遠之」。據此，則孔子敬鬼神而遠之，乃從周也。

〔註16〕見《論語・述而》第七。

復極重聖者氣象，所謂聖者氣象，即是達到同天境界，與宇宙合德之謂，透過盡心知性而知天的途徑，使天人不相違而契合為一。

孟子所說的盡心、盡性的態度，實即自反、自覺的生命歷程，與衷誠的體驗，由識仁、體仁、踐仁以開其端，而與天道生生之仁相互合德，蓋仁即生生之大德。天道之流行，亦即在彰顯此生生之大德，與藏諸仁，顯諸用。孔子以「性」與天道上下彼此相貫通，天道之目的即在顯仁，故孟子更進而發揮之，透過孔子踐仁的思想，使天道之仁，成為一己之德命，藉個人之盡心知性，以知天道的作為。是以孟子乃將原始宗教性的天，轉化為一己內在的德命天，由外在的祀天祭天，而轉化為內在的樂天與事天。蓋義理即天之所秉，存於吾心，以彰吾之德行。

由是可知，孟子所強調者，即將外在之天命，化為我自身之道德生命，藉著靈明自覺，以體證此種道德生命的成長與完成。蓋「天」固為極崇高，可敬畏的客體，但「性」卻係吾人內在生命之實體，透過吾人主體性的自覺，自反，自顧，使天道與吾人相契合，此亦即天命與性的貫通與融合，亦仁德在自我實現中所達到的最高體會。

孟子更進而本乎《中庸》天命之謂性之思想，以「誠」為天道之實體，由孔子之踐仁，而達明誠之境，以誠與明為完成仁德之最佳途徑，蓋仁乃天道之本體，而誠乃其作用與顯露也。是以透過極高明之廣大精微，尊德性之存養省察，道中庸之人倫實踐，以盡天，盡性，盡人，俾達致中和，天地位焉，萬物育焉之最高鵠的。

按「天命之謂性」，此中實隱含極重大的意義，即言人人皆有來自上天之最高價值實體之統會，亦即來自同一價值之根源，故人人皆秉承此同質的價值，是以人人間之道德生命，本應澈底平等，不但天人一體共融合於此仁誠之中，惟因後天明誠、踐仁之功夫，有所未盡，是以乃為人欲所蔽而隱而不彰。故孟子所著重之天道思想，乃率性之謂道，修道之謂教的上迴向功夫，又因天命之仁向下落，落入吾心，為吾人之德命，是以呸應由外向內收，由下向上提，以上契於天道之本誠，故天命之實踐，實生生之仁之道德境界之自我完成。因而，孟子所注重之天道觀，乃由宗教性之對上天敬畏，轉化為內在道德性、義理性之自我明誠與踐仁之功夫，由敬天、畏天，轉為樂天、事天，以培養一己之人格，俾與神明之天相冥契，以達君子所存者神，所過者化，上下與天地同流之境界。

三、荀子天道思想之特徵與批判

　　荀子天道思想與孔孟迥異，不重主宰天、意志天，與道德義理之天，乃一本其自然天道思想之立場，而倡天人分職與天人殊途說，蓋天乃渺茫難測，造化無窮，非人所盡能知悉，且人之所知貴有符驗，有所徵實，不徒托空言，故聖人所志之天，乃天之垂象，與天之文，亦即自然天之運行規則與原理。

　　荀子即重大化之天，不以神秘色彩視之，故對天災地變之疊起，天象之不時，皆視爲自然現象之常則，怪之可也，而畏之則非。對於《左傳》中所云之天人感應，以荀子之觀點視之，則持存疑之態度。

　　按《左傳》載：楚成王論晉重耳出亡，則謂：「天將興之，誰能廢之。」〔註17〕王孫滿對楚子問鼎謂：「周德雖衰，天命未改。」〔註18〕此皆咸信國之興亡，均由天命之例。又如士文伯對晉侯問日食曰：「國無政，不用善，則自取謫於日月之災。」〔註19〕又見宋潛公答魯侯弔大水曰：「孤實不敬，天降之災。」〔註20〕由以上所引《左傳》之顯例觀之，皆斷言天災乃生於惡政之例。又如內史過對周惠王問有神降於莘曰：「國之將興，明神降之，監其德也。將亡，神又降之，觀其惡也。故有得神以興，亦有得神以亡。」〔註21〕此殆指鬼神兆應盛衰之顯例也。

　　據《左傳》、《國語》二書所載異兆符端之事，不勝枚舉，要皆爲君王登龍或失敗之憑據。西漢以下，尤篤信此術，如文帝以日食下詔罪己。〔註22〕哀帝則以天變策色丞相。〔註23〕董仲舒天人對策之以天人相與誡武帝。〔註24〕王莽則陳符命以篡漢祚。〔註25〕班彪更以天命論警魂囂。〔註26〕又如公孫述則稱圖讖以據蜀。〔註27〕此後魏晉六朝之篡竊，無不假口天運以爲文飾，不

〔註17〕見《左傳‧僖公二十三年》載。
〔註18〕見《左傳‧宣公三年》載。
〔註19〕見《左傳‧昭公七年》載。
〔註20〕見《左傳‧莊公十一年》載。
〔註21〕見《左傳‧莊公三十二年》。同見《國語》卷一、〈周語上〉，惟文小異。
〔註22〕見《漢書》卷四，〈文帝紀〉。
〔註23〕見《漢書》卷八一，〈孔光傳〉。
〔註24〕見《漢書》卷五六，〈董仲舒傳〉。
〔註25〕見《漢書》卷九九，〈王莽傳〉。
〔註26〕見《漢書》卷一〇〇上。
〔註27〕見後《漢書》卷四三，〈公孫述傳〉。

僅上古敬畏天帝之眞義全失，且竊天命以假一己之私。

但當春秋戰國之際，破除此種天人相應之思想者，亦頗不乏人，如鄭國子產即不信神之福善禍淫，以當時預言家禆竈梓星兆火之言爲不實，故謂：「天道遠，人道邇，非所及也，何以知之。」〔註28〕

迄至荀子可說是在戰國時期，最爲破斥天道人事相關之說者，故特辨天災地變與政治人事無關，乃倡：「明於天人之分，則可謂至人矣。」（〈天論篇〉），荀子以天不過爲自然之現象與運行之法則，天固有其功用，但卻無爲而自然，且其運行自有其常道，常則，不含任何意志與目的，天對人並無任何道德之秉賦與道德之要求，純乃人爲法天之教化所致，此種無爲之天，不能獨厚於堯舜，而薄於桀紂，故人間之一切休咎禍福，悉由自招，於天無涉，苟能盡人事之當盡，則天何從稼禍於人，故云怨天無志。

荀子認爲歲旱而作求雨之禱，日月有食，則鳴鼓敲鑼以救之，或臨大疑以卜筮決大事，此皆人間之順人意以文飾政事而已。在明察君子視之，殆以文飾固無害，若果以之爲神祇之作威作福，而敬畏之，因而淫祀而求福，而曠廢人事之所當盡，則反而坐待天意而誤人事之功，終必大凶。

因而，綜觀荀子之天道思想，可謂乃極推崇自然的天行論者。以物換星移，四時代序，陰陽大化，風雨博施，皆無爲而自化，無爲而自成。故荀子可說是重人事而不重天命，乃如其所云：「錯人而思天，則失萬物之情。」（〈天論篇〉）

荀子之天道思想既爲純任自然，故天與人之道德生命毫無關係，是以荀子不以天道與人之性命相貫串，更倡以人力制用自然，重其實用的特質，至於有關人間之道德生命純爲人爲後天之積善全盡，原與先天無涉。

然察荀子之天道思想與不重有意志之天命觀，對我國古代政治思想與民情風俗實得失參半，且無形中有助長君主專制之趨向，蓋我國春秋以前，人主莫不以受天命而柄政，其君權之運用，一方面受天之監臨，一方面受民意之向背，故政權之施行，自有其限度，且人主復憚於天意之與奪，鬼神之賞罰，卜筮之吉凶，此外復受貴族世卿，大臣巨室之分權，故人君大有忌憚者在，未敢擅作威福。且歷代暴君皆不旋踵而滅，此殆爲天意與人意之所共趨。

荀子於戰國之際，獨非天命，破災異之說，對當時迷信之氣氛大有掃除之功效，此固爲其貢獻，但亦因此而使古人限君之重要主張一一被破斥殆盡，且復乏君民共守之制度，是以，荀子乃以「禮」代之。然按老子觀之，禮者

〔註28〕見《左傳‧昭公十八年》載。

忠信之薄〔註29〕乃失仁失義而後興者，無怪乎荀子思想至其門人之時而流入了法家之尊君與任權之趨勢。

吾人衡中國傳統之天道觀，乃持有意志，有位格之上帝思想，此殆見乎《詩》、《書》、《左傳》、《國語》等處，班班可考，殆為不可否認之事實，今若以天道純任自然，則敬畏之心頓失，是一切天道報應之說，亦不能成立矣。然觀孔孟之尊天樂天思想，固不在乎神道設教以愚黔首，然其主要目的端在使人具有崇高的道德心靈與宇宙之全德相通，俾增進人類道德生命之擴充與存養。

今荀子竟一味將天道客觀化，視之為純自然之運行，不含任何道德使命與意義，〔註30〕因而使人天之源頭中斷，抬頭三尺，極目所見，莫非自然之日月星辰，雷電雲霧，不含任何意志，人對上天亦無任何道德責任，而禮義之存在，亦非出自個人內在生命之自覺，純係君主藉權力之教化，與後天人為的力量，因而，人之內在道德生命中缺乏靈根，復缺乏為善之動力，僅係脅於權勢而畏刑罰而萌遷善之念，是以人們所遵循者，唯有外在禮法之律例，純由外鑠而加諸人心，欲人以禮為學之極，是其純任人德而缺天德，重人為而輕所本，馴至其所云之起偽功夫，亦缺乏形上之根據，由是人之良知深處缺乏生命之安頓，更因天人中斷而導致道德生命缺乏內住之根基，此誠荀子之所未察者。

然察荀子之天道觀之所以重天生人成，天人分職之說，而偏於自然現象方面，其主要目的厥在排斥當時任天運而忽人事之疏失，且其有意破除災異與不必要之迷信，非謂荀子必否認儒家傳統天道思想，而為自然之思想家，是以荀子之自然天道觀，不可說是絕對的自然主義者。

〔註29〕見老子《道德經》下篇，三十八章曰：「故失道而後德，失德而後仁，失仁而後義，失義而後禮，夫禮者，忠信之薄，而亂之首。」

〔註30〕參《荀子集解》，〈天道篇〉注釋。

第三章　荀子心性論的探討

第一節　荀子對人性的基本觀點

一、性的定義與界說

　　荀子人性論的基本觀點與孟子不同，否認孟子所倡之先天本心說與天賦良知論，荀子以善乃後天之人爲，並非人性之本然，且同於告子之說，以「生而爲性」爲立說之根源，不以食色之性爲惡，乃以其「求之無度量分界」爲惡也，荀子從人欲之生理出發，而孟子由四端之心理出發，故彼此相互異趣。

　　簡言之，荀子所謂之人性，即人之資質素材，故云：「性者本始材朴也，僞者文理隆盛也，無性，則僞之無所加，無僞，則性不能自美。」（〈禮論篇〉）

　　王先謙《荀子集解》引郝懿行說：「材，當爲樸，樸者素也。言性本質素，禮乃加之文飾。」因此，性者，實即人之資質素材爲生來所具有。是乃天然之成就，爲生之所以然者，是即包括生理欲望食色之性，以及天官本能耳聰目明之性，皆係生而本然者。

　　但吾人總括荀子言性之界說，可得其兩層意義：其一即「生之所以然者謂之性」（〈正名篇〉），此所云之「生之所以然」，實乃就生理層面所推進之說法，蓋人皆有求生之欲望與本能。然生何以所以然，荀子則就其經驗論之性格，而推知爲乃大化之所流衍，而爲生而俱來者。

　　其二，則較「生之所以然」更落實一層的說法，亦即「性之和所生，精合感應，不事而自然，謂之性。」（〈正名篇〉），此實指天生而來本然之性，再加上心理生理層次相和合而生之「性之和所生」，亦即指官能與外物相接觸

時，所起的精神反應，如飢覓食，渴就飲，目辨色，耳辨音等皆是。蓋此些本皆是不必經過人爲之學習，其本然即已如斯者，故云：性係不事而自然者。

以上二者之分別，前者似較具生理之作用，後者則較重心理之因素，故梁啓雄氏在其《荀子約注》中，即認爲「生之所以然者謂之性」乃指天賦之本質，而具生理之性而言。而「精合感應」，則指精神與事物相接，所起之心理反應，故爲天賦之本能，亦即心理之性。〔註1〕但總觀荀子言性，實即包括生而俱來的生理與心理的本能素材而言。由是可知荀子乃循告子「生之謂性」之同一思路，以性者，天之就，亦即生之所以然者。是即包括生理欲望食色之性，以及天官本能目明耳聰之性，皆係生而本然而非後學而能的。

二、性之本質與功能兼論性情欲的相互關係

荀子所說的性，既爲天然所賦的資質素材，生而本然，但性之功能，卻有待情和欲的表現，故云：「性者天之就，情者性之質，欲者情之應也。」（〈正名篇〉）

荀子在〈正名篇〉中，曾將性、情、欲三者予以界說，但吾人應了解者，在先秦思想中，情與性本乃同質而異名，且時相互用，故荀子雖將「性」、「情」二者予以分別定義，但在其全書中，則恒見其將情性二字彼此互用，且荀子不重嚴格的形上分析，乃就經驗層面，而作現象之分解，故其對「性」與「情」之形上分別亦不甚嚴格，僅曰：「性者，天之就也。情者，性之質也。欲者，情之應也。」由是可知，性以情爲其本質，而情卻以欲爲其表現。但荀子又在〈性惡篇〉中對「情」字加以定義，其謂：「性之好惡喜怒哀樂謂之情。」又謂：「夫好利而欲得者，此人之情性也。」

由以上荀子所言，可知其將「性」、「情」之形上義，與形下之作用義，合而不分，既以情爲性之質，又以情爲性之用，是本質與作用同體，故可知其所云之情性二者本密不可分，所謂「情」者乃「性」之質，按楊倞《荀子注》中曾釋曰：「性者，成於天之自然。情者，性之質體，欲又情之所應，所以人必不免於有欲也。」〔註2〕是按荀子所見，性乃天賦之自然傾向，此傾向

〔註1〕參梁啓雄著《荀子約註》，〈正名篇〉，頁309。梁氏以「生之所以然者謂之性」，此「性」字乃指天賦的本質，即生理上的素質。至於「性之和所生，精合感應」，梁氏則以：精合者指精神與事物相接。感應者，指事物感人而人應接之。故荀子所言之「性」字，實包括生理與心理二者之天然作用而言。

〔註2〕參楊倞《荀子註·正名篇》。又見王先謙《荀子集解》，卷十六，〈正名篇〉第

中自包含食色之情，與喜怒哀樂之情。前者則屬於生理層次，後者則屬於心理層次。

　　性既以情爲其本質，是捨情之外無法顯性，於是情與性，不僅同質，且亦同位。荀子既重性因情顯，無情不足以顯性，是以曰：「性之好惡喜怒哀樂，謂之情」。（〈正名篇〉），易言之，必透過情之動，亦即在好惡喜怒哀樂之過程中，始能彰顯其性。此所謂「質」者，實即表達「性」之能力，亦即肯定在「性」中原本存有好惡喜怒哀樂之能力，使目能視，使耳能聰，五官各當簿其類，而各得其不同之情，故感官接物而有感覺，有感覺始有情，而生官能之反應，有反應便有所動，遂生所欲，故云：「欲爲情之應」。易言之，欲者亦即執行情之趨向，故云：「以所欲爲可得而求之，情之所必不免也。」（〈正名篇〉）

　　事實上，性、情、欲三者在荀子觀之，乃一體之三名，故荀子無形中乃就欲以說性，故云：「故雖爲守門，欲不可去，性之具也。」（〈正名篇〉），由是觀之，性、情、欲三者實相互連貫，均來自天賦本然，故不能以情、欲之多寡而衡人，亦不能以寡欲、去欲以治人矣。故荀子認爲：「凡語治而待去欲者，無以道欲，而困於有欲者也。凡語治而待寡欲者，無以節欲，而困於多欲者也，有欲無欲異類也……欲之多寡，異類也。情之數也。欲不待可得，而求者從所可，欲不待可得，所受於天地，求者從所可，受乎心也。」（〈正名篇〉）

　　由是可知荀子的基本觀點，即肯定「欲」有其存在的必然性，欲爲情之表現，更爲情之天然本能，情更爲性之實質，因而，性、情、欲三者彼此相互爲用，貫串爲一，密不可分，爲構成人性之基本實質與功用，故捨欲無以顯情，捨情亦無以見性之質。故荀子之人性論，最後乃落實於「欲」的層次，以欲爲性之基本而不可去，是以荀子人性論無形中乃肯定了欲之重要性。

三、荀子言性與告子之關係

　　我國傳統言性之說，可大別分爲三條思路，即「以生言性」，「以氣言性」，與「以德言性」之三大範疇，但在學說之發展上厥有多端，派別林立。惟大別言之，在孔孟以前皆多以生言性，迄孔孟則將之轉化爲以德言性，惟迄至漢儒乃轉而以氣說性，自茲以降直至宋儒復將氣性與義理之性（德性）相提並論，而發爲陸王程朱二大學派之說法。

二十二，頁 284。

　　荀子說性乃循告子及先秦諸家之觀點，蓋在孟子以前，舉凡《詩》、《書》、《左傳》等經籍中，皆以「生」、「性」二字互用，而泛指天生萬物之天性，如尚書中曾謂：「不虞天性，不迪率典。」〔註3〕「王先服殷御事，比介我有周卿事，節性，惟日其邁。」〔註4〕此所云之「天性」，即指生而謂性而言，而所云之「節性」，按宋儒蔡沈注曰：「即節其驕淫之性。」〔註5〕故此「性」字實乃泛指自然生命中之本能與欲望，而宜導之節之之意。吾人觀《尚書》中言性之處甚多，如伊尹曰：「茲乃不義，習與性成。」〔註6〕此顯見以習與性並言，即指自然本然之性向、性能、性好與習性之謂。

　　察我國古籍中言性之第一義，即指「生之謂性」之謂，此中實包含生理欲望，自然性向與心理情緒等屬於自然生命所構成之特徵而言。故觀告子與荀子等所說的「性」，即屬於此層次者。又道家中之莊子，亦以自然之氣化為人之性，故云：「性命非汝有，是天地之委順也。」〔註7〕是觀莊子此所云之「性」，乃重天地氣化委順之性，實亦不離就自然生命以說性。

　　吾人從史籍文獻以觀，大凡孔孟以前言性者，皆由「生而謂性」說起，蓋性字本從「生」，舉凡《左傳》中所言之「性」皆多指「生性、天性」而言，如云：「天生民而立君，使司牧之，弗使失性。」〔註8〕此所云之「弗使失性」即指使人民各遂其生，各適其性，而勿使有失之謂，是此所云之「性」，亦即指生活上之習性與欲望而言。荀子言性有得於告子及古籍中以生謂性的思路，是與思孟學派之以德說性之思路不同。蓋告子言性乃基於生物層次與動物食色之立場而論，特重其自然之傾向與性好，故多就生之欲望的立場而論，此中最大者莫過於食與色，故告子云：「食色性也」，蓋食色本身乃人之生活本能，故本無善不善之分，故以善惡悉為後天的習性，是以告子云：「性猶湍水也，決諸東方則東流，決諸西方則西流，人性之無分於善與不善也，猶水之無分於東西也。」〔註9〕又云：「性猶杞柳也，義猶桮棬也，以人性為仁義，猶以杞柳為桮棬。」〔註10〕

〔註3〕見《尚書·商書·西伯戡黎篇》。
〔註4〕見《尚書·周書·召誥篇》。
〔註5〕參蔡沈《書經集傳·召誥篇》。
〔註6〕見《尚書·商書·太甲上》。
〔註7〕參《莊子·知北遊篇》。
〔註8〕參《左傳·襄公十四年》，晉師曠答晉侯語。
〔註9〕見《孟子·告子上》。
〔註10〕全見《孟子·告子上》。

察告子立論之主旨，即以生而有之一切資質與欲望為性，此中最大者自莫過於食與色，蓋食色本身乃人生活之本能，故無善不善之分，告子且以杞柳為喻，按杞柳本乃落葉灌木，盛產於冀魯之區，告子乃借之以為喻，認為杞柳本係自然之材，本無善不善之問題，後人用之加工，以製成桮棬之厄器，故告子乃據此以論人之性質，其認人性本亦如杞柳之天生，質樸自然，至於仁義則為後天之學習，宛如將自然之杞柳，製成人工之桮棬，故告子否定仁義為天生之性，猶如否定桮棬為天然所生成一樣，是以告子以人性如杞柳之自然，善乃後天人為之加工，而非天性所必然，故特以杞柳為桮棬之喻以駁孟子。

荀子本乎告子生而謂性之立場，但不主張性無善惡，卻肯定性之傾向於惡，因性本係原始材朴乏善可陳，必經人為之整治，始可趨善也，是亦與告子所謂之主張有所不同處。

第二節　荀子論心與性的關係

孟子以心善言性善，故心性不可分，荀子則以心性為二。「性」乃生而就者，而「心」卻係認識作用之機構，以及專為思慮所成立之禮義文理與精合感應而已，是心者乃認識之心，人並未具天生之道德本心，故心者不過積習而然。雖二子所倡不同，但其重視「心」之趨向則前後一致，荀子雖肯定性惡，但其主旨卻在提倡遷善之說，然其知善，趨善之通路乃在心知，而不在「性」本身。故荀子所提之性惡論，並非其終極目的，究在乎藉心知之轉折，使之遷善。

孟子言心乃倡人之本心，亦即先天之良知、良能，為四端之發端處。荀子言心乃重認識知解之心，而為五官感覺之綜合判斷之意識之心，故二子言「心」之出發點雖不同，但其重視「心」之作用，則如出一轍。

不過，荀子雖將心性二分，但兩者間卻有密切的關聯性。荀子謂：「性之好惡喜怒哀樂謂之情，情然而心為之擇，謂之慮。心慮而能為之動，謂之偽，慮積焉，能習焉，而後成，謂之偽。」由是觀之心性固非同屬，性為生之素材，心卻係慮積能習為偽之來源，但若缺乏此能慮之心，則性當無法遷善。總觀荀子論性，其所以必性心二分，實乃受道家中莊子學說之影響，蓋以「天」為自然，以「心」為人類意識之機構，與行動之主宰，按莊子特重復其天地大道所賦之初性。而以「心」為人類後天之作用，心之滑趨攪擾，足以使人

之初性失其本旨，故倡勿以人勝天，甚且以爲人爲之知慮，足以改變大化所賦之本性。是以莊子對「心」甚爲鄙夷，以「心」爲「成心」、「機心」、「賊心」，故特云：「趣舍滑心，使性飛揚」，〔註11〕即以「心」可使「性之動」，若徒從心知而外徇、外馳、而其所爲莫非皆「僞」，當即失其當下性命之本眞。荀子雖有得莊子之旨趣。但恰與之相反，卻以「心」爲謀救性惡之通路，以此心爲認識心，但有知「道」之能力，可使人藉後天之人爲而遷善，此殆莊荀二子之不同處，按莊子者實倡復心而言性，而荀子卻係對心而言性，此乃彼此大異之所在。莊子以性通乎大道，而識心反使性飛揚，而失卻其眞，荀子卻以性本爲惡，必待識心知道而化性起僞之張本，以資匡正之。

荀子復明言心能中理，爲判斷之中樞，故倡明心以制欲，當欲太過時，心可止之，故欲雖多，無傷於治，但荀子卻忽略了心未必能保證其是否中理，因「心」可擇善，亦可擇不善，有中理者，亦有不中理者，故「心」之主宰性，並不含道德意義，「心」之主宰性，純由認識能力而來，由是荀子極重心術之患，故特倡「導之以理，養之以清」以培養吾心之清明。是以云：「心不可不知道，心不知道，則不可道，而可非道」（〈解蔽篇〉），此即明言心有選擇之能力，故應善爲培養，因而荀子之主題落在「心」上，以「心」之知「道」，去做化性起僞的基礎。故若缺乏心識之功夫，性當無由遷善，故心性雖不同屬，但卻密切相倚，尤以心之知「道」爲化性之關鍵。故欲了解荀子之人性論，對其心性之關係，不可不詳予分析俾明其梗概。

第三節　荀子論性惡之所本

荀子既循生而謂性之路線，認爲性爲天生而就，不學而成，故性爲生之所以然者。但衡荀子所言之性，實包含兩層意義，一指官能之能力，二指官能所生之欲望。如食色性也，是乃官能之欲望，而目明耳聰卻爲官能之能力，至於告子所說的「生之謂性」，則純在乎官能之欲望，未及於官能之能力，故不如荀子之周密，且荀子論性實與情，欲不可分，性以情爲本質，捨情當無以顯性，而情者復基於欲。故以欲爲情之應，故欲乃應情而生，無「欲」亦即無從顯「情」與「性」，故荀子之人性論，最後乃落實於「欲」之層次，以欲爲性之基本，而不可去，是以荀子無形中，乃以欲爲性。

〔註11〕見《莊子・天地篇》。

按食色既爲人生之所然，自爲人人所當然，此自就欲望之層次而言，固不得謂之爲惡。即目明耳聰，實乃感官之感覺作用，更不可謂之爲惡，然荀子究竟何所本以言人性爲惡？茲謹就荀子本身所言，予以條分縷析，以明其言性惡說之根據何在：

按〈性惡篇〉所陳性惡之理由不下十項，其開宗明義即謂：「人之性惡，其善者僞也。」故按荀子本意，善者乃人類後天之人爲，而非人類之本性，郝懿行釋謂：「性自然也，僞作爲也，僞與爲通，楊倞不了而訓爲矯。」〔註12〕我們細察〈性惡篇〉，據荀子直接所陳，觀其條分縷析，除其重複處外，實可得性惡之理由有如下之八項：

（一）荀子首先揭櫫人類生而好利爭奪與自私的習性，認此皆爲由官能欲望方面所帶來的流弊，故乃就此方面以言人類之性爲惡。然察欲望既爲天生而就，乃人類之本能，故其本身本不可謂惡，惟由其運用之不當，則可帶來惡的事實，荀子既認爲在人的本性中，既已先天具有種種的欲望，而當欲望不得其滿足時，則恒產生爭奪的現象，窺之人間不論古今莫不皆然。欲既爲情之應，情復爲性之質，是以在人性中自難免即具有此種先天好利爭奪的傾向與惡因，故謂：「今人之性，生而有好利焉，順是，故爭奪生，而辭讓亡焉。生而有疾惡焉（楊倞注：疾與嫉同），順是，故殘賊生，而忠信亡焉。生而有耳目之欲，有好聲色焉，順是，故淫亂生而禮義文理亡焉。然則從人之性，順人之情，必出於爭奪，合於犯分亂理，而歸於暴，故必將有師法之化，禮義之道，然後出於辭讓，合於文理，而歸於治，用此觀之，然則人之性惡明矣，其善者僞也。」

由荀子在此所述觀之，認爲人生而好利，故必出於爭奪，爭奪則必犯分亂理，而歸於暴，暴則爲惡焉。是此惡者，本乃人間現實之實例，亦人類生活中必然之現象，由是觀之，荀子所云之性惡究難言係哲學上之本體惡，不過是指一種爲惡的傾向與普徧現象而已。故荀子倡師法教化，禮義之道，有以教之，然後可出於辭讓，以合於文理，而歸於治。故荀子此所言之人性爲惡究竟是相對主義的，並非絕對主義的。

（二）第二個理由，荀子認爲世間凡百事物，其原始之樸質皆多粗劣，必待人爲加工而後精良，如玉不琢不成器，金不加冶無法成精金，故認事物之精良，皆係人爲的結果。人性亦然，其本初必頑劣不堪，須待禮義教化而後成。故云：「故枸木必將待隱括烝矯然後直，鈍金必將待礱厲然後利。今人之性惡必

〔註12〕參王先謙《荀子集解》，卷十七，〈性惡篇〉第二十三，頁289，引郝懿行氏註解。

將待師法然後正，得禮義然後治，今人無師法，則偏險而不正，無禮義，則悖亂而不治……今之人，化師法，積文學，道禮義者，爲君子，縱性情，安恣睢，而違禮義者，爲小人。用此觀之，然則人之性惡明矣。」(〈性惡篇〉)

由上述可知，荀子以自然之物以喻人性，譬如天生萬物皆本質樸，未必精細，必待後天人爲之加工，琢磨而成器，故以之轉喻人生，認亦屬必然。故荀子以人性未受禮樂教化之陶冶者，猶如金玉寶石未經陶冶，皆必粗劣，因此藉此以認人性之爲惡。

（三）第三個理由，荀子以人之善行，或行爲中之善，未必與人性本身相結合，即以「行爲」與「善」二者之間，彼此並無必然的結合關係，故荀子謂：「孟子曰：人之學者其性善，曰：是不然，是不及知人之性，而不察乎人之性僞之分者也。凡性者，天之就也，不可學、不可事，禮義者聖人之所生也，人之所學而能，所事而成者也。不可學、不可事而在人者，謂之性，可學而能，可事而成之在人者，謂之僞，是性僞之分也……孟子曰：今人之性善，將皆失喪其性故也。曰：若是則過矣。今人之性，生而離其朴，離其資，必失而喪之，用此觀之，然則人之性惡明矣。」(〈性惡篇〉)

荀子在此明言性本自然，乃不學而能者，且性之爲性，本不可與性之資質相分離，故目明耳聰乃性之本然，明不離乎目，聰亦不離乎耳。此蓋指性分中之能力而言，至於人之行爲方面，自可與其朴質之資相分離，故行爲之善否，乃屬價值判斷命題，與性之資質本身並無不可分離的關係，是以「善」與「性」亦無不可分離的理由。

（四）第四個理由，荀子認爲人的善行，本與其自然之性，或欲望恰好相反，因爲人類的生性皆好自利，故未必趨公好義，是亦證明人性爲惡，故荀子說：「所謂性善者，不離其朴而美之，不離其資而利之也。使夫資朴之於美，心意之於善，若夫可以見之，明不離目。可以聽之，聰不離耳。故曰目明而耳聰也。今人之性，饑而欲飽，寒而欲暖，勞而欲休，此人之情性也。……夫子之讓乎父，弟之讓乎兄，子之代乎父，弟之代乎兄，此二行者，皆反於性，而悖於情也……故順情性，則不辭讓矣，辭讓、則悖於情性矣。用此觀之，然則人之性惡明矣，其善者僞也。」(〈性惡篇〉)

荀子在此特別肯定人之善行常與其自然之欲望及其性分恰好相反，因爲人人皆好利欲得，此乃情性中之當然現象，即連父子、兄弟之親，亦難免時有利害衝突之處，此誠可證明人性中自私之一面，故顯見人性有惡之趨向，

其為善實有待教化而後使然。

　　（五）第五個理由，荀子認為人們常尋求為善，思慮而求至善的生活，此即可證明人性之為惡，因為人類既缺乏善行，所以必努力追求之，故荀子說：「凡人之欲為善者，為性惡也。夫薄願厚，惡願美、狹願廣。貧願富，賤願貴，苟無之中者，必求於外。故富而不願財、貴而不願勢，苟有之中者，必不及於外。用此觀之，人之欲為善者，為性惡也。今人之性，同無禮義，故彊學而求有之也；性不知禮義，故思慮而求知之也。然則生而已，則人無禮義。不知禮義，人無禮義則亂，不知禮義則悖，然則生而已，則悖亂在己，用此觀之，人之性惡明矣，其善者偽也。」（〈性惡篇〉）

　　由以上荀子所述分析以觀，蓋認人之有欲善之心，正可證明人性之為惡，因為人必追求其所缺乏的事物，如處暗室者必追求光明，處痛苦中者必求快樂，因此缺憾正可說明人必追求其現實中較好的一面。人既知其性為惡，故不願長任天性之自然生長，而不加以人為之改造，故有求知禮義之傾向，俾藉禮義以規範人性使之趨善，此正足以證明人性之為惡也。

　　然察荀子此項證明，甚為牽強，因人性苟為本惡，則何來遷善之意志。是以荀子乃採心性分立之說，以性本惡而心欲遷善之。惟由於人們企欲改過遷善。故乃彊學禮義，俾有以補過匡正。然此人為之禮義，果能改變人性之本惡否，亦足堪置疑。倘人性中一無是性，則外加之偽（修為）恐當亦無以為功。反言之，人既欲為善，何不能證明人性本善，而益欲臻於至善耶？是按荀子人性本惡說之初衷。實乃提倡藉吾心之企欲向善，俾導吾性而使之清明。亦即立一理想的道德標準，俾求努力達到之，故以未達到之當下現實狀態為惡。唐君毅先生以荀子言性惡，乃因其本具極崇高的道德理想價值，因人不能達到，故乃言人性為惡，是故必須化性起偽，以趨於善，故唐氏云：「吾今之意，以為荀子所以言性之惡，乃實唯由與人之偽相對較，或與人之慮積能習，勉於禮義之事相對較，而後反照出者，故離此「性」、「偽」二者，所結合之對較反照關係，而單言性，亦無性惡之可說。」〔註13〕

　　由是觀之，荀子實係對心而說性，以性本惡，而吾心知「道」，以知「道」之心俾欲匡正吾性之非，而使之遷善也。

　　（六）第六個理由，乃荀子據以反駁孟子所言人性本善之說，蓋荀子認為人性既為本善，則一切人間風俗習慣，道德秩序，必皆趨於正理平治，何來偏

〔註13〕參唐君毅先生著《中國哲學原論・原性篇》，頁 48～52。

險悖亂之惡行，尚存在於人世耶。且人性若既已爲善，則聖人與其教化，亦無存在世間之必要。故荀子乃駁孟子謂：「孟子曰：人之性善，曰，是不然，凡古今天下之所謂善者，正理平治也。所謂惡者，偏險悖亂也。是善惡之分也已，今誠以人之性固正理平治邪，則有惡用聖王，惡用禮義矣哉。雖有聖王禮義，將曷加於正理平治也哉，今不然，人之性惡，故古者聖人以人之性惡，以爲偏險而不正，悖亂而不治，故爲之立君上之勢以臨之，明禮義以化之，起法正以治之，重刑罰以禁之，使天下皆出於治，合於善也……無禮義之化，去治正之治，無刑罰之禁，若是，則夫彊者害弱而奪之，眾者暴寡而譁之，天下之悖亂而相亡，不待頃矣。用此觀之，然則人之性惡明矣。」（〈性惡篇〉）

細觀荀子在此立論之主旨，咸以人性苟至善，則人世間一切風俗道德秩序必皆已趨於美滿，而爭奪悖亂之行爲，必絕跡於人世。且亦可勿待聖王之治，與禮樂教化之施。故雖有聖人亦無所用其教化。然事實上則不然，今既證人間悖亂之事相繼，強凌弱，眾暴寡之事，層出不窮，故可知人性之爲非善，而爲惡明矣，故必待聖人與禮義教化有以匡正治理之。

（七）第七個理由，荀子乃就經驗論之立場，與實徵爲由，以反駁孟子人性本善說之非實，因而說：「故善言古者，必有節於今，善言天者，必有徵於人。凡論者，貴其有辨合、有符驗。故坐而言之，起而可設張而可施行。今孟子曰：人之性善，無辨合符驗，坐而言之，起而不可設張，而不可施行，豈不過甚矣哉。故性善則去聖王息禮義矣，性惡則與聖王貴禮義矣。故隱括之生，爲拘木也。繩墨之起，爲不直也，立君上，明禮義，爲性惡也。用此觀之，然則人性惡明矣，其善者僞也。」（〈性惡篇〉）

荀子在此根據人間經驗與實徵的事實，認爲人性之惡多於善，人之作奸犯科之事，層出不窮，可見孟子所倡之性善說缺乏符驗，未必儘合事實，故據以反駁孟子之性善說。

（八）第八個理由，荀子認爲人性既惡，則堯舜與桀紂同性，君子與小人同性，皆惡也，但堯舜之爲聖，桀紂之爲惡，端在其是否能化性起僞，以禮義去匡正其非。禮義者乃人爲之事功，並非人性之所然，小人之所以爲小人乃因其從其性，順其情，安恣睢以出乎貪利爭奪，慢於禮義之故。

荀子在〈性惡篇〉所陳之理由不下十端，察其主旨皆不外由官能欲望之本然以說人性爲惡，且認爲行爲中的善，與本性並無不可分的關係，故「善」與「性」並非必然相關連。且人之行善，乃與其本身之自然欲望相違，更進而說

明孟子所陳之人性本善，乃缺乏後天經驗之佐證與符驗，故遂斷言人性為惡。

　　然觀荀子對性惡說所列舉的論證，並非無懈可擊，若認為「善」未必與性相結合，而斷其為非人性之所必然，則荀子之所謂性惡之「惡」亦未嘗不可與性相分離，蓋荀子所言之性惡說，究不同於以後基督教所倡之「原罪」觀念。故人性與惡未必有此必然之連結性。若荀子完全否定人性中有可善之因素，甚且否認「善」之形上意義，則其化性起偽的主張，亦殆屬不可能，蓋豈有本性既惡，而行為獨能趨善之理。

　　荀子復認為人有求善之心，正足以證明人性之為本惡，然吾人何嘗不可證明，人之求善，正係人之本性為善，而更欲止於至善耶？夫善惡本無止境，豈能以量化衡量去強加比較，若人本性為惡，則應變本加厲繼續為惡，以致每下愈況，曷有心去知「道」以求善，若人性本善，豈有不可再求更精進之理，何竟遽認人之求善正足以證明其本性為惡？

　　是觀荀子性惡之主張，其所列舉之論證，似有欠圓滿處，但察荀子立論之初衷，未嘗不以善為出發點，莫非欲人達到重禮、重法，尊君之要求，故乃本其道德理想價值，對心以言性，使吾人認識之心，有向「道」之趨向，俾收化性起偽之功。

第四節　論心知之功能與化性起偽

一、論心知之功能

　　荀子認為人類心的功能，在乎意識作用與作為知道之判準，意識之存在，固有待天官之徵知，惟透過此種徵知之作用，如緣耳而知聲，緣目而知形，故必憑藉感官與外物之接觸，始有認識之可能。然荀子卻認為「徵知必將待天官之當簿其類，然後可也。」（〈正名篇〉），此所說的當簿其類，即指各種天官各有其專司而得其不同之知，亦即按各天官之功能，各值其當類之知。是荀子以心為各種感官知能之綜合判斷，積天官所提供之感覺系統而成為知覺作用。但荀子復強調「心枝則無知，而傾則不精，貳則疑惑，以贊稽之，萬物可兼知也。」（〈解蔽篇〉）。荀子在此處實發揮了大學之說，以「心不在焉，視而不見，聽而不聞，食而不知其味。」，〔註14〕故心之知，在乎專，不

〔註14〕見《大學章句》第七章。

可走入旁枝，否則必有所蔽而不見其功能之全。

　　荀子以心爲形君，有徵知之能，人間一切知識大都起自人對外在事物之徵知，故認心爲主宰精神作用之樞杻。故云：「心也者，道之工宰也。」（〈正名篇〉），此即說明心有主宰之能，心可通道而知之，陳奐謂：「工宰者，工官也，官宰猶言主宰。」，〔註15〕以今日哲學術語言之，即以心爲認識之主體。故云：「心合於道，說合於心，辭合於說。」（〈正名篇〉），此所謂「心合於道」，即指吾人之思考與判斷，必須與外在之事物相契合，心非離外在事物而妄思者。必待外在事物提供素材。然後吾心方能認識，而作綜合判斷。易言之，即強調吾人之認識主體，必須待與外在事物之相互際會，方得知道。荀子在此所說的「道」，並不含形上學的意義，並非天之道，地之道，實乃人之道，蓋荀子以道爲心之準則，故曰：「道也者，治之經理也。」（〈正名篇〉），又云：「道者，古今之正權也。」（同上）

　　荀子在此所云之「說」者，乃指吾人認識後，對外面之正確表達，但其所表達者，自應與心所悟於外在之道相契合，否則必成臆說。至於再進一步，欲載之於言論，自當與心中所欲說者之意，彼此相應，否則必辭不達意。荀子既強調心有徵知之能，故云：「心者形之君也，而神明之主也，出令而無所受令。」（〈解蔽篇〉），此言明心乃形體之主宰，以出令而使百體動作者，而其本身則不爲百體所使。心復有自禁、自使、自奪、自取、自行、自止等之能力（〈解蔽篇〉），此六者皆由心之所使然，所以說心爲形之君。

　　荀子既確定心之德在獨立自律，主持行事、主動而辨察物象，故思想之自由，正發端於此。荀子復以心爲理性之主體，心之行事判斷，當合乎道，故云：「心知道，然後可道，可道然後能守道，以禁非道。」（〈解蔽篇〉），按吾人之心所以能觀察萬物，在其靈明、虛靜、專一，而後方能洞觀外在之客體，以做客觀之分析；但心在作觀察作用時自爲動態的，藉著記憶、反省，而包藏萬物，然若失其清明，即不可能有所知覺作用，故荀子極重虛壹而靜的功夫，且稱之爲大清明，必有此心之大清明，方可見物知道，故荀子說：「所以知之在人者謂之知，知有所合謂之智。」（〈正名篇〉），此即強調認識作用固在人心，但必待此心與外境事物有所契合時，方成爲吾人之知覺，而方有知識之可能，是以荀子乃摒棄先驗之知識論者。

〔註15〕參王先謙《荀子集解》卷十六，〈正名篇〉第二十二，引陳奐註。又見《廣雅》釋以官爲主君也。

荀子除肯定人類之心爲「認識心」外，亦肯定「道心」之作用，認爲所謂「道心」實即人類主體性之自我反省，與道德價值之判斷與決策之能力。然此所謂之「道心」，非「人心」外尚有一道心之存在。所謂道心實即「禮義文理」，「仁義法正」之客觀標準，而非如孟子所謂之先天良知與本心之謂。

荀子以「道」做爲吾人「心」之衡準，故曰：「何謂衡，曰道。故心不可以不知道，心不知道，則不可道，而可非道，道者非天之道，非地之道，乃人之道，君子之道。」（〈儒效篇〉），由是可知荀子雖然以「道」做爲人心之制衡標準，但此「道」並不具形上之義，不過泛指一般「禮義之中」，做爲一切行爲準繩與權衡作用者。是以此「道」多由經驗而來，而非單憑懸空之臆斷。

荀子亦極重此心之誠。故云：「君子養心莫善於誠，致誠則無它事矣。唯仁之爲守，唯義之爲行。誠心守仁則形，形則神，神則能化矣。誠心行義則理，理則明，明則能變矣，變化代興，謂之天德。」（〈不苟篇〉），又謂：「善之爲道者，不誠則不獨；不獨則不形，不形則雖作於心，見於色，出於言，民猶若未從也。」（〈不苟篇〉）。

荀子以道德仁義，本非人性中所固有，乃由後天所學而成者，故所云之「道心」，亦非內在之天理，不過是主體性知「道」之心，俾使人能依之而改過遷善之謂。荀子既重心之功能，故亦甚重養心之功，乃謂「導之以理，養之以情，物莫傾之則足以定是非，決嫌疑。」（〈解蔽篇〉），故心貴虛靜無邪，專一致志，方可正五官感覺之誤謬。荀子既以心能知「道」，故可正性惡之偏邪，但荀子卻一反子思、孟子等一脈之主張，不承認道德乃由人類先天所內發，故荀子批判子思、孟子之主張，謂其「僻違而無類，幽隱而無說，閉約而無解。」（〈非十二子篇〉），蓋荀子認爲所謂道德，本係人之「認識心」在後天禮義教養中所學習而得者。蓋孟子所著重之「心」，爲先天道德心，而荀子所著重之「心」，殆不過人類認識機構與意識作用而已，此可說是孟荀二子在心觀上的大分別所在，自不可不察。

按認識心所能成就者爲知識，今荀子之心觀既重認識之心，而非如孟子所言之道德心之具有先天能力。故其所說的道德，自係由吾人之認識心所讀習而成者，亦即純由外鑠而進入吾人意識之中，是以荀子在此所主張之道德，不過是後天的積習，而非先天的能力，因此在事實上並不保證吾人在行爲上，是否確有行使道德之能力。蓋明道德之說者，未必即有實現道德之能力。孟子既以四端爲人之善根，爲先天所固有，是乃道德心之所本，故人人苟能順此善端，

則自必活出善與道德之生活。荀子既否認有此先天之「道德心」，但以此「心」為後天之認識機構，故人人但本此後天之認識心，去體道改過，俾使吾人之性分得以遷善改過而已。

二、論化性起偽與趨善

　　荀子既以人性為惡，則人之唯一趨善之可能，端在吾人之認識心之自反，俾以後天人為的努力，去糾正人性的偏向。故荀子極重積偽的功夫，因此荀子所說的「偽」，實與人性本身相對立，「性」乃天賦的傾向，不必學，不必努力，而天然成就者，至於「偽」則有待人為之學習與後天之修為。故化性起偽乃荀子補救人性由惡向善的歷程，惟化性起偽自有待聖人之教導，俾以禮義去匡正吾人之積習，導之於善，然禮義如何而起，荀子則認為起自聖人之偽，故云：「問者曰：人之性惡，則禮義惡生，應之曰：凡禮義者，是出於聖人之偽，非故生於人之性也。故陶人埏埴而為器，然則器生於工人之偽，非故生於人之性也。故工人斲木而成器，然則器生於工人之偽，非故生於人之性也。聖人積思慮，習偽故，以生禮義而起法度，然則禮義法度者，是生於聖人之偽，非故生於人之性也。若夫目好色，耳好聲，口好味，心好利，骨體膚理好愉快，是皆生於人之情性者也。感而自然，不待事而後生之也。夫感而不能然，必且待事而後然者，謂之生於偽，是性偽之所生，其不同之徵也。故聖人化性而起偽，偽起而生禮義，禮義生而制法度，然則禮義法度者。是聖人之所生也。」（〈性惡篇〉），由此以觀，荀子以人性本質樸，禮義殆為後天之人為，且亦必透過後天之人為，方可使之成聖，宛如枸木之待隱括，陶器之待埏埴之功也。

　　荀子以人天生目好色，耳好聲，口好味，心好利，骨體膚理好愉快，此實指「性之質」（情）與「情之應」（欲）而言，因荀子所說的人性，實即包括性情欲三者的連環關係。相互合一，密不可分，故此所說的性，實乃指天賦之傾向與習性而言，並不含形上學中本體之性的意義。故荀子倡聖人制禮樂以治之，此所說的「制禮作樂」乃屬人為之功，即以後天的禮義教化去匡正人性的弱點。

　　察荀子此種主張，若以道家眼光看來，則適持相反的看法，老子曾謂：「大道廢，有仁義，智慧出，有大偽。」又說：「絕聖棄智，民利百倍，絕仁棄義，民復孝慈。」〔註16〕蓋按老子視之，禮義正是失道、失德、失仁而後補救的

〔註16〕參老子《道德經》第十八、十九兩章。

功夫。若人們能永活在大道之中，則本性自潔、自弗庸倚靠禮義以矯正之。且老子向來反對人爲之矯揉造作，認爲凡以人爲匡正者必每下愈況，此則與荀子之看法完全相反。老子說：「上德不德，是以有德、下德不失德，是以無德。上德無爲，而無以爲，下德爲之，而有以爲。上義爲之而有以爲……故失道而後德，失德而後仁、失仁而後義、失義而後禮、夫禮者忠信之薄，而亂之首。」〔註17〕故荀子欲以禮義糾正性惡，在道家觀之猶如緣木求魚，誠屬下策而已。

　　不過按荀子哲學的基本立場言，「善」並非與生俱來，因而人本無善性可復，一切善皆出於僞，非出於性，故善非自然而有，乃係人爲後天之加工，故人性可化而不可復，蓋人類本無所謂善根，人類化性之道，首由於吾人知「道」之心，此心爲認識的機構，有此認識之心，方可知不善，亦唯有此心始可知聖人之教化，然後導吾人之性以向善，故苟不加人爲之功，斷無向善之可能，荀子以聖人與凡人在人性方面皆相同，唯有起僞的功夫不同，故積禮義而化者爲聖人、不積禮義起僞者乃永爲凡人。是以云：「故聖人之所以同於眾，其不異於眾者性也。所以異而過眾者，僞也。」（〈性惡篇〉）

　　在荀子看來，善非天生，必正理平治才是善，故人性必待禮義法度之正理平治，方有化性起僞的可能，亦唯有聖人始能化性而起僞，是以就此而觀之，性之可化，乃是善所由來的一個基礎，但是天下人間，人人之性是否都可藉化性而起僞而日趨於善，而毫無例外，此在荀子觀之卻認爲人性是大致相同的，人性既屬相同，則不應有可化與不可化的分別，不過卻有「可能」與「事實」的不同。換言之，荀子認爲人人皆可化性而起僞而培養其高尚人格的可能，但事實上，卻未必人人都養成了高尚的人格，然而，人人雖未必即養成高尚的人格，但卻無害於人人都有養成高尚人格的可能，問題在乎一己之心願意與否。故荀子之主張實以「心」去救「性」，但此「心」若不能虛壹而靜，靈明自省，則此心之能力亦必受蒙蔽，故荀子肯定嵬瑣者的性，也有被教化的可能，祇是不肯變化，正如小人有變成君子的可能，祇有時不肯爲君子而已。故在原則上，人人之性皆屬可化，亦都有爲善之可能，荀子在此方面曾舉例以言：「堯舜天下之善教化者也……然而朱象獨不化，是非堯舜之過，朱象之罪也。堯舜者，天下之英也，朱象者，天下之嵬，一時之瑣也……堯舜者，天下之善教化者也，不能使嵬瑣化。」（〈正論篇〉），此表明如堯舜

〔註17〕參老子《道德經》下篇第三十八章。

者實乃天下最善於教化之人，而嵬瑣如朱象者竟不爲所化，此在表面上觀之，似乎荀子亦肯定天下有不可化之性者，但荀子終究並不否認天下人之性大致上皆相同，不應有可化與不可化的分別。蓋嵬瑣者之不化，不一定是不可化，乃是逃避而不肯受化，是以嵬瑣之人，其性亦與人人相同，皆屬可化，祇是其知「道」之心，未盡受教導，故非其性之不可化，乃其心向道之不夠故，故終究應在其向道之心上面去做功夫。故云：「塗之人可以爲禹⋯⋯故小人可以爲君子，而不肯爲君子。君子可以爲小人，而不肯爲小人。小人君子者，未嘗可以相爲也。然而不相爲者，可以而不可使也。故塗之人可以爲禹則然，塗之人能爲禹未必然也⋯⋯然則可以爲未必能也，雖不能，無害可以爲。然則能不能之與可不可，其不同遠矣，其不可以相爲明矣。」（〈性惡篇〉），荀子在此，闡明了可能與事實的不相同。雖有可能，未必演變爲事實，但雖未成事實，亦無害其爲可能也。

總言之荀子認爲性與僞應彼此相加，故云：「無性，則僞之無所加，無僞，則性不能自美。性僞合，然後聖人之名一，天下之功於是就也。故曰：天地合而萬物生，陰陽接而變化起，性僞合而天下治。」（〈禮論篇〉），由是以觀，有性而無人爲之功，固不能自美，有人爲而無性，則亦失其所附加之處。是以善出於僞，僞若不存，則善亦無以生。故荀子強調，性僞合而天下治，性固爲惡，但性之可化，而不固著於惡。故荀子雖倡性惡，但卻不輕視化性以成善，察其中心主旨所在，厥在強調藉著實際的行爲。以糾正人性之不足，故善乃由實踐力行而來，並非天生而坐以待成者。蓋荀子一向重視實行，故云：「知之不若行之」（〈儒效篇〉），故善之獲得，無非藉聞知而來，乃經由實踐而獲得，故起僞實係實踐篤行之功夫。

不過在此有不可不辨別者，荀子只說：「人之性惡，其善者僞也。」「然則人之性惡明矣，其善者僞也。」故察其言只云「善者僞也」，即強調善必由力行與人爲而來，但荀子卻未云人之僞是善的，此中意義頗爲深長，不可不察。蓋善者是人爲與僞者是善，此二者之間實大有分別。善者是僞，在乎強調所有之善，必須經人爲而力行之，至於人之僞是否必然盡善，則恐未必然。故人之僞亦有其不善之時。惟不善自當予以摒棄之，此則須待吾人辨別之能力，但此辨別力必須待道德心之發動，但荀子所強調之「心」，卻偏重於認識心，此乃其體系中最大之弱點。

不過荀子所再三強調的，乃是人的性都屬可化，亦即均有爲善的可能，

但爲善必須經過一番寒澈骨的功夫，亦即透過教導督責之功，方可達到「善」，故「善」非先天而來。故此中有一問題吾人不可不察者，即聖人化性而起僞，僞又爲善之所由生，故人之起僞趨善，究爲何種力量所趨，依荀子之見，則認爲有內外二種因素，吾人認識之心，知慮之心，爲內在的因素，故云：「慮積焉，能習焉而後成，謂之僞。」此外復有外在的因素，即爲環境的力量，故云：「君子居必擇鄉，遊必就士，所以防邪僻而近中正也〈〈勸學篇〉〉，又云：「注錯習俗，所以化性也……習俗移志，安久移質……而都國之民安習其服，居楚而楚，居越而越，居夏而夏，是非天性也，積靡使然也。」（〈儒效篇〉），此即云人之習性乃後天所染，而非先天鑄成，不過天性乃生而就者。故荀子所倡之化性起僞，不但化生而謂性之欲性，更是化後天環境之習性。一則透過自己知性之反省，一則透過「聖人之積思慮，習僞故，以生禮義而起法度。」（〈性惡篇〉），故一言以蔽之，荀子之化性起僞，外則依靠聖人與聖王之教化。並藉禮法之疏導以匡正人類性分之不逮，內則藉著吾人知「道」之心以爲發動，俾作爲辨別善惡行爲之能力與化性起僞之工夫。

第五節　從道德形上學觀點論性惡問題

從道德形上學的觀點來看，惡並非屬於存有層次，亦非「自然之實體」，惡實係一種缺陷，蓋宇宙中之積極面，乃善及其作用，觀諸我國儒家典籍，如《中庸》、《易傳》等，莫不以善爲人生之積極面與追求之方向，咸認惡並非宇宙人生中之本然，且不能作爲人生願望中之對象。

西哲奧古斯丁與聖多瑪皆主張「惡」乃「善之剝奪或匱乏」（the privation or absence of a required good），[註18] 故惡本身並非一實際物，乃是事物的缺憾面，或係指一種不良的情況而言，此所謂之缺憾，乃指事物本應如此而竟不如此之謂，故應以其「能有」與「應有」爲大前提。

惡之本身固非一種實體，但若無存有物，則亦不能表現其缺憾性，故「惡」實乃寄存於存有事物上之一種缺憾。必先有一事物之存在，始有該事物之缺憾可言。故任何缺憾皆不能脫離物體而獨立存在。且惡乃與善對照之下所產生之情況，例如倘無陽光，即無陰影。

〔註18〕參奧古斯丁（St. Augusting 354～430 A.D.）著："Confess. III. 7,12, PL 32,688"，又參《聖多瑪大全》（S. the q. 48, a.1）。

　　按形上學之觀點可分爲本體惡、物理惡、及倫理惡三大種類，本體惡乃本體善之剝奪或匱乏，所謂「本體善」乃指一物之內在組織之良善，即指物之本質或物性而言，而「本體惡」者乃指物之本質上或存有本身之缺憾而言，亦即指存有物在結構上、或組織上之缺憾。其次物理惡乃指物理善之剝奪或匱乏，如一物本應具備其本性所應具之條件，而竟致缺乏者，如斷手、斷腿、疾病、痛苦等是。至於倫理惡，乃指倫理善之剝奪或匱乏，即人類之行爲與倫理法則之間所應有之適當關係有所違背或缺憾而言，如人類行爲違反倫理道德，即爲倫理惡，如當作爲而不作爲，不當作爲而作爲者皆是。

　　就一般而言，惡之原因乃與善相反，故惡爲缺憾因，按我國哲學對善惡之探討，在古代典籍中，多以宇宙人生爲善之積極作用，尤以《易傳》之思想爲然。如云：「一陰一陽之謂道，繼之者善也，成之者性也。」〔註19〕又如：「天地設位，而易行乎其中矣。成性存存，道義之門。」〔註20〕如「立天之道，曰陰與陽，立地之道，曰柔與剛，立人之道，曰仁與義。」〔註21〕又如「元者，善之長也。亨者，嘉之會也。利者，義之和也。貞者，事之幹也。」〔註22〕此外如《中庸》云：「肫肫其仁，淵淵其淵，浩浩其天。」故就中國古籍中在在皆以天下爲至誠之表現，尤以先秦儒道墨三家之思想中，均以宇宙人生爲至善之表現，道家將宇宙人生一切皆上達於「大道」。儒家則上達於天命之性，墨家則尚同於「天志」，故皆以「善」爲宇宙人生之積極面。

　　在儒家思想中實未肯定有惡實體之存在。故孟子以惡之存在，其可能來源有二，一來自吾人耳目口鼻四肢感官之欲，亦即小體之欲。二係來自外在不良環境的引誘。蓋此二者皆可挦制人心，而使吾人之靈明失卻作用。但「惡」究竟是指一種情況或狀態，並非有惡之本體。故總觀孟子所謂之「惡」，實指不良的效果，即小體掩大體，物欲蒙蔽心思之謂，孟子以一切罪惡行爲，皆源於失卻「本心」與人格尊嚴之淪喪，當本心不能控制小體之欲時，人之道德心即告泯滅，而惡行亦因之而生，故孟子認爲失卻「本心」，便可爲惡。故「惡」實係良知受蒙蔽後，不能導「欲」於正，所產生之思慮與行爲上之惡果。是以總觀孟子所說的「惡」，在形上學的觀點上言之，乃指「倫理惡」而

〔註19〕見《易繫‧辭上傳》第五章。
〔註20〕見《易繫‧辭上傳》第七章。
〔註21〕見《易經‧說卦傳》第二章。
〔註22〕見《易乾卦‧文言傳》。

言，至於「本體惡」與「物理惡」，則爲孔孟所未曾道，蓋儒家之主旨，乃在人倫社會之維繫。其言天道，事實上卻不離乎人道。

至於荀子既倡生而謂性，性者乃天之就不可學，不可事。復以性、情、欲三者彼此相關連，最後乃以欲爲性之中心，故以欲之不得必爭，爭則亂，故乃倡節欲之說。梁啓雄氏於《荀子約注》中曾謂：「生之所以然者謂之性」，此「性」字實指天賦的本質，如生理學上的性。至於「性之和所生，精合感應」，梁氏則認爲精合者，當指精神和事物相接。而感應者，乃指事物感人而人應接之謂。至於「不事而自然謂之性」，梁氏則以此「性」字實乃指天賦的本能與心理上的性而言。〔註23〕但事實上荀子在此所說的性，實兼包括生理作用和心理作用二者而言，自不可強分爲生理之性與心理之性，此蓋「性」中本應具此二種因素之故。是以梁啓雄氏認荀子生之所以然者謂之性，實即包括此生理與心理二作用而言，似毋庸以性字稱之，蓋人性既本然而然，則其中自含有心理與生理之作用。至於「本質」一辭實乃形上學上的名稱，亦爲本體之別稱，與「存在」爲相對之名稱，本質呈顯存在，存在包括本質。一般而言，本質乃「某物之所以是該物而別於他物之理。中古士林哲學家多瑪斯對本質之定義謂：「本質者，乃決定一物屬於某一種或某一類之因素也。」〔註24〕至於本能則係心理學上之名稱，純指生物所天然具有之能力而言。

吾人衡理察實詳予研判，可知荀子所說之「性」，實非指形上學上本體論中所說的「本體之性」，不過乃泛指天賦中之一種自然傾向而已。故荀子所說的「性惡」，不是「本體惡」、或「物理惡」，而是指生理上或心理學之一種不良傾向而已，若本體之性爲惡，則永不能改變，若予以改變，則必失卻其原初之本質。若人性爲本體惡，則雖經教化亦當無從更改也。蓋按本體論之「本質」問題而言，一物之性，乃一物之所以成爲一物之理，若物性可變化，則此物便已不復存在因其本身必行消失，抑或已化爲他物，故荀子所說的性惡之性，當不可從形上學本體論方面予以探討，且荀子本身亦無意於作形上學之分析，故荀子所說的「性」，實指人類所有天賦中之傾向與欲望性能而言，而「惡」者乃指此傾向之不當運用而言，因此我們不必將此比擬爲形上學上本體惡之範疇。〔註25〕羅光先生認爲：「荀子所謂性惡，便不是從本體方面去

〔註23〕參梁啓雄氏，《荀子約註》，〈正名篇〉註釋，頁第309。
〔註24〕參曾仰如著：《形上學》第二章，〈現實與潛能兩原理之應用〉，頁第190。
〔註25〕參羅光先生著：《中國哲學思想史》第一冊，〈荀子章〉。

談性，而是從行動方面去談性，所以我認為荀子所謂的性，為人所有天賦的傾向，既是一種傾向，便是一種天賦之能，能的發生，常靠後天的教育和習慣，人的天賦傾向若趨於惡，人便可以用後天的努力去糾正、去引導，積成善良的習慣，使惡的傾向潛移默化，以趨於善。」〔註26〕

唐君毅先生則以荀子之言性惡，乃因其具極崇高的道德理想價值，因人不能達到，故言人性為惡，是以必須化性起偽，以趨於善。故唐氏云：「吾今之意，以為荀子之所以言性之惡，乃實唯由與人之偽相對較，或與人之慮積能習，勉於禮義之事相對較，而後反照出者，故離此「性」、「偽」二者，所結合之對較反照關係，而單言性，亦無性惡之可說。」〔註27〕

是按唐先生之看法乃以荀子之所以言性惡之說，並非基於經驗立說，實唯由人之偽相對較，或與人之慮積能習，勉於禮義之事相較，而後反照出者，蓋人愈有理想，乃愈欲轉化現實，愈見現實之墮性之強，而愈與理想成對較、相對反，人遂愈本其理想以判斷此未轉化之現實，為不合理想中之善，故為惡。是以荀子所倡之性惡，當不能離其道德文化上之理想去作單面的了解。〔註28〕

據上分析，可知荀子所說的「性惡」當不是「本體惡」或「物理惡」，實乃指人類生理上或心理上之不良傾向，而與理想相對較下所呈現的惡的現實而已，故實亦偏重於倫理上的惡而言。不過孟子從正面而言性善，而荀子卻從反面而剖析人性之惡傾向，而其終極目的皆企欲共求於善。

第六節　性惡論的根本問題與批判

荀子所持的人性觀，乃本其天道觀的思路所一脈相承而來，以天乃自然之天，故無意志，亦無所謂道德命令，至於天志與天道，不過是自然運行的律例與法則而已，故順之則吉，逆之則凶，此顯與道家思想有若合符節之處。荀子既本其自然之天以言人性，故以人性為天之所就，無為而自然，自不同於孟子所說的義理之天，與先天良心論所言之人性之具有道德形上學方面之意義。

然按《莊子・外篇、雜篇》中所載，多以陰陽大化以言天，但在〈內篇〉中所說的天道思想則頗富有情意化的趨向，其雖未如儒家之重視主宰天，但

〔註26〕參羅光先生著：《中國哲學思想史》第一冊，第八章，頁520。
〔註27〕參唐君毅先生著：《中國哲學原論・原性篇》，頁48～52。
〔註28〕參唐君毅先生著：《中國哲學原論・原性篇》，頁48～49。

在莊子視之亦確認於冥冥之中寓有造化之原理，乃本老子之主旨以道為具體的超越存有的源頭，且在莊子之思想體系中，尤重天人關係之相契，此在荀子之思想體係中則付缺如。蓋荀子所言之知天，不過指知天之法則與律例，而善加以把握而已。故天人不相涉，不相勝，而「性」者實天之就，不可學，不可事，而在人者為之性。可學而能，可事而成之在人者，謂之偽。是按此定義以觀，性即生而就者，故不可更改。但事實上，荀子所說的性，實兼含二方面的意義，即一指官能的能力，二指官能所生的欲望而已。

察荀子所言人性為惡，其主要理由不外數端，一即就官能欲望所生之流弊以言性惡，二以行為中之善與本性並無必然不可分的關係，亦即謂為善與吾人之性分無必然的關聯性，且人之為善恰與自然之欲望相違背。三以人之所以欲為善，正足以證明人之本性為惡。四以枸木必待隱括。繩墨乃為不直，故禮義之興，正為匡正性惡的根據。五以聖王禮法之所以立，正為人性之不善，人性若善，則自毋須師法教化矣，故荀子說：「故性善，則去聖王，息禮義矣。性惡，則與聖王，貴禮義矣。」（〈性惡篇〉），由是以觀，可知荀子純由人類行為之效果以證明人性之為惡。

又荀子認為孟子所說的性善，無辨合符驗，乃坐而言之，起而不可設張，而不可施行，故亦恒就行為之果效方面做為批判的標準。是以總觀孟荀二子論性，可說一為動機派，一為行為派，兩者立場相互逕庭，但就其目的而論，二者皆以善為最後的歸趨，是亦異中之同。不過吾人就荀子論性惡所陳之理由細予分析，則可得如下九項商榷之餘地：

（一）荀子言人之性惡，多就人之官能欲望方面而論，故云：「夫好利而欲得者，此人之情性也。」（〈性惡篇〉），但「好利欲得」之為欲，未必即可證明人性之為惡，必欲而不當方可謂之惡。欲既先天而來，則為人類所共有之性情，是以無欲則不足以顯性，欲可為惡，但欲之本身究不可謂之惡。

（二）荀子認為人們之所以欲向善，正足以證明人性之本不善，故荀子強調「苟無之中者，必求於外。」（〈性惡篇〉），但此種證明何不能反證，人之性本善，而更欲向善，蓋善惡本身本無止境，自不可予以量化。故善者，更可益求為善，未必即遽以證明為善乃由於其本身之不善。荀子在此不憚煩地提出若干例證認為：「薄願厚，惡願美，狹願廣，貧願富，賤願貴。」又斷言謂：「富而不願財，貴而不願勢，苟有之中者，必不及於外。」這可說是引用不當的類比推理，而且就常識層面而言，荀子之論斷亦誠有失察之處，因

爲爲富不仁，富者必力求更富。貴者，必力求得勢，何得論證謂：「富而不願財，貴而不願勢。」由是可知荀子所陳述者，顯與現實中之事例相違，蓋貧者固願富，而富者未必即不求富，是以不善者可求其善，而善者亦可力求其更善。故人之求善，未必即可證明其本爲惡。正如一切求富者，未必皆爲窮人。故荀子在此所用的全稱命題，顯然是犯了邏輯上的獨斷錯誤，何況其所舉的例證，更與人生的事理大相逕庭。

（三）荀子認爲「善」之達到乃在乎力行，故「善」實係「善行」，而非「善性」，且「善」乃與人類之性分相悖離，與欲之必然發展相揆違。

因此，善非性分中之本然，蓋「善」可與「性」相分離，此正證明人性之非善。人性苟以已盡善，則社會上何有作奸犯科之人，但細察荀子之所陳是有其不然者在。按荀子若以人性爲惡，則「惡」亦未嘗不是一種「惡行」，而非「惡性」，蓋荀子所倡之「性惡」，實非如基督教所說的「原罪」觀，故「惡」與性分並無必然的結合關係，故若說「善」可與性相分離，則「惡」亦何嘗不能與「性」相分離。

（四）荀子既說人性本惡，則已肯定所有聖人與凡人皆秉性相同，若是，則荀子之說必產生極大的困難處。蓋荀子曾謂：「凡人之性者，堯舜之與桀跖其性一也。君子之與小人，其性一也。」（〈性惡篇〉），倘若聖人與凡人，君子與小人，其人性皆同出於「惡」，則化性起僞之功夫，果由何來？荀子在此則力言聖王之興，君王之立，乃所以化性起僞者，今以聖人之本性既同乎凡人，則其所聖何來？若果同出於「惡」，則己之不正，焉能正人？不過荀子以聖人有覺悟之心，故能先覺其性分之非，而能制禮義並力行之以補性分之不足，至於凡人則缺乏此種之自覺。

關此，荀子更進而說道：「隱括之生，爲枸木也，繩墨之起，爲不直也，立君上，明禮義，爲性惡也。」（〈性惡篇〉），惟吾人深知木匠不按規矩不能成方圓，今正人者，本身亦性惡，則何啻盲者引盲乎？但荀子在此則爲聖人解說，而謂：「聖人者，道之極也。」（〈禮論篇〉），似與前述凡聖同性之旨趣前後相互矛盾，不過荀子爲自圓其說起計，乃倡大人之心本清明，未受蔽惑，故能定禮法以正人，是不啻言聖人之性亦惡，不過其心清明而已；然後以其清明之心去革其本性之非，是以凡人聖人之分別本不在性分上，乃在其心之覺悟上有所差別，是以其與孟子之所見何啻天壤之別。

荀子認爲大人之心本清明，未受蔽惑，故能定禮法以正人，是不啻言聖

人之性亦惡，不過其心清明而已，此可說是荀子強調心覺的所在。

（五）荀子認爲吾人之心乃向上之通道，因爲此心本可知「道」，以此知「道」之心使人反省而向善，是以苟無此心之知道，則無法引人向善。另方面荀子復強調必藉此「禮義」之道以保證心知的正確性。故云：「心也者，道之工宰也，道者，古今之正權也。」（〈正名篇〉），是按荀子本意，性既爲生之就，而心乃識善之通路，故必明乎「道」，以「道」做爲吾心之導引。但荀子所說的以「道」去糾正，其所及者，僅爲行爲的果效，而未及性分本身，故按荀子之思路觀之，人之改過趨善，祇能稱之爲善行，終究並非由先天本性所自發，故善行之維持，均一一須待禮義之正理平治，始有可能，是以人之行善，終缺乏內在善性的原動力，每次行善終待外鑠之功去導引，故其所說的道德能力，終缺乏形上的基礎。

（六）荀子認爲天下人間，本無所謂先天之「善」，一切之「善」，均須待後天之僞，倘無後天人爲之努力，則本無所謂「善」者。然而若此善出乎人爲，則惡亦未嘗不可謂出乎人爲，倘天下無人爲惡。則「惡」亦何由而生。是觀荀子思想似太過強調惡爲天成，而善卻爲後天之人爲，是亦不無商榷之餘地。

（七）荀子既肯定人性爲惡，故極重師禮法與教化之功，俾引導人性向善，但教化果否能改變人性？如何能使人有善行，是爲先決的問題，今既肯定人性爲惡爲天生而就，則恰如人不能去改變禽獸之性，而又欲禽獸有仁義之行，是何啻椽木以求魚。惟荀子之主要論點，在乎肯定人有知道之心，可以反省，故可導人向善，然荀子所肯定之「心」乃「認識心」，而非「道德心」，是此「認識心」固可使人知惡，但未必能使人生發向善之意志力，與求善之動機，是以此「心」之知道與爲「善」之間，未必即有動機與結果間的必然連帶關係，蓋博通道德哲理，未必即具有爲德之內在能力。

不過荀子所強調人之認識心，可藉反省作用，而使人循禮義之途徑而趨於善行，故雖云其性爲惡，但亦有善行之可能。不過總觀荀子人性論所言之「性」，究非哲學本體論中所說的本體之性，因爲本體之性無人能改。蓋荀子所強調的天生而成之性，殆亦不過指天生而成之本能與欲望之趨向而已，故所云人性爲惡，究非本體之惡。

（八）荀子認爲人性本惡，因吾人之心知其爲惡，故欲藉教化之功而遷善，但此中可值商榷者，人未必因知其性之爲惡，便不繼續爲惡，蓋爲惡之每下愈況，乃司空見慣之事實。吾人何能證以因心知其爲惡，故必萌遷善之

心念？此「認識之心」異於「道德之心」，因荀子本否認有所謂先天道德之本心，是一切道德意識必待後天之道德教化而後成，是此由後天所培養的知道之心，其道德意識力本十分薄弱，故雖知善之應行，但卻未必具有此行善之能力。

觀乎孟子則根本主張人有先天羞恥之心，此羞恥之心必恥於為惡之事，故有內在遷善之意志力與道德意識心為其原動力。今觀荀子所重之「心」，乃為認識心，且復否認人有先天所賦的本心與良知，是人之知「惡」，必待外在禮義之道之對照，然此所云禮義之道實皆人類後天所修為，為聖王所教化。倘人缺乏內在知恥之心，則此外在所制之禮法，果有遷善之果效否，此正荀子之所未察者。譬如群豕雖對鏡觀照，而知其污，但知污為一事，去污復為一事，吾人何能以群豕之知污，必證其果有去污之能力？

（九）荀子認為禮義為後天所修為，非生於人之性，是禮義法度者，乃生於人之偽，偽起而生禮義，禮義生而制法度。然察禮義既非出乎人性之本然，則欲以聖王所制之禮義，去匡正人之性，是純出乎外鑠之功，宛如農人欲強苦樹以結甜果，雖日日灌溉施肥，惡能得乎？孟子以仁義禮智，乃人之四端，故人乃具有先天之道德意識心，自有行善之能力。今荀子對孟子四端之說既予以否認，則人人缺乏向善之道德心，何能以外在之禮義去匡正內在之人性？若人性中既缺先天道德心，則知恥之心何由而產生，此正荀子體系中之弱處，吾人自不得不予以商榷。

以上所舉九項論證乃荀子性惡說中難以自圓之處，吾人總括荀子人性論之大勢，不外由人類官能之欲望，與官能之能力二方面以探討人性之究竟，但就荀子所言觀之，似重乎由官能之欲望方面，以言人性為惡。必待心知、心慮、與知「禮義之中」而後方可收匡正之功，故其整個體系均乃建立在客觀行為之果效上，而從未觸及人性問題之心靈核心，是其體系中缺乏道德形上學的根基，而其必以禮義文理去匡正人性之惡，是乃其循經驗論之性格所必然之途徑。

觀乎孔孟之言人性，不離天道之內貫，是承認人性之中本可與天心相通，此乃《詩》、《書》、《中庸》、《易傳》而來之系統，以天地萬物與人生本為一體，故盡己、盡人、盡物之性而參贊天地之化育，使天人相合一；而荀子卻倡天人分途，彼此不相涉，此正其立論上之疏忽處，在促進天人分職與人為勝天方面固有莫大之貢獻，但在人類心靈生活方面，卻斷喪了天心的根源，並使人內在道德心失卻了依據。

又觀孔孟的思路，乃透過踐仁的生命精神，以上達天命，認為人性本與天地之仁相契，而使性命不斷地昇華與超越，俾上與神性相互為一，以成內聖外王之境界。而荀子思想體系中卻強調天人分職，以天為自然之天，本不含道德意識，亦不承認有先天道德命令內住於吾心，故人之學善，趨善，端賴後天之修為與學習，藉著後天禮法之教化使人知善而行善，故荀子特重以禮為規約，以防人禽之辨，是以在人們性分之中，本缺乏為善之動力，只憑「認識心」去知「道」並藉「道」而為匡正之功，是以顯然缺乏道德形上之基礎，故其所有之規約與安排，勢必落入禮法之強制性與權力運行之系統中，以強力勉強人們去維持人間的秩序，終覺得靠外鑠的成分太多，而自覺自發的成分太少。是以若循荀子所主張的路線，最後必走入崇法尚勢的社會，而尊君重權自為其必然的趨勢了。

按唐君毅先生的見解認為：「荀子以人之現實為不理想，故欲轉化之使更趨於理想，乃倡人性為惡。是以荀子所認識者，實較孟子為深切，蓋既欲轉化之，即不以之為善，而當以之為惡，性惡之論，亦即在此義上，為不能不立矣。」〔註29〕唐氏復以：「荀子之論證人性為惡，皆從人性與人之禮義之善所結成之對較對反之關係中看出者……故前者為善，後者即為不善，而為惡。此乃人在道德文化理想之情形中，對此理想之實現，必待於人對於其現實生命之狀態能有所轉化之義。」〔註30〕是按唐先生之意見，荀子之所以倡性惡之說，並非徒憑空論，實乃在道德理想價值之相對下，呈現出人性為惡，而並非純基於經驗界之事實。按荀子在認識方面固建基在經驗之基礎上，然在道德生命方面，卻不失為一道德理想價值之追求者。惟吾人總觀荀子哲學體系究竟發覺荀子之學說乃從人生之負面立論，從消極方面以圖人性之長進，至於孟子可說是由積極面以確立人類道德精神之理想價值，本乎繼之者善，成之者性的傳統，以誠性存存，入道之門，俾使人性止於至善。故觀二子立論雖有參差，惟衡其終極結果，則皆不外以達到道德理想價值之至善境界為人生之鵠的，更以成聖為人生價值的最高統會，不過孟子乃於生活的體驗中，發現「心」之獨立自主的活動，且確認人之道德主體性的存在，並以「心善」作為建立「性善」的根據，且以人心與天道之誠本息息相通，以一己之「自明誠」，去與天道之「自誠明」相契無間，故有極深厚的道德形上學的根源與

〔註29〕參唐君毅先生著：《中國哲學原論‧原性篇》頁52。
〔註30〕仝上。

道德原動力；至於荀子方面則未肯定人之道德主體性，而僅以「心知」去拯救「性惡」，易言之，即以此知道之心去勉人遷惡爲善，然此中終究缺乏內在道德生命的原動力爲其根源。至於孟子本乎孔子踐仁的思想，而以心善而言性善，透過一己道德生命中深切之體證，以吾心之「良知」與「道德本心」之自反，俾使吾人產生靈明自覺，否則一切道德理想價值固極崇高，但終不免落空而失卻了內在生命的根源。至於荀子在人性論方面的最大貢獻，卻在乎提倡力行，倘無此力行爲善的精神，則雖如孟子力倡人性爲善，恐亦無從彰顯人之爲善也。

第七節　孟荀心性論的比較

一、孟荀心觀的比較

　　孟荀二子皆重仁誠，惟孟子透過踐仁的生活，實證人心之仁與善，故敦《詩》、《書》而立仁觀，正是向人性深處悟，向高處提，俾建立人間相契和合之社會，亦即提供人類向上發展之無窮希望。荀子雖在其著作中嘗引《詩》、《書》，其數次並不亞於孟子，但從其道德哲學之立場而言，究竟主張隆禮義而殺詩書，乃是向廣處推展，向外擴充，以禮爲法之大分，類之綱紀，荀子更以「禮」作爲人禽分別的標準，此與孔孟以「仁」爲人禽之大別者不同。孔孟透過仁德，以上契於天道；以誠明之心上配天命，故兼融天人、物我之理想。至於荀子則因側重於「禮」的化約，故貴由個體之教化始，否認「仁」爲人的本心，故仁德未能在荀子道德精神中生根，是其所崇之「禮」，純乃經驗界中之規範，甚且否定人有先天道德心，故人罕能自動自發地去向上發展。荀子且認爲人之行善，純乃基於後天教化的影響，若缺乏聖人與禮法之教化，人斷難改過遷善，此中主要的關鍵端在孟荀二子對心性看法的不同。

　　蓋孟子所說的人心，乃重道德意識心、良知心，亦可說即仁心，此心含賅物我，貫通天人，含融萬有，爲全德之出發點，乃導向道德生命的原動力。荀子所說的人心，乃重知識覺察心、分別心，可說是「智」的泉源，表現爲「智」之知性主體，必待感而後動，藉耳目之官以爲助，故此心乃知性之主體，有認識力、辨別力、回憶與反省之功能，具有組織分類之系統，此心固能知「道」，可導人明禮崇義，但亦可決定不向善，故荀子以心可中理，亦可

不中理，是此「心」之主宰性，對於道德行為而言，並非純可信賴者，蓋荀子以心之主宰性，乃由認識能力而來，而認識能力頗有參差，故心之主宰性，未必皆能中的，故荀子乃謂：「聖人知心術之患」（〈解蔽篇〉），按心術乃心向外通路之情況，心術之患，正指吾心之認識力未必可信賴。故荀子必以「道」為心之觀照，俾使人人透過心之知「道」去觀照其一己行為的隆污，然後藉禮義去化性起偽，但由於荀子所強調的「心」既非「道德心」、「良知心」，不過是「認識心」而已，是以徒有知善知德的能力，卻未必具有行善避惡的動力。此誠乃孟荀心觀的根本迥異處。有關此中之詳細分析，已見拙作孟荀道德哲學之比較一書，本處不擬多贅。

二、孟荀人性論基本觀點的比較

孟荀人性論的基本觀點，就孟子而言可說是由心善而言性善，而荀子卻就人之情欲而言性惡。不過透過吾人之心知與教化而使其遷善而已。

孟子倡盡其心者，知其性也。故以心性乃天之所與我者。因而，心與性有密切的關係，蓋此心本賦即善，故其所彰顯的性自無不善，孟子復以此心性與天道之誠相連結，而作為其形上學原理與根據，以奠定其道德形上學的基礎。

荀子本其自然天道觀的一貫思路，認天乃自然之運行，並無道德意志，故不自德性之思路以言性，乃循「生之所以然者謂之性」（〈正名篇〉），故性乃屬於天之生成者，亦即天之自然所賦，與道德意志絲毫不相干。況且荀子以「情」為「性」之質，故「情」外無「性」，是以人性之中心即是情，情之所應即是欲，故人性之中乃具原始之朴質，而不含道德生命，且所謂道德者，實乃人類後天人為之規範，為化性起偽的典範，而非先天而就者，故孟荀二子人性論在基本出發點上頗有出入。

一言以蔽之，孟子即心而言性，因心善而言性善，其主旨在乎強調先天道德心，並以之作為人獸分別之基礎。至於荀子者，卻倡對心而言性，以性乃天生之朴質，輒為欲所蔽，故乃惡，必待此心之知道，以積善全盡而後有以匡正之，是其主旨本不在強調惡，實乃在乎勸人趨善。易言之孟子自積極面以肯定善之本性與價值，而荀子卻從消極面，以言化性而起偽，是二子之共同主旨乃在趨善，並以「善」作為人生終極的鵠的和目標；因而就終極目標而言，孟荀二子當無所差異，均在於強調道德之理想價值。孟子以性善，必力求其更善，荀子以性惡，故倡去惡而從善，是其人性論之基點雖有不同，

但其終局之目標皆欲趨於至善。

吾人若不憚煩，更進而析論之，孟子以天道無不善，人生既本天道之秉賦而具先天的良知，是以必有知善與爲善之能力，透過仁義禮智四端本心之發揮，以呈現此善性善行，故「善」乃人類先天之所具，透過明誠之功夫，即可發現。勿待後天之教化與學習而後成。況此先天道德意識，乃天命之內貫，欲使人人自反自覺，然後率性以與天命之德相合。故孟子立言在在強調此道德意識之先天性、動機性爲人之善端，爲人們道德生命的端倪，爲善與德行之基礎；因而孟子之性善說，實乃指人們本具善端，苟能順其善性而發揮之安得不有善行之理。在孟子看來，認爲「惡」的存在乃因泯滅此善端而未善予以擴充與存養所致。故順耳目口鼻小體之欲以摧殘其善端，實乃未善用其一己爲善之才能所致。易言之，所謂善端實即可善之才能，宜多予以培養始克發揚之，故孟子之謂養心、養性，求放心，存夜氣，皆在在爲培養性善之資，俾使人之善端益行擴大。

至於荀子則純由後天經驗論與行爲之果效以論人性，不承認人具有先天之善端，與道德意識心。且認「性」者乃天之就，不過徒具天然之情慾而已。夫爲善乃人後天之學習與努力之效果，若果順人之性，則反而是欲而不得則爭，爭則辭讓亡，故人實具有惡端，而所謂「善」者實不過善行而已，故荀子否定有所謂先天之「仁體」。至於荀子所說的「惡端」，實乃指五官欲望方面之表現，故荀子之言性，實非指「本體之性」，不過指天賦感官之傾向與其情慾而已。故云：「性者，本始材朴也。」故必待後天之文理隆盛與起僞之功夫，如枸木必待隱括烝矯然後直，故若缺乏後天起僞的功夫，則性必不能自美，是以吾人行爲中之善與本性並無不可分的關係，善與性既無必然的關聯性，且人之行善恰與其自然官能之欲望相違，不過因吾人之心知「道」，而以知「道」之心去糾正其性分的過失而已。

至於孟子則以人之心與性本不可分，故由先天之良心處立論，根本不由人之官能欲望方面著手，更不以耳目五官所發生之欲望爲性，亦不以「情」爲「性」之質，乃主張「性者心之顯」，「情者心之動」，「才者心之能」，此「才」者，實即指爲善之能力。反觀荀子卻以欲爲性之中心，因荀子以「情爲性之質」，「欲爲情之應」，故情外無性，是其心與性本不相統屬，以心乃性外之知覺心，不過藉之以糾正性分中之不善而已。

由以上相互之比較觀之，吾人可知孟荀二子在論性之基本觀點上，彼此

相互懸殊，對於善惡之看法亦大有差異，此乃由於立足點不同之故。蓋孟由動機而分，荀則由行為果效而定，故荀子所主張的不是動機論，而是結果論，因為吾人性分中本不知禮義法度，如順其本性發展下去，實足以引發天下之偏險悖亂，故知善救性之方，在荀子看來端在於吾人知慮之心。惟二子之說雖有差異，但就其主旨而言，二人實皆同本孔門，以成聖為本，以善為人生最高之歸趨，是乃彼等之所同處。

按荀子雖不由天命方面去探討天道，乃就天之功用方面去探其功，其所倡之性惡說，雖首見疵於韓愈，終見訾於宋儒，但其優入聖域，施行仁義之風，亦堪與孟子竝稱。夫孟子之言性善，欲入盡性而樂於善，荀卿言性惡，欲人化性而勉於善。其立言雖殊，其教人以善則一，宋儒言性，雖主孟氏，然必分義理與氣質為二，實則已兼取孟荀二子之義，且宋儒變化氣質之說，實已隱含荀子化性之論。

觀乎孟荀取義雖不同，殆因學統與時勢迥異有以致之，然二子救弊扶衰之心，則始終如一，且同崇聖人，師法仲尼，雖荀子重禮義教化以正天下，更以聖人為備道全美者，為懸天下之權稱，實與孟子有異曲同工之處，雖云同門而異戶，然皆同闡儒行之效。夫性雖善，亦不能廢教，而性即惡，亦必假人為之功去修正，故其崇仁，好義，同聖之心則皆先後一如。

第四章　荀子的人生哲理與倫理思想

第一節　荀子的人觀

中外歷代哲學論人之說甚多，有就道德形上學之觀點，對人之特質加以定義者，惟荀子乃就其經驗論之立場，對於人與禽獸之辨，提出卓見，其分析尤為獨到，可供我們參考。

按荀子所重的人的特性，不在形體和生理本身，乃端就心理學上的立場，去說明人類內在的特質，以釐定人的定義。依荀子看來人之所以為人乃有氣、有生、有知、有義，前三者似為人獸有所同具，惟有義卻為人類所獨有。

荀子說：「水火有氣而無生，草木有生而無知，禽獸有知而無義。人有氣、有生、有知亦有義，故最為天下貴也。」（〈王制篇〉），但荀子更就心理上的特徵，標明人之所以為人的特點乃在於能辨，此所謂能辨即指具有崇高的辨別力，此種辨別力亦即人之所以為萬物之靈的特點。所以荀子在〈非相篇〉特謂：「人之所以為人者，何已也，曰，以其有辨也……故人之所以為人者，非特以二足而無毛也。以其有辨也。」此所說的「辨」，不僅指認識能力方面的辨，更是指道德意識方面的辨。

因此「有辨」與「有義」二者，乃荀子所強調的人的特色，「夫禽獸有父子而無父子之親，有牝牡而無男女之別，故人道莫不有辨，辨莫大於分，分莫大於禮。」（〈非相篇〉），由是可知人之所以可貴，乃在其能過道德的生活，知辨別義分，篤守禮法，是以與萬物之差異，不在外在形體之構造，端在其有義無義，有辨無辨，更加上「人能群，彼不能群也。」

故人的特色按荀子看來應具「有辨」、「有義」、「能群」三者。有辨即有

分別，不但知尊卑、長幼、親疏、男女為道德生活上的循序與依據，此外更是心智方面的辨別力，以解決知識方面的各種難題，故謂：「天下者……至大也，非至辨莫之能分。」（〈正論篇〉），然而分別必來自分辨，辨的果效即為分別，故辨必須有所依據，而分亦須有所合，此所合即是禮，分的合宜即是義，故分必須合於禮義，辨亦須合於禮義，故有辨與有義可合而為一。

由是可知荀子除注意到人的有辨、有義之外，尤注意到人的能群，因為能群亦有賴於分，而分即是辨。就義與辨而言，人可說是理性的動物，就能群而言，人可說是社會的動物，故荀子論人頗類於西哲，蓋亞理斯多德尤注重人之理智性和群體性。今人以我國社會道德缺少第六倫而為詬病，殊不知荀子早在戰國末期即已提出群道的重要性，是儒家所倡之君臣、父子、兄弟、夫婦、朋友之外的社會相互間的群體的第六倫關係，荀子早就注意到了。

但吾人細察荀子對人的看法實太落實於心理層面的理智分析，而缺乏生命深處的體證與覺悟，尤缺乏孔孟對天德的相契，與本體之仁的連繫，所以荀子的人觀，難免太過外在的禮義化。因為仁與義本非外在者，蓋仁乃人之內存，而義卻為人之外顯，因天德本即呈露於我們的本心，故荀子對此人性的深切處似未把握其關鍵所在，而致大本不立，乃轉而藉助於後天的師法，而言積習，殊不知隆禮義若非本於先天之自發而純繫於後天師法的教導，則與自家之性命毫無關連，遂致人性與天德，不能相契，則一切禮與義亦必徒成具文，而缺乏內在生命的安頓，此正荀子在道德哲學方面的疏漏處。

但荀子之所短處，亦正是其所長處，因為荀子認為，倘非經過後天師法之教化與人為之積習，則「善」斷無自來之理。故荀子強調能辨之心，能義之行，能群之合，當為人所必具的三要素。

故荀子說人自始至終，皆以人為客觀的存在體，亦即存於客觀理性中之存在體，從未將人脫離群體而立定義，此種看法顯與表現天地精神與藝術情懷之超越個體性之精神者不同，故與道家顯然有別。因荀子特重人之義分，蓋人之所以為人，即以義與分顯，復因其有辨，能群故，因此荀子絕不離客觀存在體以言人之地位，此與孔曾思孟一派之思路頗有差異；蓋思孟之路線皆以誠性存存，仁義內貫為人格之涵養，上可與天地之精神相連貫，而重其生命之內在價值。至於荀子則重於外在客觀精神之彰顯，以及表現充沛的向外活力，故特重外在之事功與義行，以荀子觀之，倘無此外王之彰顯，則所謂內聖之道亦終必落空。

第二節　論天德與仁誠

　　按荀子學說體系中的一貫主張，所謂道德實指禮義的外在實踐而言，因荀子所說的「道」，本非天之道，非地之道，乃人之所以道，君子之所道也；而此所說的人之所以「道」，實即指禮與義的規範而言，亦即人文化成與禮義之統，是以按荀子的主張觀之，一切的德性本皆出乎後天與外在的努力所促成，故否認有所謂先天的道德心者。然按孟子的思想體系觀之，仁與義本存諸吾心而非出諸外在者，且仁義實爲吾人德命之所當立處，蓋唯仁之爲守，唯義之爲行，是以在至誠中而見天德，故仁義實即吾德命之所本，亦天德之內貫於吾心者。

　　按荀子思想體系之中罕言天德，惟在〈不苟篇〉中出乎吾人意料者，竟有天德之說，但觀其實，似與其整個思路不侔，故頗值吾人之深思與回味。

　　荀子在〈不苟篇〉中，不僅言天德，亦兼談仁與誠，且其對誠之界說，頗類乎《中庸》與《孟子》，此實爲荀子書中最特別之一段。荀子說：「君子養心莫善於誠，至誠則無它事矣。唯仁之爲守，唯義之爲行。誠心守仁則形，形則神，神則能化矣。誠心行義則理，理則明，明則能變矣。變化代興，謂之天德，[註1] 天不言而人推高焉，地不言而人推厚焉，四時不言而百姓期焉，夫此有常以至其誠者也。君子至德，嘿然而喻，未施而親，不怒而威，夫此順命以愼其獨者也。[註2] 善之爲道者，不誠則不獨，不獨則不形，不形則雖作於心，見於色，出於言，民猶若未從也，雖從必疑。天地爲大矣，不誠則不能化萬物。聖人可知也，不誠則不能化萬民。父子可親矣，不誠則疏。君上可尊矣，不誠則卑。夫誠者君子之所守也，而政事之本也，惟所居以其類矣。」[註3]

〔註1〕「誠心守仁則形，形則神，神則能化矣，誠心行義則理，理則明，明則能變矣。變化代興，謂之天德」。荀子在此言喻養心之道沒有比眞誠更重要的，眞誠之極，則能專一，而無它事以分其心，且君子致誠無它，唯守仁義。故《中庸》以誠則形，形則著，明則動，動則變，變則化，唯天下至誠爲能化。「形」者，即誠則形，朱注云：「形者，積中而發外」，「神」即《中庸》所云「至誠如神」之神，「化」即《孟子‧盡心篇》所云所過者化之化，謂遷善之意，言君子誠心守仁，則德無不實，而形著於外，形著於外則人望之如神明，而自遷於善。故所謂天德乃指誠心守仁，誠心行義，則其行爲必合乎事理，合乎事理，則是非分明，則人不敢欺，君子以守仁行義爲本，則能感化萬事萬人，宛如天道好仁而生生萬有。

〔註2〕王念孫曰《中庸》之愼獨，愼字亦當訓爲誠，非戒愼之謂。是愼其獨即誠其獨也。參王先謙《荀子集解》卷二，〈不苟篇〉注釋。

〔註3〕惟所居以其類至，所居作所止解，唯其所止於至誠，則其效果以類自至，謂

荀子在此言誠，言唯仁之為守，唯義之為行，誠心守仁則形，形則神，神則化矣。是特重道德的外在實踐義，亦即透過行義而守仁。蓋非誠心不足以守仁，非行義不足以彰仁，故致誠則無它事，誠者存於中，而形於外，是以說誠心守仁則形，能守仁必能彰顯於外形，必俱有神聖的美德，故云形則神，有了此外顯的神聖美德，自能化民而收人文化成的果效。因此荀子特別著重於誠心行義的外在美德，有了此美德，則人間社會之萬事萬務自必有條理，而使事事物物均呈現妥善的情況，而收變化氣質改善惡習的效果，俾使吾人之習性與大自然律令與秩序相和諧，於是乃謂之天德。

吾人細較孟子之思路乃以仁識心為道德主體的出發點，為人之內在生命的原動力，故孟子所強調的心，乃道德的天心，而荀子所強調的心卻為認識與思辨之心。故孟子重仁的直覺，而荀子則重智的抉擇。以仁識心為準，表現為道德主體的直觀與體證，使人成為道德的存在。以智識心為準，則表現為思想的主體，或知性主體，使人成為理智的存在，故荀子在我國文化中之立場，特與西方文化的思路頗有若干相同之處。蓋凡以智識心為本者，對於人性之基本處俱不認其有先天的善的端倪，蓋善本非性分之所生，端由後天之積習而來，此在荀子看來尤特重由心之知善，然後始有匡正性分之可能。

總觀孟子之思路，認為成聖成賢乃在乎一己之自力，而按荀子之思路則偏重於他力，認純在乎外在之禮法與聖王教化之功。蓋前者以吾心本與天心相通，故可與天地之仁相遙契，而天德本即呈現於吾心。依後者觀之，人間本無天然之善，所有之善行與善果皆依後天他力所玉成，故無天德可呈現於吾心。不過吾人可努力修行，俾與宇宙之律例相和諧，使吾人之行為，無違乎自然之法則，故荀子所說的「天德」自不可與《中庸》或思孟之路綫作同等之看法。

此外，荀子亦言誠，惟與思孟的路線不同，孟子本乎《中庸》誠之思想透過自誠明的本體，自明誠的功夫，以誠性存存為入道之門，以誠為人類道德的原動力，與宇宙之至德，為天地生生之仁的彰顯。故「誠則明」乃先天之所本亦天命之所稟，不思而得，從容中道，乃係自家踐仁之效果，惟誠者乃天之道，而誠之者乃人之道也。

至於荀子所說的「君子養心莫善於誠，致誠則無它事矣，唯仁之為守，唯義之為行，誠心守仁則形，形則神，神則能化矣。」事實上，荀子此言並不含有形上之哲理，不過再三強調，誠心行義的功夫與重要性。蓋「誠」，在

天地誠則化萬物，聖人誠則化萬民，父子誠則親，君上誠則尊。

荀子觀之乃作眞實之義，〔註4〕並不含任何宇宙本體觀與形上學方面的意義。在荀子看來若對於一事物不能眞實存誠，則亦不能對於該事物作專一之期求，故若不能專一求之，則自亦無顯著之效果可得，故謂不誠則不獨，不獨則不形。蓋人對於仁義自必獨行而不舍，有此精神方克有濟，蓋依荀子觀之，道德仁義本非人類性分中事，悉乃由於人心知所學，爲後天化性起僞的張本，故如逆水行舟，非專精勤勉，當不克使人性達於仁義之境。

　　孟子以人性本善，故人人應復其本性之初，以止於至善。荀子以人性本惡，故乏善可復，是以必須「長遷而不反其初」，俾隨時精進以達改過遷善的目的，此正是孟荀道德主張之不同處，亦正是二子最基本之差別所在。

　　所謂長遷而不反其初，即隨時保持守仁行義之精進使人長遷於善，而不復返於本性之惡。蓋荀子以人性本惡，故必須學習矯治使其變化爲善，故「誠」爲專一眞實的精進功夫，爲化性起僞的基本條件，因此「誠」在荀子觀之，乃吾心之致志專一與努力精進，並不含有天道之本誠與形上之義。

第三節　群道和人倫

　　在中國倫理思想中首重群道和人倫關係者首推荀子，論者多認爲我國倫理思想僅及於親族關係，或止於五倫，如梁啓超氏即謂：「我國民所最缺者，公德其一端也，公德者何，人群之所以爲群，國家之所以爲國家，賴此德焉以成立者也。……吾中國道德之發達，不可謂不早，雖然偏於私德，而公德殆闕如，試觀《論語》、《孟子》諸書，其中所述私德居十之九，而公德不及其一焉。……今試以中國舊倫理與泰西新倫理相比較，舊倫理之分類曰君臣、曰父子、曰兄弟、曰夫婦、曰朋友。新倫理之分類，曰家族倫理、曰國家倫理。舊倫理所言者，則私人對一私人之事也。新倫理所言者，則一私人對一團體之事也。中國數千年來以寡過主義爲德育之中心。範圍日就狹小，今日中國所以日即衰落者，豈有他哉，蓋存身寡過之善士太多矣……」（參《飲冰室全集》〈論公德〉），殊不知我國在荀子時，即目覩戰國衰世，社會鼎沸，秩序紊亂，乃感社會欲維持和諧，必須先推重群與群間的相處之道，故荀子乃

〔註4〕郝懿行注曰：獨者，人之所不見也，愼者，誠也。誠者，實也。心不篤實，則所謂獨者不可見，惟精專沉默……故曰獨也。參梁叔任著，《荀子約注》頁30。又參李滌生著《荀子集釋》頁47，以誠作眞實解，言養心之道沒有比眞誠更重要的，眞誠之極，則專一其事，而無它事以分其心也。

起而揭櫫群道和人倫關係的重要性，而首倡群體倫理之重要者。

荀子以原始社會充滿一種紛亂戰爭的狀態，既缺平治又無禮義教化，故人類生活充滿不寧，人類之有平治，純靠聖王之制禮義，起法正，重刑罰，方使天下歸於治平，故荀子說：「故古者聖人以人之性惡，以爲偏險而不正，悖亂而不治，故爲之立君上之勢以臨之，明禮義以化之，起法正以治之，重刑罰以禁之，使天下皆出於治，合於善也。是聖王之治禮義之化也。今當試去君上之勢，無禮義之化，去法正之治，無刑罰之禁，倚而觀天下人民之相與也，若是，則夫彊者害弱而奪之，眾者暴寡而譁之，天下之悖亂而相亡不待頃矣。」〈〈性惡篇〉〉

按人群社會在原始狀態必充滿紛爭競逐，即文明進步之社會又何嘗不充滿競爭角逐，故依荀子觀之，人性之中本無良善可言，故人群相處必待禮義以治之，是以群道遂成爲人倫彼此間相處之重要條件：

（一）群居和一之道

荀子闡明人爲社會動物，故遠在二千餘年以前便已覺察到，人之所以異於禽獸者，乃在乎「人能群彼不能群也」（〈王制篇〉），人既具有社會性，故不能離群而索居，但人既生而有欲，欲而不得必求滿足，故社群之中難免有紛爭之事，爲求群居之和諧與合一，不得不著重供應與分配之合理化，故在群道之中，人人當盡其本分，竭其所當盡，而後享其所當得，是以群之中，以分與義至爲重要，故云：「義以分則和，和則一，一則多力，多力則彊，彊則勝物，故宮室可得而居也。故序四時，裁萬物，兼利天下，無他故焉，得之分義也。」（〈王制篇〉）

故能群之道理，端在乎人人能各盡其本分，而「分」之道理則貴在合乎義，故以義爲「分」之基準，而「分」則爲群的基準，俾使公共生活各得其所適，而人類之聚群而居，方得到適當的保障。

（二）分職與定分之必要

人既群居相處，故彼此間應力求分工與合作，以謀求群體生活之更高發展，蓋人之能群即貴在定分與分職，亦唯有分職始能各盡所能，且唯靠各盡所能方使群聚生活而能相互合作無間，以補彼此間之不足。蓋人之欲望無窮，而所能卻有限，倘非人工技巧之彼此輔助，則個人獨力不足以營生，故人類相約而群居，便不能不有組織，有組織便不能無分工與合作。

但分工合作之間，各人應盡其一己之分，必「明分使群」，方可使各人得其

應得之分，使強弱、智愚，老少、長幼之間各有層次，不相侵凌，俾人人各勉其工作上之崗位，人人各自食其力而彼此相互效力，俾免好逸惡勞，疏懶放蕩，使人人皆能守分自約。故荀子說：「萬物同宇而異體，無宜而有用，爲人，數也。人倫竝處，同求而異道，同欲而異知，生也。皆有可也知愚同，所可異也知愚分。勢同而知異，行私而無禍，縱欲而不窮，則民心奮而不可說也。……無君以制臣，無上以制下，天下害生縱欲，欲惡同物欲多而物寡，寡則必爭矣，故百技所成，所以養一人也。而能不能兼技，人不能兼官，離居不相待則窮，群而無分則爭。窮者患也，爭者禍也，救患除禍，則莫若明分使群矣。彊脅弱也，知懼愚也，民下違上，少陵長，不以德爲政；如是，則老弱有失養之憂，而壯者有分爭之禍矣。事業所惡也，功利所好也，職業無分，如是，則人有樹事之患，而有爭功之禍也。男女之合，夫婦之分，婚姻娉內送逆無禮，如是，則人有失合之憂，而有爭色之禍矣，故知者爲之分也。」（〈富國篇〉）

荀子在此明言社會群體爲一相互對待的關係，蓋人人之技絕非萬能，故農人需要鐵工，鐵工需要礦工，此外諸如木工、縫工等等社會上之技術，亦莫不得彼此間相互之依賴。治者與被治者，教者與學者，在在皆是對待的關係，彼此相互滿足，相互依靠，故人群間之和平相處，其唯一要訣，即在人人和盡其分，各盡其所能。故曰：「無分者，人之大害也，有分者，天下之本利也」（〈富國篇〉）此即明言社會各分子應站在一己之崗位上，互助互愛，而遵循一定之社會秩序，彼此協力合作，互通有無，相互資助，以維公共之生活之安寧與繁榮。

荀子說明人之所以能與天地同理，與萬物同久，其根本之道即在能群，能分；能義，俾以群力戰勝自然，故各個體應先盡其所能，協力無間，有無相通，以滿足人類共同的要求，促進百學之發展，故荀子的社會觀，乃倡通力合作，彼此分工分職，俾達各盡所能，各取所值之地步。故荀子說：「農以力盡田，賈以察盡財，百工以巧盡械器，士大夫以上至於公侯莫不以仁厚知能盡官職，夫是之謂至平。」（〈榮辱篇〉），荀子認此乃理想社會群居合一之道，故其唯一基礎即在分工合作上。

（三）社會平等觀

荀子所認爲的平等，不是平頭的平等，而是差別的平等，所謂差別的平等，即按其所能而各得其當享之需，因社會上人人間之絕對平等，殆爲不可能，而且絕對的平等，反而產生不平等與不公義的事實。因爲客觀事實雖是平等的，但其主觀間所應具備的智能與條件，卻往往是不平等的，所以荀子

特別指出：「分均則不偏，勢齊則不壹，眾齊則不使。有天有地，而上下有差，明王始立，而處國有制；勢位齊，而欲惡同，物不能澹，則必爭，爭則必亂，亂則窮矣。先王惡其亂也，故制禮義以分之，使有貧富貴賤之等，足以相兼臨者，是養天下之本也。」(〈王制篇〉)

荀子所倡的平等不是均平的平等，而是均能的平等，故乃採維齊而非齊的主張，亦即不均等的平等，蓋人有賢愚不肖，有能與不能，彼此間自有極大的差別，故不可能以齊頭平等去統御一切，必以人格向上看齊的平等，使人人提升其道德，以達道德的平等。有了這種齊中之不齊，纔可使社會人群進步，否則賢愚不肖之間皆得同一之待遇，則反構成新的不平等了。

（四）和平非爭

荀子以社會進步在乎彼此通力合作，而非相互鬥爭，故社會生活以「群居和一」為上，而非無謂之鬥爭。荀子說明：「鬥者忘其身者也，忘其親者也，忘其君者也。行其少頃之怒，而喪終身之軀，然且為之，是忘其身也。室家立殘，親戚不免乎刑戮，然且為之，是忘其親也，君上之所惡也，刑法之所大禁也。……凡鬥者必自以為是，而以人為非也。己誠是也，人誠非也。則是已君子而人小人也。以君子與小人相賊害也，憂以忘其身，內以忘其親，上以忘其君，豈不過其矣哉。」(〈榮辱篇〉)

按人人忘其身，忘其親，忘其君而從事好勇鬥狠，則社會上必呈現一種暴戾之氣，是以荀子乃力倡和平進步而極力反對鬥爭，對於社會上犯分亂理，驕暴貪利之事件，則認係一莫大之恥辱。

（五）人格平等與社會等級

荀子認為社會上人人無法達到絕對的均等，而是各盡其能的平等。但在個人人格修養上，則務必砥礪精進，以達人人人格平等的地步，唯有此種人格平等纔是真正的平等，亦為人人所應追求者。蓋人類社會絕無法達到經濟生活或社會地位上的絕對平頭主義式的平等。因為人性本好逸惡勞，貪多惡寡，而人人所為，又未必與其所當盡者相當，故絕對的平頭式平等，反導致社會各方面之停滯，而產生不公平的現象。

至於荀子所謂的人格平等，乃純基於道德倫理學方面的意義，亦即指人人皆敦品勵行以達品格修養上的真平等。

荀子認為完美人格的實現，必須達到知明行修的境界，其唯一之方法，即人人務必博學參省，而反乎己，俾真積力恒久而使人格高尚，道德完美。

倘使社會上人人品格能趨於完滿，則社會上之秩序自臻平治，故「善」與「禮義」乃社會理想人格之基本範型。因而荀子謂：「君子博學而日參省乎己，則知明而行無過矣。」(〈勸學篇〉)，由是可知日參省乎己，實乃自反、自覺之極重要的手段，為個人知過改過之內在之明，故君子必慎為之。

惟社會上因個人人格之不齊，故形成差等，此種差等乃因後天積善與禮義故化程度之不同所使然，並非單為經濟方面的關係。荀子以人格之最低者謂之小人，人格之最高者謂之聖人，聖人與小人之間則謂士與君子。故荀子將人格詳分為五等級：即聖人、君子、士、小人與役夫。由於其彼此間精神人格之參差，故表現於辨說者亦因之而有差異、聖人之辨說是「發之而當，成之而類」，士君子的辨說是「文而致實，博而黨正。」小人的辨說則為「是聽其言則辭辯而無統，用其身則多詐而無功。」此皆由於彼此教化積習之不同，故發之於口亦有迥異。夫誠於中者必發於外，而內藏奸詐者，其言亦險，此所以荀子特別強調，欲使社會相齊之先，必使人人道德日趨於善，俾達人人人格平等，而後社會庶幾可齊，而自然達到平治之境。但大別言之，荀子在知行表現上，只分君子與小人兩種階級，而且特別強調君子生來為化性起偽與開物成務的領導者，故荀子說：「故天地生君子，君子理天地，君子者，天地之參之也，萬物之總也，民之父母也，無君子，則天地不理，禮義無統，上無君師，下無父子，夫是之謂至亂。」(〈王制篇〉)

荀子此所謂的天地生君子，並不意味著君子生來即是君子，否則與其性惡論的學說前後矛盾，蓋聖人性亦惡，不過聖人與君子有自反穎悟之能力，以其心擅於悟道故能匡正其性之偏差，故君子亦由積偽與修養而來，不可因「天地生君子」一辭遂貿然誤解荀子之意，認為聖人與君子皆天生也。

不過荀子既概括地將社會組成分子分為君子與小人二者，「君子以德，小人以力，力者，德之役也。」此與孟子所說的：「無君子，莫治野人，無野人，莫養君子」，有相同之意。然觀此種等級之區分似帶有經濟地位上的意義，蓋在先秦時期社會上地位之劃分，均難免含有經濟上的因素，但荀子所特別強調者，卻在乎道德與人格方面之差別。

（六）扶助救濟與社會政策

荀子在戰國當時即已注意到社會救濟與扶助合作的政策，使老安少懷，廢疾貧苦者皆有所養，此即當今之社會救濟政策。荀子說：「安職則畜，不安職者棄，五疾、上收養之，材而事之，官施而衣食之，兼覆無遺……是王者

之政也。」(〈王制篇〉)

　　荀子在此主張政府應對人民施以適當的職業教育，使人人能各安其職。對於罹患疾病或身軀殘缺之人，則應由國家設立機構予以扶養，並加以輔導，使其殘而不廢。故云：選賢良、舉篤敬、興孝弟、收孤寡、補貧窮，如是，則庶人安政矣。庶人安政，然後君子安位。」(〈王制篇〉)，荀子除了主張社會救濟與補助外，更主張為政愛民的措施，俾促進社會健全繁榮與進步。乃曰：「上莫不致愛其下，而制之以禮，上之於下，如保赤子，政令制度，所以接下之人，百姓有不理者如豪末，則雖孤獨鰥寡不加焉，故下之親上，歡如父母，可殺而不可使不順，君臣上下，貴賤長幼至于庶人，莫不以是為隆正，然後皆內自省，以謹於分，是百王之所同也，而禮法之樞要也。」(〈王霸篇〉)，由是可知荀子再三強調撫卹孤獨鰥寡之重要性，俾維護社會之共同安全。

第四節　論仁者之勇

　　莊子曾讚孔子為聖之勇者，蓋臨大難而不苟，持守仁義而終身不渝，是其聖德之勇也。荀子亦重人生之勇德，以仁者必勇，然此種勇德必有別於其他之勇，故荀子在其著述中曾再三陳述勇德之精神及其差別。

（一）有狗彘之勇者

　　此種勇乃冒險犯難以求肚腹之滿足，故此種勇氣純由慾望而生，但求一簞食一瓢飲之滿足，如同狗彘然。故荀子說：「爭飲食、無廉恥、不知是非、不辟死傷、不畏眾彊，恈恈然唯利飲食之見，是狗彘之勇也。」(〈榮辱篇〉)〔註5〕是觀此種勇者乃純為飲食欲望之滿足，而盲目奔競，且無大志，是其所求但為肚腹之滿足，而不惜作姦犯科，挺而走險，此乃其所見過低有以致之。

（二）有賈盜之勇者

　　此種勇者，乃念念不忘財貨，以謀利為人生唯一之目的。荀子說：「為事利，爭貨財，無辭讓，果敢而振，猛貪而戾，恈恈然唯利之見，是賈盜之勇也。」(〈榮辱篇〉)〔註6〕此種乃見利忘義，競相奔趨，以盡其愛欲之貌，而忘卻辭讓之心。其所謂果敢者，實果敢於鬥狠，乃如汪洋大盜之兇悍未可言於真勇者。

〔註5〕辟讀為避，恈恈乃愛欲之貌。
〔註6〕王引之曰：「振」字當為很字之誤。乃謂果敢而很猛，貪而戾二句一意相承。故《廣雅》曰：戾，很也。很與狠通。

（三）有小人之勇者

此種勇德並無大志與大目標，但知輕身逞暴，不惜以生命爲賭注，故荀子說：「輕死而暴，是子人之勇也。」（〈榮辱篇〉），夫死有重於泰山，有輕如鴻毛，小人之勇者，但知其輕身逞勇，如市井流氓之輩，橫行鄉里，惡霸無道，欺凌弱小，不顧惜一己之安危，此皆無賴之流，是其所逞之勇氣類同匹夫乃誠不足道者。

（四）有士君子之勇者

此種勇德爲荀子所讚許與樂道者，亦即仁者之勇，荀子說：「義之所在，不傾於權。不顧其利，舉國而與之，不爲改視，重死持義而不橈，是士君子之勇也。」（〈榮辱篇〉）〔註7〕此所謂士君子之勇，即言凡義之所在，任何權勢皆不足以傾移之，因存仁行義，故不顧一切個人之私利，即舉國之利益悉以奉之，亦不致改變其志節與操守。雖云其個人亦重視生命，但因其操持正義之故，故間或面臨萬難亦不願苟活倖免。此可說與莊子讚孔子爲聖人之勇者有異曲同工之妙。〔註8〕

按荀子在此論勇之等次與《論語》「君子喻於義，小人喻於利」之義很相近。又於〈性惡篇〉詳述勇有上勇、中勇、下勇之別，更進一步對勇德加以申論，其見解或有勝於莊子論聖人之勇處，是頗值吾人參考，茲詳述之如下：

（一）上　勇

　　天下有中，敢直其身，先王有道，敢行其意，上不循於亂世之君，
　　下不俗於亂世之民。仁之所在無貧窮，仁之所亡無富貴。天下知之，
　　則欲與天下同苦樂之，天下不知之，則傀然獨立天地之間而不畏，
　　是上勇也。〈〈性惡篇〉〉

荀子在此強調，當天下有禮義，而合乎中道之時，爲人處世當果敢正直，守仁行義。當天下無道之時，當念先王之道猶在，亦敢於獨行其善，而勿疑惑猶豫。惟對上則不宜阿諛取容以曲隨亂世之君，對下亦不隨波逐流以從亂世之俗。蓋仁之所在，雖處貧窮，亦當甘之如飴。仁之所亡處，雖處富貴之中亦必去之，

〔註7〕持義而不橈，橈字音鬧與橈字相通，作不屈服解。俞樾曰此本作重死而持義不橈，故楊倞注雖愛其死，而持節持義不橈曲以苟生也。

〔註8〕莊子在〈秋水篇〉曾言：「夫水行不避蛟龍，漁父之勇也。陸行不避兕虎者，獵夫之勇也。白刃交於前，視死若生者，烈士之勇也。知窮之有命，知通之有時，臨大難而不懼者，聖人之勇也。

決不戀棧。苟蒙天下人之知遇，則得位以行其道，必與天下人同休戚甘苦。苟天下人不我知，則亦當澹泊明志，獨立於天地之間，而無所企求。

此蓋有道之世，可與眾人共行其善。衰亂無道之紀，雖勢單力薄有所難能，亦當不隨世俗之浮沉，終日不忘居仁由義，而不虧其節。雖間臨凍餒飢餓，因厄之境，猶能念念居仁，而不以為窮。夫失仁棄義而富且貴，其於仁者亦當視之如鄙屣，此種人格在荀子視之方可稱之為大智大勇之士，堪以上勇稱之。

（二）中　勇

> 禮恭而意儉，大齊信焉而輕貨財，賢者敢推而尚之，不肖者，敢援
> 而廢之，是中勇也。（〈性惡篇〉）〔註9〕

荀子所謂之中勇者，乃指其人平常操持能莊敬中正，見賢思齊，不敢放侈，且能儉約而重義輕利，不以財貨為念，更能推崇賢能仗義執言，罷黜不肖之輩，此乃屬中勇之士。此種人格者在荀子視之即係能自約、自肅，富有自我刻苦犧牲之精神，為道德勇氣中之難能者，堪以中勇當之。

（三）下　勇

> 輕身而重貨，恬禍而廣解、苟免，不恤是非然不然之情，以期勝人
> 為意，是下勇也。（〈性惡篇〉）

此種下勇之輩，在荀子看來實同匹夫之勇者無疑，因其本身無信念，無理想、無志氣、終日但知以財貨為至高之滿足，其為財貨之獲取，竟不惜挺身走險，冒身家之犯難，是此輩眼光短狹，徼倖苟生，當禍未及之時，猶廣自解嘲，以求倖免，且對是非曲直無明確之判斷，但知強辭奪理以勝人為快，是乃血氣之輩不足語於道者，此乃屬於下勇之流，是乃荀子所不齒者。

以上所陳三勇，亦即聖賢，君子與小人之大別，惟荀子特推崇上勇者之道德勇氣，而中勇者次之，故人人當懷仁者之勇，以拯天下之沉溺為己任，斯乃荀子終生之大願。

第五節　論聖境

荀子之倫理思想按人之修養等級大別分為聖人，士君子與小人三者，其

〔註 9〕「禮」恭而意儉，禮字，日人久保愛謂當作體，按〈修身篇〉則云：「體恭而
　　　　心忠信」。「儉」作約解，即指不敢放侈之意。所謂「大齊信焉」乃重忠信之
　　　　義，即謂重忠信而輕忽貨財之謂。

中荀子特重聖境之追求，以「聖」者人人可得而至，故特以聖境為人格之最高理想。有關荀子對聖境之看法謹闡述如下：

（一）聖人為道管

　　聖人也者，道之管也，天下之道管是矣。（〈儒效篇〉）

按「管」字作樞要解，〔註10〕此猶言聖人乃大道之樞要，亦即人格之最高發展，乃天下國家、歷史文化精神命脈之所繫。所以《詩》、《書》、《禮》、《樂》之道，皆歸結在聖人身上。無聖人，不足以彰顯《詩》、《書》、《禮》、《樂》的真精神所在，但荀子為進一步肯定聖人之內涵起見，乃將中國古籍中有關聖人之志行加以闡述。

　　（1）《詩》言是其志也：即強調《詩經》所講的皆是聖人的心志與情懷，乃描述聖人心中所含蘊的意念，故云《詩》言聖人之志。

　　（2）《書》言是其事也：《書經》中所記述的莫不是聖人的行事，與其深切著明者，故云《書》言聖人之事。

　　（3）《禮》言是其行也：凡《禮經》所講的都是記載聖人的行誼，及其卓越的品格光輝，故云《禮記》載聖人行為的規範。

　　（4）《樂》言是其和也：《樂經》所講的莫不是聖人的和穆雍容的態度，此乃描述聖人心地之平和而與天地同節的心境，故云《樂》以道和。

　　（5）《春秋》言是其微也：《春秋》所載莫不是聖人的微言大義，蓋《春秋》一字含褒貶，此乃聖人藉微言而明道之大旨也。

　　是以荀子認為聖人即透過《詩》、《書》、《禮》、《樂》、《春秋》的言志、記事、道行、樂和與微言大義，以為天下的道管與樞要，俾使人人得以效法。宛如吾人今以水管而引水源然，蓋聖人之為聖人乃在使吾人透過其道管，而修禮義之涵養，而使吾人之生活與大道相契。

（二）聖人是神固之人

　　道出乎一，曷謂一，曰執神而固。曷謂神，曰盡善挾治之謂神。萬

　　物莫足以傾之之謂固，神固之謂聖人。（〈儒效篇〉）〔註11〕

荀子在此強調聖人之所以有其德象，乃在其專一於先王之道，博洽圓融，莫不周延，故能達全善之境。易言之即其所事者無一不善，無一不治之謂，方

〔註10〕楊倞曰：「管」，樞要也。參楊倞注《荀子·儒效篇》。

〔註11〕「善挾治之謂神」挾讀為決，乃作周洽之意，參王先謙《荀子集解》〈儒效篇〉。

如是始可稱之爲神妙，蓋萬物有其所當守之法則，而聖人亦有其所不移易之操守，方如是始可稱之謂固，固即擇善固執，始終如一之義。聖人之所以神妙，即在其能始終專一於操守，歷久不渝而表現出其平和之精神。

（三）和眾立善者聖人也

荀子說：「平正和民之善，億萬之眾而搏若一人，如是則可謂聖人矣。」（〈儒效篇〉）

按荀子本重外王之功天，故實踐爲聖人之張本，必待其有外王的事實，始可稱爲聖人。若夫平治政事，和齊萬民，使四海歸心，億萬民因之同心和意搏而爲一，此乃聖人之功，方如是始可彰顯聖者之德業，故荀子以平正和民者方爲聖人。

（四）聖人備道全美者也

荀子謂：「聖人，備道全美者也，是縣天下之權稱也」（〈正論篇〉）

荀子在此特別倡導聖人者必有得於禮義之中，故聖人與道不可須臾離，而所謂道者也者何也。荀子曰：「禮讓忠信是也。」（〈彊國篇〉），荀子特以聖人爲道之代表與代言人，更爲道的見證人，透過聖者的生活，將禮義之道發揚盡致，俾使人能見賢思齊，而與天下人共爲善。故聖人本身即是道的全美的化稱。透過聖人的踐行，即可看見道的全美與良善，俾使人人得生欽仰篤行之心。

（五）聖人者道之極也

荀子謂：「禮者人道之極，天者高之極，地者下之極，無窮者廣之極，聖人者道之極也，故學者固學爲聖人也。」（〈禮論篇〉）

荀子在此有意以天地之廣大來象徵聖人的極致，所謂聖人是道之極亦即肯定聖人能篤行禮義之道，且將之發揮到極致的地步，使人高山仰止，景行行止。故大致而言，荀子對聖境之看法乃殊異於孟子；孟子所重者乃內省與存養之功夫，而荀子所重者乃外王之表現。

（六）聖也者盡倫者也

荀子說：「故學也者，固學止之也，惡乎止之，曰止諸至足，曷謂至足，曰聖也。聖也者，盡倫者也，王也者，盡制者也。」（〈解蔽篇〉）

按荀子心目中所謂的聖人自與道家所謂的聖者有所不同，因道家所謂的聖者未必當在人倫中彰顯，蓋道家本有趣於遊心太虛，橫絕滄冥，無意於人間世之是非與善惡，故對人間世之得失、縈懷，均不在其考慮之列。道家之聖人

但求無天怨、無人非、無物累、無鬼責，以天樂自期。〔註12〕蓋聖人不由而照之於天，此乃莊子的態度。至於老子所謂的聖人，尤超乎人間世的善惡禍福，是以聖人處無為之事，行不言之教，萬物作焉而不辭，生而不有，為而不恃，長而不宰。〔註13〕

但觀荀子所謂的聖人，乃入世積善全盡的聖者，必透過其在人間世中的踐行與治理，始克彰顯其聖功。故察荀子在此所云之聖人盡倫，王者盡制〔註14〕乃指其對外在物質世界與內在禮法世界之參研與整治。故聖人之謂聖人，乃在其能制物而為民用。

（七）聖人者其心若水

荀子以水來象徵聖人的美德，他說：

> 水至平，端不傾，必術如此象聖人。（〈成相篇〉）

按老子亦曰：「上善若水，水善利萬物而不爭，處眾人之所惡，故幾於道。」〔註15〕荀子之所以用水來象徵聖人，乃在取水象之平與不傾，以象徵聖人心術之至正與無邪。蓋水性至平，斜則傾溢，故聖人之用心如水之平，此外尤效法水性之清潔而具有滌污之能力。〔註16〕

（八）大聖之境

荀子所謂的大聖之境，乃其所言聖人之品格中最高的反映，荀子在此乃引孔子之言，而謂：「大聖者知通乎大道，應變而不窮，辨乎萬物之情性者也。」（〈哀公篇〉），由是可知荀子心目中所謂的大聖人，必有極高度的智慧，而明白大道的根源，且心與之相通，更能肆應任何變局而不窮困，復有清晰明辨的能力，能了然於萬物的情性，以定其取捨，且聖人之化育萬物，如天地之主司萬化，如和風時雨，澤霈不絕，此正聖人之所以為聖人之偉大處。

以上八點略闡荀子在其著述中所列舉的聖境，觀其精神多重外王之聖

〔註12〕莊子曰：「知天樂者，其生也天行，其死也物化，靜而與陰同德，動而與陽同波，故知天樂者，無天怨，無人非，無物累，無鬼責。故曰：其動也天，其靜也地……言以虛靜推於天地，通於萬物，此之謂天樂。天樂者，聖人之心，以畜天下也。」參《莊子集釋》卷五〈天道〉第十三。

〔註13〕參《老子道德經》上經第二章。

〔註14〕聖人盡倫之「倫」字作物理解，王者盡制之「制」字作禮法解，兩盡者兼指聖人之道與王者之制而言。此二句蓋言聖人窮盡萬物之理，王者窮禮法之制，參王先謙《荀子集解》，〈解蔽篇〉第二十一。

〔註15〕參《老子道德經》八章。

〔註16〕按荀子言水之為德甚為綦詳，可參〈宥坐篇〉第二十八。

功，故顯與孟子所述者有所分別，但其終究之道乃以孔子之言行做爲總結，可知荀子心目中之聖人乃不外時中之人，能知通統類辨別萬有，而彰顯於外王之事功者。

第六節　大儒精神與士君子之類別

一、大儒精神

　　荀子極重大儒精神，其本身之行誼，莫不在在表現出大儒的典範與作爲，而鄙夷當時一般之俗儒與陋儒，蓋此些名爲儒者實皆係功名與利祿之徒，去儒之眞精神遠甚。荀子爲了表現其大儒氣概起見曾作〈儒效篇〉之說，以倡儒者精神，認爲儒者「在本朝而宜，不用則退。」〔註17〕雖窮困凍餓，必不以邪道爲貪。雖無置錐之地，猶明于持社稷之大義，雖隱于窮閻漏屋，人莫不貴之。且儒者在本朝則美政，在下位則美俗參（〈儒效篇〉），由此數段的闡述可知荀子不論其禍福否泰，皆在在表現出超然獨特的偉大精神與磊落的人格，荀子認爲儒者在社會上必能移風易俗，爲政則能造益於民，故特舉類以明其所謂之大儒典範：

（一）儒者之效

　　荀子在〈儒效篇〉特言「儒者法先王、隆禮義」（〈儒效篇〉），但在〈王制篇〉卻言「法後王」，此中頗值吾人深思者，蓋（〈儒效篇〉），所說的法先王，乃指效先王之德行，非效先王之制。因王者之制，「道不過三代，法不貳後王，道過三代謂之蕩，法貳後王謂之不雅。」（〈王制篇〉），故荀子所著重者乃其當時周制之文物制度，至對於三代以前之道，則認爲因時代湮遠，故過於蕩，是以寧法後王之制以免窒礙難行，此蓋有得於孔子時中之精神，故此所謂的法後王，實即指法周之政制而言。至於荀子在〈儒效篇〉所說的「法先王」乃重法先王之德操，舉凡先王有德行而能隆禮義，化性起僞者均在效法之列，故凡三代以前之堯舜，其德足爲吾人矜式者，皆莫不在尊崇之列，以之爲吾人之法式。

　　惟觀荀子在德行方面雖倡法先王，但究係有條件的法效，故謂「先王之道，仁之隆也，比中而行之」（〈儒效篇〉），此所說的比中而行之，即一切所

─────────

〔註17〕參《荀子・儒效篇》，所謂「不用則退編百姓而愨」，乃言苟不見用，就當退處於編戶之中，而爲誠實的老百姓，也決不悖亂犯上。

行的必須合乎中道，以便符合時中精神，而與其當時的環境相配合，庶不致
爲詭異之說所遷移，俾能常守中道，而使一切賢不肖者皆能適應自如。〔註18〕

（二）仁道誠存

儒者志節高超，不以一己之見遇與否而更易其操守，故荀子說：「人主用之
則勢在本朝而宜，不用則退編百姓而愨，必爲順下矣。」（〈儒效篇〉）。〔註19〕

荀子之意一個儒者苟能得位於朝，則應貢獻其一己之心力造福群倫，絕非
爲一己身家性命之榮譽與享受。苟不能見用於世，亦能安然獨處，退而潛居抱
道以待其時，決不致有悖亂之虞，故雖居下位亦能順適，隨時不忘其大儒的節
操，以仁道誠存，在在彰顯於其外在的生活。蓋人每因處窮困凍餒之境而失其
操持，因無置錐之地，遂致挺而走險，但對儒者而言，皆能持守素履之道，不
爲邪闢之事所震撼，故荀子特別強調儒者雖隱於窮閻漏屋，其人格之光輝，猶
能溢於言表，令天下人莫不貴之，此蓋禮義之道存誠其心所使然。

（三）儒者之作為

儒者有所爲，有所不爲，荀子認爲儒者爲人貴能廣大其德業，且內心有
堅定不移的志節，使朝野皆能修治禮節，同時亦能使民間表現忠信和睦的風
尚。儒者所到之處，皆能彰顯其德業之光輝，居官者則能隆禮而正法，居鄉
者則能移風而易俗，美化社會之習尚，以使天下人相景從，是以荀子確認凡
儒者皆有作之君，作之師的使命。

二、士之類別

荀子將人格的涵養，按其所達到程度上之差別，略分爲六大類，此六大
類純係以道德功用上的高低而爲區分者，並不含有經濟與社會上的意義。茲
分述之如下：

（一）通　士

所謂通士即指通達不滯之人，亦即人格上最基本的要求，通士者當其居
位之時對上則能遵行命令，對下則能盡其愛護之能……物之至有應變的能

〔註18〕先王之道仁之隆也，比中而行之。此言先王之道，乃仁道之至，但從乎中道
而行之，然先王之道爲何，即禮義是也，即人之所以道也，此所重的是天之
道，非陰陽山川怪異之事，是乃人所行之道也。

〔註19〕人主用之則勢在本朝而宜，王念孫曰：勢者位也。言位在本朝。〈正論篇〉曰：
勢位至尊是勢與位同義。楊倞以勢爲權勢之義，殊有失當處。

力，事之疑有辨別的智慧。舉凡未嘗聞，未嘗見而卒然起於一方之事故，皆能應付裕如，此種人亦即能通達大體，不滯於小見之輩故稱之謂通士。〔註20〕

（二）公 士

所謂公士即指大公無私，能持守正誼之人，此種人既不結黨營私，譁眾取寵以蔽上，亦不迎合於上以害下，凡事必持守正道，至誠為公，當其所面臨之事務遇有紛爭時，決不阿一己之私好，而作利於一己之決擇，俾有損公正之處，故可稱之為公正之士。〔註21〕

（三）直 士

所謂直士即指正直無曲之人，此種人能表裏如一，心地光明磊落，平素但求內在之充實，處世不求沽名釣譽，故雖居要津，亦不求為人所知，人或慢之亦不怨懟。當道苟不知其短，亦不自用以取賞。此種人秉性正直，皆以實情自舉，不矜其長，不飾其短，故荀子特讚之為直士。〔註22〕

（四）愨 士

此種人極重平常庸言庸行之謹敬與篤誠，故對日常之言行必求其信，恒保持其內在一貫的誠敬精神，故能不為流俗之習見所遷，素行高潔不效俗世之行污，但亦未敢自固而獨行其是，此即《易·乾卦》所言之「庸言之信，庸行之謹」，〔註23〕為有德君子必具的條件。〔註24〕

（五）勁 士

所謂勁士，就是善能實踐禮法，志意堅定，日有進益，且不以私慾迷亂禮法之人；荀子稱此為堅強之士人，故謂勁士。〔註25〕

（六）法 士

所謂法士乃能隆禮而力行之人，亦即一般所謂守法之人，此種人雖未必明禮法之統類，但由於其能實踐禮法，故不失為社會上能知法守法之士。〔註26〕

〔註20〕見《荀子集釋·不苟篇》。
〔註21〕同上。
〔註22〕同上。
〔註23〕《易·乾卦·文言傳》九二曰：「見龍在田利見大人，何謂也。子曰，龍德而正中者也，庸言之信，庸行之謹，閑邪存其誠，善世而不伐，德博而化，見龍在田，利見大人，君德也。」
〔註24〕參《荀子集釋·大略篇》。
〔註25〕參《荀子集釋·儒效篇》。
〔註26〕參《荀子集釋·勸學篇》。

三、君子與小人之辨

　　按君子與小人之分別，在春秋戰國之際，本係社會地位之差別，小人乃指野人，即一般農工庶民之稱，而君子者乃泛指一般之士人。至孔孟二子乃有意將君子與小人之辨，賦于道德意義，而不重經濟與社會地位之差別。荀子亦循此原則，以別君子與小人之辨。第觀荀子全書，其所論君子與小人之處，多散見於各章，茲歸納之而得以下諸要者。

　　（一）君子善於自反小人則反是，「君子博學而日參省乎己」（〈勸學篇〉）：且引《詩》云：「嗟爾君子，無恒安息，靖共爾位，好是正直，神之聽之，介爾景福。」〔註27〕荀子認爲在博學之中以學禮最爲重要，故說：「學至乎禮而止矣，夫是之謂道德之極。」（〈勸學篇〉），觀乎荀子所著重者不僅爲外在之學，更著重於內在自我之參省，亦即人格之自我反省。藉著禮的洞鑑，以便達到「知明而行無過」的境地。這是君子之所以爲君子的首務。反觀小人則不然，因彼不能反觀諸己，故不知一己之失，是以其行爲難免多怨尤。〔註28〕

　　（二）君子役物小人役於物；荀子認爲一個人的內涵若能提高，則其對人生之追求與期望亦自必超越，故君子務本，本立而道生。一個人倘志行高潔，就必能冷眼於人間之繁華，輕視人世之尊貴，尤無意於人間之爵祿。倘內心能著重於進德修業，則對身外之物皆能視若鄙屣。是以君子曠達而能役物，小人卻反爲物所役，此君子小人之別也。〔註29〕

　　（三）君子謙和受益，小人溢滿自驕：荀子認爲君子因有才德，故器量寬宏，態度平易，而能化人導人，且能持身謙和，而樂以事人。至於小人則否，蓋小人有才能，則態度傲慢，心術奸邪，且驕矜使氣，以逞其能。若其無能，則必心懷嫉妬，以出怨誹，而常傾陷人。故君子有能，則人人樂於向其問道學習，若無能，則人人亦樂於指導之。至於小人雖間有能，然人人皆以向其學習爲鄙賤，若無能，則人人亦恥於相告，此乃君子與小人之差別處。〔註30〕

〔註27〕參《詩經・小雅・小明》五章。三章章十二句，二章章六句。言君子當心懷憂悔，常使內心不疚，俾神明共鑒，俾賜予大福。詩人戒君子無恒安息，即言不要常常貪戀安逸，亦即勗勉君子不可常懷安逸之心，如能安靜，而恭以守其位，又好正直之道，則必神明共鑒，而賜以大福。荀子引此《詩》以喻勤學化道，則必智明而身安。

〔註28〕參《荀子集釋・勸學篇》。

〔註29〕參《荀子集釋・修身篇》。

〔註30〕參《荀子集釋・不苟篇》。

（四）君子不貴苟且：荀子認為凡行為無廉隅，不存德義，皆謂之苟且，亦即不得禮義之中。故凡不合禮義的行為，雖然倖免皆謂之苟難。不合禮義的言論，雖然明察，皆謂之苟察。不合禮義的聲名，顯然傳世，謂之苟傳，此皆非君子所貴者。夫君子所貴者乃在乎合乎禮義之中，時止則止，時行則行，不必自恃孤高以求令名。〔註31〕按揚子雲曾非屈原曰：「君子遭時則大行，不遇則龍蛇，何必沈身。〔註32〕此即指不苟難之意。

（五）君子不可奪志：荀子認為君子操持謹嚴故不比黨阿私，亦不易狎暱。君子小心謹慎，雖臨恐懼，然志不可奪，亦難脅以利害，雖不免於患難，然卻不避赴湯蹈火之厄。雖臨福祿之中，亦不作非分之思。〔註33〕此蓋持守有定，涵存有素故不輕移焉。

（六）君子好益諫之友，小人好阿諛之徒：荀子以君子好善而不厭，故受勸而儆戒，日進於善。至於小人則親近諂諛，疏遠諫諍，對修己者恒存鄙夷之心，對忠誠者反存傷害之意。故君子好善而親師友，小人惡善而近邪僻，是乃君子與小人之迥異處。〔註34〕

（七）君子兩進，小人兩廢：荀子所謂之君子兩進乃指知德兼修之士，必仁術與禮義皆舉而興之。所謂小人兩廢，乃指智德皆弛之人，馴至鮮廉寡恥而無事不為之人。此蓋小人貪利而不知止，其所立心之處莫非功利，故雖詐訛、攫取，幽險而不慚，其雖徼幸而有成，則倨傲而奪人，苟遇得意喜樂之時，則輕佻而失態，遇挫折憂慮之時，則畏懾而不知所措，其通達時既驕氣凌人，窮困時復自暴自棄。故荀子說：「君子大心則天而道，小心則畏義而節。」（〈不苟篇〉），又謂：「小人則不然，大心則慢而暴，小心則淫而傾，知則攫盜興漸，愚則毒賊而亂，見由則兌而倨，見閉則怨而險，喜則輕而翾，憂則挫而折，通則驕而偏，窮則棄而儑。」（〈不苟篇〉），荀子此所說的「大心」乃指環境順利之時，可以放手作事之心。所謂「小心」乃指環境拂逆，須謹慎應付的心。此即言君子當順境時，就敬天守道，當環境拂逆之時，當

〔註31〕參《荀子集釋・不苟篇》。

〔註32〕揚子雲即揚雄，字子雲，四川成都人，博覽多識，潛心思索，於漢哀帝時作黃門侍郎，王莽時復召為大夫。辛於光武舉兵前四年（即西曆前十八年），享壽七十歲。曾著《法言》等十卷語多仿《論語》。

〔註33〕參《荀子集釋・不苟篇》。

〔註34〕參《荀子集釋・修身篇》「君子隆師而親友，以致惡其賊好善無厭，受諫而能誠，小人反是，致亂而惡人之非己也。」

畏義而謙下，此言君子處境不論如何，無時不以禮謹慎自持。

（八）君子柔善至文：荀子認為君子處事寬緩適度而不怠惰，行為雖有廉隅卻不傷人，其言辭雖辯捷卻不以勝負為爭，對事明察卻能言而不激，雖持身特立獨行，卻不凌人，治事堅強果敢卻不狂暴，與人相處柔順卻不隨波逐流。誠如《禮記》所云：君子和而不流。〔註35〕小人則反是。

（九）君子有容乃大：荀子言凡君子有賢能者必能包容無能者，有明智者必能包容愚拙者，凡學問淵博者必能包容淺陋者，道術精粹者必能包容駁雜者，此即君子兼容並包之功，〔註36〕小人則反是。

（十）君子盡其在己，小人企圖僥倖：荀子以君子與小人各有其所慕與不慕的一方面。君子所斤斤計較者，並非境遇之良否，乃著重於修身立德，對一己應作之事向持認真之態度。小人則反是，心存徼倖，妄想不盡人力而待天助，是其放棄一己當盡之責任，而妄圖於成。〔註37〕

（十一）君子與小人所道者不同：荀子以君子與小人在先天之材能方面彼此相同，好榮惡辱，好利惡害之心理亦相同。只以求榮利去辱害之道不同，故乃形成差異的人格。小人圖荒誕不經之事，欲人信任之，行謀詐虛偽之事，欲人親近之，是其邪僻之心理所作祟故。〔註38〕君子總是行其常道，而小人則常行僻邪之道。惟君子與小人之異，厥不在於先天之材智，乃在後天之習染，此即君子與小人安榮危辱之所由。

（十二）君子致誠樂善：荀子以君子尊榮人之德性，遇人之好處必予讚揚，遇人之過錯，則正直指摘，卻不毀訾。

君子見光輝的美德，對於其一己的行誼能隨時制宜，有時可柔如蒲葦，卻不畏怯。有時卻剛強猛毅，無所不伸，然卻不驕暴，隨時以「義」為準。知其當曲而曲，當直而直，故在曲直屈伸之間莫不得其中道而行，〔註39〕此

〔註35〕參《荀子集釋‧不苟篇》，君子寬而不慢，廉而不劌，辯而不爭，察而不激，直立而不勝，堅彊而不暴，柔從而不流，恭敬謹慎而察，夫是之謂至文。

〔註36〕參《荀子集釋‧非相篇》：故君子賢而能容罷，知而能容愚，博而能容淺，粹而能容雜，夫是之謂兼術。

〔註37〕參《荀子集釋‧天論篇》，君子敬其在己者，而不慕其在天者，小人錯其在己者，而慕其在天者……。

〔註38〕參《荀子集釋‧榮辱篇》，荀子謂：「材性知能君子小人一也，好榮惡辱，好利惡害，是君子小人之所同也，若其所以求之之道則異矣，小人也者，疾為誕而欲人之信己也，疾為惡詐而欲人之親己也。

〔註39〕參《荀子集釋‧不苟篇》：「君子崇人之德，揚人之美非諂諛也，正義直指，

亦即《論語》所說的「無適也，無莫也，義之與比。」〔註40〕

以上十二點略舉荀子對君子與小人之判準，察其立論所由，多就行爲實際之事項中作一比較，不僅重內在之涵養，更重外在行爲之規範，其所言雖難免煩瑣，但此正荀子之偉大處，因其特重性行人格之外在光輝，必藉此以彰顯其內聖之道，故乃性行並重之思想家。尤其在〈不苟篇〉與〈榮辱篇〉等數章內，對君子與小人之辨，言之甚爲綦詳，殊值吾人參考。

第七節　論禮與祭祀以及孝道之原則

孔子重仁，以禮以成之，以仁爲禮之本，而禮卻爲仁之用。故孔子言禮，大都以仁心爲其基本之出發點，對於其內容則皆提舉凡要而未作瑣細之陳述，孟子亦然。惟迄荀子言禮，則廣衍其義，以禮爲立人處世之基本要件，然禮之中心卻表現在孝行與孝思上，至於祭祀則不過是禮中有關孝思的一環而已。且惟荀子對於祭祀獨能排除古代迷信之成分，而純以理智的態度而賦以新穎的意義，以作爲其倫理思想中重要的骨幹。蓋荀子認爲禮有三本，以「天地」作爲人類萬有生生的大本，以「先祖」作爲吾人族類的大本，以「君師」作爲吾人治理的大本。故云無天地則一切生命皆缺其根源，無先祖則一切族類無從出生，無君師則人類社會無從治理。因此荀子特別強調此三本，且加以特別的重視。故所謂禮者必上事天，下事地，中尊先祖而隆君師。故吾人之制禮以郊天、社地、禘祖皆爲祭祀中之最隆重者，尤其君師爲政教之大本，爲社會共同秩序與生活之維繫者，是以制禮必先以天地、先祖、君師三者爲大綱領。

但荀子既主張天爲自然之天，何又教人郊天社地，我們觀察荀子的思想體系一方面固著重天生人成，天人分職的道理，是其所注重者乃人爲後天之努力，其目的乃在教人勿坐待天成而失卻機宜，但另一方面荀子亦難免承受了中國歷來祭祀的傳統，尤其是儒家思想的薰陶，故對於冥冥中之天仍持謹慎的態度，故對天道並未絕對的否定。惟孔子時所著重者爲主宰之天與義理之天，而孟子所著重者爲義理之天，亦兼含主宰之天，惟荀子所側重者乃是自然之天，致於其所倡導的郊天社地，殆不過是教人明禮愼始而隨時保持一

舉人之過，非毀疵也。……與時屈伸，柔從若蒲葦，非懾怯也，剛強猛毅，
靡所不信，非驕暴也，以義變應。
〔註40〕參《論語·里仁篇》。

種尊崇、敬業、與不忘本的精神，俾培養吾人德性的根基。

事實上祭禮在荀子看來乃是一種教育，不是迷信，故在荀子體系中祭禮之意義，其教育之作用遠勝於宗教。蓋祭祀之中含有等級與層次，其中寓有尊者事尊，卑者事卑的敬業精神而不許躐等。唯天子能郊祭以祭天，天子以下則無郊，但天子與諸侯皆有社祭，諸侯以下則無社。此亦即本于三代以來天子祭天，諸侯祭土，大夫士祭其先祖的歷史傳統。天子之所以祭天者，以天子之德必上齊於天，對天無愧，以天為鑑，常持反省之心，以逞自戰競恐懼，惟恐失德，故恒存萬邦有罪，罪在朕躬之信念。至於諸侯所以祭土者，乃以諸侯治理方域，必無愧於四方父老與人民之願望，故藉祭土以提醒其率土之賓之責任。十大夫之所以祭祖者，乃在喚起其無忘於祖先之德業，俾無愧於繼嗣之德澤。蓋積善之家必有餘慶，積不善之家必有餘殃，《易‧坤卦‧文言傳》，是顧諟明命，以昭明鑑，此乃祭禮的明確意義。不過在三代以前祭禮確曾含有隆重的宗教意味，而至荀子之時，以其看來，祭禮實不啻乃作為一種機會教育而已。因為無天地則萬物無所依托，無祖宗，則吾人之生命無由而來，無君師則社會生活無以安定，是以荀子乃賦祭祀以教育的意義，使之在禮中居重要的地位。茲為詳析起見，特將荀子有關禮之主張闡明如下：

一、禮之作用

（一）禮為制欲

荀子認為人群相處，為了爭相滿足其物質欲望起見，倘無度量分界以為限制，則社會難免不陷於爭奪混亂，以致陷於困窮，故為了維繫社會的安定，首應定分，故必按人倫關係之親疏尊卑，及個人之才德，以決定其社會地位與職分。並按其身分之高低以定其物質享受。凡此規定皆是「度量分界」所必需，按〈非相篇〉曾說：「分莫大於禮。」故禮是「分」的標準，故制禮乃所以明分。

人人之職業各有其分，倘人人能夠稱職，各盡其所能而作合理的分配，則人的欲望必皆能得到充分的滿足，而人人的需求自能得到相當的供應。倘分界不定，而復人欲無窮，則必導致物質缺乏。由是以觀，可知荀子論禮之起源，不追溯自宗教與道德形上學之觀點，乃從生活上平易近人地以人欲之禍方面著眼，此乃荀子思想之經驗論與實用之特色。〔註41〕

─────────────

〔註41〕參《荀子集釋‧禮論篇》：「禮起於何也？曰人生而有欲，欲而不得則不能無求。」

（二）禮為養欲

荀子既言人不能無欲，故便不能不求何以養人之欲，禮的功用既莫大於養，故養欲為禮之大分。但養有上養、中養與下養，各因其滿足之不同，而得其不同之養。譬如牛羊稻粱與夫五味之調和乃用以養吾人口腹之欲。花草椒蘭之芬芳乃用以養吾人之嗅覺。各種彩色花紋美飾，則用以養吾人之視覺。至於廣廈居室，蒲席床第則所以安吾人之身體。故人既有各種不同的需要，便當有各種不同的定養。禮既為明分的標準，故必按社會上各階層的等次，長幼的差別而使各得其分，以得分配的公義。

按荀子看來身體之養，感官之奉，皆屬於下養，惟禮義方足以養生安身。蓋人性皆貪多務得，故使社會紊亂，唯仁人始能輕財物，濟貧乏，使彼此不相侵奪。故必人人講究恭敬禮讓，社會秩序方得安定，然後方可養人之安佚。倘人人縱其情性，不知所止，則社會上必重財輕義，恣其情欲，以此為樂，而不知節以禮讓，則反使人倫蒙受莫大之災害，故禮實為人生最大之養。〔註42〕

（三）禮以彰中道

荀子強調，禮須因時因地因人而制宜，故貴「隆殺」，隆者使其隆盛，殺者應予適時刪節，其目的皆在強調合乎中道，俾合乎其宜。蓋禮義或隆盛、或簡單，惟其恰當為貴。如太古時代之祭曾用玄酒生魚，蓋本於質素，雖其禮文簡單但卻情感真摯，故亦不失其為禮。按禮者以真情為貴，苟失純真之情感，則外在之繁文褥節亦失卻其意義。因禮者本在培養人類道德的根基，而為人道最高的原則，故禮所應隆者乃在其內在的意義，所殺者乃在其外在之儀文，使其合乎中道俾免於過與不及。〔註43〕

（四）禮為聖人之偽

荀子所說的偽，乃指文理隆盛而言，無性則偽之無所加，無偽則性亦不能自美。蓋先天質朴的人性，加上後天禮義的修為，方成為禮義之偽。因天能生萬物，卻不能治萬物，地能載人，卻不能治人，故宇宙的萬物和人類，必待聖人創制禮義而後治，此即所謂的「人文化成」，乃荀子倫理思想中的基本原則。〔註44〕

〔註42〕參《荀子集釋・禮論篇》：「故禮者養也，芻豢稻粱五味調香，所以養口也。
〔註43〕參《荀子集釋・禮論篇》：禮者…以隆殺為要……按隆乃「隆」盛之義。「殺」
　　　　即減降之意，文理繁情用省，是禮之隆也。文理省，情用繁是禮之殺也。
〔註44〕參《荀子集解・禮論篇》「無性則偽之無所加，無偽則性不能自美，性偽合然

　　以上四點乃荀子對禮之作用的重要主張，認禮是人道中的最高指導原則，爲政者倘能審於禮，則奸詐盧僞必能一目瞭然。故荀子以禮爲內在與外在之繩墨，俾作爲吾人持身的準則，俾使人人因之而有堅固的德操。

　　荀子且以禮乃人類性情眞摯的抒發，故喪必主哀，祭必主敬。又禮乃萬事萬物之理，爲治理萬事之樞機，且爲端正人事之準繩，故禮者，在宇宙萬物爲理，在人事厥爲禮，而禮之用，和爲貴，故以達到中和爲目的，

二、孝道之原則

　　在眾禮中荀子特重孝道之原則，於〈子道〉一篇中特言之頗詳：茲闡述之如下：

　　荀子將人的孝行，分爲上行、中行、下行三種，均以道義爲最高之出發點，苟不合於道義，則其所行不得謂孝。

　　（一）小行：「入孝出弟，人之小行也」（〈子道篇〉），言在家庭中若能孝順父母，在社會上善事尊長，這不過是小德行。

　　（二）中行：「上順下篤，人之中行也」（〈子道篇〉），言上而對君父能順從，下而對卑幼能篤實，此乃中行之德。

　　（三）上行：「從道不從君，從義不從父，人之大行也。」（〈子道篇〉），此乃荀子本於孔子及《禮記》一貫的思想，以道義爲人生最高指導原理。故所謂大孝乃敢於違背不道不義者，此乃荀子的特別著力處。夫服從大道可不服亂命之君，服從公義可不從亂命之父，方如是始可稱之爲大行。由是可知荀子雖處於君主專制時代，與父權獨尊時代，卻能本於禮義之大道，而與權勢反抗，吾人不得不謂其確具有道德之勇氣。因爲荀子的孝道觀在基本上乃建立在志安於禮義，行安於禮義的大前提上。

三、忠孝的標準

　　荀子將孝道分爲上行、中行、下行外，更提出孝道的標準，此準則除基於公義的標準外，更應兼顧到周全與平安，故以忠與衷相通，若忠非出於衷誠，則必淪爲愚忠與愚誠，是端無可取之處。因此從命與否，應就安全方面慎予研判，是以荀子特立三不從之準則。〔註45〕此三不從之原則乃基於衷、

　　　後成聖人之治。
〔註45〕參《荀子集釋・子道篇》第二十九。

義、敬之三大要件：

（一）從命則親危，不從命則親安，孝子不從命乃衷：荀子以孝子從命與否應慎作理智的抉擇，若附從親上之命令，反使家庭受莫大之禍咎，則爲子者宜盡規勸之責任，不可一意曲從，否則反成爲不忠與不孝，故順從與否應審度大義，而慎下判斷，故有時不從命反爲忠於其親，此中自不可不察。

（二）從命則親辱，不從命則親榮，孝子不從命乃義。若果曲從親上之命，反使親上在人格上蒙受污辱，則不如不從命，故從命與否，應依道義上的原則。

（三）從命則禽獸，不從命則脩飾，孝子不從命乃敬：荀子在此更確立嚴格的分野，倘從命而陷親於禽獸之行，則不從命反使其親爲修爲之君子，故孝子應不從命，反爲敬其親的表現。

以上之乃衷、乃義、乃敬的三大標準爲從命不從命的基本準則，總之必以極其恭敬、忠信、端誠的心情而謹慎的去盡人子之職責，方如是始可說是大孝。因此，國必須有爭臣，父必須有爭子，士必須有爭友，要觀察其所服從的是否正當，方可說是否確盡了孝道。按荀子重禮，乃偏重於禮之實用的一面，故所述孔子之說乃多就外王之層面而論，在在皆以外在之禮義爲準據，而表現爲篤行踐履之精神，此乃荀子所以重禮之特色處。

第八節　荀子之心靈修養論

一、論虛壹而靜與大清明

荀子極重視心之作用，但卻認爲人們的心中並沒有先天之道德觀念，道德者乃外在的與後天的禮義規範，必須透過我們的認識心方能知其存在，而作爲我們生活行爲的規範。故心之虛壹而靜與大清明之境，乃是知道、修道的先決條件。唯有此心之大清明，才能有正確的認識和判斷，故在荀子看來「虛心」、「專一」、「靜心」三者，乃人心中必具之三大特質，更是人格內在涵養的大功夫。吾人必透過虛心，專一與靜心方可使心體得其大清明，方如是始可強化吾人之認識心而能明瞭禮義之道。荀子以心體本身可收藏感官所得的一切感覺與料，又同時可兼知各種不同的事物，故爲了兼知之明起見，必體務須專一而無所旁騖，方如是故應力求靜心，此外又爲了能藏起見，吾

人務須虛心，蓋心之能虛方能藏知，心之能專一，方能認識，心之能安靜方能辨別，是此三者乃爲明道、悟道之根基。但就事實而言，吾人之心體極難做到此三大功夫，故難免受後天知慮之擾攘而破壞了心體之寧靜與大清明。是以欲得道，求道之人，務須講求此虛壹而靜與心中大清明的方法，然後循此去痛下工夫，否則心體必懶散與囂煩不安。故禪宗高僧慧能曾說：「本性自定自淨，只爲見境，思境則亂。」〔註46〕蓋人心之雜亂，每因見境而起，故荀子特重虛、壹、靜的三大功夫，列爲吾人修養的第一課。蓋能虛方有所入，能壹方有所專，能靜方有所察，故必以「虛壹而靜」之心求道，以「大清明」之心悟道，方可得大覺悟。因此，大清明之心是心體修養的最高境界，亦可稱之爲聖心，此種聖心乃君子存養而達禮義之中的不二門徑。

此外，荀子更進而說明了人們心術中的大患，認爲吾人心中難免爲欲、惡等情感所蒙蔽，故更應保持心知的虛靜，是以乃諄諄告誡吾人認爲聖人知心術活動的通患，明蔽寡之爲大禍，故對於任何事物，皆不可預存成見，但於萬物紛陳之中，心內應建立一個客觀的標準，據以爲衡量一切事務的準繩，而各如其分地肯定其應有的價值。是以荀子在此特別強調不可讓非道之人破壞了應有之道。〔註47〕

二、論治氣養心

荀子特倡治氣養心之說，而以「禮信」作爲無往而不善的養心之法度，按治氣養心乃荀子所倡變化氣質，涵養心性的方法，治氣養心之道貴在調和，即能學習中和之道，如血氣方剛之人，好與人爭，故必調和之，柔化之，使之能守拙。勇猛暴厲之人，易生衝動，故特以禮義輔導之，使其冷靜。又言語行爲過於躁急之人，當以安詳徐緩的舉止以節制之，使其知所節度。器量陝隘與褊小的人，當以廣大的胸襟以開廓之，使其廣大。志意卑下，性情迂緩，貪利苟得之人，當以高遠的志趣以鼓舞之，使其能變化氣質。庸俗駑下而不自檢束的人，當以良師益友疏導之俾變化其劣性。至於愚誠端愨的人，則多無文彩，故當以禮樂教化之以養其志。以上所舉各端，皆荀子就日常生活習慣中所常見者，特別引以爲例。惟荀子認爲治氣養心之道，莫速於由明禮著手，莫要於得賢師益友之輔導，莫神妙於專一其心志而使其得寧靜。此即荀子所強調之隆禮義、

〔註46〕參禪宗《六祖壇經》慧能說。
〔註47〕參《荀子集解・解蔽篇》。

重師法、貴專一之義，其至終目的莫非在教人治氣養心。

此外，荀子更提倡以《詩》、《書》、《禮》、《樂》之道以陶冶人人之情性，苟能反復沿習而審察之，則必覺其中妙趣無窮。蓋《詩》、《書》、《禮》、《樂》之道可使人善群、和一而不爭。即以之作爲個人持身處世之標準而言，亦可使人養成知足常樂的境地。蓋心地不平和者，輒因其心性不得調和故，究其因乃在乎疏於治氣養心之道有以致之，故荀子特重治氣、養心爲吾人進德修業之大前提。

三、論心正形全

荀子反對相人之術，認爲相人之道爲古人所未言，惟迄春秋時有姑布子卿者至戰國時有唐舉者，方開始相人之術。〔註 48〕然荀子對於相人之術向持存疑的態度，因荀子所重者乃心正形全，故對於人之形相不予重視。荀子以吾人之心爲形骸之主宰，故認爲相形不如論心，且認爲「形不勝心」、「心不勝術」，荀子此所說的「術」乃指道術而言，即人人應選擇道術，以正其心，蓋人之形相雖有缺憾，若其心知活動能達到美善，亦無害於其爲君子。是以荀子所強調者，吉凶之道乃悉由人格所決定，而非由形相而定。故在〈榮辱篇〉特說：「君子則安榮，小人則危辱。」荀子以禮義爲道之實質，以此客觀之道，治理主體之心，使形從心，以心從道，俾一一向上與禮義之道相齊，則何患人間之禍福，是以君子不以先天的形相自足自限，故君子論心不論形，蓋人之吉凶多由其心術而定，本與形相無關。〔註 49〕

第九節　論人生之榮辱

荀子以人生之榮辱，悉在自取，非由命定，故於榮辱之大分言之最爲詳切，且認人貴自知，有自知之明者必不怨人，知命者不怨天，怨人者窮，怨天者無志，〔註 50〕由是可知荀子並非宿命論者，雖其曾說：「人之命在天，國

〔註 48〕姑布子卿春秋時鄭國人，曾相趙襄子，姑布爲姓，子卿乃其名，見《史記·趙世家》。唐舉亦作唐莒，戰國時梁人，相李克曾曰：「百日之內，持國秉政」，見《戰國策》。又相蔡澤曰：「先生之壽，從今以往四十三歲」，見《史記·蔡澤傳》，後皆驗。
〔註 49〕參《荀子集釋·非相篇》。
〔註 50〕參《荀子集釋·榮辱篇》。

之命在禮」（〈彊國篇〉），但此所說的「天」，實指制天之所命而用之之「天」，而非指命運之天，實乃指法則之天而言。故人應法天之行健，知天之常道，地之常數，一切貴盡其在己，若人不善用此法則之天而違反之，自必招致禍咎，是以此所說的人之命在「天」，實乃指人本身是否已循天之常道、常理，常則，而篤行之，踐履之，苟能盡之則吉，否則必凶。

蓋荀子以人之所能力求者，乃在目下，不在未來未定之天，若能當下竭盡職責，努力現成，即所以圖之未來，若未能竭盡厥職，期期然以未來自許，寄望於渺渺之天，企圖徼倖以成，則必日退，故君子當求之在我，步步踏實，不妄冀人力所不可測之天。故君子所宜知者，即順此天之常道，常則，否則必「錯人而思天，則失萬物之情」。蓋國無禮法必亂，人違天則必凶。夫物之生雖在天，但成之者卻在人，是乃荀子所肯定之天生人成之說。按一切有情作爲均在乎人力圖之，若廢人事而妄思天成，則雖勞心焦思，守株待兔，亦必無所得矣。故荀子所說的「人之命在天」，察其本意，實不重主宰與宿命之意義，此「命」實指制命之命而言，蓋「天」既爲自然運行之天，則人當盡其制命而待之，故觀荀子的主旨，即在辨天人，盡人職，以制天之所命，而所謂天之所命，實乃指自然之必然法則與秩序而言。

荀子既說自知者不怨人，知命者不怨天，怨人者窮，怨天者無志，是以荀子教人先由自知開始，故有志之士，貴自食其力，修身以待，遇與不遇，皆歸諸於外在境遇之不逮，故知命君子必不怨天。荀子此所說的知命，實乃指知窮通之際，與己所當盡之務，非謂去預知冥冥中之定數。是以與陰陽家以及漢時王充之骨命論思想，並無相侔之處。〔註51〕

按天地有常經，人間有常法，宇宙有常道，知其變通之則，而順之以時，守之以恒，能盡其在我，是爲知命君子。故荀子所認爲之榮辱之大分，實乃一己所自招，亦即安危利害之常體，夫先義而後利者榮，先利而後義者辱，榮者常通，辱者常窮，通者常制人，窮者常制於人。〔註52〕由是可知荀子此所說的制於人與被制於人，非悉由天數所定，實乃一己之所自招，而悉決之於一己方寸之間。

〔註51〕王充乃漢時持命運之思想者，於〈命義篇〉云：「操行善惡者性也，禍福吉凶者命也」。〈命祿篇〉則云：「故夫臨事智愚，操行清濁，性與才也。仕宦貴賤，治產貧富，命與時也」。「夫性與命異，或性善而命凶，或性惡而命吉」〈命義篇〉又說：「人有命、有祿、有遭遇，有幸偶。命者貧賤富貴也，祿者盛衰興廢也。」

〔註52〕參《荀子集釋‧榮辱篇》。

按堯舜禹湯，桀紂幽厲，其賢與不肖以及所面臨之際遇，豈係前定，且夫禹有十年水，湯有七年旱，而天下無菜色者，實乃禹湯之陳積有餘，而非天之獨厚於堯舜禹湯，而薄於桀紂幽厲，故所說的人之命在天者，實應了解所謂「制天之所命」而善用之，俾順守其正，以得其適，以盡人道，以竟其天功，故榮辱之分悉由自定，明察君子自當慎之。

由以上所述可知，荀子對於人間榮辱之大分均注重人為本身自取之結果，故教人幸勿輕舉妄動，並應慎於去就之間，蓋人輒見利而忘害，故凡動必陷而自取其辱。故云：「凡人之患，偏傷之也，見其可欲也，則不慮其可惡也者，見其可利也，則不顧其可害也者，是以動則必陷，為則必辱，是偏傷之患也。」（〈不苟篇〉），此乃荀子教人兼權之道，見其可欲，必前後慮其可惡者，見其可利，則必前後慮其可害者，而兼權之，孰計之，然後定其欲惡取舍之間，方如是始可免於失陷，亦即當作全面之估計俾勿見於近利而忽於遠害。

觀乎人人莫不求榮而避辱，故荀子乃陳明榮辱之理，且進而說明人間有義榮、勢榮、義辱、勢辱四等，此中不可不察。所謂義榮者，本不在乎外在之事功，乃純出乎一己德性之光輝，為一己人格之顯露，由衷而發，故可感人至深，此乃德性之榮譽，為榮中最榮者，亦可稱之為立德之榮。至於勢榮者不過以高官厚祿，地位權勢，與外在之事功；而此所得之榮譽，泰半非由一己德性所顯發者，故荀子頗輕之認此本非君子所當求者。

所謂義辱乃指由於一己之行為犯分亂理，不合禮義之中，違背人倫之常，與聖人之教訓，所自招致之恥辱，是乃一己德性之欠缺，與人格之污點，故當自引為大辱，此種辱乃由於一已不能修德安仁所致。玉於勢辱者，則純由外在之形勢所加者，如招人之陷害，或受亂人之逼迫，致身受苛刑，如孫子之臏腳，史遷之腐刑，文王之囚於羑里等，此皆係外力所加之恥辱，並非由於本身人格之污點，或德性上之缺憾，故荀子認為雖有勢辱，並無傷於其為君子。〔註53〕

以上所陳為荀子知命與明榮辱之大分，其主要目的端在教人安時順處，勿違人道天則去枉求，一切所行貴合乎禮義之中俾得其適中之謂。

第十節　論仁者與知者兼論持盈保泰之道

荀子在〈宥坐篇〉特言人生的座右銘，尤對持盈保泰之道多所發揮，按

〔註53〕參《荀子集解·正論篇》論義榮、勢榮、義辱、勢辱等節。

「宥」字本與右同，以其可常置諸坐右以資鑑戒之謂。〔註 54〕荀子在該篇中且引孔子之言，述其大意謂：有一種勸戒用的器具，空著時就傾欹，注水不淺不滿時就正當，若過滿了便傾覆。因此孔子乃問其弟子謂：若要時常保持此種盈滿而不傾覆之狀態，是否有其道可循。〔註 55〕荀子乃藉此引申孔子之言，以發揮其一己持盈保泰的主張；因而繼述孔子之言謂，若聰明聖智者就要守身以愚。功被天下者，就要守身以讓。若勇力蓋世者，就當守身以怯。此種思想顯然與老子的主張有異曲同工之處，即當隨時保持挹而損之與損之又損的態度，苟能不斷地抑而損之，就是持盈保泰之道所應遵循之法則。

按老子於《道德經》中亦嘗言此種人生哲理，如老子云：「道沖而用之或不盈，淵兮似萬物之宗，挫其銳、解其紛，和其光，同其塵……」〔註 56〕又如：「持而盈之，不如其己，揣而梲之，不可長保，金玉滿堂，莫之能守，富貴而驕，自遺其咎。」〔註 57〕

荀子除談持盈保泰之道、貴虛、貴損、貴讓之外更兼論仁者與知之之分別。見荀子〈子道篇〉謂：「子路入，子曰：由，知者若何，子路對曰：知者使人知己，仁者使人愛己。子曰可謂士矣。子貢入，子曰：賜，知者若何，仁者若何。子貢對曰：知者知人，仁者愛人。子曰：可謂士君子矣。顏淵入，子曰：回，知者若何，仁者若何，顏淵對曰：知者自知，仁者自愛。子曰：可謂明君子矣。」

由以上孔子與其門生的對談，可見知者與仁者有三種不同的境界。子路所領悟的知者與仁者，不過是以自己為中心，以為一己有無限之知識足以博得令譽，使人人向其請益，而得知者之名，又以一己之仁慈博愛，廣施與人，使人人皆知其為仁心仁術之士，而致讚譽脩至，而收仁者之名。孔子對子路的評語是，若能如是可算是一個士人而已，即僅做到一個知識份子的基本條件而已。至於子貢所領悟的知者與仁者的境界，則較子路為高一疇，已不以一己為中心，乃擴及於他人，故曰：「知者知人，仁者愛人」，即能將一己的知識與智慧普及於眾人，更將一己之仁心擴及於他人而且能關懷別人，同情

〔註 54〕見王先謙《荀子集解・宥坐篇》注解。《說苑》作「右坐」，或曰宥與侑同作勸戒之意。〈文子〉曰：三王五帝有勸戒之器，名侑卮，即欹器。
〔註 55〕參《荀子集解・宥坐篇》孔子曰：「吾聞宥坐之器者，虛則欹，中則正，滿則覆……」。
〔註 56〕參《老子道德經》上經第四章。
〔註 57〕參《老子道德經》上經第九章。

別人，而與人人同憂同樂，是為社會型的思想家與博愛者，孔子評之謂可以謂士君子矣，即已達己立立人，己達達人之進階，而為君子人的地步。至於顏淵所了解的知者與仁者的境界，則已由外鑠的心境，返回到一己內在的心靈之中，而成一潛修默鍊的知者與仁者，故已不重外在的事工，但重其一己之所覺與所悟。故曰：「知者自知，仁者自愛。」蓋儒家向來所重的知識，乃一己內在道德之靈明自省，並透過踐仁與生命的自我建立以體證仁德之內存，蓋人貴自知而勝於知人，貴自愛而勝於愛人，不自知者焉能知人，不自愛者焉能愛人。此所說的「自愛」，實乃指自我靈明之反躬內省，以求無愧於屋漏，並能躬謹自守，日進於新之義。蓋儒家的知者貴在自我靈明之建立，並體證到內在之大清明。儒家之仁者，固在乎愛人，但愛人者貴在無僞，無僞之心首由自愛與自反始。因此子路、子貢所言之智者，仁者，皆就人而言，獨顏淵先就一己而言，先由一己靈明之方寸做起，然後方推己及人，故孔子乃特別嘉許之。

　　荀子認為能達到真正之知者與仁者的地步，必覺到君子有終身之樂，而無一日之憂。蓋「君子其未得也，則樂其意，既已得之，又樂其治，是以有終身之樂，無一日之憂」（〈子道篇〉），此即言有修養之知者與仁者，當其未得位之時，心中自有其可樂之道，不以爵祿權貴為念。既得位之後，又樂於得行其治道，發展其抱負，故君子不論境遇如何，終身皆可為樂，而無一日之憂慮，蓋其所志高尚之故。

第十一節　論五儀

　　荀子在〈哀公篇〉特傳述孔子觀人之學說，認為觀察人之賢愚的儀法有五，此所謂五儀即所謂有五種原則。〔註 58〕亦即人有五等之意。孔子所說的人有五等，即指「有庸人、有士、有君子、有賢人、有大聖。」（〈哀公篇〉），茲闡之如下：

（一）庸　人

　　所謂庸人，口不道善言，心中缺少遠慮，且不知謙退之義。〔註 59〕更不

〔註 58〕五儀，郝懿行曰儀者猶匹也。匹者即儔頻之意，即人有五類。《大戴禮記》，〈哀公問五義〉，即為五儀，古儀字作義解。王先謙注以儀猶等也。說人有五等，可參〈王制篇〉。見《荀子集解・哀公篇》注解。

〔註 59〕心不知色色，據盧文弨據《大戴禮・哀公問》，改為邑邑。郝懿行云：邑邑亦

知託身賢人爲自己分憂擔勞，一旦遇上憂患，則只知自憂而已。且庸人凡有言動皆不知其所務。靜而無事之際，亦不知所據，是以凡動靜之間，皆失其所恃，且庸人因缺乏內在之自守，故逐物之心外馳奔放不知收斂，以致其對外在的事物天天計較，然卻無法分辨孰爲貴重，其心恒爲外在之事物所誘惑，如流水蕩樣不知自返。此種人但由五官支配其心，而其一己之心反受困惑而失其作用，遂導致其心術日淪，故荀子以此種人是庸人。〔註60〕

（二）士

　　所謂士人對學術雖未必能全之盡之，但其持身必有所遵循，行爲雖未必盡善盡美，但其操守之間必有原則，故所知不求其豐，但求所知是否正確。所言不求其繁，但順省察其所言是否確當。所行亦不求其夥，但須省察所行是否確從正道，惟經其一己省察之後，確認其所知既是正確，所言既是確當，所行亦爲正道，就必固守其所見，如同愛惜一己性命與肌膚一般，雖有富貴權勢，亦不足移易其所志，是其意志堅定，故不論卑賤富貴皆不足以對其有所損益，有此修養之人，堪稱爲士。〔註61〕

（三）君　子

　　其言說必合於忠信，惟一已心中卻不自以爲有德，學凡行爲必合於仁義，但卻無矜伐之色，其思慮明辨通達，惟於言辭間不與人爭勝負。從表面觀之，雖無異於凡人，但卻不失其爲眞君子之操守。〔註62〕

（四）賢　人

　　所謂賢人其行爲莫不中規矩繩墨，其一切行爲必皆出於自然，一心化於禮義之道，不假斷削而喪其本眞，雖富有天下，卻不畜私財，且能廣施德澤，加惠貧窮，使人人皆蒙其恩澤，斯爲賢人。〔註63〕

（五）大聖人

　　智慧明通大道，能肆應變局而不窮困，對萬事萬物的性情能明辨其是非，且明察猶如日月，其爲人有和美之德，能化育百姓，是爲聖人。

　　以上五等修養，孔子獨鍾於大聖，荀子既承繼孔子之說自以大聖爲最高

　　　　作悒悒，劉師培謂：悒悒即謙退之義。
〔註60〕參《荀子集釋・哀公篇》孔子對庸人之原義。
〔註61〕全參《荀子集解・哀公篇》，孔子對士之原義。
〔註62〕同上。
〔註63〕同上。

境界，蓋大聖不但是內聖之人，甚且是兼具外王之事功者，故荀子教人五儀之等，欲人百尺竿頭更進一步。

第五章　荀子的教育哲學

第一節　論教育的主旨和目的

在荀子看來爲學之道不外內外兩端，一爲博學，一爲參省。博學乃向外之追求爲知識之積累，而參省乃向內之領悟，爲一己道德之自我完成。故在荀子看來教育最大目的厥在變化氣質，與人格之鍛鍊。故云：「學至乎禮而止矣，夫是之謂道德之極」（〈勸學篇〉），荀子將學問分爲二等，一爲君子之學，一爲小人之學，君子之學在美其身，即能發揮一己光輝之人格，小人之學在於自炫，以取譽於他人。故隆禮明義爲治學之先決條件，至於明辯察察，記誦多端，在荀子觀之殊不過散儒之輩不足矜式。

荀子在〈大略篇〉中更言立大學之目的，觀其所言要皆以倫理教育列爲所有教育中的最高鵠的。荀子說：「立大學、設庠序、脩六禮、明十教，所以道之也。」（〈大略篇〉），此所謂六禮，即《禮記》中所說的冠、昏、喪、祭、鄉、相見等六禮。而十教即《禮記》所說的父慈、子孝、兄良、弟悌、夫義、婦聽、長惠、幼順、君仁、臣義等十義，亦即爲人之十義。觀乎《禮記》所云以今日眼光衡之，固有某些失卻時宜，但荀子在教育之基本精神上，卻以明倫理，重禮義爲主，故本不重記誦之學。

荀子以禮爲人道之極，爲學固以學爲聖人爲本，故云：「聖人者道之極也，故學者固學爲聖人也。」（〈禮論篇〉），是觀荀子之心意，本不以瑣細之禮儀爲治學之本，乃在明乎禮義之精神，而使人人能尊重禮義的生活，俾社會秩序得以共存共榮。荀子在〈樂論篇〉中特言「君子樂得其道，小人樂得其欲」。

故荀子特主張以道制欲，是以教育之目的乃在使人人明禮義之道，而不在發揮欲望的要求。荀子固不否認欲望爲人生所必要的條件，但生活之目的厥不在講求欲望之無止境追求，故荀子乃倡制欲之說。

但人如何制欲，荀子乃以教育之目的，即在陶冶人內在之性情，使其明乎禮義，故云「以道制欲，則樂而不亂，以欲忘道，則惑而不樂。」（〈樂論篇〉），可見荀子並非完全拋棄欲望，不過欲以禮義之道去化約之，使人人不爲欲望之奴隸，故爲學之目的乃養成尊貴的人格與廣博的學識，以此應世，則無不周到。

此外荀子極重外在的實踐之功，故爲學本不在順誦《詩》、《書》之文字而已，荀子之「隆禮義，殺詩書」之主要目的，即在學貴篤行，不在記誦，苟能記誦《詩》、《書》之學，而不能篤行，則《詩》、《書》對我人亦何補益？荀子本身著書，幾乎每篇皆引《詩經》所云，故「殺詩書」並非拋棄詩書之價值，荀子所著重的是外王的功夫，蓋「詩言情」、「書記事」，皆不足以「統類」，若治學而止於此，則必徒勞無功，不過是聞見博雜之陋儒而已。故荀子之「隆禮義殺詩書」，實即提倡實踐精神，蓋爲學貴在篤行，不在文飾。莊子在〈人間世篇〉，以無用之木爲散木，荀子特以不守禮法無用的讀書人爲散儒，故爲學一方面固在重師法，另方面即在隆禮義。學者苟能順誦《詩》、《書》之文字，而未能治氣養心，則其爲學亦不過乃記識之學，無補於變化氣質，與鑄冶其偉大品格，是爲荀子所不取。故一言以蔽之，荀子認爲學之主旨，即要「言行合一」，合乎禮義，否則縱使博學雜記，在荀子觀之亦不過「倫類不通，仁義不一，不足謂善學。」（〈勸學篇〉）

蓋荀子所期期然盼望著，即培養一特立獨行的偉大人格，當其學至全粹之後，一切權勢利祿都不足以傾移其心志，是亦孟子所云「富貴不能淫，貧賤不能移，威武不能屈。」﹝註1﹞如此守道不移之節操，必生死如是，顛沛如是，而具有堅定不移的志節，有了此正確的定見，方能對事物處理得合宜。故荀子之教育主張亦即積善全盡，學禮盡倫的人格全備教育，最後乃以外王爲其最高目的。

此外荀子之教育思想，亦重啓發智育之培養，特重觸類旁通，舉一反三，一以貫之之思路，故荀子特倡以人度人，以情度情，以類度類，以說度功，此即所謂等倫比類兼而通之，蓋學貴觸類旁通，故應把握其法則，善爲統類，俾智明行修而有具體的表現。若有智而不能通類，行而不能全一，則其所學

﹝註1﹞見《孟子·滕文公下》。

不能謂已臻於圓滿。故荀子特重「誦數以貫之，思索以通之」，俾使為學得以周備，而達精粹之境地。是以荀子之說與《中庸》所倡慎思、明辨亦有相通之處。按孟子有始條理，終條理之說，而荀子亦未嘗不重培養學者有條理、有系統，俾能誦數思索明辨貫通，此誠亦教育之一大主旨。

第二節　論教育心理與功能

孟子倡性善，故其教育學說特倡「自得於心」，萬物皆備於我，樂莫大焉。荀子既以人性為惡，故其教育學說特趨向於教人積善。不過他一方面說「性也者吾所不能為也，然而可化也。情也者，非吾所有也，然而可為也。」（〈儒效篇〉），是以荀子特重教育的功能，蓋人非接受教育不克為善，因按荀子思想體系本反對有所謂先天之善者，故凡一切之善，均係後天人為之努力與修為，自非天然而就者，故非經過積善之功，不克見其全美，在人性方面亦然，非透過教育之陶冶與薰陶，人自無法知善與行善。

孟子以人性有善端，故如惻隱之心等莫非先天而就，荀子則以人性有惡端，人有好利忘義之性，受耳目之欲所轄制，故乏善可陳。孟子又以為人性含有良知良能，故說性善，荀子又否認如此，認為吾人之心不過是認識心，而非良知心，因為目雖可以見，卻未必能明，耳固可以聽，卻未必能聰，此皆駁孟子良知良能之說。

荀子書極重「積學之功」，故用「積」字最多，德行、德心皆由累積而來，因為我們的人性只有一些「可以知之質，可以能之具」，不過如一張白紙，在其上的事物皆係由積漸而來，所以荀子的教育學說，主要在教人積善，如「騏驥一躍，不能千步。駑馬十駕，功在不舍。鍥而舍之，朽木不折。鍥而不舍，金石可鏤。」（〈勸學篇〉），此種鍥而不舍的精神就是積漸之功，故其所認為的教育功能就是作積偽的工夫。

荀子教育學說的功能固在積偽，但其終極目標就是變化氣質，宋明儒在表面上，雖不宗荀子，但在骨子裡，實已含蘊有荀子的精神，亦即知行合一之說。

第三節　論禮樂在心理教育中的作用

禮樂教化是陶情怡性的重要手段，亦教育中極重要的一環，荀子亦以教

育之目的與功用在變化氣質，然如何變化氣質，此端賴乎禮樂教育之薰陶以收潛移默化之功。

荀子的〈禮論〉與〈樂論〉只是其廣義的教育學說中的一環。禮者養也，以禮養欲，樂者樂也，以樂怡情，且以樂者治人之盛者也。按荀子將人類心理的活動分為性、情、慮，偽、事、行、知、能等八種，所謂性之作用主要在乎「精合感應」與「生之所以然」。所謂「精合感應」即當吾人之心每遇外在之刺激時所生之一種直接的主觀反應，因此喜、怒、哀、樂，莫不是將外在事件所做的直接反應，此種反應足以影響自己之生命，亦足以影響社會人倫，因社會本是人心之積，社會風氣之良窳，亦即人心景況之寫照，因此如何以禮樂端正其心性，是為教育心理學中極為重要的任務。

荀子以生之所以然者為性，性既為生之所以然，故必原始初樸，乏善可陳，必待人為之加工，予以文飾，庶幾可臻於善。因此教育之功用中，亦包括如何化性起偽之功。

至於「情」即性之好惡喜怒哀樂，故情即是性的彰顯與表現。易言之，性必透過情，而具體地呈現於現象界，故性與情，若必予以分別，則可說性是能作「好惡喜怒哀樂」等反應的潛在狀態，而情卻是此好惡喜怒哀樂等現實活動的呈現，因此性情二字在荀子看來卻將之視為一事，故或稱情性，或稱性情，皆無不可。禮樂教育一方面固可改變好惡喜怒哀樂之內在傾向，使其性中之此種自然反應，能予以潛移默化，以提高其境界，而達昇華文飾的地步，他方面亦可修正此已表達之情，使之化約為合乎禮樂文理，而不致於亂。故荀子說：「縱性情而不足問學……行忍情性然後能修」（〈儒效篇〉），禮樂教育之功用，即在使情性做到行忍的地步，非行忍則不足以修為，非修為則不足以問學，故陶情怡性是為行忍之基本功夫，唯禮樂可以收行忍之功效。

所謂「慮」即情然而心為之擇，亦即吾人每遇可欲的刺激而萌愛好之反應，故吾心對情然之選擇，即是慮，此亦當今心理學上所說之動機競逐，亦即吾人之理智對情然之事所作的審察與選擇，以決定其去取與否，是以慮乃理智之事。荀子說：「夫故其知慮足以治之」（〈富國篇〉），因此慮即是行動的決策力，亦動機之萌漸處，禮樂教育可以防微杜漸，可以治慮，俾導其動機於正，不受情然所激動，自然已收行為上匡正之果效。

至於「偽」，即是人為，指作用而言，同時亦含作為後之結果而言。故云：「心慮而能為之動，謂之偽」（〈正名篇〉），吾人之心既對情然之事加以選擇與

決定，然後由心能爲之發動而成爲現實的行爲，是爲人爲，故僞亦即慮積焉，能習焉而後成者。易言之，即經過無數次之選擇決定與無數次之實行，所逐漸養成之行爲。是以所謂僞，正亦人所決擇而養成的果效，亦即當今心理學上所說的人格範型，故禮樂教育在心理範型與人格陶冶方面，乃盡極大的功效。荀子嘗謂：「行僞險穢，而彊高言謹愨者也」（〈非十二子篇〉）、「其衣冠行僞已同於世俗矣，然而不知惡者。」（〈儒效篇〉），此種行爲上之險穢亟待禮樂教化有以匡正之。

至於所謂「事」與「行」者，荀子稱之爲「正利而爲，謂之事。正義而爲，謂之行」。因此事與行，必合乎正利與正義，故人之行爲而有當於利的，方稱爲事，有當於義的，方稱爲行。然如何使人之行爲合乎正利、與正義，無疑的，必倚靠禮樂之薰陶與教化，俾導於正當。

至於「知」與「能」，荀子則謂，「所以知之在人者，謂之知」，此乃指知之作用而言。「知有所合，謂之智」乃指知之結果言。又以「所以能之在人者，謂之能，能有所合，謂之能。」前者指「能」的定義，後者指「能」的效果，析言之「能有所合」，乃含價值上之意義。總觀以上八種之分析皆荀子認爲是吾人心理上的作用，此外尚有欲與志，亦吾人心理上之現象，舉凡這些在荀子看來均須靠禮樂之裁培與陶冶，俾導之以正。

總之，荀子的教育哲學在強調積僞之功，積僞之目的在乎使人心靈有恒專一，求知力行，全盡能粹，以達知行合一之境。此外荀子尤特重師法教化之功，以改進環境與外緣之漸染，俾使人之知行與禮義相契。是以總觀荀子教育之主旨，莫非隆禮尊師，爲學積善，以使人達乎禮義之中，以完成教育之神聖使命。

按孔孟之教育主旨，在使人識仁、踐仁、透過明誠之學而達到自明誠與自誠明的地步，察孔孟所重的禮是克己復禮，一日克己復禮，而天下歸仁焉。故本不重外在的禮樂化約，而貴在乎一己之靈明自省。孔子尤以仁做爲一切德化的中心，且云：「禮云，禮云，玉帛云乎哉？樂云，樂云，鐘鼓云乎哉」。〔註2〕

程伊川謂：「禮只是一個序，樂只是一個和，天下無一物無禮樂……禮樂無處無之，學者須要識得。」〔註3〕故禮樂者乃行爲的規範。是按伊川之言，

〔註2〕見《論語·陽貨篇》。
〔註3〕見《程伊川先生語錄》。

無形中乃受荀子的影響，蓋禮主節，樂主和。觀乎孔孟二子固重外在之禮樂，但尤重內在之歸仁與識仁，否則必馴至「人而不仁，如禮何？人而不仁，如樂何？」〔註4〕且按《禮記・儒行篇》所云「禮節者，仁之貌也，歌樂者，仁之和也。」故人而不仁，必不能行禮樂，是以孔子乃說「如禮何？」，「如樂何」？即指人之不仁，雖有禮樂恐亦難以達到教化之功用。故孔孟二子皆重於在人心之札根處培養仁識之功夫。孟子尤以不動心作為修養之基本條件。是總觀孔孟荀三子皆有相同之處，不過荀子因偏重積偽之功，與積善全盡之教育改造論，故特別強調外在禮法教化與規約之重要性，故不可謂荀子不重識仁與踐仁。

第四節　論教育的步驟和方法

　　荀子以教育之最終目的既在化惡為善與變化氣質，故如何化性起偽止於至善，乃其教育之步驟與方法中極重大的之課題。夫透過「師法之化，禮義之道」，然後出於辭讓，合於文理，而歸於治（〈性惡篇〉），以達至善至美之人生，是為教育步驟與方法中極重要之準則。荀子之此種觀念，用之於教育上，乃成積偽、積善、漸進、精審、專一，加日懸久之方法論。因此日積月累，孜孜不息，乃是教育步驟上極重要之功夫。按荀子本不信內心之頓悟與直覺可使人立即遷善，故乃採長遷而不反其初之漸進方式與步驟，是其對我國之教育哲學不論在原理與方法上皆可說是貢獻極為卓越之大教育家。

　　夫教育欲使人成為完人，須同時兼顧先天遺傳，後天環境，與教育機會之三大因素。荀子對此三者皆一一重視。在先天遺傳方面，荀子雖非基督教原罪論者，但其卻肯定人性為惡，則是人人皆然的事實，至於後天之環境，則有善有不善，此則有待政治、經濟、社會、禮法、教育各方面之配合，俾齊頭並進，而予以改造。按荀子固不承認有先天良知良能之存在，但其對人類後天之改造，卻持極樂觀之看法。故謂：「學不可以已，青，取之於藍，而青於藍，冰，水為之，而寒於水」、「故君子居必擇鄉，遊必就士，所以防邪僻而近中正也」（〈勸學篇〉），由是可知荀子極重後天之環境與積習，故教育之步驟與方法即在如何改造先天遺傳與後天環境之障礙，以達積善之目標。茲將荀子所肯定之可能方法略述如下：

〔註 4〕見《論語・八佾篇》。

一、論漸積與改造

　　教育之工夫，即在重新鑄造人之品格，荀子既謂枸木必待隱括而後直，故人為改造之重要自不在言下。

　　荀子極重克己復禮的工夫，故「道之以德、齊之以禮」為積偽向善之基本步驟。如何漸積，是為荀子教育方法中極重要的問題。如云：「積土成山，風雨興焉。積水成淵，蛟龍生焉。積善成德，而神明自得，聖心備焉。故不積蹞步，無以至千里。不積小流，無以成江海。騏驥一躍，不能十步。駑馬十駕，功在不舍。鍥而舍之，朽木不折。鍥而不舍，金石可鏤」（〈勸學篇〉），由是可知荀子乃一極有耐心、極為細心、極為專心之教育培養論者。其以教育之功效，不能一蹴而就，夫十年樹木，百年樹人，故教育之事功，自非一朝一夕所可急就。是以荀子在教育方面，決非一急功好利之徒，蓋必欲立竿見影而著功效殆為不可能之事實。

　　夫人格之改造，乃教育之全面事業，必投下無數之人力、物力與師資以資配合。必積日曠久，方見其功，故積善成德，乃教育家百年之良心事業，故為師者自不可不慎焉。

　　按孔孟之教育方法乃在盡性知天，使人復其本性之善，而荀子之教育方法卻在化性起偽，使其長遷而不反其初。是為二子教育方法不盡相同之點，此中之差異即端在其人性論之觀點有所不同所致。荀子認為「禮義積偽者，是人之性，故聖人能生之也。應之曰：是不然。夫陶人埏埴而生瓦，然則瓦埴豈陶人之性也哉？工人斲木而生器，然則器木豈工人之性也哉……凡人之性者，堯舜之與桀紂，其性一也。君子之與小人，其性一也。今將以禮義積偽為人之性耶？然則有曷貴堯禹，曷貴君子哉。凡所貴堯禹君子者，能化性、能起偽、偽起而生禮義。然則聖人之於禮義積偽也，亦由陶埏而生之也。用此觀之，然則禮義積偽者，豈人之性也哉？」（〈性惡篇〉），由荀子此段敘述觀之，是其認為教育之成敗，端在乎外在之努力如何而定，若能全力以赴，則必能達到全盡、全粹之教育萬能事功。

二、論守恒與專一

　　教育之方法無他，端視能否持之以恒與專心一意，因教育之功，本不能揠苗助長，必須崇學務實，潛心惕厲，朝夕奮勉，積力良久方能日趨於善。倘不能繼以時日，孜孜不倦，勗勉惕厲，則必半途而廢，尤且荀子特重教育

在乎變化氣質，故欲正理平治，必待博學參省，日新月異，精誠無間，以收漸進之效。故凡學問之陶鑄、道德之開導、禮義之培育，均須守恆與專一，此乃教育步驟與方法上最基本之工夫。

三、論勸學之必要

孔子曰：「學而不思則罔，思而不學則殆。」故荀子尤重勸學之工夫，因為荀子本不重內心之直覺與頓悟，端在乎一己心知之努力與向學，故荀子在〈勸學篇〉曾曰：「吾嘗終日而思矣，不如須臾之所學也。」夫一分耕耘，一分收獲，是以勸學為教育中必經之步驟。就荀子觀之，君子與小人之分別，端在其是否精進於禮義而爲定。學而時習，精進日隆，以禮定分，以義制行，皆是積善自強不息的工夫，故非勸勉積學，不足有成。守恆專一爲勸學之手段，勸學爲守恆專一之目標。苟無鍥而不舍之精神，則終難達到教育之艱鉅使命。

四、論誠心與大清明

夫目之所見，耳之所聞，口之所言，心之所慮，固皆有待於專一，但專一之道端在乎誠心，誠心在乎大清明。蓋心不誠則意不靜。故云：「故人心譬如槃水，正錯而勿動，則湛濁在下，而清明在上，則足以見鬚眉而察理矣，微風過之，湛濁動乎下，清明亂於上，則不可以得大形之正矣。心亦如是矣，故導之以理，養之以清，物莫之傾，則足以定是非決嫌疑矣。小物引之，則其正外易，其心內傾，則不足以決庶理矣」（〈解蔽篇〉），由此可知教育於教學雙方皆須以誠心相守，以達到心境上之大清明，否則教學雙方必一無所成。

《中庸》曰：「誠者，物之終始，不誠無物，是故君子誠之爲貴。」（《中庸》二十五章），夫心誠方能意靜，意靜方能專心一致，此乃教育心理學上必要之步驟。故荀子謂：「君子養心莫善於誠，致誠則無他事矣。唯仁之爲守，唯義之爲行，誠心守仁則形，形則神，神則化矣。誠心行義則理，理則明，明則變矣」（〈不苟篇〉），按守誠亦即慎獨，能慎獨方能專一致誠而見大清明，有大清明之心方能變化吾人頑劣之習性，以達化性起僞之工夫。

按教育本乃致誠之工作，必誠心守仁，誠心行義，方能己立立人，己達達人，故不誠則不獨，不獨則不形，是以曰「致誠則無他事矣」。因此教育工作最完備之方法，即在守誠。

第五節　論知行之合一

荀子既以化性起偽爲積學向善不可或缺之一環，故心知之功用，乃在乎知禮義，然知禮義貴在乎能篤行，必二者綜合歸一方見其效，故求知與力行，乃荀子教育方法論中之二概。因爲荀子所謂之「求知」，並非西方思辨哲學式之純作形上思考之抽象之知，荀子所重者乃實踐之知，因禮義道德自非實踐不爲功，故非徒逞口慧，而作誦習之學。因此荀子論學貴在「明覺精察，眞切篤實」，方如是，始能達教育之徹底目的。吾人以王陽明先生倡知行合一，殊不知荀子早在二千多年前，即已提倡求知與篤行合一之重要性。

荀子在〈勸學篇〉先揭櫫爲學之次第，故云：「學惡乎始，惡乎終？曰：其數則始乎誦經，終乎讀禮，其義則始乎爲士，終乎爲聖人。」是以荀子特重積力曠久之工夫，因爲禮義之知，本非口邊之事，苟無力行相互配合，則所道曷益？

夫爲士，爲聖人，皆非口邊之學問，必經修養工夫，才能達到目的，荀子之所以主張「殺詩書」，即不以《詩》、《書》誦習之學爲人生終究之鵠的，苟不能隆禮義，則《詩》、《書》於我何益。因此誦經、讀禮固然重要，但若不能努力實踐，廣泛應用，曲盡其妙用，則亦祇是記誦詞章之學，不過用爲便辭巧說以逞能，與自身與社會曷益？雖然古聖先賢之微言大義，本存於經書之中，有待吾人之潛心鑽研，但若不能努力實踐篤行，明體達用，是亦不過古人之糟粕而已何足珍貴，是以教育之道並非端在培養記誦之學。

荀子曰：「詩言是其志也。書言是其事也，禮言是其行也，樂言是其和也，春秋言是其微也。故風之所以爲不逐者，取是以節之也。小雅之所以爲小雅者，取是而文之也。大雅之所以爲大雅者，取是而光之也。頌之所以爲至者，取是而通之也。天下之道畢是矣。」（〈儒效篇〉），由以上所述可知，荀子所重者本不在人之能口誦《詩》、《書》、《禮》、《樂》、《春秋》之文辭，乃重乎其「志」、「事」、「行」、「和」、與「微」之觀念與事實，又所重乎《詩》者，本不在乎其〈風〉、〈雅〉、〈頌〉之篇章，乃在其能「節之」、「文之」與「光之」。即以詩來陶冶吾人之德性，俾能節吾人之德行，化吾人之惡，而光大吾人之禮義與品性，故爲學求知本不在乎口邊之事，端在乎能實踐而篤行之。

荀子在此乃闡發《五經》之旨趣，並說明《詩》、《禮》之重點，可知荀子並不贊同以《詩》、《書》、《禮》、《樂》純爲教學之科目，其所倡之「殺詩書」並非排斥《詩》、《書》之價值，乃在排除專事口誦，而不知其微言大義

之尋章摘句之學而已。按荀子之教學科目乃本乎孔子之六藝之學，吾人不可因「隆禮義、殺詩書」之原則，遽認荀子排斥《詩》、《書》之教學價值。夫「學莫便乎近其人」（〈勸學篇〉），故為學之道並非只重圖書典籍之鑽研，而忘卻「近其人」之重要性，蓋求知本在乎力行，因荀子之學，乃在乎學為聖人，以達成聖之功夫。

　　就教師方面而言，荀子認為為師之道與任務，並非只在傳授學生以《詩》、《書》、《禮》、《樂》、《春秋》等書本上之知識，貴在以賢師之人格熔化於《詩》、《書》、《禮》、《樂》、《春秋》之中，方如是所讀者乃能活用濟世，而非僅作一鑽古之書蟲。故教師授課苟不能予學生以思想言行上之薰陶，則亦不過陋儒之輩，何足稱道。故荀子期期然曰：「學之經，莫速乎好其人，隆禮次之，上不能好其人，下不能隆禮，安特將學雜識志順《詩》、《書》而已耳，則末世窮年，不免為陋儒而已。」（〈勸學篇〉），由是可知荀子教育之方針本在乎「好其人」，「隆其禮」，而痛擊陋儒之輩徒逞口慧之學，因其缺少人格之感召，不過純粹知識之販賣者而已。

　　故荀子認為「君子之學也，入乎耳、箸乎心、布乎四體，形乎動靜，端而言，蠕而動，一可以為法則。小人之學也，入乎耳、出乎口，耳口之間，則四寸耳。曷足以美七尺之軀哉？古之學者為己，今之學者為人，君子之學也，以美其身，小人之學也，以為禽犢。」（〈勸學篇〉），由是可知荀子為學之態度與做人之目的，倘不能使人化惡為善，則其記誦之學雖多，適足以增其惡行而已。因此求知貴在力行，乃在能化性起偽，故實踐精神乃荀子教育哲學中極為重要之方法與步驟。蓋荀子並非西方式純思辨型之學者，因其純抽象之形上思考本與人之行為無關。

第六節　因材施教與問學之道

　　荀子本乎孔子所倡之因材施教，有教無類之思想，繼而發揚光大之，認為君子為學之態度，必因材施教，隨時處中，故教育者貴能審機度勢，因其材而教之，則天下必無廢棄之人，亦無廢棄之才。荀子並不認為碻有廢木不可雕，糞土不可塑之可能，而認為人人之性皆屬可化，雖其頑劣一時不可化，亦不必存消極悲觀之論，總擬守之以恒，專心誠一，則金石亦可為開，故曰鍥而不舍，金石可鏤。因此荀子不重人之資賦，不若漢儒以後以陰陽而說氣性，認為秉性

有厚薄，而決定其才力亦有厚薄，荀子認為人人皆可為聖人，皆是人格平等，故對人不存歧視，對受教者亦不作厚此薄彼之待遇，而反而認為人人性皆惡，在惡上皆係等量齊觀者，故人人皆須從頭作起，由根救起，故苟能化性而起偽，則人人皆可提升其生命境界，而達超凡入聖之境，故在未化性起偽之前，人人在惡上均屬平等，施教者豈可厚此薄彼，凡未開墾之田地正有待吾人之開墾，何獨鍾於已開闢之田園；人之性雖皆惡，但其所表現之才能可因教育而有差異，故荀子所重者並非單純的知能方面之成就，而是整個人格的改造，不過在教育過程中，施教者須審度人之才情而作適當之措施與配合而已，並非說按因材而施教即有不材而不可教者存在，此中不可不察。

因材施教固為重要，但在教育過程中如何問學，亦為不容忽視之事實，因「學」與「問」皆是相互為用的，兩者不可偏頗，尤以學者思想言行之趨向更為重要不可偏廢。

荀子認為學問純在交換彼此之思想言行，故問與答雙方皆須循中道而行，因學問究非炫耀之事，實乃自家性命之事。故荀子謂：「故不問而告謂之傲，問一而告二謂之囋。傲非也、囋、非也、君子如嚮矣。」（〈勸學篇〉），按學問之道不在自炫身價，乃在確立道準，故荀子不主張市人以學問，又荀子特重學問之道不在爭意氣。故云：「問楛者勿告也，告楛者勿問也，說楛者勿聽也，有爭氣者勿與辯也，故必由其道至，然後接之，非其道則避之。故禮恭而後可與言道之方，辭順而後可與言道之理，色從而後可與言道之致，故未可與言而言謂之傲；可與言而不言謂之隱；不觀氣色而言謂之瞽；故君子不傲、不隱、不瞽，謹順其身。」（〈勸學篇〉）

荀子在此表明，凡非存誠心且不以禮義之態度，而出諸惡心惡意以發問者，自勿庸與之計議。因學問之道貴在虛心誠意，並非徒逞意氣之事，故出於挑釁之問難，答之無益。夫論說答辯皆有其道，不循其道而妄為，莫非徒逞意氣之爭，於學問之事無補，故君子應力避之。故荀子再三告誡君子待人有道，求教者果能以禮請見，即當接待之，否則，自當廻避之。孔子亦曾謂：「不憤、不啟、不悱、不發。」（《論語·述而篇》）又曰：「可與言而不言，失人；不可與言而言，失言。」（〈衛靈公篇〉），荀子循此標準而言學問辯說之道，俾作為治學之參考。

荀子更切戒為學者應勿躁、勿隱、勿瞽，此亦即《論語》所云之：「侍於君子有三愆，言未及之而言，謂之躁；言及之而不言，謂之隱；未見顏色而

言，謂之瞽。」（〈季氏篇〉），按暴躁之言者，多因未深加思慮而輕下妄斷者，凡語言閃爍不定者，必有藏私，凡不識時務不合時中而言者爲之瞽，此皆是做人向學極大之禁忌，故君子務宜避之。

因此荀子認爲善問者如撞鐘然，誠如〈學記〉所云：「善待問者如撞鐘，叩之以小者則小鳴，叩之以大者則大鳴」（《小戴禮記・學記篇》）〈學記〉以撞鐘爲喻，頗爲深切，故問學者其自家性命之功夫如何，其爲學之程度亦如何，純待其一己之自發與自啓。

第七節　隆禮與師法

按荀子之見誦經讀禮爲教育之初步，但終究之目的乃在乎爲聖人而彰顯其外王之工夫。故隆禮明儀而爲聖，乃入學之必要次第。因此欲使人之行爲中正而不偏倚，務須透過禮法與師法之薰陶。故云：「見善修然，必以自存也。見不善，愀然，必以自省也。善在身，介然，必以自好也。不善在身，菑然，必以自惡也。故非我而當者，吾師也。是我而當者，吾友也。諂諛我者，吾賊也。故君子隆師而親友，以致惡其賊。」（〈修身篇〉）

師者按荀子之意，並非純爲注經釋義之人，師者明鏡也，可爲人鑑者，故師者乃人之善鑑，使人知其行爲之當否。故師之任務，乃在乎督責、教導、勉勵與勸解，俾作爲個人修身立命之參證。夫禮乃教導之內容，而師者乃禮之教導者，故禮之功用，上自人君與治國治民之大法，下至庶民與修己治人之常規，乃至日常飲食起居，應對進退之方法，皆以禮爲節度。教育之道，首在明禮，而師者乃實踐禮之代表，故荀子極重隆禮與師法之關係。乃曰：「凡用血氣志意、知慮、由禮則治通，不由禮則勃亂提僈，食飲衣服取處動靜，由禮則和節，不由禮則觸陷生疾。容貌態度進退趨行，由禮則雅，不由禮則夷固僻違庸愚而野。故人無禮則不生，事無禮則不成，國家無禮則不寧。」（〈修身篇〉），由是可知荀子在教育哲學中，力言隆禮之重要性，故一言以蔽之，荀子之教育原理，可說是明禮尚義之教育論，故教育之道無他，使人明禮而已矣，由明禮而守法，使社會之公共秩序得以建立。故云：「人無法則倀倀然，有法而無志其義，則渠渠然，依乎法而又深其類，然後溫溫然。」（〈修身篇〉）

荀子一方面重隆禮另一方面又重師法，以師法爲隆禮之推行者，故云：「禮者所以正身也，師者所以正禮也。無禮何以正身，無師吾安知禮之爲是也。

禮然而然，則是情安禮也。師云而云，則是知若師也。情安禮，知若師則是聖人也。故非禮，是無法也。非師是無師也。不是師法而好自用，譬之是猶以盲辨色、以聾辨聲也。舍亂妄無為也，故學也者，禮法也。夫師，以身為正儀而貴自安者也。」（〈修身篇〉）

由此段所述可知荀子如何重視禮法與師道之關係，蓋無師法之啟導，宛若盲者辨色、聾者辨聲，雖有禮法亦無所用其極，故師者為禮之導管，人人必從師，以師說為是。荀子尤以為師者應先自正，故特別強調「夫師以身為正儀，而貴自安者也」為人師者苟不能自正、自安，則何以為人之正儀，是以荀子特重師範教育。夫師不正，則禮法亦無從發揮其力量，故為人師者，務求自潔，自愛以自安，否則曷足為人之師表。

師法既如是之重要，故曰師嚴而道尊，必為師者自持謹嚴而後人尊之，故賢師益友為人生中不可或缺之要素。禮法者不過為客觀之準繩，師法者乃為主觀之輔導，故對隆禮師法不可等閒視之，俏有毀法謗師損禮之行為，必自陷於罪惡之境，故人人之行為，務必見善脩然，必以自存也，見不善愀然，必以自省也，俾達見賢思齊之地步，此殆為荀子教育哲學中所再三鄭重宣告者，是為師生所共同不可不遵守者。

故概括而言，荀子的教育理想，乃建立在全民道德教育之根基上而立言，而以人之性惡為大前提，藉禮義教育之功能，而導人為善，是以隆禮重師法乃其教育原理中之極重要之主張。此外有關荀子之教育學說，多散見於〈禮論篇〉、〈儒效篇〉，以及〈修身篇〉等多處。茲謹擇要而言，餘不贅焉。

第八節　積極有為的入世教育論

荀子雖生當亂世，但對人間並不持消極悲觀之態度，其提倡隆禮義、重師法，乃一非常積極而有為之人事論者，故乃絕端反對坐待天時之任天態度，對任何持消極遁世之思想者皆在反對之列，其心目中念念以振興社會道德教育為職志。俾一切都以禮為準則，使人人皆能各守其本分，各盡其厥職，以循仁蹈義，互不侵犯，以達社會倫理與經濟生活之健全地步。故荀子之主張乃積善全盡之教育功能主義者，藉德操之鎔鑄，使人人隆禮尊師，為學積善，以達正理平治之社會。故荀子乃一極樂觀而入世之教育家，繼承孔子之職志，而發為萬世師表之讜論，俾人藉禮義而潛移默化，以達全盡全粹之地步，而

其最終之目的自在使人人皆能過健全之生活。

　　荀子並排除宿命論的人生觀，否認天能福善禍淫於人，認人間一切之禍福吉凶，多是人之自招，故教育之目的務在啓導人以自動自發之精神，俾以人力勝過天工，或補天工之不足。夫國家之治亂，社會之安危，悉在禮之是否推行，而禮之廣爲施行，即在教育之功，故教育之道乃在使人人發揮積健爲雄之人生觀，而非畏怯的、保守的、頹廢的逃生者或遁世者的人生觀。荀子認爲時代之痛苦，正亦人類自己所趨成，人類之所以走向此痛苦之邊緣，乃因不能化性起僞，而陷於性惡之緣故，倘人人以性惡相向，社會國家以至個人自必終無寧日。故「疆本而節用」，「養備而動時」，「脩道而不貳」，雖面臨水旱、寒暑、妖怪之災難，終必可以人爲之工夫予以挽救。故教育之功能，即在發揮積極有爲之精神，俾不斷求知、力行，進而使思慮通達，修養精純，俾使好學樂道的心意達於最高的境界。

　　故總觀荀子之教育思想厥在強調積善的成果，此積善的成果乃由一己之發奮圖強、與積極有爲之精神所圖成。因此荀子不失爲一個積極、樂觀、向善與追求道德圓滿之教育家，不徒重外在知識的積累，而重在德業之日修，群道之增進，人倫之和諧，人間秩序之建立之偉大的教育思想家與實踐者，在戰國時期能對教育如此重視的，捨孟子外，可說惟有荀子一人而已。

　　按荀子極爲重視德操之建立，不因其提倡性惡之說，而竟忽略了敦品勵行，反之，正因其認爲人性本惡，故必力求向善俾擇善固執，是以其教育主張乃欲達到全能、全盡、全粹的地步，更待後天之加工與努力始克有成，是其無愧爲千古以來偉大教育家之一。

第六章　荀子的政治哲學

第一節　荀子禮治思想的根源

一、禮治的心理根源

荀子既確定道德仁義本人性中所無有，而仁義道德之確立，乃人類後天之積學，乃化性起偽之功夫，雖其如逆水行舟，必唯仁之爲守，唯義之爲行，專精勸勉，否則必難以使人性達於道德仁義之境。

觀乎孟子主張性善故教人復其初，荀子主性惡，故教人長遷而不反其初。必人對於仁義有獨行不舍的精神，方克有濟。是以荀子雖主性惡，但無害於人之可以爲善，故塗之人何以爲禹，猶如孟子所云人人可以爲堯舜。蓋孟子以人性爲善，故確認人性中有善端，人人可隨時隨地擴充此善端，以行其仁義，故人人可以爲堯舜，但荀子既倡性惡，乃謂人性中本無所謂善端，且有惡端，故必以後天人爲之努力，禮法之束縛，予以開導俾趨於善。且荀子確認人心有聰明才力，足有辨別善惡之能力，故積學既久，成爲習慣，便可化性起偽。由是乃確認聖者實可積而致。按孟子言人之異於禽獸者，在其有四端，有先天之是非之心。然荀子以人之異於禽獸者，乃在於人有心知之明。足以知惡遷善；故荀子禮治的心理基礎，即建立在此禮儀文理，仁義法正之皆「人之所以道也」的後天人爲主義的根基上。蓋按荀子觀之，非禮不足以定分節欲，非教化不足以知善明禮，故極爲重視外在的約束力，惟在孟子方面因注重個人性情之自由，故認爲人人皆有樂善之可能，但荀子卻較注重於

人之行爲的外部規範，因認人之性情多受環境所囿，故未必即有自由能力以樂善好義，是以必加以師法的薰陶，以及禮法之約束以矯正人之情性。蓋禮之爲用除定分解欲外，更兼有文以飾人之情，故荀學之政治思想必以聖人爲王，始有最完善之可能。

二、禮治的道德根源

儒家的德治主義，極易轉爲禮治主義，此蓋有其時代背景與外在形勢所使然。老子曾曰：「失道而後德，失德而後仁，失仁而後義，失義而後禮。夫禮者，忠信之薄，而亂之首。」〔註1〕是按老子看來，禮治誠乃人生之大不幸，蓋大道廢而後有仁義，仁義頹廢後方有禮治。然在荀子觀之，人類社會畢竟難以永遠生存在大道之中，夫無懷氏之民，渾渾噩噩，日出而作，日入而息，彼此相互無機心，無爭競，恒能保持一種和諧的生活狀態，而能相安無事，故自毋須德治與禮治。然就荀子觀之，則認爲大謬不然，蓋人乃生而具有強烈之欲望者，欲而不得必爭，爭而必亂，是以聖人制禮明分，正爲社會之需要。故儒家德治之理想固高，惟終因現實與理想間之鴻溝，未必能一一實現，且按心中之理想，間有難以推行之時，必待外在之力量，施以強迫的措施，方克有濟。是以孔子說：「導之以德，齊之以禮，有恥且格。」〔註2〕《尚書‧冏命篇》曰：「格非其心」。《禮記‧緇衣》亦云：「夫教之以德，齊之以禮，則民有格心；教之以政，齊之以刑，則民有遯心。」按「道之以政，齊之以刑」是法家的法治，「道之以德，齊之以禮」是儒家的德治。惟「禮之用，和爲貴，先王之道，斯爲美，小大由之。」〔註3〕此乃強調先王之道以禮爲最美，無論大小事，皆由禮而行之。故禮之爲用自以達到和諧人倫，維持社會正義最爲重要。是以禮之體爲敬，禮之用爲和，荀子亦發現此中的政治理想，故云「禮者政之輓也。」「禮之正國家也，如權衡之於輕重也，如繩墨之於曲直也，故人無禮不生，事無禮不成，國家無禮不寧。」（〈大略篇〉），故荀子一再強調「爲政不以禮，政不行矣」（〈大略篇〉），由是可知單純的德治，必待極高的人格與道德品質，否則德治的功用便難以達成，故就維護生活之崇高目標言，禮治實爲維護道德之根基，爲實踐仁義之不二門徑。

〔註1〕《老子道德經》下經三十八章。
〔註2〕參《論語‧爲政章》。
〔註3〕參《論語‧學而章》。

三、禮治的時代背景及其眞實意義

　　事實上，荀子所說的禮治實有廣狹二義，從廣義而言，可認作人類從文化生活中所薰陶出來的生命楷模和規範，人人可以力行，可以養情，可以正性，可以審類，故儒家所謂的禮實即端正文化價值的普遍標準。惟就其狹義方面言之，實乃指某些約束人類行爲之儀規與準則。吾人就孔孟荀三者而言，所謂禮者實多含廣義方面之意義，且吾人可謂荀子乃集先秦禮論之大成者。

　　觀乎《禮記·表記》所言「周人尊禮尙施」均係遵從周道之傳統，考諸古藉。春秋之際人之論禮，亦兼含廣狹二義。狹義指禮之儀文形式，廣義則指一切典章制度，如《左傳·昭公五年》載「公如晉，自郊勞至於贈賄無失禮。晉侯謂女叔齊曰，魯侯不亦善於禮乎……對曰，是儀也，不可謂禮。禮所以守其國，行其政令，無失其民者也。」又參《左傳·莊公二十三年》「公如齊觀社，非禮也，曹劌諫曰，不可。失禮所以整民也。故會以訓上下之則，制財用之飾。朝以正班爵之義，帥長幼之序。征伐以討其不然。」以上所引各言亦同見於《國語·卷四，魯語上》，惟其文稍異。

　　由是可知荀子〈論禮〉未必即是指狹義的儀規，實乃包括整個典章制度，以爲政治措施之典範，蓋儒家之所重視而闡明者乃廣義之禮，並非局限於冠婚喪祭，揖讓週旋之事而自限。夫儒者固亦嫻悉儀節，觀乎《儀禮》、《禮記》所載可知，惟孔子本人雖有知禮之名。但並非儘如墨子〈非儒〉所云之「繁飾禮樂以淫人」。孔子之功厥在擴大禮之範圍，且加深其意義，以作爲治國正民之要術。荀子師承孔子，更擴大禮之範圍以作爲行政治民之典範。

　　吾人更就歷史情勢之發展可知。春和戰國時代禮樂盡廢，社會紊亂，典章制度多所變革，人輒感無所適從，而伐閱之君每多以孤意宰制天下，孟子毅然以平治天下，保民而王而自勉，而荀子去孟子六十有餘年，時勢愈壞，且極目所見莫非殘殺之事，其主性惡豈無時代之因素？荀子目覩人生好利欲爭，若聽任其發展，不加節制，則爭奪殘賊，必每下愈況，故乃振臂而呼，以「正理平治」爲天下倡。按荀子教人節欲，固未教人絕欲、禁欲，故禮之眞正目的乃在藉著節欲做爲手段，以達全民生活之共適與共存。蓋荀子並非自由主義與個人主義之思想家，其本身甚重群體之關係，故持肯定「人生不能無群」，必分工合作，然後可以共存，論者多以中國倫理爲家族倫理，未及群倫關係，恐係未察之言，觀乎荀子思想體系，即極重群道之倫理關係，此亦即當今吾人所提倡之第六倫思想。荀子重禮，即重此維持群倫間相互關係

之規範，使人人之權利義務得以確定週知，不致怠惰或躐等。故在〈富國篇〉
曾說：「欲惡同物，欲多而物寡，寡則必爭矣，故百枝所成，所以養一人也，
而能不能兼技，人不能兼官，離居不相待則窮，群而無分則爭，窮者患也，
爭者禍也。救患除禍，則莫若明分使群矣。」又云：「事業所惡也，功利所好
也。職業無分，如是則人有樹事之患，而有爭功之禍矣……故知者爲之分也。」
由是可知荀子之〈禮論〉，悉爲明分使群的道德規範，爲訂定人民權利義務之
規章。《禮記‧坊記》亦云：「禮者因人之情而爲之節文，以爲民坊者也。」〈禮
運〉亦曰：「禮也者合於天時，設於地財，順於鬼神，合於人心，理萬物者也。」
又〈喪服四制〉曰：「凡禮之大體、體天地、法四時，則陰陽、順人情，故謂
之禮。」是按《大小戴‧禮記》中各篇所云，頗有與荀子〈禮論〉內容相似
者。蓋荀子所說之禮治，事實上即是理天下萬務之制度與典章。〔註4〕《禮記‧
卷一‧曲禮》曰：「道德仁義，非禮不成。」故徒有道德理想，倘無典章制度，
則一切道德理想均成空談，無法落實於人們的生活中。

　　是以總觀荀子論禮，不外制欲，明分使群，與養民之志，而禮之最大功
用即在於養民，故曰：「禮者以財物爲用，以貴賤爲文，以多少爲異，以隆殺
爲要。」（〈禮論篇〉），蓋禮制既行，則人各安其分，故爭亂荒怠之事，將無
由興起，是以荀子特強調：「禮者，人道之極也，然而不法禮，不足禮，謂之
無方之民；法禮、足禮、謂之有方之士。」（〈禮論篇〉），荀子在此以禮爲推
求事理之理，能以禮爲準繩，其思想方能正確，故禮是思想的標準。

第二節　論人治禮治與法治

　　荀子之政治哲學，頗與法家之思想相近，蓋禮法間之界限本甚微細而難
以劃定，禮治就其廣義而言，事實上即是法治之始。因法亦有廣狹二義，與
禮相似，狹義之法乃指聽訟斷獄之律文，而廣義之法，卻是治民行政之制度，
故就其狹義作用而言，兩者儼然有別，然就廣義而言，則二者之作用卻有異
曲同工之處。

　　事實上，禮治乃由人治到法治間之橋樑，荀子之禮治思想即係表現此種
由禮治而法治之趨勢。不過三者之間有其密切之相互關係，蓋徒人不足以爲

〔註4〕參〈仲尼燕居〉禮之大義，一曰禮者周流無不徧也。二曰禮者所以制中也。
　　　　三曰禮者即事之治也。四曰禮者理也。

治，徒法不足以自行，所謂爲政在人，仍指執政者之內在修養與政治道德而言，今人以政治制度猶如一部機器，人人均可駕馭操縱。事實上，政治社會不同於機械系統，政治畢竟是人間之事，有治人而無治法，有治法而無治人均足以爲亂，故國家之政柄豈可操於無德之亂君與亂民之手。論者以荀子爲封建時代崩潰，以及君主大專制前夕之過渡時期的思想家，認荀子體系中，有助長君主專制之嫌，是乃對荀子體系未盡詳研所致。蓋荀子心目中之君王乃一代聖王與哲君，苟非聖王與哲君，當非荀子所期望者，荀子之政治理想猶如希臘大哲柏拉圖，以聖王與哲君爲其最高之理想。〔註5〕

　　不過純粹之人治，以之行於古代政簡刑輕之時，或有可能，以賢君之德統馭賢德之臣，上行下效，彼此同心，而令天下景從。然時代進展，民情複雜，政情繁冗，並非賢君一人之道德所可感化，故必待禮制以相期約，俾相共守，不得或違，是以禮治實即初期之法治，不過尚帶有崇高之道德文化理想價值而已，俾透過禮樂精神之薰陶以變化庶民之氣質，但當生者日眾，用者日繁，以窮爲患之時，庶民自難免於爲欲所驅，以致爭競奔走，侵佔豪奪，自非人治，禮治所可範圍，是以法治乃必然之趨勢。然時代愈進，政情愈雜，法制益繁，以致法令多如牛毛，誠如老子所云：「其政悶悶，其民淳淳，其政察察，其民缺缺。」〔註6〕又云：「法令滋彰，盜賊多有。」〔註7〕故徒法亦未必可治。縱有良法而無執法之良吏，則一切法令亦行同具文無以發揮，且此中尤值吾人深思者，倘文化精神與道德情操破產，人人無知恥之心，則人法俱空，故禮樂之教化，道德之薰陶，亦刻不容緩。是以言法治有治法必有治人，有治人必貴有明禮尚義之君子，否則驅天下無恥之尤而執天下之劣法，則庶民焉有倖免之理。

　　荀子極言治法，雖內容未如後世法家之純，但其悉歸之於三代聖王之制，但又衡今古異勢，以免有生今反古之嫌，故乃倡「法後王」之教。故曰：「欲觀先王之迹，則於其粲然者矣。後王是也。彼後王者天下之君也。舍後王而道上古，譬之是猶舍己之君而事人之君」（〈非相篇〉）。孟子以聖人爲人倫之至，故教人法先王，荀子卻鑒於生今而不可道古故曰：「五帝之中無傳政」，「禹

〔註5〕參柏拉圖《理想國》。
〔註6〕參《老子道德經》下篇五十八章言善治政者，無形無名、無事，無政可舉，悶悶然卒至大治，故曰其政悶悶也。其民無所爭競，寬大淳淳。立刑名明賞罰，以檢姦僞故曰察察也，殊類分析，民懷爭競故曰其民缺缺。
〔註7〕參《老子道德經》下篇五十七章。

湯有傳政而無周之察」，顯然以有周之制爲本，故論者以孔孟乃法三代大同之世，而荀子乃法禹湯文武以後小康之季而已。

不過荀學亦誠有與孔孟精神相融貫之處，即荀子不特論治法，亦兼重論治人，易言之，荀子之政治思想，究以法爲末，以人爲本，故接近申商者其皮毛，而符合孔孟者乃其神髓之處。是觀人治、禮治、法治三者之間，荀子兼而重之，不過特倡明必有治人，而後有治法。有治人，必有薰陶治人之道德意識與文化價值之理想。故德治、禮治乃範型人格之內在規範，而法治卻是規範人類社會相互間交往之外在法律。惟生今之世，其去德治禮治之期已遠，欲有健全之治人，則禮治內在之根基必不可無，否則人無內在之人格操守與精神薰陶，則徒有法令具文亦將無以從事之。

荀子論治人之言，多見於〈君道篇〉，蓋上承《中庸》所言：人存政舉，人亡政息而加以發揮闡揚，故云：「有亂君無亂國，有治人無治法，羿之法非亡也，而羿不世中。禹之法猶存，而夏不世王，故法不能獨立，類不能自行。得其人則存，失其人則亡。法者治之端也，君子者治之原也。故有君子則法雖省，足以徧矣。無君子則法雖具，失先後之施，不能應世之變，足以亂矣。」（〈君道篇〉），又云：「不知法之義，而正法之數者，雖博，臨事必亂，故明主急得其人，而闇主急得其勢。急得其人，則身佚而國治，功大而名美，上可以王，下可以霸，不急得其人，而急得其勢，則身勞而國亂，功廢而名辱，社稷必危。」（〈君道篇〉），由是以觀，荀子深體徒法不能自行之至理，必以君子爲足治之義，故凡此所言，皆與孔子之意旨相合，足見荀學在根本精神立跟處大異於法家，蓋法家寓君權於勢術，而荀子卻欲人君以人格輝映於政制，是以法家專重治法，而荀子卻兼重治人以行治法，此人法兼具之說，實有得孔子禮教之大全，而非荀子之新創。總言之，孔孟重君主之道德而不重其權勢，申商重君主之權勢而不求其道德，荀子乃兼而重之，兩成並美，以治人治法不可偏廢，此即荀子政治哲學之獨特處。然就荀子本人觀察所及而言，儒門學者羞道五霸之事，蓋齊之威、宣、潛、燕之子喻，楚之頃襄、趙之孝成，秦之昭襄等，凡此諸君之中，實無一人可堪爲荀子心目中之治人者，由是可知荀子心目中治人道德理想之崇高，舉世罕有甚匹。二千年來專制之君王，皆非荀子心目中之哲君，是荀子所期於治人者獨高，然衡之現實，斯人卻寥若晨星，故治人不可求，而治法卻成爲歷來人君南面之術，是亦荀子政治理想之始料所不及處，蓋千古以來人性每多爲欲所蔽，此正亦荀子提倡

以禮制欲之主張處，惟荀子之聖王思想固可媲美於西哲柏拉圖，然亦同樣停留於理想國之狀態，考之史實，殊難實現，但荀子所倡之治人與治法之相互關係，卻未嘗不是政治哲學中崇高之原理，而爲任何政制所不能或違者。

第三節　論國家之治目的與立國之道

荀子以國家之目的在乎養民，其終究在乎教化，但養民之中亦兼寓有教化之道。蓋人生而有欲，不得不養，即吾人之感官亦需有養。故「養人之欲，給人之求，使欲必不窮乎物，物必不屈於欲」（〈禮論篇〉），是乃爲政之第一步。

荀子提倡禮治，而禮者養也，養口，養鼻、養目、養耳、養體、養財是皆感官與外在之養，此爲庶民生活上必須之條件，此中包括物質因素與精神因素，是爲下養與中養。然在荀子視之尚嫌不足，更需要以禮養人是爲上養，如養信、養安、養情是也。

國家之目的不端在保民與養民，更重要者厥在實施德澤教化俾使民知禮義，荀子更以國家之元首爲善群之長，故曰「君者、善群也。」（〈王制篇〉），是人君治國貴在善能使人爲群。蓋國者人之積，社會者人心之積，立國之道，貴昭天下之大信，使萬民景仰，故荀子曰：「國者，天下之制利用也。人主者，天下之利勢也。得道以持之，則大安也，大榮也。不得道以持之，則大危也，大累也，有之不如無之。」（〈王霸篇〉）

荀子強調治國之道「以道不以勢」，故云：「故用國者，義立而王，信立而霸，權謀立而亡」（〈王霸篇〉），又以「行一不義，殺一無罪，而得天下，仁者不爲也」（同上）故國家之目的除保民、養民、制民之財用外，厥在發揚公義，故曰：「以國齊義，一日而白，湯武是也」（〈王霸篇〉）

荀子以治國之道可分王者，霸者與亡者三等，積禮義之國爲王，講求誠信端全則可爲霸，玩弄權謀詐術爲亡。夫國危無樂君，國安無憂民，故立國之道在乎禮義，治國之道在乎誠信，是以荀子說「國無禮則不正，禮之所以正國也」（〈王霸篇〉）

荀子深知一國之內，內情複雜，必上下不齊，故民情、風俗足以影響政情與政風。蓋「無國而不有治法，無國而不有亂法。無國而不有賢士，無國而不有罷士，無國而不有愿民，無國而不有悍民，無國而不有美俗，無國而不有惡俗。而國在上偏而國安，在下偏而國危。」（〈王霸篇〉），蓋人性與政

治有微妙的關係，爲政者自不可不知人性對政治之影響，倘一國朝野上下均充滿亂法、罷士、悍民與惡俗之下偏，則此種社會未有不危者，而其國家亦未有不傾者。

荀子以「天下歸之之謂主，天下去之之謂亡」（〈王霸篇〉），治國之道，得百姓之力者富，得百姓之死者疆，得百姓之譽者榮，以上三者皆得之，而天下自歸之，以上三得者亡，天下必去之。荀子更以自然界之事務作爲譬喻以言人事，如「川淵深而魚龞歸之，山林茂而禽獸歸之」，進而說到「刑政平而百姓歸之，禮義備而君子歸之」（〈致士篇〉），故結論說：「國家失政，則士民去之，無土則人不安居，無人則土不守。無道法則人不至，無君子則道不舉，故土之與人也，道之與法也者，國家之本作也。」（〈致士篇〉），荀子以君子作爲國家之柱石，爲國家治亂之關鍵。故云：「君子也者，道法之摠要也，不可少頃曠也，得之則治，失之則亂，得之則安，失之則危。得之則存，失之則亡。」（〈致士篇〉），由是可知君子在國家中之重要地位，按君子在此所謂的君子，非單指知識分子，實乃指有德操有存養而能敦品力行的人。

孟子倡民貴君輕之說，爲中國最早之民本主義思想家，是亦承襲《尚書》以來的政治觀，荀子亦主張「天之生民，非爲君也，天之立君，以爲民也」（〈大略篇〉），是亦民爲國本之主張者，荀子以君者不過爲能群之人，所謂能群，即「善於生養人者」，其次爲「善班治人者」，「善顯設人者」與「善藩飾人者」。此四者謂之四統，四統俱全天下歸心，四統者亡，天下去之。〔註8〕

所謂善於生養人，即言人君貴能興利除害，使民衣食豐足，使老幼少長，鰥寡孤獨廢疾者皆得其所養，善班治人即言善於興辦治理，能設官分職，奉公守法，以治眾民之事。善顯設人者，即善於建設顯用，量才授職，使賢者各當其位，而各顯其職分。善藩飾人者乃說明善於促進各項文明之飾用使民得其志，安樂其事，衣煖食充，能居安游樂，是爲立國治國之根本要道。

除前所述四統之外又有五事，皆爲政之道所不可忽略者，蓋爲政首在得民，而服人得民之道厥有五端，即是「選賢良，舉篤敬，興孝弟，收孤寡，補貧窮，如是，則庶人安政矣。」（〈王制篇〉），事實上，此所說的五事，亦包括在四統之中，選賢良，舉篤敬屬於四統中之第三統，即是善「顯設人者」，後三事如興孝弟，收孤寡，補貧窮乃屬於第一統之「善生養人」。此後三事之中，「興孝弟」屬於教化，「收孤寡」、「補貧窮」是爲養，故生養之道必教化

〔註 8〕參荀子君道篇所言四統之說。

兼施。事實上，「收孤寡」、「補貧窮」，亦祇是略舉爲政者所應盡之若干職責，並未全包括所應養之一切。

荀子並不主張匱乏主義，他不主張不患寡患不均，而強調窮之爲患，蓋國窮將無以施政。故云：「足國之道，節用裕民，而善藏其餘」（〈富國篇〉），又說：「不富無以養民情，不教無以理民性」（〈大略篇〉），故必先養民而後方能盡教化之道，但養民固屬重要，然因人性本惡，故不可以放縱，否則必養出大批悍民，以欲利之心勝過好義之心，則社會必益顚危。荀子認爲人性固惡，惟因人心有知善之能力，故可藉禮義之道以化人性使其趨善，是以荀子在此並非採取悲觀論者。若國家教誨得當，惡者自能遷惡爲善，而一切盜賊，姦邪之輩自可消除，因此國家之目的，及立國治國之道，不外生養與教化，是以「君子者欲安，則莫若平政愛民矣」（〈王制篇〉），荀子以人君與人民之關係猶如水與舟之相互關係，故曰：「君者、舟也，庶人者，水也。水則載舟，水則覆舟。」（〈王制篇〉）〔註9〕故按荀子視之不論任何政體，苟失民心，則斷無不傾覆之理。

第四節　論政治之術與統馭原理

一、政治之術

荀子以政治不是權術，而是一種仁術，任何統治者若以權術駕馭天下沒有不致亂者，荀子認爲可以行於天下之術，即是仁術，此亦所立敦厚專一可行於天下之術。此仁術亦即隆禮立中道，篤守不渝無貳心之謂。〈儒效篇〉曰：「先王之道，仁之隆也，比中而行之。曷謂中，禮義是也。」此所說的比中而行之，即言順從乎中道而行，至所說之先王之道即是仁道之謂。

荀子根本主張安天下以道，不以勢，且人主不能自安，故云：「故人主，天下之利勢也，然而不能自安也，安之者，必將道也。」（〈王霸篇〉），此所說的「必將道也」，即指治天下當以道守之，而非以勢而自聲，凡以勢自聲者，必因勢衰而亡。故荀子特別強調「義立而王，信立而霸，權謀立而亡。」（〈王霸篇〉），因爲國家本是大器，治國乃是重任，故不可不愼爲擇取其爲術。

〔註9〕《左傳・哀公十一年》載孔子語：「鳥則擇木，木豈能擇鳥。」《史記・孔子世家》作：「鳥能擇木，木豈能擇鳥，是其證也。」

荀子以歷代來「有亂君無亂國，有治人，無治法」（〈君道篇〉），國之亂由亂君亂之，法之不齊，由無治人之故，故得其人則存，失其人則亡。

夫為政之道在不私天下，「故明主有私人以金石珠玉，無私人以官職事業」（〈君道篇〉），按《尚書‧洪範篇》亦告誡人主謂：「無偏無陂，遵王之義，無有作好，遵王之道，無有作惡，遵王之路，無偏無黨，王道蕩蕩，無黨無偏，王道平平，無反無側，王道正直，會其有極，歸其有極。」〔註10〕人主為私，多由左右邪佞者所包圍，倘人主以邪佞者為耳目，適足以自蔽其視野，故必以天下人為耳目，則無蔽塞之禍，所謂以天下人為耳目者，即以天下人之視聽為視聽，以求其守司之廣，俾其知慮足以應待萬變。不過荀子強調為政者應有窺遠收眾之門戶，必將有便嬖左右足信者以為參贊，俾不致孤行，荀子特別提醒為政者不可獨，故曰：「人主不可以獨也，卿相輔佐，人主之基杖也」（〈君道篇〉），但此所謂的基杖，乃指治者之輔弼，而非指治者之幫凶與鷹犬。

人主倘無忠信便嬖之士，則左右寡助謂之闇，無忠信之輔弼者則謂之獨，且對外交事務不明，所使非人，謂之孤。既闇又孤獨，國雖若存，實已謂危。故必謙恭下士，廣納意見，以天下與天下人共治之，此方乃為政之正道。

二、統馭原理

統馭原理亦即當今謂之管理原理，按政治乃管理眾人之事，故管理之道不可不察，荀子在其著述中，對管理統馭之道言之頗為綦詳，頗堪吾人玩味，茲分述如下：

（一）論用人之原則

用人之道以公為本，故曰「公生明」（〈不苟篇〉），在前述四統之中，「顯設原理」即是用人之道之大要。其根本要義在乎「德必稱位，位必稱祿」，論德而定次，量能而授官，皆使其人載其事而各得其宜，更應該摒棄私人自用，與門第之局限，故內不可以阿子弟，外不可以隱遠人。上賢使之為三公，次賢使之為諸侯，下賢使之為士大夫，是所以顯設之也」（〈君道篇〉），總之用人之要義在乎「尚賢使能」，而欲舉尚賢使能之實效，則貴先辨別賢不肖與能不能之等第，此乃用人之第一步。務使天下無倖進之人，亦無見棄之才，才德高者，固可任之以大事，即才德低者，亦非全係無用之人，故務按其才德

之高低，分別畀以大事或小事。荀子將人之能否實踐篤行分爲「國寶」、「國器」、「國用」、與「國妖」四種。「口能言之，身能行之，國寶也。口不能言，身能行之，國器也。口能言之，身不能行，國用心。口言善，身行惡，國妖也。治國者敬其寶、愛其器、任其用，除其妖」（〈大略篇〉），荀子此所謂國寶者，即口能獻言，而又能切實篤行以竟其全功的人。其次口雖不能獻言，但卻能身體力行，以盡力盡粹之人，亦是國家之大器，故應畀以重任。再次，其口能獻言，足爲治者之警鐘，採其言可以治國，雖其本身未必能踐行以竟其全功，但其言足堪爲國之大用，故亦應重任之。至於其人言善行惡，陽奉陰違，顯係諂媚阿諛之徒，是爲國之大妖，治者用之足以自蔽，故應悉力免除之，不可親近私阿，予其倖進之機會，俾免誤事誤國。

　　總之，用人之道乃本論德而定次，量能而授官之施行細則，務使「賢能不待次而舉，罷不能不待須而廢」（〈王制篇〉），更進而「元惡不待教而誅，中庸民不待改而化」（同上），以達賞善罰惡務應分明之境地。故總觀而言，荀子用人之最高原則，即在一「公」字，用人貴審其是否賢能，不應論資格，不應論門第，尤不應私阿子弟便嬖之人，在當時貴族時代荀子能提出此種讜論，的確難能可貴。此外在〈哀公篇〉中荀子對取人之道尤有詳切之發揮，荀子借孔子之言以明取人之道，此蓋魯哀公問於孔子曰，請問取人，孔子對曰：無取健，無取詌，無取口啍。所謂無取健，即不取貪慾之人；無取詌，即不取捷給鉗人之口者，即指以勢壓人者，或妄對不謹誠之人；不取口啍，即不取好讒之人。取人皆以存誠爲本。

（二）論知人之明

　　荀子極重知人自知，在修身之道中，尤對一己之自知敘述頗詳，蓋荀子之所謂賢者，並非能徧能人之所能，而荀子之所謂知者，亦非能徧知人之所知（〈儒效篇〉），荀子特立「中事」、「中說」、「姦事」、「姦道」之標準，以做爲自知知人之準繩。凡事行有益於理者立之，是謂中事，凡知說有益於理者爲之，謂之中說。事失其中謂之姦事。知說失中、謂之姦道，姦事姦道皆治世之所棄，而亂世之所從服。〔註11〕察荀子此所說的「中事」、「中說」，實乃作爲判斷人事之標準。若行爲對治理有益的就去作，無益的就廢止，此謂之中事，亦即合乎正道的事。又合乎禮義正道的言說謂之中說，否則謂之姦道

〔註11〕參《荀子集解・儒效篇》。

邪說，故知人之明，貴在審其言行是否合乎中說，中事。夫君子之所長，在乎言必當理，事必當務，非必在於儘能人之所能也。

在〈臣道篇〉中荀子對如何知人善任尤有詳盡之發揮，荀子將人臣分為四等，在今日觀之，似為封建時代之產物，但就任何時代而言，凡做為僚屬者，恐難免均有此四種形態，因此時勢雖變遷，但知人之心態當不例外，故荀子之所陳在當今視之猶有其價值在。

荀子論人臣有態臣、篡臣、功臣、聖臣四品，但荀子以人臣之本分在乎「從道不從君」，故臣子非君上之奴僕，而非每事必苟合取容，故凡阿諛取容者，人君必審慎處之。君有聖、中、暴之分，是以事之之道亦因之而異，事聖君當順從為志，事中君則剛直端慤為心，事暴君則和而不流。故知人之道，不僅為君上知人善任之準繩，亦人臣事主所必知之原則，任人貴明、貴公、知人貴深、貴察。事君以德者為之大忠，以德調君者，謂之次忠，進諫而激怒之，謂之下忠，偷合苟容者是謂國賊。

君上取人臣不可不慎，人臣事君上亦不可不知，倘君為桀紂，民陷水火，即當權衡輕重，捽而去之。人君取臣下亦當視其才德，非儘取阿容曲就者。所謂態臣者即才思巧敏，善於佞媚作態以悅君上之人，所謂篡臣者即比黨營私，同類結合假公濟私，以圖謀私人利益為急務之人。所謂功臣者即能使民眾親附，士人信賴，然後精誠團結共立功業，且對於一般庶政能勤政愛民者是為功臣。至於聖臣則為荀子所期望中之最高理想，言上而隆禮尊義，下而勤政愛民，俾使政令教化，為萬民所共守，如影形不離。倘遇社會、國家倉猝之變，人所遲疑難決之事，有果斷及隨機因應之力者，謂之聖臣。

是以為政者貴有審慎明辨之能力，俾使能知人善任。庶不至為臣下所欺瞞。荀子甚且列舉當時政治人物做為個例；如齊之蘇秦，楚之州侯，秦之張儀，皆可謂態臣之流。韓之張去疾，趙之奉陽，齊之孟嘗可謂篡臣。楚之孫叔敖，齊之管仲，晉之咎犯皆可謂功臣。而殷之伊尹，周之太公，可謂聖臣。〔註12〕荀子以國用聖臣者王，用功臣者彊，用篡臣者危，用態臣者亡，俾作

〔註12〕（一）蘇秦初相趙，後仕燕，終死於齊，故曰齊之蘇秦，氏乃戰國時之縱橫家，洛陽人，字季子，曾游說六國合縱以拒秦。（二）州侯乃楚襄王之佞臣見《戰國策》：莊辛諫襄王曰：「君主左州侯，右夏侯，輦都鄢陵君……」。（三）張儀戰國時人，為秦惠王相，提倡連橫，使六國約而事秦。（四）張去疾，乃張良之祖，《漢書》曰：良其先韓人，大父開地相韓昭侯。（五）奉陽即趙肅侯之弟陽君，為趙相《戰國策》云：「蘇秦說趙王曰：奉陽君妬，大王不得任

為人主之寶鑑。

（三）統馭之道

荀子對於統馭原理所言頗有卓見，認治者應具有威嚴，然威嚴有三種，應視其如何運用。故曰：「威有三，有道德之威者，有暴察之威者，有狂妄之威者，此三威者，不可不孰察也。」（〈彊國篇〉），道德之威，乃發自內心與人格之光輝，使人自生欽仰，故百姓貴之如帝，高之如天，親之如父母，畏之如神明，故賞不用而民勤，罰不用而威行。至於暴察之威，但知運用權勢以壓人，使人不敢親近，此種威非出自內心與人格之光輝，故荀子以禮樂不脩，分義不明，舉錯不時，愛利則居上制下，隨便以重罰，猛殺以威脅人，此種威不過暴察之威，不能使人心悅誠服。至於狂妄之威猶等而下之，治者既無愛人之心，又無利人之事，而且為亂人之道，凡百姓有不服者，輒執縛之，刑戮之，使上下人心乖離不知是為狂妄之威。荀子鄭重宣告，凡出乎道德之威者，國家安疆，出於暴察之威者國家危弱，出於狂妄之威者，國必滅亡。

荀子更強調治理之事貴在積微，所謂積微即重其日積月累之功，蓋積微可以成著，荀子論學重積，論政亦然，荀子認為庶事由積而著，故以月計者，不如以日計者著，以四時計者不如以月計者著，以歲計者不如以四時計者著，故對日常庶政須日日留心，不可怠忽，蓋病非病於病之日，國亡非亡於亡之日，其來也有漸。荀子認為大凡日常怠忽小事，直到大事發生才去下彌補的工夫，已經太遲，故不如時常勤勉於小事為佳。荀子認為政治之興廢，悉在為政者是否注意補遺之功，如時常積壓小事，認為程期較緩，可拖延時日，結果便愈積愈多，以致貽誤大事，故一切政事都不可荒廢怠慢。荀子以亡國之君，國亡而後知亡，身死而後知死，則對亡國禍敗之事其悔也無益，故為政應防微杜漸，不可隕越。

荀子更進而論治國之道兼人之術有三，是謂三術；「有以德兼人者，有以力兼人者，有以富兼人者。」（〈議兵篇〉），凡以文化道德薰陶人，使各方依附者是為以德兼人，襲取別人之土地，以威力鎮人，則謂以力兼人，以糧食財富濟人使來歸附者，如以蟻聚糧，必糧盡蟻散，不可信賴，故以德兼人者

事，是以外賓客遊說之士，無敢盡忠於前。（六）孟嘗名田文，相齊，號孟嘗君，後歸老於薛。（七）咎犯即舅犯，即晉文公之舅狐偃，犯是其字。（八）孫叔敖，楚之賢相，春秋時楚國人。

王，以力兼人者弱，以富兼人者貧，古今一如也。

關於馭人之道方面，荀子在〈君道篇〉所言頗詳，荀子認為「取人有道，其用人有法，取人之道，參之以禮。用人之法，禁之以等，行義動靜，度之以禮，知慮取舍，稽之以成，日月積欠，校之以功，故卑不得以臨尊，輕不得以縣重，愚不得以謀知，是以萬舉不過也。故校之以禮，而觀其能安敬也，與之舉錯遷移，而觀其能應變也。與之安燕，而觀其能無流怠也。接之以聲色權利，忿怒患險，而觀其能無離守也。彼誠有之者，與誠無之者，若白黑然，可詘邪哉。」（〈君道篇〉）

此段乃荀子詳述馭人取人之道，言取人貴驗之以禮法，用人之時，就一般言須視其資格，惟對於賢者與特殊之人才而言，則須不待次而舉，以荀子之觀點看來，凡用人之先，必先揆度其人之容止動靜是否內外相合，表裏一致，更以工作之成果以稽考其對事物之謀慮取捨是否恰當，經過時日之考驗，以考察其是否積效。此外荀子對臨事之正位極為重視，蓋位卑者不得上臨尊位，能力薄弱者不能畀以重任，愚昧之輩何足與之謀議。故凡事必審慎端詳，不得輕忽，且觀人之道，貴在日常之中去細察，視其舉止是否安和敬慎，處人待世，臨事變故，而觀其智慮是否周全而能應付變局。有時讓其過安逸燕樂之日子，以觀其節操，是否因處安樂而奢侈浮華，以致墮落腐化，更讓其接觸聲色之娛，權慾大勢，或故臨之以忿怒，或危難之境，視其是否安詳如恒而不失其節操，此種取人馭人之術，恒可見人之才德，故為政治者所不可忽略。

荀子以治者之大患不在乎不言用賢，乃在夫用賢者不過徒尚口惠，而事實上卻杜絕賢者之行，或因其一己之舉止不足以招賢，而使言行相反，反使賢者不至，而不肖者反接踵而來，故主上有明德，則天下必歸順之，若蟬之歸明火一般，否則天下人必紛離而去之。

第五節　論政治與道德

政治與人性有密切的關係，不論何種政制苟不明人性之趨向，則陳義再高，終必減損其效力，蓋人性每好逸惡勞，貪得好私，是今古所同然，故政治務必奠立在極度高超的人格修養與道德基礎之上，否則必成為一大群爭權競利與大角逐之集團。荀子認為「可以有竊國，不可以有竊天下也，可以奪之者，可以有國，而不可以有天下。竊可以得國，而不可以得天下。」（〈正

論篇〉）,「國者,小人可以有之,然而未必不亡也。天下者,至大也。非聖人莫之能有也。」（同上）

　　荀子認爲國家乃天下之公器,無人可得之以爲私,縱使以暴力竊國於一時,但終難得天下之心,故天下之神器必有德者居之,小人可以竊國,然而因無德以繼統,故極易滅亡,是以荀子特闡明取國與天下之不同。夫孟荀二子全稱頌湯武革命,以其具有「脩其道,行其義」的聖德,若無其德,雖有其位,則非天下人所許也。

　　荀子極重國民道德,輒以一國國民道德性之高低作爲衡量其盛衰的依據,蓋一國風俗之厚薄,乃基於國民道德心之振靡,故荀子說:「若風俗之美,男女自不取於涂,而百姓羞拾遺。」故孔子曰:「天下有道,盜其先變乎,雖珠玉滿體,文繡充棺,黃金充椁,加之以丹矸,重之以曾青……人猶且莫之拑也。」（〈正論篇〉）〔註13〕是按荀子所見凡天下有道人必先有恥,國民之無恥,是爲國恥,倘一國朝野上下交互征利,上失天時,下失地利,中失人和,必百事廢,財物詘,禍亂起,苟人人有知恥之心,則雖千金重利,非其道而得之,人所弗爲,故云天下有道,盜其先變。

　　荀子認爲國將興必貴師而重傅,貴師而重傅,則法度存。國將衰,必賤師而輕傅,賤師而輕傅,則人必肆意而爲,馴至道德心蕩然無存,則其國必亡。因此爲政之道貴在社會教育,與國民社會道德心之培養,與社會心理建設之提倡。荀子認爲培養國民整體道德心,使其好義輕利,庶幾可達健全的社會,故荀子說:「故義勝利者爲治世,利克義者爲亂世,上重義,則義克利,上重利則利克義,故天子不言多少,諸侯不言利害,大夫不言得喪,士不通貨財,……從士以上皆羞利,而不與民爭業,樂分施而恥積藏……上好富則人民之行如此,安得不亂。」（〈大略篇〉）,荀子在此特別闡明義利之辨,國積善學,人樂行效,故以賢易不肖,不待卜而後知吉,以治伐亂,不待戰而後知克。」（〈大略篇〉）

　　荀子對於政治道德極爲重視,以政治本身即是道德,無德不足以爲治,故平政愛民,如保赤子,勉之以慶賞,懲之以刑罰,乃爲政者重要之關鍵。故教而不誅,則奸民不懲,誅而不賞,則勤屬之民不勸,故爲政修德與齊刑乃應相互並重。

　　尅言之,荀子之重道隆禮與尊君思想,實即維護禮義大統之聖王思想。荀子並非有意爲專制君主做前導,荀子所尊的君王,乃一完美全備的聖王,

---

〔註13〕丹矸即丹砂,曾青乃銅之精形如珠者,其色極青,故謂曾青,琅玕似珠之物。

亦即人民的公僕，而非廣土眾民驕橫無道的暴君與統治者，蓋荀子心目中的聖王亦兼爲「人師」，即作之君，作之師的聖者，此所說的作之君，實即能善群的完人，故荀子並非擁護王霸強權之提倡者，實乃對當時各國之暴政，提出有力反抗之代言人。故荀子並不失爲民本之鬥士，而非權力意志之集中論者，今人多以荀子無形中替專制政體作護符，是皆不察之言，荀子雖有別於孟子，但其同宗孔儒，同沐孔聖仁義明誠之道，確立民爲邦本之大義，皆以仁愛爲政治之本，仁術爲施政之基，故荀子因尊崇君主，但惟有聖王纔能推行禮治與教化之本，故其心目中，甚重王霸之辨，以道德引導治術，大凡治術違反道德者，皆爲荀子所不取。

荀子以人君可分爲三等，王者貴得人心，乃居一切之上，其次爲得其國，其下則專得疆土而已。故云：「王奪之人，霸奪之與，疆奪之地。」（〈王制篇〉）〔註14〕此乃表明得人心者王，得國者霸，得疆土者不過爲天下之敵而已，故爲政貴在得人心，是荀子所尊之君乃爲超越賢人政治之聖王思想，名爲尊君實爲貴民，故非極高道德之聖哲，不克爲荀子心目中之聖王，以力服人，以威逼人，欲民屈從者，皆非荀子所謂之明君，荀子甚且肯定「傷人之民甚，則人之民惡我必甚矣，人之民惡我甚，則日欲與我鬥……是疆者之所以反弱也」（〈王制篇〉）

荀子復肯定君與民間之關係，認爲「君者儀也，民者景也，儀正而景正。君者盤也，民者水也，盤圓而水圓。君者盂也，盂方而水方。」（〈君道篇〉）〔註15〕此乃表明君如日晷民如日影，日晷如何日影亦如何。又云：「君者，民之原也，原清則流清，原濁則流濁。故有社稷者而不能愛民，不能利民，而求民之親愛己，不可得也。」（〈君道篇〉），觀孟子亦云：「不仁而得國者有之矣，不仁而得天下，未之有也。」〔註16〕夫有德斯有天下，無德必失天下，故爲政以德乃治者本身之圭臬，夫政治本身即是良心事業，不論君主政治、民主政治，在在皆應以道德爲爲政之根基。否則必產生竊政，而使天

〔註14〕楊倞註曰：人謂賢人，興謂興國也，疆國之術則奪人地也。《呂覽》音初註：「之，其也。奪人，謂爭取人心」，故「王奪之人」作王者爭取其人之意，《淮南子》本經註：「奪，取也。」故奪人亦作取人心之意。

〔註15〕盧文弨案《帝範注》引：君者儀也，下有民者景也句，又君者盤也，下有民者盂也二句。王念孫曰案《廣韻》：君字注所引與《帝範》註同。既言儀正而景正，正當有民者景也句。既言盤圓而水圓，則當有民者水也句。

〔註16〕《孟子・盡心篇》五十九章。

下人民蒙受其害。

第六節　論富國之道

　　荀子生當戰國時代，其社會背景已迥異於孟子時期，此時富商巨賈林立，如猗頓以鹽起家，邯鄲郭縱以冶鐵成業，與王者埒富。〔註17〕又如呂不韋為陽翟大賈，貴為秦王之假父，故當時在社會上已是富商的天下，挾其雄厚之經濟基礎以壟斷一切，一般貧民都淪為富商手下之宰割者，知識分子在社會上亦失卻昔日應有的地位，此時土地兼併制度大興，富者愈富，貧者愈貧。孟子之時代尚停留在農業經濟之階段，而荀子時卻已是工商業的社會經濟時期，富者田連阡陌，貧者卻無立錐之地，此時社會經濟純由富豪所操縱，復由於群雄爭霸，干戈紛擾，彼此競爭角逐，日甚一日，社會愈益動亂不堪。荀子生此濁世，目睹時艱，自在在以安定人民生活為職志，故在其論述中，多有關經濟政策之言論與主張。按荀子之經濟思想可與中山先生之民生史觀相類比，其主要目的乃在達到均平、均富，足國富民的地步，是亦荀子一貫所提倡之明分使群，與先養後教的基本立場。

一、欲望與節制

　　荀子肯定人生而有欲，欲望乃人生天賦之本能，故為政之道首須考慮人性中欲望的問題，欲望不但影響個人之身心，亦影響社會秩序，與公共之安寧，人類之欲望既無窮盡，失為政之道並非儘量為滿足人民之欲望而為各項之措施，但欲望是先驗的，倘利導得當，不但可使個人蒙其福祉，即令社會經濟，亦同蒙繁榮，若節制不當，放縱自肆，則足以造成個人與社會之災害。故總觀荀子的欲望思想，乃奠基在人性本惡的出發點上，因人性既為惡，故人性中情之應亦屬惡，而無「欲」不足以顯「情」，故「欲」亦必多趨於惡，蓋「人生而有利焉，故爭奪生而辭讓亡焉。……生而有耳目聲色之欲，有好聲色焉，順是，故淫亂生而禮義文理亡焉。然則從人性，順人之情，必出於爭奪，合於犯分亂理而歸於暴」（〈性惡論〉）

　　因此為了滿足人類之欲望起見，首須積極的養欲給求，使人人都能獲得適度之滿足，但為使人人有固定的差等，不可能產生絕對的均平主義，故荀

〔註17〕參《史記‧貨殖列傳》。

子乃主張明分使群，以徹底解決分配之公義，俾使人人能安分守己，各持守其崗位，俾求與一己自身所應得相稱之分，則社會上當不至有過猶不及之現象，此中唯一之辦法即是定禮明分，以禮制欲，以義制行，故定分之目的即在養欲、制欲，是以與老子之寡欲，佛家之絕欲、禁欲思想大相迥異。夫制欲之道貴在節制，所謂「內節於人，外節於物」（〈彊國篇〉），俾節用裕民，而善臧其餘（〈富國篇〉），斯為荀子之主要主張。

二、生養與顯設

　　荀子不主張均貧，而是均富，因國不富無以養民情（〈大略篇〉），瘠則不足欲，不足欲則賞不行，賞不行，則賢者不可得而進也（〈富國篇〉），故足國之道首在乎生養，俾多方顯設以開其源，否則國家之財富當無法增加，故足國富民之道，當在財政經濟方面廣為籌劃。按節用以裕民，不過屬於消極方面，而開其源，積倉廩，方為積極之措施，故荀子書中固重節用，但究非如墨子之主張，因就荀子觀點視之，墨子之節用主張幾近於吝嗇，非為政者所宜提倡，荀子寧從正面去探討裕民增產之道，以便充實國力，厚植國庫，故不單主張消極的節用。蓋荀子堅信人力可補天工之不足，人事可補天時之缺憾，故在在主張騁能而化之，不夭其生，不絕其長，不失其時，順其自然的生長，而不加摧殘。

　　因而荀子反對墨子之過度節用主義，認其不合時宜，因為過分的節欲，節用反足以致亂致貧。因此在物質生活上務求達到水平以上，即在精神生活方面之禮樂，亦要求完備。按荀子時代雖已是工商社會，但荀子本人還是看重農業以之為工商之大本，故提倡擴大生產，俾免民用不足。是以荀子財經主張的根本精神在乎強調農業生產的原料供應為工商力量的基礎，乃倡：「省商賈之數，如是則國富矣。」（〈富國篇〉），又說：「工商眾則國貧。」這並非否定工商的價值，亦非認為工商愈發達國家愈貧弱，而是強調農業生產品是工商發達的原動力，所以必須正本清源，故欲振興工商，則先必振興農業。是觀荀子一貫之立場，即在乎「省工賈，眾農夫」（〈富國篇〉），由是可知荀子之經濟思想與富國主張，實乃建立在重農主義的基礎上與孟子無甚大別，且以農業為工商的基礎，廢農耕而專務工商則國必貧。

　　由於荀子極重生產以裕民，故荀子認為「士大夫眾則國貧……無制數度量則國貧」（〈富國篇〉），蓋一國之中，士大夫若太多，當必減低生產者之數

量，故荀子力非之，乃在強調生產之重要性。此外荀子又以若計度錯誤或審理不當亦將導致國貧，故爲國者亟擬愼謀之，不可疏忽。

三、分工與專職

　　荀子之基本經濟政策在於明分使群，以禮爲其樞要，其明貴賤別同異之主張，亦即建立在以禮爲準則的判斷上。蓋分工乃合作之基礎，亦即求專職與精細之必要條件，不分工無以顯專職，無專職則不克顯其長，惟在分工專職之中自難免出其貴賤與差異，蓋荀子反對絕對平頭主義式的均平主張，荀子所謂的貴賤，並非階級層次的貴賤，乃是在分工專職之途徑中所顯出的角色的差異性與等別性而已，蓋社會無法以清一色的等同角色去分工專職，是以在分工專職之中，自難免有所差等，此種差等在當今實施社會主義之國家中亦在所難免。

　　蓋分工專職，依法競進，各展其所長，各避其所短，俾經濟利益得以正常發展，故分等原理極爲重要，荀子乃主張「制禮以明分」，俾使各人之權利與義務皆有所明定而不致隕越。故云：「故百技所成，所以養一人也，而能不能兼技，人不能兼官，離群不相待則窮，群而無分則爭。窮者患也，爭者禍也，救患除禍，則莫若明分使群矣。強脅弱也，知懼愚也，民下違上，少陵長，不以德爲政，如是，則老弱有失養之憂，而壯者有分爭之禍矣……職業無分，如是，則人有樹事之患，而有爭功之禍矣。」〈（富國篇）〉，故義辨與能群是人之所以爲人之特徵，而分工則爲合力之張本。此外專職求精更爲荀子所重視，故云：「相高下，視墝肥，序五種，君子不如農人。通貨財，相美惡，辨貴賤，君子不如賈人。設規矩，陳繩墨，便備用，君子不如工人。」〈（儒效篇）〉，是以荀子承認農工商賈等人均有其專業與特長，故其純熟之技術與經驗，殆非人人所能及，必專職之人始能勝任，由是生產與技術方能與日俱進，而國用亦因之而與日俱增。

四、供需之平衡

　　荀子對於供給與需求向持極樂觀的看法，故不贊同墨子的過分節用主義，故評墨子之言曰：「墨子之言，昭昭然爲天下憂不足。夫不足，非天下之公患，特墨子之私憂過計也。今是土之生五穀也，人善治之，則畝數盆，一歲再獲之。然後瓜桃棗李，一本數以盆鼓，然後葷菜百疏以澤量。……固有餘足以食人矣。」〈（富國篇）〉，「我以墨子之非樂也，則使天下亂。墨子之節用也，則使天下貧。」

（同上）由是可知荀子不患供需不足，乃患支配供需之共同法則受到阻礙，而使供需失其均衡而致不足。至於墨子的過分節用主義，反而造成供需之失調，是為荀子所不取。蓋荀子特就積極方面以言生產與供應問題，俾人善發揮其智能以努力耕作。養殖、編織，以使物質自然成長，庶不致於短絀，故「因物而多之」，不如「騁能而化之」，是荀子抱定人能補天工之不足的信念，以求達到自然的增產方法，俾促進供應的效率。蓋依荀子而言，物資之不足或有餘，悉由於人為之得當與否，苟人為得當，物質必定有餘，而可以供過於求。倘人為不當，物質自必短絀，而釀成供不應求之現象，故「不夭其生，不絕其長，不失其時，乃順其自然的生長法則，自必達到供需平衡的地步。」

五、交流與調節

物盡其用，地盡其利，貨暢其流，互通有無，是維持經濟成長之重要因素，荀子對此亦極為重視故言「禮者，斷長續短，損有餘，益不足，達愛敬之文，而滋成行義之美者也。」（〈禮論篇〉）

此乃荀子互通有無，彼此截長補短，相互交流調節之重要主張，荀子之經濟思想一方面重在分養，一方面注重整體之和一，故言：「義以分則和，和則一，一則多力，多力則疆。」（〈王制篇〉），此乃特別強調分養得當，群居和一，俾人與人之間，國與國之間，相互交流節制，才能達到正理平治的境地。

六、開源節流

荀子謂：「疆本而節用，則天不能貧。養備而動時，則天不能病，脩道而不貳，則天不能禍……本荒而用侈，則天不能使之富，養略而動罕，則天不能使之全。」（〈天論篇〉），荀子一方面提倡生產、分職、開源，另方面亦主張節流，但荀子之節流不同於墨子之節用主義，荀子的經濟思想普遍上是富民政策，並非匱乏主義，國家不但患不均，更患寡與窮，荀子不贊成墨子之過分節欲思想，因為欲望在經濟學原理上，在人類之生活中，有其存在之價值，故一味提倡節用，反導致經濟上之匱乏。不過荀子亦非提倡大量消費或主張以大量消費來刺激生產，荀子認為大量消費，須有極深厚之生產根基為後盾，否則徒使國用而不足，為政固在裕民，但裕民之道，即在日積月累，從事生產活動而來，若不加以徹底節用，一味奢侈浪費，則國富亦必流於匱乏。因此荀子重視開源亦重節流，相互為用，彼此相輔，故國家應減少不必

要的支出，是以荀子說：「不知節用裕民則民貧，民貧，則田瘠以穢，則出實不半，上雖好取侵奪，猶將寡獲也。而或以無禮節用之，則必有貪利糾譑之名，而且有空虛窮乏之實矣。此無他故焉，不知節用裕民也。」（〈富國篇〉）

　　由是可知荀子瞻前顧後之主張，主要在乎使國力永遠充沛，國家永遠豐裕，但他對墨子之節用主義則認爲並無價值，因爲「墨子之節用也，則使天下貧，非將墮之也，說不免焉，墨子大有天下，小有一國，將蹙然衣麤食惡，憂戚而非樂，若是則瘠，瘠則不足欲，不足欲則賞不行……墨子雖爲衣褐帶索……惡能足之乎？既以伐其本，竭其原，而焦天下矣……故墨術誠行，則天下尚儉而彌貧，非鬥而日爭，勞苦頓萃而愈無功，愀然憂戚非樂而日不知」（〈富國篇〉），按荀子看來國家之目的在使人人均富，並非使人人均貧，倘過分節約，必導人流於吝嗇而陷經濟於蕭條之境。

七、反聚斂與苛稅

　　荀子的經濟思想在基本上乃承襲儒家「省刑罰，薄稅斂」的一貫立場，而與純粹之法治派諸子之主張不同，荀子堅決反對「聚斂之臣」與重稅政策，而以儒家一向之主張「存富於民」爲其宗旨，故荀子大聲疾呼說：「故修禮者王，爲政者疆，取民者安，聚斂者亡，故王者富民，霸者富土，僅存之國富大夫，亡國富筐篋，寶府庫，筐篋已富，府庫已實，而百姓貧……入不可以守，出不可以戰，則傾覆滅亡可立而待也。故我聚之以亡，敵得之以疆，聚斂者，召寇肥敵亡國危身之道也，故明君不蹈也。」（〈王制篇〉）

　　荀子更進而批評當時之爲政者，如子產只知取民而未及爲政，管仲知爲政，而未及修禮。〔註18〕按荀子最忌聚斂之臣，蓋凡國家實行重稅政策，則無不有聚斂之臣，荀子基於儒家傳統思想、隆禮、尚賢、平政、愛民、薄賦稅、藏富於民，則國用無有不足者，然察當今世界各國，凡採社會福利措施政策者，無不採重稅主義，蓋取之於民，用之於民，荀子在當時並無此種社會背景，其反對重稅與聚斂之臣，殆係反對財富過分集中於國庫，而失卻人心，反使國亡而資敵之用，倘荀子生當今日之世，或別有一番不同之見解。

〔註18〕《禮記》：「子產猶眾人之母，能食之，不能教之也。」孟子論子產：「惠而不知爲政。」惠乃得民之事而非治民之事，即表明子產只知以惠取民而不知爲政之眞正道理。至於管仲相齊，能貨通財積富國強兵，深知爲政之道，但不能修禮義以服天下人心。

第七節　論法後王之制

　　荀子強調大儒精神，所謂大儒者必知通統類之士，非泥古好古，固執不化之輩。《中庸》曰：「愚而好自用，賤而好自專，生乎今之世，反古之道，如此者，裁及其身者也。」〔註19〕孔子一向主張君子而時中，時中者即不斷適時與時適，以達其中和進取之境。故為政不能泥於古人之制，否則必窒礙難行，故荀子說：「道過三代謂之蕩，法二後王謂之不雅」（〈儒效篇〉），蓋三代以上的治道已前事已久，更遠者則浩渺難信，故未必能適合當今之需要，而法與當今之制相左不一者，是不合當今之時宜。是以荀子所言法後王，乃反對人言必稱堯舜，或法堯舜以前更古之人物制度，而以彼時之政治主張強施之於當今之社會。蓋以周文武王而與堯舜以前之人物相比，自然已是後王，惟站在荀子之時代背景而言，則又已是先王。按孔子從周制，荀子亦承孔子，故法周之典章制度，最遠者不過推至禹湯而已，比之堯舜自是後王。

　　但荀子並非盲目反對先王之時的優點，而抹煞其事實，而一一予以作廢。荀子曾謂：「不聞先王之遺言，不知學問之大也」（〈勸學篇〉），「凡言不合先王，不順禮義，謂之姦言」（〈非相篇〉），又云：「儒者法先王，隆禮義。」（〈儒效篇〉），由是可知先王並非不可法，但儒者法先王，乃法其禮法之道，作為道德與人格上之典範，藉以陶冶一己之品性，且學貴有統，是以先王之學統未必有不可取之處，故儒者應誦習之，藉為修己治人之參考。荀子所重的法後王之制，乃在政治制度方面，務應力求更新，俾使適合當時之時勢，故不能泥古，強以古時之政制而行之於當今。是以荀子先後所言法先王，又云法後王事實上乃指兩件事。一指法先王之人格光輝，及其學統之根源處，二指法後王之政制，以便配合當今之時勢，以適合當今社會之需要，故二者並不矛盾。

　　但荀子評孟子「略法先王而不知其統」，是以荀子所責於孟子者並非法先王之不當，其重點乃在於「不知其統」，惟先王縱有可法之處，究不如後王之全備，蓋先王之中固不乏賢人，亦不乏善政，但其當時之法度政制，縱有傳述於今世者，亦因時代太過湮久，所傳不詳，不過略知其大略，是以說是「略法先王而不知其統」，即表明無法知悉其統類之大全，雖欲取法，亦無可取法，是以先王的法度雖佳，而由於難以稽詳，故祇好取法後王之制，反合乎當今

〔註19〕裁同災。「反古之道」，朱註說：「反，復也。」鄭玄云：「謂孔之人，不知今王之新政可從。」反古就是復古，便不合於時中。

之時宜，故荀子說：「欲觀聖王之跡，則於其粲然者異，後王是也。彼後王者，天下之君也。舍後王而道上古，譬之是猶舍己之君而事人之君也。」（〈非相篇〉），又說：「百王之道，後王是也。」（〈不苟篇〉），是觀此二說，乃荀子法後王之積極理由，此中猶值吾人注意者，即其所倡「欲觀聖王之跡，則於其粲然者矣，後王是也」，蓋一切完美之典章制度並非創於一人之手，亦非一朝一夕所可蹴成，是皆歷代聖王運用其智慮，逐漸改進積累而成者，故法制愈後而愈完備，愈後而愈適合於當時之情況，故荀子期期然認為「舍後王而道上古」是為極大的不智。在荀子心目中禮義法制本無今古，惟在其是否合乎時中精神，故宜擇善而從，是以荀子的結論是：「古為蔽，今為蔽……聖人知心術之患，見蔽塞之禍……無古無今……兼陳萬物而中縣衡焉。」（〈解蔽篇〉），即不論今古之道，惟衡其適中者為法，故不必泥古，乃擇其可用可行者為鑒，若拘泥於禮法之數，不知興革損益，則必臨事而不知其實效，致墨守成規，抱殘守缺，是乃荀子所不取。故法後王典章制度之主要精神，即在勿蔽於制度本身，而當求其適時與活用。蓋制度之設施，並非一成不變，《易繫辭》曰：「聖人有以見天下之動，而觀其會通，以行其典禮……」[註20] 夫非廣大無以配天地，非變通無以配四時。制度為人，人非為制度，苟不知權變興革終必削足適履，是以荀子之法後王之制悉在配合時中精神，對於先王之道有益於人世者，亦當景仰而行之，是荀子不愧為孔門時中之傳人耳。

〔註20〕參《易·繫辭上》第八章。

第七章　荀子禮治思想與法家

第一節　荀子思想中禮與法之關係

　　在荀子思想中禮並非純係個人之道德修養，禮乃群體生活中之共同秩序，亦為人群心理與外在行為之生活規範。禮之意義在乎定分和明倫。惟在孔子心目中所謂之「禮」，貴在乎有內在之真性情，孔子講禮注重在「禮之本」。《論語》云：「子夏問曰：『巧笑倩兮，美目盼兮，素以為絢兮。』何謂也？子曰：『繪事後素』，曰：『禮後乎？』。子曰：『起予者商也，始可與言《詩》已矣。』」〔註1〕是按孔子之意苟無真性情，其雖彬彬有禮，猶如女子無質而施脂粉，是以必巧笑美目而後繪事，否則徒有外在虛表之形式，殊不足貴。故孔子進而說道：「人而不仁如禮何，人而不仁如樂何」，〔註2〕蓋孔子所重者乃人內在人格之修養，故云：「君子義以為質，禮以行之，孫以出之，信以成之」，〔註3〕是按孔子看來君子做人必以義為本質，然後照禮而行，且必出乎謙遜，而成之以誠，否則不誠無物。

　　然在孔子所重禮之意義之外，禮在當時已是風俗習慣與社會制度之規範。故子產曾曰：「夫禮，天之經也，地之義也，民之行也。」〔註4〕莊子亦曰：「禮以道行」，〔註5〕故禮在子產時，已是人類社會生活之制度與法則，不

〔註1〕參《論語・八佾篇》。
〔註2〕參《論語・八佾篇》。
〔註3〕參《論語・衛靈公篇》。
〔註4〕見《左傳》卷二十五，頁7～8。
〔註5〕參《莊子・卷十・天下篇》。

過孔子所重者乃人內在之本質，認爲苟無誠信與義，則外在一切之禮法亦不過行同具文而已。夫荀子時代去孔子已遠，社會關係日益複雜，故禮之施行，主要乃在乎作爲維持人群相互間之秩序與儀文。故禮就狹義而言，乃陶冶個人性情之修養，就廣義而言實已包括一切社會之規範。即在孔子之時，禮亦已具有廣義之意，故云博吾以文，約我以禮。孔子亦嘗以禮教弟子，不獨用在個人人格之修養上，是亦含有外在行爲之規範的意義，不過孔子特重其內在意義而已。

惟觀荀子之時禮已與法結了不可解的緣，且禮已具有理論的基礎，《禮記》中所云皆爲禮奠定其不朽的意義，《禮記》且曰：「禮者，因人之情而爲之節文，以爲民坊者也。」〔註6〕又云：「夫禮者，所以定親疏，決嫌疑，別同異，明是非也。」〔註7〕按戰國末期以迄漢初之儒家學者，莫不對禮賦予一般之理論基礎，荀子對於禮之理論言之最詳，蓋荀子以人性爲惡，且人皆有欲，若無禮法以節之，則人與人之間難免不發生衝突，故先王制禮義以分之。因而荀子所重之禮，已偏重於人與人間之制約關係，惟尚兼有調和一己之心性作爲一己修己治人之基本功夫而已，故荀子所側重者，厥爲群己之關係，以及社會與群倫間之規範，惟不若孔子般只側重內心之情況而已，但此並非云荀子不重修己之功夫，乃以荀子所重之禮實即爲社會之大法。

不過荀子所重之禮究與法家之刑法乃大有分別，所謂「以禮義治之者積禮義，以刑罰治之者積刑罰。刑罰積而民怨倍，禮義積而民和親，故世主欲民之善同，而所以使民之善者異。或導之以德教或歐之以法令，導之以德教者，德教行而民康樂，歐之以法令者，法令極而民哀戚，哀樂之感，禍福之應也。」〔註8〕按漢之賈誼亦認爲禮固不必皆「禁於將然之前」，法亦不必皆「禁於已然之後」，惟禮所規定者究爲基於德化之延長，多爲積極的、鼓勵的。而法所規定者難免多基於賞罰，而爲消極的。〔註9〕是以按荀子之本意，禮乃養欲明分之大典。其主要目的在制禮義以分之，以養人之欲，「故禮者養也」〔註10〕「禮義文理所以養情也」（〈禮論篇〉），又云：「禮者人道之極也」（〈禮論篇〉），是以按荀子對禮之大義，雖稍異於孔子，但尚不失孔門向來之宗旨，

〔註6〕　參《禮記・卷十五・坊記》。
〔註7〕　參〈曲禮〉見《禮記》卷一。
〔註8〕　參《大戴禮記・禮察篇》，見《大戴禮記》卷二，四部叢刊本，頁1～2。
〔註9〕　參賈誼《論時政疏》。
〔註10〕按荀子說禮散見各篇，唯以〈禮論篇〉爲主，荀子以禮義文理所以養情也。

內以養心情導人欲，外以明定分而制倫常，故荀子所說之禮仍兼有儒家傳統之色彩，而與法家諸子所謂之法、勢、術者則相去甚遠。

總言之，荀子所強調之禮，可說是當時社會之大法，亦即人倫日常生活行事間所必循之規範，但以之比擬於法家任刑重罰之法而言，則究有所差別。

至於荀子之後法家思想大行，且荀子之門生中多有法家鉅擘，此與其說係荀子體係中有法家之因子，無寧說乃社會時勢發展所必然，因禮治去德治不遠，當社會安定，人心敦厚時，禮尚有定分明節的意義，迨世愈亂，人心愈險，競爭角逐，攻伐之事層出不窮，禮誠已不足維繫社會上治理之需要。且復因社會經濟之發展，工商業之抬頭，人際之關係比以前純農業社會來得更為複雜萬千，故禮義文理已對代閥之家，以及市井流民失卻其應有之規範，是以勢必走向中央集權，與君主專制之任法社會，而以「法」為工商社會之共同規範，以重罰做為嚇阻作姦犯科者之有力手段，而往日農業社會中之禮自必逐漸式微，而為法所取代了，且彼時中央政權龐大，體制漸趨嚴密，非有治國之法典則不足以應付裕如。

且荀子生當戰國末季，雖在暴秦統一中國以前，然彼時社會上實已充滿強凌弱，眾暴寡之場面，荀子生當斯世，聲嘶力竭，為維護其禮治理想而奔走，惜因大勢所趨，所遇不合，而其禮治思想亦終未實現，至其聖王賢君之理想，亦終停留於空中樓閣，反觀現實政治中，均係伐閥之君，與暴力政治，故禮者其名而法者其實。此為斯人之不遇，抑時勢之所以然，後人自必有目共鑒而毋庸多贅，但在儒家向來之理念中，徒法不足以自行，徒人不足以為治，故禮者防其心，法者制其行，是以提倡法治終不能泯滅禮治之心防。今日世界各國皆多實施民主法治，但社會上紊亂依舊，此殆因徒法不足以為治之故。故荀子二千多年前之理想，以禮為養民之需，不失為心理上重要的治平因素，亦即心防上之良劑。

今人以荀子思想有助長君王專制之嫌，是乃不察之言，倘當日無荀子其人提倡其說，則社會趨勢亦難免走向完全之法治與中央集權之君主政制，是與荀子無涉，今人作中國政治思想史論述者，難免錯責荀子此誠恐非持平之論。

蕭公權先生在其中國政治思想史曾謂：「孔孟重君主之道德而不重其權勢，申商重君主之權勢而不求其道德。荀子乃兼重之，集成並美，其說似臻盡善，然而一考其實，則當世之君或為其所及見者，齊則威、宣、湣、燕則

子喻，楚則頃襄，趙則孝成，秦則昭襄，凡此諸君之中，無一可爲荀子理想之根據者。及至秦漢以後，曲學之儒，竊取荀子尊君之義，附以治人之說，阿君之好，極盡推崇，流風所播，遂至庸昏淫暴之王，不僅操九有之大權，亦得被重華之美號。以實亂名，貽害匪淺，此雖荀子所不能逆料，而其立說之有未安，亦由茲可以推見。尚不如孔孟專重君德，或可補封建之闕。申商倚任治法，或可防專制之弊。此後二千人中欲求荀子入秦所見之治，已不可多得，則荀子所圖兼存者或竟兩害之歟。」〔註11〕

按蕭先生以上之批評似未得其持平之處，蓋荀子之尊君乃尊賢王，一若西哲柏拉圖之理想國以哲王爲最高之統治者；德王之爲治，其本身必具有極崇高之政治道德與操守，秉持天下爲公之信念，而無私阿之弊。且荀子將儒分爲大儒、雅儒、俗儒、賤儒，小人儒數等，並非口誦孔子之言，即可入孔門之列，至於漢代之後儒者以荀子尊君思想，做爲個人在人主前立身進階取寵之基，此殆非荀子之本意，〔註12〕豈可因後世之流毒，悉責之於荀子之一身哉。

按荀子在〈君道篇〉首即已闡明「有亂君、無亂國、有治人、無治法……故法不能獨立，類不能自行。得其人則存，失其人則亡，法者治之端也，君子者法之原也，故有君子，則法雖省，足以徧矣。無君子，則法雖具，失先後之施。」（〈君道篇〉），由是可知荀子乃以治人勝過治法，故其立論精神，猶不失儒門之宗風，且其以禮作爲心防之根基，苟不明禮則不足爲治人，則法雖具，亦因人之缺失而致法有窒礙難行之時。且荀子向來堅持「義立而王，信立而霸，權謀立而亡」，故堅決反對霸道而確立王道，荀子且云：「仲尼之門人，五尺之豎子，言羞稱乎五伯」（〈仲尼篇〉），是可知荀子對彼當日之人君世主實無覷於中，蓋彼等皆非其心目中之聖王與賢君。是以荀子之政治學說，仍出諸孔門而偏於理想主義者之趨向，至後世之演變，當不足爲荀子病，是吾人當不必因二千餘年來之君主專制政體而詬病荀子學說中有所未安也。

總結而言，荀子以禮治指導人治，以治人引導治法，故荀子之所謂禮乃法之本源，是亦一切法之最高法理根據也。

〔註11〕參蕭公權先生著《中國政治思想史》第一篇第三章孟子與荀子，頁110。
〔註12〕參《荀子集解》卷四，〈儒效篇〉對大儒之期許。

第二節　荀子與法家諸子

一、荀子與管子

　　法家之學術，源自皋陶，而法之概念，出自理官，〔註13〕而法家之起乃重商社會之必然趨勢。惟法家概念含有多元性，因而各派之間意見頗為參差，春秋初期的管子乃重商學派之鼻祖。至戰國時之商鞅，反為重農學派之學者。管子言法兼用五行思想，其立論或參入專制天下前夕之觀念，但《管子》一書雖主法治，而其觀點及內容則與申不害、公孫鞅、韓非、李斯諸家不盡相同，以商、韓之標準以衡管子，則管氏之見乃不免大醇小疵之感。《漢書‧藝文志》本將《管子》列入道家，而至《隋書》始將之改列為「法家」之首。但無論如何，管子可說是商、韓等法家學術之先驅。

　　一般而言，法家之興起乃有其時代之背景，因封建井田制已壞，周室之大一統復已名存實亡，農業社會漸趨式微，當時新興之商業資本，與工商鉅子，挾其功利主義之要求，故不得不走上法治之路。至戰國時期各國莫不偃文修武，以求富國強兵，故法家之主張，得以因應當時社會之迫切需要，故能在各國及其君王前見信而蒙重用。在春秋時代鄭子產與管仲即為法治主義政治家之先驅，乃由傳統禮治思想過度到法治思想之交替期。但管子思想中仍隱約地含有若干禮治的影響，管子首倡禮義廉恥國之四維〔註14〕認為四維張，則君令行。又云：「國有四維，一維絕則傾，二維絕則危，三維絕則覆，四維絕則滅。何謂四維，一曰禮，二曰義，三曰廉，四曰恥，禮不踰節，義不自進，廉不蔽惡，恥不從枉。」〔註15〕是管子亦採儒家某些仁義之觀點。

　　按管子在春秋時可說是禮法兼施之士，氏咸認明法之前當輔之以禮。故云：「故法而守常，尊禮而變俗」〔註16〕夫立法在使民知其常守其則，而尊禮則在乎培養內心尊榮禮義之情操，以變民之陋俗，俾為民坊之先務。故管子尤重心術，以心之在體，猶君之位也，且以德者道之舍，物得之以生，故道之與德無間。〔註17〕吾人由《管子》書中，可窺知由禮治到法治之交替，亦

〔註13〕《後漢書》班固云：法家者流，蓋出自理官，見〈藝文志〉。
〔註14〕參《管子‧卷一‧牧民篇》。
〔註15〕同見《管子‧卷一‧牧民篇》。
〔註16〕參《管子》卷十二，〈侈靡第三十五〉。
〔註17〕參《管子》卷十三，〈心術上第三十六〉。

即由春秋時代至戰國時代，由傳統的禮治思想與現實的法治思想間相互推移交替的變更觀念。按道家與法家，在中國思想史上言之，二者皆擔負有轉換禮治之文化任務，道家在求任天之自然，不假人爲，法家則在崇法務實，使禮更具體地表現在法之約束上。管子一方面重視當時新興之商工社會，欲以法做爲保障新社會之基礎，另方面似亦鄭重地，保留了若干儒家的禮治思想，不過依管子之觀點而言，法者其本，而禮者其輔也。此恰與荀子之思想相反，因荀子強調有治人無治法，且以法不能離禮而獨立存在。〔註18〕至於管子則強調法在實際政治問題上之必要性，故主張禮有依法施行之必要，不能僅停留在坊民、養民之階段上。此種禮法並用的思想，固有類於荀子的看法，但荀子究未將法獨立於禮之外而予以客觀化，亦未將禮屈居於法之下，而作爲法之附庸。至於管子則將法置於禮之上，以禮不過補法之不足者，故管子曾謂：「所謂仁義禮樂皆出於法」，〔註19〕此在荀子觀之，適爲倒置，蓋荀子寧採主觀之禮作爲吾人內心之涵養，以做爲行爲上的界坊，庶幾可免於任法重刑，故就荀子觀點而言，乃以禮統法，而在管子看來，卻是以法統禮，因就管子而言，禮亦是法的一種，不過不若法之客觀與具體，故管子雖生在荀子之前，但其受道家與法家思想之影響卻遠較荀子爲深。

按由禮移轉爲法，法者不依持個人主觀之認定，而賴外物與客觀制度之意義，而禮卻是個人與群體之修養與依持，較含主觀性而缺乏普遍約束力。不過在禮中，卻含有仁義，而法中卻含有理智，荀子以禮補法之不足，管子卻以法制禮之實施。

今儒法根本區分既明，吾人可就另方面來探討禮法之關係，就荀子而言乃以「君者民之原也」（〈君道篇〉），認人君職在「管分之樞要」，故其位不可不寧，其勢不可不重，但此尊位與權勢必待一聖王與哲君，否則勢必擾民與害民。就管子而言，其對政制之意見，大略與荀子相同，不過認爲「生法者君也」，且以「道德賞罰出於君」。〔註20〕故以君爲立法者，在荀子殆不過以君爲執法者，而禮者天地之經，人道之極也，禮乃聖人所制約，非人君所可定奪，是以禮之源頭較法爲廣，禮者重其德，而法者乃重其勢，由是管子尊

〔註18〕參《荀子集解·卷八·君道篇》：有治人、無治法、羿之法非亡也，而羿不世中，禹之法猶存，而夏不世王。故法不能獨立，類不能自行，得其人則存，失其人則亡。

〔註19〕參《管子》卷十五，〈任法〉第四十五。

〔註20〕參《管子》卷十，〈君臣上〉第三十及卷十一，〈君臣下〉第三十一。

君乃賦君王以至高無上，專有獨斷之權。而荀子尊君乃重其德澤教化與人格典範，是二子於此乃南轅北轍也。管子開人君獨據擅權賞罰之柄，而荀子卻以人君必以禮分施，均徧而不偏，仁厚兼覆天下而不閔，明達用天地理萬變而不疑，血氣和平，志意廣大，行義塞於天地之間，是爲仁知之極也。〔註21〕管子以人君之當尊，乃在其職位，荀子以人君之當尊，乃在其道德。管子以明主所操者六，即生之、殺之、富之、貧之、貴之、賤之，，此六柄爲人主之所操，此外人君更兼文、武、威、德、所謂「威不兩錯，政不二門，以法治國，則舉錯而已」。〔註22〕故管子所重者乃「安國在乎尊君」。〔註23〕

　　至於荀子乃以人君爲大教育家，爲大保姆，就其大教育家之任務而言在施禮樂教化，在其大保姆之任務而言在乎養民，而養民復爲化民之基本條件，故荀子心目中之人君，並非南面稱孤之霸王。

　　按管子之意見人君貴在運用勢力，本身賢否可在所不計，按〈小匡篇〉記載，桓公自稱有好田、好酒、好色之「三大邪」，而管子對以「惡則惡矣，然非其急者也。」〔註24〕因此在管子之觀點視之，人君之當尊，乃在其職分，其個人品格與私德，則非所問。故管子說：「凡人君之德行威嚴，非獨能盡賢於人也。曰人君也，故從而貴之，不敢論其德行之高下。」〔註25〕此可說是管子尊君之精義，亦法家思想之共同特色，與歐洲君主觀念不約而合。是按管子之意，認爲人君之德未必須賢於庶民，但人君之爲人君乃在其權勢，不在其德行之高下。此在荀子以觀，當作獅子吼，必疾言厲色以對之。蓋荀子心目中之人君乃在一高貴之公僕，夫無德不足以爲政，夫「君者，善群也」（〈王制篇〉），即指善能使人人爲群者，且荀子強調安天下以道不以勢，〔註26〕故天之生民非爲君也，荀子更認爲「天下歸之之謂王，天下去之之謂亡」（〈王霸篇〉），且對暴君特下警告謂：「是故百姓賤之如佷，惡之如鬼」（〈王霸篇〉）〔註27〕故就尊君一事而言，荀子與管子大有差別，其基本精神亦顯有差異，不可不別。但按蕭公權先生在中國政治思想中所述，認爲僅就「尊君」一端視之，則管荀二家尚無顯著

〔註21〕參《荀子集解》卷八，〈君道篇〉第十二。
〔註22〕參《管子》卷十五，〈明法〉第四十六。
〔註23〕參《管子》卷五，〈重令〉第十五。
〔註24〕參《管子》卷八，〈小匡〉第二十。
〔註25〕參《管子》卷六，〈法法〉第十六。
〔註26〕參《荀子集解》卷七，〈王霸篇〉「安之者，必將道也，故用國者，義立而王，信立而霸，權謀立而亡。
〔註27〕按字書無佷字，蓋當爲佷病人也，郝懿行曰，按佷字當作㑣與鬼相韻。

之分別，〔註28〕是乃本文所不敢苟同者也。

以上就君權觀點而言，以明管荀二子之相互差異處。即就治民養民之觀點以言，二者亦有甚大差別者在，管子認爲「凡牧民者欲民之可御也。」「欲民之可御，則法不可不審也。」〔註29〕就荀子之觀點而言，禮治之最高目的在使民物質生活與精神生活皆得滿足，人君之治民不在御民，乃在化民。欲達化民之境，必先透過養民之功，而養民之道不徒在口養，口養者斯爲下養，必養其身心斯爲上養，民有下養而無上養，必使舉國之民，儘成追逐物欲之狂夫，故人君之責，乃在施行教化，務使民以禮爲養，固未聞荀子以人君爲御民之主也。

管子以人民爲君主之用具，「引而使之，民不敢轉其力，推而戰之，民不敢愛其死。不敢轉其力然後有功，不敢愛其死然後無敵。」〔註30〕由是可知管仲心目中之君王仍王霸之威權，而荀子心目中之人君，卻不離儒家聖王之理想，是從未承認民爲君之工具，而可供人君任所驅策者。吾人觀管學之主旨可說乃上承封建之遺意，下開商韓之先河，是法家任法尊君之先導者，今人每以荀子爲法家之轉折者，是乃不察之言，蓋管子論政之目的與手段皆與儒家根本上有差異，未可因荀子之門生曾出李斯，而遂認荀學爲開法家之先河也。夫管子本尊君之旨，而行順民之術，荀子卻本尊聖王之道而行化民之教，故二者在目的與手段上頗相縣殊，蓋管學究不離五霸之旨，其去仁義之道猶爲遠耳。

其次就制度方面而言，管子與荀子就禮法之間亦頗有出入，蓋禮法二名，極易相混淆，因二者皆有廣狹二義，禮就狹義言乃儀禮，法就狹義言乃刑罰。但禮法之廣義皆可涵界一切社會之典章制度與政治制度，不過禮治者重教化，而以刑罰爲輔。而法治者，卻以刑罰之威爲維持制度推行之動力，至於儀文不過爲輔而已。是以禮治之中自寓有刑罰，而法治之中亦未嘗廢禮儀，不過荀子屢立明刑而不失爲儒家的後勁，而管子有時明禮而不失其爲法家的先驅。〔註31〕孔子以「道之以政，齊之以刑，民免而無恥，道之以德，齊之以禮，有恥且格。」〔註32〕管子以經俗之術爲法治之根基，似與孔子有相似之處，但二者在精神上

〔註28〕 參蕭公權先生著《中國政治思想史》第一編第六章頁197。按管子以「生法者君也」，「道德賞罰出於君」，「安國在乎尊君」，「君之所以爲君者勢也。」「令不高不行，不專不聽」此殆非荀子所能接受，是蕭先生認爲就君權而言，管荀二子當無甚差異，恐其立論有所未妥處。

〔註29〕 參《管子》卷一，〈權修〉第三。

〔註30〕 參《管子》卷六，〈法法〉第十六。

〔註31〕 參蕭公權先生著《中國政治思想史》第一編第六章第三節以法治國，頁201。

〔註32〕 見《論語·爲政第二》。

亦有儼然不同者在，蓋儒家終究以教爲政，其目的在于兼善天下。易言之，儒
家以個人道德生活之發展乃爲政之最高理想，故有時雖禮法並用，但終究仍以
禮義爲主。至於管子之教化目的，本不在於個人道德生活之完成，端在使民順
服君王，而供御用，是爲二者絕然不同之處，此乃不可不辨之處。

二、荀子與商鞅申不害

先秦尊君權，任法術之思想，經李悝、尸佼、申不害，慎到諸子殆已略
具規模，然較詳審謹嚴之法治思想必待商君而後始克成立，俟韓非而綜其大
成，蓋商韓二子爲法家政治思想之中堅，亦爲法家學術之總滙。管子固爲法
家之先驅，但其書未必出自親筆，故不足爲法家之泰斗。鄧析不過深通律文
之士，類似後世之訟師，且嘗舞文亂法，爲鄭子產所忌，〔註33〕故亦不克爲
法學之巨擘。

至於申不害曾任韓昭侯爲相，當日周旋於齊楚之間，其所著斷片，今日見
諸玉函山房輯佚之中，惟於荀子〈解蔽篇〉，及韓非子〈外儲說〉，及左右諸篇
中略有記述，可知其一二。韓非子嘗曰：「申不害言術，公孫鞅爲法」，〔註34〕
惟申不害之術事實上兼有道家無爲、自然、虛心、純樸與不用私智，故荀子曾
批評其爲「蔽於勢而不知智」（〈解蔽篇〉），意謂其祇留意於權勢之一面，而忽
略了當用智能之政策，蓋當時縱橫之士，各以智術乘人主，風尚之所靡，莫不
如是，結果反導致害國與亂法，故荀子批評其有見於勢，無見於治國應有之智。

總言之，申子所重者非法理方面之貢獻，不過君王南面御臣之一種方
法，故曰重術，其主要手段爲量才錄用，任賢圖治，故韓非解其術曰：「因
任而授官，循名而責實，操殺生之柄，課群臣之能者也，此人主之所執也。」
〔註35〕申不害與慎到皆由道家思想轉爲法家，故保留有老子虛靜主義之政
策。楊倞註《荀子·解蔽篇》曾言「慎子本黃老，歸刑名，多明不尚賢，不
使能之道，故其說曰，多賢不可以多君，無賢不可以無君，其意但明得其法，

〔註33〕子產治鄭，鄧析務難之。與民之有獄者約，大獄一衣，小獄襦袴民之獻衣襦
袴而學訟者不可勝數。以非爲是，以是爲非。是非無度，而可與不可日變。
所欲勝因勝。所欲罪，因罪。鄭國大亂，民口讙譁。見《呂氏春秋·離謂篇》。
同篇又謂，鄭國多相縣以書者，子產令無縣書。鄧析致之，子產令無致書，
鄧析倚之，令無窮，則鄧析應之亦無窮。
〔註34〕參《韓非子集解》卷十七，〈定法〉第四十三。頁906。
〔註35〕參《韓非子集解》卷十七，〈定法〉第四十三，頁906。

雖無賢亦可以治，而不知法待賢而後舉也。」〔註36〕由是可知慎到乃立足於列子之貴虛說，且主張應捨棄知慮，故與申子之重術尤有大別。不過以荀子眼光視之，慎子與申子皆離儒門之旨，是乃不明禮義教化之重要性者矣。

至於商子者乃主張嚴刑竣法之士，復倡富國強兵之策。用法酷冷，貴戚不避，怨謗叢集，大失儒家忠恕絜矩與刑不上大夫之主旨，蓋商子所重之法多為刑名之學，可謂狹義之法，不復含有教育之意義。管子時已開始重商政策，但商鞅乃強調農本主義為富國政策之一，其所以乃重農業政策，因其事秦，而秦國地處西陲邊境，農業不興，故乃首重農業以為國本，商子認為十人中有九人業農，其國猶可以自保，但使半農半居，其國必危，故商子力倡禁奢侈，減商人，以求農民之增加，俾能開墾原野，此與其當時所事之秦國地緣環境不無影響。

商子尤重信賞必罰，官爵之升遷與斬首之功相稱，《韓非子‧定法篇》說：「商君之法，斬一首者爵一級，欲為官者則為五十石之官。斬二首者爵二級，欲為官者則為百石之官，官爵之遷，與斬首之功相稱。」〔註37〕商子用此策秦國軍功固盛於一時，但其吞六國，一四海之心油然而生，乃構成中央集權之暴秦政體，商子之說不能不負罪咎焉。商子又實施愚黔首政策，認為民愚則純直，自易守法，故認為《詩》、《書》、《禮》、《樂》、善、修、仁、廉、辯、慧十事，有之則其國必弱，是不啻不種文化亡國論，此種學說名為得之於老子，事實上乃對老子哲學之一大歪曲，此種思想之延伸，自為以後李斯之議焚書坑儒，一掃堯舜之學之張本。〔註38〕

以荀子觀點評之，是申商二子皆勢術之徒，無補於治法，不過是人主治術之策士，其去禮義化約之道何啻天壤。夫好術者，人必以術反治之，好勢者，勢散則國危，是按荀子觀之，斯二子者但知任刑竣罰，非真知法之士也。按法之中必須寓有教化，刑期無刑及其最高政策，今申商二子皆未注意及之，但知悅君上之所好，而為暴虐之政，是二子同遭極刑乃其自食惡果之必然也。

總結而言，當時之思想家目覩社會空前之鉅變，乃極圖有應變之方，孔門諸子乃正名復禮之代表，俾以安定社會。商鞅申子等輩則為任法重罰之信徒，以期用高壓而治平。荀子與管子則為揉合禮法之士，不過管子以法馭禮，

〔註36〕參《荀子集釋》卷十五，〈解蔽篇〉楊倞注。
〔註37〕參《韓非子集釋》，卷十七，〈定法〉第四十三。
〔註38〕見《商子‧漢志農戰》篇。

而荀子卻以禮馭法，此其差異也。至於愼到之明勢，申子之言術，公孫鞅之任罰，皆去禮樂教化之道甚遠，同爲荀子所反對也。

三、荀子與韓非

韓非爲法家之殿軍，乃繼申商之後的勁旅，爲集「法」、「術」、「勢」三個觀念的大成者。商韓二子雖相距百年，然其等思想，皆係發揮尊君重國之極致者。法家之有韓非，猶如儒家之有孟荀，且法家因韓非而至最後成熟的形態。韓非本韓諸公子，喜刑名法術之學，與李斯同受業於荀子，爲法家中著作最最豐富的學者，其名著如〈說難〉、〈孤憤〉、〈五蠹〉、〈內外儲說〉、〈說林〉等約十餘萬言，在法學成就上遠較李斯爲強，但因李斯爲秦相，忌賢妒才，乃隔阻，讒謗並幽囚之，最後卒以藥毒殺之，是韓子所誠難逆料者。

按韓地本乃申不害以法術所治理之國，故韓非自受申子極大之影響，又商鞅治秦之道，對韓非亦有莫大之鼓舞，是以商法、申術，自成爲其學說之中樞。又韓非對老子之學造詣頗深，乃有《喻老》，《解老》二篇之作，且韓非受業荀子門下，故稟承儒道法三家之學，大凡先秦思想之大勢，對其均有莫大之影響。

韓子在其作品中，充分表現出一基本出發點，即所有人性莫非建立在利己與自私心之動機上，故應以嚴正之法規予以制御，韓子此種觀點自受荀子性惡論之影響，惟荀子以利己之心出自先天，故當以禮予以矯正，韓非亦以利己之心出自先天，惟當法之以法，此乃荀韓二子之所見略同處，不過治理之手段不同而已。

韓非在其全集中幾以一半以上之篇幅論證人類之自私、自利，確認人之動機不善，如醫生治傷，木匠售棺，莫不希望人間多病多死，藉以謀取利益，又如父子反目，夫妻乖離，兄弟鬩牆莫非自私心之作祟，又如君臣之相互利用，巧言佞色，權謀術數，皆出自人之劣根性。〔註39〕

韓非子認爲太古純樸之世，地廣人稀，人性雖無不利己，但彼此因距離遙遠，故無甚衝突可言，至後世人廣地稠，加之工商社會發達，人群交往頻繁，利害衝突迭生，故治道非以古禮所能成事，必嚴刑竣罰，加以威權，始克收嚇阻之力量。吾人不能以今世作太古看，而施以古禮，按故禮固適於當

〔註39〕參《韓非子集釋》，卷九、十、十一、十二、十三，〈內外儲〉諸篇。又見卷十八、〈六反〉第四十六。

時，卻不適於今日，故韓非子教人不可泥古，蓋生今之世，焉能純用古制，且荀子法後王之精神正迎合韓子之需要，故荀門出韓子殆非偶然之事實。以韓子觀之，處彼當日之境，言必稱堯舜，墨守其教理，自必窒礙難行，且堯舜禹湯四代之法度亦未必同一，故經殷周而下，何得高談堯舜禹湯之治，故以韓非所見，此殆屬乎迂闊之致。在〈五蠹篇〉韓非曾謂：「上古之世，人民少而禽獸眾，人民不勝禽獸蟲蛇，有聖人作，構木為巢以避群害，而民悅之，使王天下，號曰有巢氏。民食果蓏蚌蛤，腥臊惡臭而傷害腹胃，民多疾病，有聖人作，鑽燧取火，以化腥臊，而民說之，使王天下，號之曰燧人氏。中古之世天下大水，而鯀，禹決瀆，近古之世，桀紂暴亂，而湯，武征伐。今有構木鑽燧於夏后氏之世者，必為鯀、禹笑矣。有決瀆於殷周之世者，必為湯、武笑矣。然則今有美堯、舜、湯、武、禹之道於當今之世者，必為新聖笑矣。是以聖人不期脩古，不法常可，論世之事，因為之備。」〔註40〕由是可知韓子從人類歷史進展之過程上痛擊儒墨尊古主義之不合時宜，更本商子之精神力抨泥古之弊。在〈心度篇〉韓子更曰：「治民無常，唯治為法，法與時轉則治，治與世宜則有功」，〔註41〕是以韓子力矯復古之不當。

　　按韓子雖出荀門，除秉承人性為惡，及法後王之制外，幾乎與荀子異道而馳，韓子反對仁術，引實證以論儒家德治主義之積效薄弱，乃云：「仲尼，天下聖人也，修行明道，以遊海內，海內說其仁，美其義，而為服役者七十人，盡貴仁者寡，能義者難也，故以天下之大，為之服役者七十人，而為仁義者一人，魯哀公下主也，南面君國，境內之民，莫敢不臣，民者固服於勢，勢誠易以服人，故仲尼反為臣，而哀公顧為君，仲尼非懷其義也，服其勢也。」〔註42〕由是以觀，韓子認為仁心不如威勢，人君以仁術治天下不若以威勢臨天下，苟無威勢則仁術亦不足以治，故禮治不如法治，蓋民固驕於愛而聽於威，苟無威勢則四海不服，人君力弱，則不足以鎮萬民，故懷義不如服勢。不過韓非雖重刑罰，卻未若商子之極端，蓋韓子以刑罰之本義在乎保護良民，剷除劣民，故人類社會組織之根本基礎在乎法術，苟無嚴正之法術，則不足以防微杜漸，故刑罰不可不重，不可以仁而廢刑。韓子更主張法律之前，人人平等，無論貴者、智者、勇者、大臣、匹夫，皆應受法律同樣之制裁，且

〔註40〕參《韓非子集釋》卷十九，〈五蠹〉第四十九。
〔註41〕參《韓非子集釋》卷二十，〈心度〉第五十四。
〔註42〕參《韓非子集釋》卷十九，〈五蠹〉第四十九。

認若用法太輕，則不克收矯正之效。

　　以韓子與荀子相較，可說去荀子之原意甚遠，韓非不僅摒道德於政治範圍之外，且認私人道德與政治需要無關，韓非以孔子之孝道不適於人國，按孔子之意忠孝之間不能兩全，當以孝爲本，故以家族倫理爲重，韓非則力斥其非。故曰：「楚之有直躬，其父竊羊而謁之吏。令尹曰，殺之，以爲直於君而曲於父，報而罪之，以此觀之，夫君之直臣，父之暴子也。魯人從君戰，三戰三北。仲尼問其故，對曰，吾有老父，身死莫之養也。仲尼以爲孝，舉而上之，由是觀之，夫父之孝子，君之背臣也。故令尹誅，而楚姦不上聞，仲尼賞而齊民易降北，上下之利若是其異也。」〔註43〕故按韓子之見，當忠於君不應孝於父，考韓子之所以出此，並非毀私德，其用意乃在排私以利公，舉凡德行無益於國者皆在所不取，故韓子力排特立獨行之士。觀其尊君抑民，以達至極，其基本出發點即在於人性爲惡，而無爲善之可能，故人君非刻薄寡恩無以顯其威勢，是按韓非之意，道德與政治本不相關，故一反儒家融政治於道德之思想，而君王之基要乃在權勢不在道德，故聖王思想爲韓非所不採，此去荀子之政治觀，何啻南轅北轍。

　　儒家倡家齊而後國治，韓非則倡國治而後家齊，蓋國不全，家焉得其齊，儒家且以古時風俗淳美，而每下愈況，韓非則認爲大謬不然，乃破其說曰：「古人亟於德，中世逐於智，當今爭於力。古者寡事而備簡，樸陋而不盡，故有挑銚而推車者。古者人寡而相親，物多而輕利易讓，故有揖讓而傳天下者。」〔註44〕是按韓非子觀之，風俗之厚薄與經濟條件，地理環境有密切之關聯性，古代地廣人稀，彼此罕於接觸，故多能揖讓，而韓非當時已是人口稠密之區，且爲工商社會，彼此逐利而生，利害衝突在所難免，故不得謂古代人俗敦厚，而今世風敗窳也。韓子更據此推論說：「是以古之易財，非仁也，財多也。今之爭奪，非鄙也，財寡也。」〔註45〕故按韓子而言，上古民風淳良亦不能否認人性爲惡，今世之爭奪攫取，適足以證明人性之不足爲善，故必有權勢之君王，實施專制統治，方克達治平之境。由是可知韓子之竊荀子之說以曲成己見，荀子以人性之不善有待禮樂教化以匡正之俾趨於善，而聖王者乃執教

〔註43〕參《韓非子集釋》卷十九，〈五蠹〉第四十九。
〔註44〕參《韓非子集釋》卷十八，〈八說〉第四十七。挑，音遙，説文蠡甲也，銚，七遙反，田器，古以蠡甲耕也。
〔註45〕參《韓非子集釋》，卷十九，〈五蠹〉第四十九。

化之大柄者。故韓子以人性之不善，適洽爲君主極權，任刑重罰之依據。

韓非曰：「人主之大物，非法即術也，法者編著之圖籍，設之於官府，而布之於百姓者也。術者藏之於胸中，以偶衆端，而潛御群臣者也。故法莫如顯而術不欲見。」〔註46〕韓子在此之意，乃認國家徒有法尚不足以爲治，必人主兼具權勢以行法，以術以御衆，否則法必不顯，故以術爲顯法之必有條件，但法宜公布周知，而術則須深藏治者之心胸，以爲御下之工具，故愈秘密而愈有效果。故又曰：「申不害言術而公孫鞅爲法，術者因任而授官，循名而責實，操殺生之柄，課群臣之能者也，此人主之所執也。法者憲令著於官府，刑罰必於民心，賞存乎愼法，而罰加乎姦令者也，此臣之所師也。君無術則蔽於上，臣無法則亂於下，此不可一無，皆帝王之具也。」〔註47〕

由是而知，法爲治臣民而設，而術爲人主推行法之手段，無術不足以制法，無法不足以御民，故人君運術以馭臣自保，立法則治民定國，二者相輔爲用，而後其效始著。韓子以申商法術分離而未臻至善，必法術勢三者合一，方見人君之威權。此可見韓子法治之根本意見，在乎人主南面稱孤，名爲責民爲善，實爲馭臣奴民，其去儒家德治、禮治，以仁澤天下之主旨何啻千萬里焉。

按商韓思想之特點在主張重賞嚴罰，不必與功罪相當，蓋賞罰爲制裁之手段，惟商君以罰惡不賞善，韓子則主張賞刑並重，蓋在政治生活中，但以善惡爲準，惟法律是問，而不以道德爲依據。此種看法顯與荀子相去甚遠，在荀子觀念中無德不足以爲政，其與孔孟之傳統並無差異，蓋任法重罰苟無禮義以爲內在之涵養，則法條雖嚴，亦不足以防微杜漸，故禮乃培養其氣質，糾正其內部之行爲，法者矯正其偏差，禁犯罪於已然，是韓子者殆爲專制政治之代言人，荀子者不失爲封建末期禮制之維護者。

韓子動言儒墨之徒好古之道不適於今日，是觀法家諸子皆深知社會演變之理，而認社會制度非永久不變者，故其政治哲學恒求創新，而無守舊之成分，商韓二子更爲此中之著者，商子曾曰：「聖人之爲國也，不法古，不修今因世而爲之治，度俗而爲之法。」〔註48〕韓子亦曰：「法與時轉則治，治與世宜則有功……時移而治不易者亂，能治衆而禁不變者削。故聖人之治民也，法與時移，而禁

〔註46〕參《韓非子集釋》，卷十六，〈難三〉第三十八。
〔註47〕參《韓非子集釋》，卷十七，〈定法〉第四十三。
〔註48〕參《漢志‧錄商君書壹言八》。又〈更法〉一，專述變法之議，可供參考。

與能變。」〔註49〕又曰：「聖人不期修古，不法常可，論世之事因爲之備。」〔註50〕但韓子等以此而評儒家爲守古不變之士，殊失確當，夫孔孟荀三子皆爲時中之士，皆深契於《易經》時變與時中之理者，焉得云儒家爲守舊派。孔子亦曾言：「生今之世反古之道必裁及其身。〔註51〕是孔子何獨不贊成因時增益，而同情於因時立制之主張，且孔子曾言三代之禮，損益可知。〔註52〕故孔子並非不知時變之重要，夫制度貴按時而適之，且孔子力言「毋意、毋必、毋固、毋我」，〔註53〕而韓非乃謂孔墨「欲審堯舜之道於三千歲之前」，「非愚則誣」〔註54〕恐非持平之論，而荀子亦曾力言「欲觀千歲，則數今日」（〈非相篇〉），又謂：「道過三代謂之蕩，法二後王謂之不雅」（〈儒效篇〉），夫欲知上世，則審周道，是荀子乃百分之百時中論者，韓非曷獨武斷之甚歟？

　　夫任法固爲時勢所必然，亦當時戰國末期時勢之所趨，但荀子乃寓法於教化之中，欲以禮法化人內在之性惡，俾導之以善，韓非則急功好利，徒尚外在之事功，亟以嚴刑竣罰矯人性之未善，但以老子之言觀之「法令滋彰，盜賊多有」，〔註55〕是徒法亦不足爲法，蓋爲政若不能藉著教化，培養國民之知恥心，則一切法令亦行同具文。蓋安天下以道不以勢。故荀子於〈正論篇〉特引孔子之言曰：「天下有道，盜其先變乎。」人苟無知恥之心，則嚴刑峻法亦不能發揮於禁然之後。荀子力倡禮治者，正所以激發人類因性惡而萌知恥之心，庶幾可匡正人性之不逮，而後改過遷善，否則徒藉威力，以強權匡正，況且治者之本性亦惡，則如何以惡人而治惡人焉。是觀韓子雖出自荀門，但無一可與其師相稱者，其唯同一鼻孔出氣者，即性惡也，但矯治之方猶彼此不同焉，是二子之精神根本上有極大之差異在，是吾人所不可不察焉。

四、荀子與李斯

　　李斯本與韓非同遊於荀卿之門下，共學帝王之術，但二人卻彼此不睦，李斯學成後，乃入秦爲呂不韋舍人，後爲秦之客卿，爲廷尉，及始皇統一天

〔註49〕參《韓非子集釋》卷二十，〈心度〉第五十四。
〔註50〕參《韓非子集釋》卷十九，〈五蠹〉第四十九。
〔註51〕參《中庸》二十八章。
〔註52〕《論語・爲政》第二。
〔註53〕《論語・子罕》第九。
〔註54〕《韓非子集釋》卷十九，〈顯學〉第五十。
〔註55〕《老子道德經》五十七章。

下乃爲丞相，而韓非雖爲韓之諸公子，但韓王安不能用，求之於李斯，卒爲李斯所害。按法家思想固爲秦政之基石，雖其法術大成於商鞅，其學大成於韓非，但迄李斯可說已盛極而衰，故法家政治乃與秦政以俱亡。李斯者本楚上蔡人，年少時曾爲郡之小吏，後發奮與韓非同遊於荀卿之門，學成而事於秦廷，秦政之計劃多由李斯而出，惟頗受同門韓非之啓發。

李斯治秦迄始皇崩於沙丘，斯乃與趙高同謀立二世，殺夫蘇，惟二世信任趙高，縱恣自娛，復嚴刑好殺，斯恐被誅，乃曲阿上意，卒爲高所讒，下獄誣服，而終見腰斬於咸陽市。李斯一生並無著述，但其政治主張卻爲秦政之重要政策，一曰尊君、二曰集權、三曰禁私學、四曰君上行督責之權。

按尊君重刑之術，商鞅用之以相孝公，而秦富強於六國。李斯用之以佐始皇而得天下，惟及二世不數年而身弒國亡，此係二世胡亥之愚，抑或法家思想本身有其重大缺點者在。吾人尅實而論，胡亥之諮弱無能，固當負亡秦之責任，然若以商韓之學有足取者，是又未盡然也。蓋先秦法家思想，實爲專制思想之別稱，其等用勢、用術，過於其極，陽爲重法，而陰實尊君，故其學愈發展，尊君之意愈顯明，而重法之主張愈益衰弱。蓋韓子之專制思想較管子爲進步，然尚未臻至極，迄李斯佐始皇，荼毒天下，集權勢術法於一身，而達君主專制之極致。故吾人衡秦政之亡，實對君主專制之反動，非必法治之亡也。夫秦政與法治實爲二事，法治未必即爲專制，此中之涵蘊關係，不可不察。夫法治者以法律爲權威，法律之前人人平等，爲君臣所共守，而專制政體者不過假法家思想之權威，任意變更法律之制以利己自肥而已。故吾人尅實而論荀子之禮治實可稱廣義之法治，但荀子未教人君任刑竣罰，且當國柄者必係仁心仁術之聖王。今李斯所事者乃一代之暴君，而所施者乃嚴刑竣法，並無教澤可施，夫按荀子之理想而言：「古者聖人以人之性惡，以爲偏險而不正，悖亂而不治，故爲之立君上之勢以臨之，明禮義以化之，起法正以治之，重刑罰以禁之，使天下皆出於治，合於善也，是聖王之治，而禮義之化也。」（〈性惡篇〉），由是可知荀子並非不主張重刑罰以禁之，但重刑之後乃落實於禮之教化，且執權柄者必須爲聖王。今秦政以一代暴君，而執亂法，既無教化於先，復無聖王治理於後，是其所謂法治者實爲變相之暴君政治，其去眞正之法治，何啻千里。按荀子所重之禮法之中自寓有教育意義，而商韓，李斯之輩，但知刻薄寡恩，重權勢而玩法術無怪庶民恨之如惡鬼也。是秦政之亡，乃重術、重勢、重權政治之失敗，未必爲重法之失敗也。因廣

義之法即是典章制度，荀子所云之禮，即是廣義之法，故商韓李斯諸子之失敗，即是權術之失敗，而法治本身未必有所不妥也。

荀子以儒者在本朝則美政，在下位則美俗，是其以道佐人主，而不以勢術而佐人主也，夫不以其道進者，必不以其道而亡。按胡元儀《郇卿別傳》曾載：「秦始皇三十四年，李斯為秦相，卿聞之為之不食，知其必敗也」，〔註56〕是荀子早知李斯雖出其門下，但所如不同，故預為之告也。按先秦法家諸子除管仲外多係刑名之徒，與近代之法治觀念不可同日而語，今之言法治，必官民同守，上下無別，法律之前人人平等，且所言法治乃指廣義之民刑法，行政法，而其最基本者厥為憲法。是法治者乃一切當循典章制度之規定，而求其客觀化、公平化、規律化，以達乎正義之目的。至先秦法家諸子所云之法治，多係狹義之刑名，不過替君主專制作鎮壓人民之工具，刑罰唯恐不嚴，政令惟恐不苛，視人人皆係亂民，必恐嚇之，威臨之而後快，此去荀子禮治之思想遠甚。蓋荀子之禮治中，本即寓有法治之基礎，且係廣義之法治，但荀子乃本孔子「刑期無刑」之主旨，故不主張嚴刑竣罰，必在刑罰中寓有教化之義，使民有恥，俾免於作姦犯科，倘人人廉恥倫喪，禮義不修，則法令雖嚴亦不足以收嚇阻之功效，故李斯雖出荀門，但去其師說甚遠。且斯為人其行甚薄，為一己之爭寵不惜害死同門韓非，又與趙高共謀殺胡亥，是其不足以登儒者之大門，莊子曰「菑人者，人必反菑之」，〔註57〕是李斯之蒙腰斬，亦其自作之孽，豈冥冥之中必定數如此耶？無怪荀子之預警於前也。

第三節　荀子之法律思想

荀子處戰國末季，其世愈亂，各國間兼併之事日亟，農業社會經濟解體，貴族沒落，平民興起，士之角色不再為社會之中堅，新興工業階級抬頭，挾其鉅資，壟斷天下。在思想方面尤諸子並作，百家競起，由於政權逐漸下降，天子與諸侯皆名存實亡，由大夫執國政，而陪臣執國政，由是政治日壞，社會秩序日益紊亂，此時期殆非孔孟崇仁尚德之政治思想所能左右，荀子為針對當時之實際環境，乃一變孔孟之政治主張，而為隆禮尚法之制裁思想，俾

〔註56〕參王先謙《荀子集解》，〈考證下〉，頁第29。
〔註57〕參《莊子・人間世》：「且德厚信矼，未達人氣，名聞不爭，未達人心，而強以仁義繩墨之言，述暴人之前者，是以人惡，有其美也。命之曰菑人。菑人者，人必反菑之。」

參古驗今，以合符節，故力倡禮治主義與聖王思想。按荀子心目中認為非禮樂教化與刑罰制裁之恩威並濟，双管齊下，將無以拯當時之危機，非聖德君王之身體力行，將無以匡天下之紊亂，故乃基於其人性為惡之基本主張，倡尊君重法之政治論，故其法律哲學思想即係基於此種情勢上之自然產物，非謂荀子必故意變更儒家傳統之思想而欲改弦易轍也。夫荀子之提倡亂世用重典，蓋為補禮義道德之不足，故乃發揮其禮治之法律思想，無形中似與法家有休戚相關之處，然衡其實二者仍有極大之差異，不過，荀子可說係後世構通儒法二家思想之先驅者，但荀子之政治主張與刑事政策究竟仍保有儒家之餘風，而與法家在基本精神上自不相侔也。

一、禮為法之大分

荀子曾謂：「禮者，法之大分，類之綱紀也。」（〈勸學篇〉），故荀子之重法思想乃基於重禮而來，禮為規範人心，乃內在之法則，法為制裁人之行為，乃外在之規約。禮以收主敬與自我約束之功，法以收懲頑與責罰之效，但荀子究以禮治重於法治，故其重法思想究與純粹之法家有所不同。

夫萬物各有統系，世事各有類別，但不論任何事物必皆有其一貫之條理，必提網挈領，方得其舉，是以禮為治理人類之綱紀，夫類者各類其類，不同之類有不同之理，通乎一類之理未必能通乎他類之理，各種類有其嚴密之體系，即有其嚴密之治理規律，如人類與禽獸本殊類，治乎人類之理自不同於治理禽獸之理，故荀子以禮與類相應，蓋禮本乃人類之所當行，失卻禮義，人道，人之社會即不成其類，夫物以類聚，群以類分，不同之群類有其不同之規律，故荀子特以禮為通貫人類行為之樞紐。

但人之為類必以禮義為依歸，非禮義不得為人之類，故人之屬性與概念乃包括於此「人類」之類概念下，人之類概念不離禮義與仁德，故禮為法之中心，而為人類綱紀之樞要。

二、防罪重於治罪

荀子之法律哲學建基於防罪勝於治罪之大前提上，可說是強調犯罪預防主義者，而非嚴刑竣罰之報復主義之法律觀。荀子承認刑罰乃為補救禮義之未及處，故為政之道應先施禮治教化而後加諸刑罰之措施，且荀子所說之法，事實上乃指廣義方面之經驗的法則實例，而非玄學性質之法理。因此荀子所

重之法之觀念，乃以法爲一切外在行事之準則，故法之設立，並非專門爲制裁人民之工具，蓋預防犯罪勝於治罪。荀子謂：「好法而行，士也。篤志而體，君子也。齊明而不竭，聖人也。人無法則倀倀然。有法而無志其義，則渠渠然。依乎法，而又深其類，然後溫溫然。」（〈修身篇〉），故法之積極意義，乃爲防民之需，法之中心則爲禮，以禮爲正身之所必具。以上所引乃說明倘無「法」以爲規範，則人必無所適從，動輒得咎。然有「法」爲規範，倘不知其涵義，則亦無以遵守，故必深識其法則然後行事，方免其咎。由是可知荀子心目中之法，實乃禮之延長，乃作爲人類行爲之準繩者，並非如法家所重之以刑罰威脅加之於已然之後也。

　　荀子由禮治而重法，其主要目的在使人民風俗敦厚，樸實與篤誠，故禮樂之陶冶與教化乃法治之先決條件，而法律之設立實爲輔佐禮樂，俾警愚懲頑，藉收補偏救弊之效，由是可知荀子乃以儒家之根本立場以論法治之齊一觀念者。

三、反報復主義的法律觀

　　荀子力排法律之報復主義思想，力主法律爲教育之要件，故用刑之旨趣，莫非在於明刑弼教，蓋社會生活貴以禮來齊一人們之行動，以樂來陶冶人民之心情，俾使之免於無恥，當不得已而用刑時，亦在寓刑於教，故曰：「刑當罪則威，不當罪則侮，爵當賢則貴，不當賢則賤。古者刑不過罪，爵不踰德，故殺其父而臣其子，殺其兄而臣其弟，刑罰不怒罪，爵賞不踰德，分然各以其誠通。是以爲善者勸，爲不善者沮，刑罰綦省，而威行如流，政令致明，而化易如神。」（〈君子篇〉），此顯然可知荀子之反對罪刑報復主義，而主張教育刑主義。蓋在亂世多採報復主義，故云：「亂世則不然，刑罰怒罪，爵賞踰德，以族論罪……故一人有罪，而三族皆夷，德雖如舜，不免刑均，是以族論罪也……以族論罪，以世舉賢，雖欲無亂，得乎哉」（〈君子篇〉）

　　由是可知荀子主張正義，公平，合理之法律觀，蓋罰之不當謂之濫，賞之不當謂之僭，故僭與濫皆係不當之措施，惟荀子認爲「若不幸而過，寧僭無濫」（〈致士篇〉），即言倘有不當之實，亦比濫罰爲佳也，由是可知荀子雖同情治亂世用重典，但卻反對極端的報復主義與濫用刑罰。因此國家既用刑罰以制裁人民非法之行爲，即當勿枉勿縱，俾罰得其當，否則必係嚴刑竣罰，而失卻立法原本之旨意。

四、法不能獨立存在

荀子認為「法不能獨立，類不能自行，得其人則存，失其人則亡。法者，治之端也，君子者，法之原也。故有君子，則法雖省，足以徧矣。無君子，則法雖具，失先後之施。」（〈君道篇〉），按孔子亦云：「文武之政，布在方策，其人存，則其政舉，其人亡，則其政息」，〔註58〕孟子亦云：「徒善不足以為政，徒法不能以自存」，〔註59〕由是可知孔孟二子皆以治人勝過治法，不過荀子不看低治法之價值，但以法不能獨立，類不能自行，苟無治人以推行之，則良法亦可成為惡法，夫法律不離正義原理，有良善之治法，必須待治人加以善意推行，倘運用不當，則良法之原意儘失，故法之義，重於法之數，君子者猶為治法之本原，倘無君子治法，則法令滋彰，反足以致亂，故必須有治人，然後治法方可發揮其適切之功用，故荀子認為治法不能單獨存在，苟無善人之推行，則亦不過徒具繁文而已矣。故荀子謂：「故有良法而亂者有之矣，有君子而亂者，自古及今，未嘗聞也。」（〈王制篇〉），故法雖美而無治人，則亦失其義矣，由是可知荀子乃以治人駕馭治法，而反對韓非子之純粹任法主義者。

不過荀子之以治人制治法，並非提倡純粹之人治主義，亦非憑個人之好惡而為出入。乃以禮法為外在客觀之標準；而推行之者，必出於公正廉明之人，故必有化性起偽之人，禮法始能得其推展，故荀子雖主張治人勝過治法，但在其思想上之根本立場，仍為禮治，亦即廣義之法治，不過認為法不能離人而獨立存在而已。蓋在荀子當時之法學思想並未主張有所謂法律客體之存在，倘無主觀之治人，則治法亦徒成具文而已。

五、禮法之目的在乎教化

孔子曾謂：「道之以政，齊之以刑，民免而無恥，道之以德，齊之以禮，有恥且格」，〔註60〕按孔子之意為政之道貴在積極地教育人民開導人民，使其知恥，倘僅教導以政令，使勿蹈法網，倘有不從者，則以刑罰整飭之，此不過使民但求避免刑罰，而無羞恥之心。倘能以德化之，以禮整飭之，則人民自知罪惡之為恥，故皆樂於正途，故《尚書·冏命》教以「格其非心」，〔註61〕

〔註58〕參《小戴禮記·中庸》。

〔註59〕參《孟子·離婁篇》。

〔註60〕參《論語·為政》第二。

〔註61〕參《尚書·卷六·周書》，〈冏命〉。

又《禮記・緇衣》云：「夫民教之以德，齊之以禮，則民有格心，教之以政，齊之以刑，則民有遯心」，〔註62〕蓋道之以政，齊之以刑，不過是法家的法治主張，道之以德，齊之以禮，乃儒家之德治與禮治。又《大戴禮記》曾記孔子答衛將軍文子云：「以禮齊民，譬之於御則轡也，以刑齊民，譬之於御則鞭也。」〔註63〕按法家的政治手腕是鞭策與高壓，而儒家的政治手腕則爲駕馭。人民倘無知恥之心則法律雖嚴謹詳盡，亦不足以安定社會。孟子以知恥之心出於四端，荀子則以知恥之心，出於後天之教化，倘無教化，縱使有此知恥之動機，亦極易爲後天之情慾所掩蓋。

荀子繼承孔子之主張，故認爲政之道，不在單純地向人民灌輸法律知識，蓋法律教育固可使人知法，惟知法之人未必即可免於犯法，且法律知識愈豐富，亦可能增強犯罪後脫法之行爲。荀子所欲教導者，乃人之所以爲人之本質，倘人之本質未受德化之陶冶與禮儀之薰陶，則其故我仍在，雖因畏刑而未敢造次，但卻無法根除其犯罪之可能，故「格其非心」，乃從人內在之生命中除去其犯罪之傾向與動機，此種「格其非心」的教育，向來是孔孟荀三子所竭力提倡者。荀子雖在孔孟之後，但仍不離儒家之一貫精神，故其法律思想不外刑期無刑，而在根本上欲人人有恥且格，並非僅止於免於無恥，必人人革去其非僻之心，社會始得安寧，而群倫秩序方得以建立，故荀子之法律哲學乃以禮爲中心的潛移默化論者，而非任法重罰的報復主義。

〔註62〕參《禮記》卷第五十五，〈緇民〉第三十三。
〔註63〕參《大戴禮記》。

第八章　荀子的軍事哲學

第一節　論國防之基礎

　　按〈議兵篇〉所載，荀子曾與臨武君議兵於趙孝成王之前，臨武君認爲上得天時，下得地利爲制敵致勝的要務，荀子卻力拒臨武君之看法，認爲國防之基礎在于「壹民」，所謂壹民即在使全國人民上下同心、同德、同力，而得普遍的共識與敵愾同仇的心理，使朝野一心、一意、一行，方可謂得乎人和，而人和則爲一國國防之心理建設基礎，倘無此共識與心理基礎，雖有天時與地利，亦未必能克敵致果也。

　　荀子此種看法，實得乎儒家傳統之中和思想，蓋非得中和則萬事未必效力。故云：「弓矢不調，則羿不能以中微，六馬不和，則造父不能以致遠，士民不親附，則湯武不能以必勝也，故善附民者，是乃善用兵也，故兵要在乎善附民而已。」（〈議兵篇〉），荀子此種見解無疑說明「戰爭乃政治之延長，苟平日政事不修，國用不足，人民生活凋蔽，上下有怨望之聲，則人民必產生離心力，當爲分崩離析之先兆。故一國之百姓倘不能在精神上精誠團結，立於可戰與不敗之境，則徒有精密武器與天時地利，亦將無以繼其後也。故確立國防基礎之先，必先確立全民之國防心理基礎，欲確立此國防心理之基礎，在乎平時施政時貴能親民，安民、愛民，使人民萬眾一心而收歸附之效，人人皆樂意爲國效死，此方爲國防之基本要略。

　　臨武君對荀子之見解認爲不然，其本人純然站在軍事之立場，認爲兵者詭道也，故認爲用兵之道貴在出奇制勝，趁敵之不備，是以重在乘勢與權變

以及詐謀之運用，以兵不厭詐為戰爭之指導原理。

荀子認為用權、乘勢、詐謀固為軍事上之策略，但終非戰爭之最高原理。夫出師貴在有名，仁者之兵，所以能無敵於天下，不在其能運用權詐，乃在其能收攬天下之人心，為天下人心之共同期盼，蓋善用權術者，必死於權術之下，千古詐人者，人亦必詐之，故善為備戰者，不徒在乘機巧，乃在戰力之充實、持久、與國防實力之培養。

故荀子認為「仁人之兵，王者之所志也」（〈議兵篇〉），至於攻奪變詐不過諸侯之事，仁人之兵，不可詐也，倘君臣上下離心離德，予敵可乘之機，則必傾危，故善為戰者，必百將一心，三軍同力，精誠一致，否則徒有權詐，適足以自誤而已。

按荀子此種國防原理，可謂合乎孫子之看法，蓋孫子曾謂：「兵者，道、天、地、將、法也」，〔註1〕而以道作為戰爭之最高原理，統貫於天地將法之間，苟無道之統貫，則全國上下缺乏共識，必使軍事陷於孤立。故國防之要，先必立夫心理上之共同意識，故心防在國防之先，一國朝野上下倘無共同之心防，則其國防力亦必脆弱萬分。

第二節　論用兵之道

夫治兵與治國有一共通原理，即貴在使上下彼此同心，相互親附，樂為效力。是以儒家思想貴在德術兼修，文武合一，有文事者，必有武備，孔子更認為「以不教民戰，是謂棄之。」又云：「善人教民七年，亦可以即戎矣」，〔註2〕故用兵之先，貴在明恥教戰，予民以充分之戰備教育，但在教民即戎之先貴在「足食足兵，民信之矣」，〔註3〕此乃鄭重聲言，凡欲民效力戰場，必使其無後顧之憂，因此平時或戰時之對民撫恤、關懷乃為政者之首務。

此外孔子又認為三軍軍心之培養，為全軍之靈魂，故極為重要。苟三軍無必勝之信念與堅決之決心，則其統帥雖強，亦極易渙散。故云：「三軍可奪帥也，匹夫不可奪志也。」〔註4〕且為主將者貴能臨事而懼，好謀以成，並非魯莽武夫，與輕敵之人所可有成。故謂：「暴虎馮河，死而無悔者，吾不與也、

〔註1〕參《孫子兵法・始計篇》第一。
〔註2〕參《論語・子路篇》第十三。
〔註3〕參《論語・顏淵篇》第十二。
〔註4〕參《論語・子罕篇》第九。

必也，臨事而懼，好謀而成者也。」〔註5〕

孟荀二子皆崇孔子之說，故對用兵之道所見略同，但荀子生當戰國末季，見殺伐之事日繁，徒有仁義道德之教化，亦不足以拯危，故主張必要時宜以戰止戰。荀子雖未必贊成戰爭，但對無可免之戰禍，總擬有防禦之道，故在著作中，特有議兵之篇，當時捨吳起外，荀子可說是首屈一指之軍事哲學家。因其承襲儒家之傳統，故用兵之道不外仁心仁術，而反對兵家一任權謀變詐之手段。

孫子曾云：「兵者，國之大事，死生之地，存亡之道，不可不察也。」〔註6〕但兵家用兵難免用詐，所謂以正治國，以奇用兵，先計而後戰。至於荀子用兵之道則不然，仍推本仁義，以「隆禮貴義」為樞要，不尚兵學之「權謀變詐」。荀子認為美飾足以壹民，富厚足以管民，威疆足以禁暴勝悍，故治軍乃治國之一部分，務使天下歸於正理平治，人人樂為效力，欣然奉行，則可立於不敗之地，故云仁人之兵，王者之志也。因而荀子特在〈議兵篇〉中說明：「臣之所道，仁人之兵，王者之志也。君之所貴，權謀勢利也，所行，攻奪變詐也。諸侯之事也。仁人之兵，不可詐也。彼可詐者，怠慢者也……故以桀詐桀，猶巧拙有幸焉。以桀詐堯，譬之若以卵投石，以指撓沸，若赴水火，入焉焦沒耳。故仁人上下，百將一心，三軍同力，臣之於君也，下之於上也，若子之事父，弟之事兄，若手臂之扞頭目而覆胸腹也……且仁人之用十里之國，則將有百里之聽；用百里之國，則將有千里之聽；用千里之國，則將有四海之聽；必將聰明警戒和傳為一。故仁人之兵聚則成卒，散則成列，延則若莫邪之長刃，嬰之者斷，兌則若莫邪之利鋒，當之者潰。」（〈議兵篇〉）

由是可知荀子用兵之道乃本仁誠為天下倡，以誠處眾，以禮明分，以義制行，以仁而覆天下，而仁人之兵之具體表現，即在得乎人和，故荀子力斥當時之昏君暴主，但知富國強兵，橫征暴欲，反導致民貧國弱，結果人民憔悴於虐政之下，皆產生曷及與汝皆亡之心理，則國家滅亡之期無日矣。

故善用兵者，必平素隆禮貴義，好士愛民，使天下人民衷心感德，均誓願為國效勞，夙夜匪懈，方如是始可言用兵也。因而荀子認為當國秉政者，脩志、正身、以德服人、以禮治國、以義行事、以仁治軍，「行一不義，殺一無罪，而得天下，仁者不為也」（〈王霸篇〉），此種行仁聚眾，以義連繫之決

〔註5〕參《論語・述而篇》第七。
〔註6〕參《孫子兵法・始計篇》第一。

心，乃用兵之先務，否則上下交征利，彼此怨望，則臨危無有不亂者。此種見地在當時人君世主觀之，未免迂闊，但在荀子卻認爲是治國、治軍之唯一圭臬。故治兵之道在乎上得天時，下得地利，中得人和，而以人和爲最貴。

第三節　論統帥原理

　　國家之強弱，決定軍事之強弱，國家衰敗者，不可能有健全之軍事，故戰備之措施，貴在於平常之庶政，庶政不修，戰備廢弛，則面臨強敵，當無以應變，自無不敗之理。故爲政之道，在乎親民、愛民、安民，使上下親附，如鳥之有羽翼，否則必孤立寡助，寡助則必危矣。故荀子謂：「且夫暴國之君，將誰與至哉，彼其所與至者，必其民也，而其民之親我，歡若父母，其好我芬若椒蘭，彼反顧其上，則若灼黥，若仇讎，人之情雖桀跖，豈又肯爲其所惡，賊其所好者哉，是猶使人之子孫自賊其父母也。……故仁人國用日明，諸侯先順者安，後順者危，慮敵之者削，反之者亡。」(〈議兵篇〉)

　　按國家之首領爲三軍之統帥，平時若政治失敗，則軍事之統領亦必受其影響，今日雖已非諸侯之時代，但按荀子之原意乃認爲凡廣得與國之助者必強，失與國之助者必危，但其得與國與否，純基於平常之施政與外交之策略，故爲政貴在平時之作爲，且政治爲軍事之基礎，平時政治不修則亦無國防可言。荀子謂：「好士者強，不好士者弱。愛民者強，不愛民者弱。政令信者強，政令不信者弱。民齊者強，民不齊者弱。賞重者強，賞輕者弱。刑威者強，刑侮者弱。械用兵革攻完便利者強，械用兵革窳楛不便利者弱。重用兵者強，輕用兵者弱。權出一者強，權出二者弱，是強弱之常也。」(〈議兵篇〉)

　　荀子在本段中所敘述的層面，實包括民政、司法、教育、軍備、統帥等各方面之綜合條件，因強弱並非呈現於一時，實乃積累於平時之施政，與國力之培養。倘使平時國家之賢才不被見用，或施政賞罰不公，自必使人民離心離德，甚或司法上用刑之不當，均可使人民生怨憤之心，又如平時戰備與軍械不修，臨危而備，則必措手不及。若爲政者復擅啓戰端多樹敵國，而國中號令復不一致，致指揮系統紊亂，彼此間相互抵制，則其國無有不弱者。國力既已積弱，則軍事亦斷無強盛之理，故統帥權運用之是否得當，實牽涉到國防之安危，故爲國謀者不可不愼。

　　綜上論述，荀子認爲國家之元首，其位置極爲重要，因此人君賢與不肖，

不僅決定國家之強弱，還關乎國家之安危，影響所及，實足以定興亡。故元首必為人民誠實之公僕，其隆禮尊賢，好士愛民，使人民樂於親附，為人人所愛戴，則民自樂為捐軀赴死，否則徒求兵之勁，城之固，敵至而求無危削，不滅亡，則斷無是理也。故君人者，愛民而安，好士而榮，兩者無一焉而亡，故人主欲疆固安樂，必先求反之民，反之政，俾脩政美俗，使全國上下一心，故治國治軍之道，首重為元首者之素政，亦統帥者之德望，故治國用兵，貴以仁義為本，悉在統帥本身操其大權，而不在於將士之好惡，蓋運籌帷幄之中，決勝於千里之外，固為將者之責任，但平時之深謀遠慮，經文緯武，則純係統帥權之應用。故統帥必德術兼備，智仁勇並全，知人善任，英明果斷，窺敵觀變，隨時臨事制宜，以收制勝之道也。倘重利近視，驕奢淫佚，只圖一己之權勢與享受，平時復乏愛袍澤之心，形若獨夫，則莫不親叛眾離，上下分崩離析，則遇敵國必不能守，而仁者適得其反，必朝野同心，為政以德，保民而王，使人民親我若父母，甚好我芬若椒蘭，此必使天下人心歸附，自不必戰而勝，不攻而得，用兵不勞而天下服，是知王道者也。故善為統帥者，貴使天下人民衷心愛戴，人人誓願為國家效力，夙興夜寐，則國無不安，社稷無不保者。故云：「仁人之用國，將脩志意，正身行，伉隆高，致忠信，期文理，布衣紃履之士誠是，則雖在窮閻漏屋，而王公不能與之爭名，以國載之，則天下莫之能隱匿也。」（〈富國篇〉）〔註7〕

荀子更進而言兵弱之原因，乃謂：「上不隆禮則兵弱，上不愛民則兵弱，已諾不信則兵弱，慶賞不漸則兵弱，將率不能則兵弱。」（〈富國篇〉），此五弱皆統帥之病，亦平素施政之失。故荀子繼云：「持國安身，必將脩禮以齊朝，正法以齊官，平政以齊民，然後節奏齊於朝，百事齊於官，眾庶齊於下，如是則近者競親，遠方致願，上下一心，三軍同力……而強暴之國，莫不趨使……」（〈富國篇〉），由是可知，荀子之本意，乃在確立治者之威望。倘治者修明，國威強，強敵自不敢前來窺伺，苟國政不修，致強敵壓境，然後再遣軍調將，以資防禦，則已嫌晚矣。

故荀子認為「仁人在上，百姓貴之如帝，親之如父母，為之出死斷亡而

〔註7〕 按「伉隆高」三字，楊倞注以：伉舉也，舉崇高遠大之事。王念孫曰：「案楊說伉字之義，非是伉者極也。」《廣雅》曰：「亢極也」，〈乾·文言〉曰：「亢龍有悔與時偕極」。但恐非此處荀子之本意，按日本久保愛之意謂「隆高」即禮，故伉隆高，即隆禮義之意。

愉者。」（〈富國篇〉），方得天下之同心，而維國祚之長遠，是以有德者斯有土，蓋「力者德之役也，百姓之力，待之而後功。」（〈富國篇〉），方如是始可言充實國力，一心一德，使國勢日盛也，此乃統帥之道，得之者昌，失之者必危。

第四節　論將兵之術

　　吳起兵法與荀子議兵之說，皆重以禮義爲治軍之樞要，其實吳荀二子皆有得於儒家將兵之原理。吳子認爲「凡兵之所起者有五：一曰爭名、二曰爭利、三曰積怨、四曰內亂、五曰因饑。」〔註8〕荀子亦認爲：「凡攻人者，非以爲名，則案以爲利也，不然則忿之也。」（〈富國篇〉），此均在乎表明師出無名者必危，蓋軍旅之動，日費千金，耗民財物，稍一不愼必喪師辱國，故將兵者不可不愼。

　　夫將兵之要，必先知六術、五權、與三至，否則不可率兵，茲分別闡述於下：

（一）六　術

　　所謂六術者，其一謂：「知莫大乎無疑，行莫大乎無過，事莫大乎無悔，事至無悔而止矣，成不可必也。」（〈議兵篇〉），此第一術貴在棄疑，蓋用人不疑，疑人不用，苟上下疑心，則必缺乏全體間之互信與共信，而致軍心渙散解體。另方面而言，用兵貴不用疑謀，以圖僥倖，是智中之大者。蓋凡事必當理而行，庶幾無過。故臨事必慮深通敏，洞著機先，庶免後悔，能如此已屬無憾，惟究能成功與否，誠屬未可逆料，故自不必畏首畏尾而狐疑不決，否則必猶豫不前，終致坐失機宜也。

　　第二術謂：「制號政令欲嚴以威」（〈議兵篇〉），此說明凡軍制，號令務必嚴明，務使軍中紀律森嚴，秋毫無犯，否則必成毫無軍紀之烏合之眾，號令不行，士卒不用命，則無不敗者。

　　第三術謂：「慶賞刑罰欲必以信，處舍收藏欲周以固」（〈議兵篇〉），此言明軍中務須信賞必罰，不可怠慢，待遇務求公平，不可偏袒，俾建立將兵之威信。此外舉凡居處營壘，兵械庫藏務宜關防周密，勿因疏忽而致有失，故必小心將事，以防萬一。

〔註8〕參《吳起兵法・圖國第一》。

　　第四術謂：「徙舉進退，欲安以重，欲疾以速。」（〈議兵篇〉），此說明行軍舉兵，務應安重嚴整，並力求迅速勿失機宜。但亦不宜輕舉妄動，故應隨時保時鎮靜，俾審機度勢以求安穩迅速。

　　第五術為「窺敵觀變欲潛以深，欲伍以參」（〈議兵篇〉），此說明用兵貴明敵情，洞悉敵方之隨時動態，以觀其變，俾隨時制宜。故應使諜深入敵後，以便窺伺，或使反間參雜其兵伍之中，俾窺探其情，以掌握詳切之線索，以供吾軍判斷之需。

　　第六術為「遇敵決戰必道吾所明，無道吾所疑。」（〈議兵篇〉），此說明遇敵決戰時，務行吾所觀察清楚之判斷，對所疑惑者務應避免之，切勿存僥倖之心理而予輕試。以上所云之六事，乃為將者所必知之六術，亦為將所不可忽略之兵要，故荀子特詳為論列，觀其所云，實與《吳起兵法》有異曲同工之處。

（二）五　權

　　荀子繼六術之後特述五權，亦即五項權宜之措施，乃為將所不可忽略者。

　　其一謂「無欲將而惡廢」（〈議兵篇〉），此說明為將者應有大公廓然之態度，無私一己之好惡，故無以所欲而將之，無以所惡而廢之。舉凡一切舉措務應大公無私，不以一己之私好有所輕舉妄動，故不可以一己之所欲而有所將就，更不可因一己之所厭惡而輕予廢棄。方如是始可顯出大將安然鎮定之態度，而不以私意任所定奪。

　　其二謂「無急勝而忘敗」（〈議兵篇〉），此戒三軍切勿因好勝，以致忘卻處境之危，更不可因耽於克敵致果，而忽略一己所可能遭致之失敗之因素。

　　其三謂：「無威內而輕外」（〈議兵篇〉），此戒為將者切勿對內威嚴而對外輕敵，蓋對內過於威嚴，則士卒不親。對外輕敵，則多予人以可乘之機，故宜對內親附，對外謹慎。

　　其四謂：「無見其利而不顧其害」（〈議兵篇〉），凡軍旅之行務要安全，故宜高瞻遠矚，勿以近利而忘遠害，或得小利而失大局，此乃用兵所切戒者，故荀子特闡明之。

　　其五謂：「凡慮事欲孰，而用財欲泰」（〈議兵篇〉），此乃說明謀事務應慎為計議，務求精審，俾慮深通敏，得其週全。至於用財論賞則切忌吝嗇，蓋欲求不世之才，自必有非常之奉，焉可因吝財而失機宜也。〔註9〕以上所云是

〔註9〕「凡慮事欲孰」，楊倞注「孰」謂「精審」，「泰」謂「不吝賞」也。

謂五權。

（三）三　至

所謂三至乃爲將獨立判斷之權。俾賦予方面大計，以從權行事者。故將不受命於主者有三：

其一謂：「可殺而不可使處不完」（〈議兵篇〉），此言明當戰爭之際，爲主帥者應有獨立判斷之權，不受人主之干預，故當全軍處於不安全之境況時，務應轉進，否則必使全軍陷於覆沒。苟人主不明而干涉之，則爲將者寧可見殺，而不願其全軍遭無故之傾覆也。此及爲將之從權，人主不可不知。

其二謂：「可殺而不可使擊不勝」（〈議兵篇〉），此乃說明不打無把握之仗。大凡敵我形勢相差懸殊，而確知吾之與敵不過以卵擊石時，則務求自全，切勿輕言犧牲。故爲將者應有裁奪之權宜，苟不審度情勢，盲目應戰，終導全軍覆沒，是不智之舉。苟人主妄予干涉，則爲將者寧可抗軍命而見殺，而不欲其全軍受損也。

其三謂：「可殺而不可使欺百姓」（〈議兵篇〉），夫養兵千日，用在一時，但用兵之道即在保民，苟不能盡保民之責任，反而恃強而魚肉百姓，則何疑盜寇，故寧殺之，而勿使爲百姓患也。以上謂之三至要之道。

除以上六術、五權、三至之外，荀子又提出五無壙之說，此所謂無壙，即毋疏忽怠慢，必凡事敬愼，常懷戒懼，愼終如始，則可免覆敗之禍。茲闡之於下：

（一）敬謀無壙：凡事貴乎愼謀，應以主敬之精神，愼予計議，切勿輕忽從事，或半途改弦易轍，以致萬事無成。

（二）敬事無壙：敬謀無壙重乎其未然與將然，敬事無壙則在乎敬愼其已然。凡事之臨，必戒愼恐懼，而後處之。切勿輕忽怠慢，否則必功虧一簣，轉成爲敗，故必臨事而懼，以履薄臨深之態度圖之。

（三）敬吏無壙：夫吏爲負實際責任之僚屬，官邪之敗，多由不敬下吏所致。主管苟無明察秋毫，知人善任之能力，則難免不爲群吏所包圍，或爲讒吏所左右，或爲惡吏所壟斷，或爲庸吏所遲延，故主官必有洞察明辨之能力，對僚屬之作爲，貴瞭若指掌，並應常予鼓勵、監督，務宜信賞必罰，否則必爲胥吏所蔽，致所謀而無成就，故敬吏之舉不可不察。

（四）敬眾無壙：夫國者乃人之積，社會者乃人心之積，群眾之所趨，輒形成一無比之巨大力量。尤以軍中爲群眾之集合，故爲將者必得軍心，爲

君者必得民心，苟犯眾怒，以致民心鼎沸，則斷無不亡之理。故用兵謀國豈不慎歟？

　　（五）敬敵無壙：兵法恒以無恃敵之不來，乃恃敵來吾有以勝之，苟輕敵妄舉，勢無不敗者。兵法以知己知彼，百戰不殆。故看重敵方，而勿予輕估，是乃兵家之大事，苟以等閒之心情坐而待敵，終必招致不測之禍，故為將者切忌輕敵自大，必慎自對較敵我形勢而切勿出乎輕忽也。

　　以上所述五無壙，即無曠之意，亦即不敢須臾怠忽不敬之謂。能行此六術、五權、三至、五無壙，而處之以恭敬無壙，是可謂天下之將，此及荀子論將兵之術，亦孫吳兵法所同道者也。

　　此外荀子對軍紀亦極為看重，苟軍中無紀律秩序，則無疑是烏合之眾，故答臨武君之問時曾曰：「聞鼓聲而進，聞金聲而退，順命為上，有功次之，令不進而進，猶令不退而退也，其罪惟均。不殺老弱，不獵禾稼，服者不禽，格者不舍，犇命者不獲。凡誅，非誅其百姓也，誅其亂百姓也，百姓有扞其賊，則是亦賊也。以故順刃者生，蘇刃者死……」（〈議兵篇〉）〔註10〕此言軍中紀律貴應嚴明，號令尤應施行，不可須臾渙散，是軍令在所必行也。

第五節　論戰爭原理與治軍之道

　　戰爭乃政治之延長，凡政治不修，國力薄弱者，均不足以言戰爭，夫戰爭乃不得已之事，故老子曰：「夫佳兵者，不祥之器，物或惡之，故有道者不處，君子居則貴左，用兵則貴右，兵者不祥之器，非君子之器，不得已而用之。」〔註11〕又云：「以道佐人主者，不以兵強天下，其事好還，師之所處，荊棘生焉，大軍之後，必有凶年。」〔註12〕

　　荀子亦以用兵乃不得已之事，蓋仁者不事奪人之國，故云：「重用兵者強，輕用兵者弱」（〈議兵篇〉），又謂：「故齊之技擊，不可以遇魏氏之武卒。魏氏之武卒，不可以遇秦之銳士。秦之銳士，不可以當桓文之節制。桓文之節制，不可以敵湯武之仁義。有遇之者，若以焦熬投石焉。」（〈議兵篇〉），此段所言，無疑是荀子提倡仁者之師，夫師出無名者必敗，蓋仁者無敵於天下。荀

〔註10〕順刃謂不戰背之而走者，蘇讀為傃，傃向也，謂相向格鬥者，參《荀子集解》，〈議兵篇〉，王先謙注。
〔註11〕參《老子道德經》三十一章。
〔註12〕參《老子道德經》三十章。

子認爲齊國但知教民習技擊，以爲習得博擊之技能足以無敵於天下，而且齊人鼓勵其兵卒建立斬首之功，凡得敵人一首級者，賜贖錙金〔註13〕荀子認爲此種戰爭用之於小戰役則可，用之於大戰役，遇到勁敵，就必潰散，故荀子稱之爲亡國之兵。至於魏國教民習戰，訓練士卒能開大弓，操十二石之弩，全身披盔帶甲，自日出至日中，全副武裝，負荷如是之重，半日須跑百里之路，夫是則自損其兵，何足與強秦對敵，且此些中試之士卒，不幾年必筋疲力衰，復不敢免之，如是輾轉甄選，勁卒愈多，國稅愈重，是不戰而國已疲耳。至於秦國對人民生養之道甚薄，而役使人民極嚴，復故意陷人民於困境，使之不得不樂於參軍，其政策皆臨以威勢，力之以窮困，以造成舉國皆兵之局面，殊不知國本已虧，而人心怨憤，是其不待攻人，而必自攻也。故仁者之兵，不欲開啓戰端，但知修政事、固國本，以生聚教訓，薄歛賦稅，務民以時，與民休息，則國力雄厚，人人必樂爲國效力，是仁者之師不尙兼人之國，但知修禮義之教，以自固耳。

故荀子謂：「王者之兵不試，湯武之誅桀紂也，拱挹指麾，而疆暴之國莫不趨使，誅桀紂若誅獨夫。故〈泰誓〉曰，獨夫紂，此之謂也。故兵大齊則制天下，小齊則治鄰敵。」（〈議兵篇〉），荀子在此所說之大齊，即以禮義教化大備的軍旅，故兵強在乎民強，民強在乎禮義教化，禮義教化爲治民治軍之大道，故仁者不用詐兵。

荀子以用兵在乎仁義，然陳囂問孫卿子曰：「先生議兵，常以仁義爲本，仁者愛人，義者循理，然則又何以兵爲，凡所爲有兵者，爲爭奪也。」孫卿子答曰：「非女所知也，彼仁者愛人，愛人，故惡人之害之也。義者循理，循理，故惡人之亂之也。彼兵者，所以禁暴除害也，非爭奪也。故仁人之兵，所存者神，所過者化，若時雨之降，莫不說喜，是以堯伐驩兜，舜伐有苗，禹伐共工，湯伐有夏，文王伐崇，武王伐紂。此四帝兩王，皆以仁義之兵，行於天下也，故近者親其善，遠方慕其德，兵不血刃，遠邇來服，德盛如此，施及四極。」（〈議兵篇〉），由以上所陳可知荀子之戰爭思想乃在泯滅爭奪之戰，以仁者之兵，不在兵強天下，乃在得天下之民心耳。故云上兵伐謀，其下攻城，夫不戰而屈人之兵，斯爲上戰，荀子誠有得《孫吳兵法》，兼承儒道二家之思想，故不以戰爭爲得國之手段，乃以修仁義，得民心，而使天下景從也。

〔註13〕按賜贖錙金，錙爲八兩，言凡斬敵一首級者，賜八兩金。

　　昔李斯對荀子之看法，頗不以為然，認為秦國富強，未必以仁義為本。故駁荀子謂：「秦四世有勝，兵強海內，威行諸侯，非以仁義為之也，以便從事而已。」荀子乃答之曰：「非女所知也，女所謂便者，不便之便也，吾所謂仁義者大便之便也。彼仁義者，所以脩政者也，政脩，則民親其上，樂其君，而輕為之死……秦四世有勝，諰諰然，常死天下之一合而軋己也，此所謂末世之兵，未有本統也。」（〈議兵篇〉），由是可知荀子乃本孔孟仁義之師之主旨，對權術，詐謀等暫時之小便，均視若鄙屣，唯仁義為根本之要道，故可知荀子是以政治指導軍事，非以軍事駕馭政治者，夫戰爭為政治之延長，政治不修，人心怨憤，則天下人離心離德，雖有勁卒，亦不堪持久，窺之二次世界大戰諸軸心國為例，可謂絲毫不爽。是荀子所言仁義之兵，在當時人視之，難免迂闊，然審儒家之一貫主張，可知乃以政道指導治道，以政術指導治術，而又以政治指導軍事也。故荀子之戰爭原理乃本乎儒道二家，以德服人之主旨，貴不戰而屈人之兵也。因此治軍之道，亦貴在伸張正義，為天下之義師，是以戰爭之目的，本不在奪人城池，掠人財物，今人或亦視之為迂，但凡黷武好戰者，幾無不敗者。荀子生當二千餘年前，其若有覩於今日之世界，當嘆方今之時，其去六國與暴秦之世不遠也。夫舉世滔滔，但知競脩武備，毀人之國，惟恐不烈，侵人之地，惟恐不力，荀子之言，或可作為當今之暮鼓晨鐘令人警惕也。

第九章　荀子解蔽精神與對諸子的批評

第一節　荀子對諸子批判的基本立場

　　荀子爲儒家的別派，亦同登於大儒，雅儒之列，但其學術思想究與曾子、子思、孟子一脈相承的思路不同。孟子所得者爲《論語》、《中庸》，《詩》、《書》傳道的學統，荀子所繼者爲子夏傳學，傳經及禮樂制約的學統。荀子在當時一面繼承孔教，一面吸收當時諸家之學說，其思想之主旨，自仍以儒家作爲骨幹，且以綜合性與組織化之精神涵攝了部分道家思想，以建立其一己之學說，除採取了道家的自然天道觀以外，荀子卻反對道家所崇尚之虛無與無爲主義，其重點乃著力於建立現實人間社會之秩序與意義。

　　另方面來說，荀子之立場乃重視經驗主義，對於現實世界持肯定之態度，且強調欲望乃性分中組成的重要關鍵，並對社會進展有莫大的重要性。荀子更可說是一個重視人事論者，並認人力可補天工之不足，故不贊同老莊純粹任天，無爲的消極主張。荀子尤著重於群體間之生活關係，故其倫理思想，不單著重於個人私德之建立，更著重於群倫間相互和諧之關係，故荀子已著重於社會倫理，而以「禮」（廣義的法）來作爲規範人與人間之界限，故禮爲共同生活間之統一性原理，荀子之如此主張，乃將禮置於人生實際的生活中，爲日常行爲之規則。荀子更進而闡明禮之構造和功用，把儒家傳統所云之禮，予以組織化，系統化與普遍化，荀子更以禮作爲化性起僞的手段，且以之作爲爲學之大本，更作爲人格與學問間之最高統一，故其在儒家中特重外王與實踐的思想家。

　　荀子即基於此種重禮制，重人倫，重事功，重綱紀，重今生，重人事，重組織，重系統以及反貧窮，反匱乏，反壟斷，反霸權等等之基礎上反駁當時諸子的主張，其根本精神即在乎盡全會粹，以禮為本的人倫社會秩序觀，故對當時諸子立說之與其不侔者，輒存反對的態度，此即其所以解蔽與非十二子的原因，並且站在後儒重禮崇法的立場上，去批判其他諸子，且荀子本身並無形上探討之興趣，雖其亦傳《易學》，但其所重者厥為經綸之原理，與人生變化間所適之道，究無興趣於建立《易》之形上學系統，且荀子更強調，《易》非卜筮之書，乃先王知幾補過之書，俾使人人益能崇德廣業，明禮達道，以共營群體之生活。

第二節　主知主義與解蔽精神

　　荀子在儒家中可謂另立壁壘，為最善於明辨之批評哲學家，其本身尤著重於類概念之分析，故對誦數以貫之，思索以通之，極為重視。孟子言「心」重道德主體心，惟荀子卻重客觀之認識心，以吾心為認識之主體，故可說是主知主義的思想家，馮友蘭先生以荀子為硬心的哲學家，認其哲學有唯物論的傾向。〔註1〕察荀子是否傾向於唯物論，自有其學說系統可稽佐證，並非輕易斷語所可認定，但觀荀子重「心」，乃強調知識認識心，透過知道而體道。俾透過心知之能以匡正吾人之惡性，俾趨於善，故此心有悟道之能力，但須藉著禮之匡正始能化性起偽。

　　荀子的主知主義，乃其理性與經驗合一的明辨精神的綜合，以經驗做為推理的基礎，以理性做為判斷的樞紐，因此，荀子的思路，與直觀的孟子，穎悟的莊子不同，又因其與耽於名辨析理的名學家精神不合，故其所倡的解蔽精神，主要在乎打通倫類之不通與綱紀不明的死結，俾達到禮義之中。

　　蓋荀子確認知識心的重要性，透過能慮能知之心，並以此心為權衡的標準，其目的在乎利中取大，害中取小，以此做為人們行為的尺度，其主旨乃在達到「凡議必將立隆正然後可，無隆正則是非不分，而辨訟不決」（〈正論篇〉），由是可知荀子所著重的解蔽精神，乃在於「是是，非非謂之是，非是，是非為之非」，舉凡無稽之言，不見之行，不聞之謀，均對之存闕疑的態度。

〔註1〕參馮友蘭著：《中國哲學史》第一篇子學時代，第十二章荀子及儒家中之荀學，頁352。

荀子更強調經驗主義，和實徵的態度，故認爲凡論者貴其有辨合，有符驗，由是可知荀子極重視實徵的精神。但是荀子所強調的「是是，非非」究當以何者爲衡量的標準，無疑的，荀子乃站在倫理學上以禮之隆正爲判別的準繩，並不是站在物理學上以符驗辨合爲要件，因爲荀子之所謂學，乃以學禮爲本，固不離儒家人文精神之範圍，故不能與希臘昔賢亞理士多德而齊頭並論。

荀子所著重的是實踐倫理學，端重乎踐行，以知之不若行之，學至於行而止矣，這可說是儒門踐仁學說的推衍。

荀子解蔽精神的基礎在乎心知，此心知可說是客觀唯心論，重心之自我抉擇的功能。孟子所著重的是主觀的道德心，當下體仁踐仁自發的仁覺心，不待觸物即自我圓滿的圓覺心，至於荀子則以「心」具有知能與抉擇的能力，但非當下圓滿的仁覺心，我們的心知，乃是一個知性主體，而並非道德主體，但此心具有自禁，自使、自奪、自取、自行、自止等等的功能。故荀子以此心貴專而不可劫而使易意，因此心在對外物外事的判準上必是之則受，非之則辭，故曰心容其擇也無禁。

荀子在〈解蔽篇〉開首第一句即道破了解蔽精神的所在，其謂：「凡人之患蔽於一曲，而闇於大理」，此顯然可見荀子解蔽的目的，在消極方面，希望人人不做一曲之士，俾免知其一而不知其二。在積極方面卻在於闡明事物的眞理，以及倫常的正道，以窺其全豹。按兩造辨論之大蔽，在乎囿於一曲之見。而天下知識之大蔽，亦在乎囿於一曲而不全，故凡囿於一己的成見，而不周，不全，不盡，不粹者，荀子皆以一曲之士視之。但「蔽」字之定義爲何，荀子則定義謂：「欲爲蔽，惡爲蔽，始爲蔽，終爲蔽，遠爲蔽，近爲蔽，博爲蔽，淺爲蔽，古爲蔽，今爲蔽，凡萬物異則莫不相爲蔽，此心術之公患也。」（〈解蔽篇〉），荀子以「蔽」爲心術之公患，凡有蔽皆不得其明，故以上所說的欲、惡、始、終、遠、近、博、淺、古、今等十蔽皆以其所知，所好，均滯於一隅，而囿於一曲之見故皆受其蒙蔽而有所不明之謂。按荀子在〈解蔽篇〉中所謂十蔽，事實上可將之分爲五組，每組均包括了正反兩面，相互影響，茲爲明瞭起見特分析之如下：

（一）欲爲蔽：舉凡人們耳目口鼻等五官之欲以及心意的固執等，莫不令人頑冥不靈，足以使人見利而忘害，且「欲」多出諸感性，足以使理性不明，故凡執著於耳目口鼻五官之欲，與心意之固執者，莫不曲於一己之感性知識，故云多欲使人心盲。

（二）惡爲蔽：按惡字在此讀去聲，作厭惡解，凡人有所愛憎即不免有好惡，有所好惡，即有取捨，蓋人莫不取與己之所好者，而棄己之所惡者，對於人，對於事，若專以己之所好惡愛憎而爲取捨之標準，則莫不失諸公正，尤以意見爲然，因爲人人皆多好其所好，而惡其所惡，若以感情用事，則必欲而不知其惡，惡而不知其美，故必生蔽。

舉凡對事物之研究，對人事之評斷，對政治之批判，對某種學說之辨正，一落入厭惡之巢穴，自難免生偏好與不公平之論斷，故落入惡蔽之中，則是非難明。

（三）始爲蔽：孟子曾倡有始條理者，有終條理者，蓋事物貴得其一貫的體系，有本有末，有終有始，必終始一貫，方能察其全始全終之脈絡。今有知於事物之初，而未知其發展與演變，則其所知僅止於始，而未知其終局。爲能据以作爲全局的判斷？所以執著於事物發展之初，以及一切義理之始，而未能窺其全貌者，則難免落入「始之蔽」中。

（四）終爲蔽：這與始爲蔽者正好相反，皆係得其一端，而不能允執厥中之謂，蓋對任何事物僅見其始者固未得其詳，但昧於始而僅見其終者，亦係未得其全，因爲舉凡任何事物與情勢之發展，本有其線索與脈絡可尋，故《易經》曾言大明終始之理，而《大學章句》也著重物有本末，事有終始，知所先後，則近道矣。〔註2〕

（五）遠爲蔽與近爲蔽：此所謂遠爲蔽，近爲蔽，乃說明了有見於近而無見於遠，或有見於遠，而無見於近。近人每好言凡事必須有前瞻性，尤以爲政之道更須富有前瞻性，俾使一切見解不溺於卑近，而致無見於最近的未來，或遙遠的未來的發展，而患了淺視的危險。而忽略了時空中縣延的因素，與變化的成數，而太過自信之謂。但人們若一味地高瞻遠矚，而忘了當下近處應有的努力，或近處所必須的條件，並把握當下之機宜，則亦犯了放言高論之弊。故王陽明先生曾謂：「聖人之心，以天地萬物爲一體，其視天下之人，無外內遠近……」。〔註3〕蓋所謂遠近者，本可指時間之遠近；亦可指空間之遠近，吾人不論空間或時間皆不可因務遠而遺近，或執近而遺遠，此皆係未

〔註2〕 參《大學章句》，又見《易·繫辭下》第九章：「易之爲書也，原始要終以爲質也。六爻相雜，唯其時物也。」又見《易·乾卦·文言傳》：「大明終始，六位時成，時乘六龍以御天。」

〔註3〕 參《王陽明全集·答顧東橋書》。

得其前後相貫串之蔽的緣故。

（六）博爲蔽、淺爲蔽：此博淺之蔽乃指知識方面而言，蓋博而不能約則近乎雜，淺而不能深廣則近乎陋，雜博固爲蔽，淺陋無知亦爲蔽，故博而無方，淺而無根均爲蔽之端也。

（七）古爲蔽、今爲蔽：此乃指溺於傳統，或耽於現世而不得其圓融周徧之謂，蓋言古而不能驗於今，則爲食古不化，則必蔽於古，而不知當今之世變與因應之道。至於言今而不徵於古者，亦係無根之言，蓋忽略了歷史發展中之潛在性與影響性。因爲事有先後道無古今，凡泥於傳統而不知現代者固爲蔽，而泥於現在而不知傳統者亦未嘗不爲蔽，蓋世上本無絕對的古今，因時間的遷流而成古今，故《易經》首倡時中精神，凡事必求其適中、適時，以免執古泥古，或溺於今而不知古之蔽。

以上所述之十蔽，荀子認爲乃心術之大患，而期期然以爲不可。且按荀子主知之精神而言，必一一去之而後可，況荀子乃本乎大儒精神，故力斥曲士之見，是以其解蔽精神，實本乎其主知主義的產物，而其非十二子之主張，亦即建立在此種解蔽精神之下的必然結果。

按荀子之去蔽主張，比英哲培根破四大偶像說尤爲廣大〔註4〕蓋理解與詮釋之間，本應以認知事物本身爲目標，可是理解與詮釋本身，卻往往爲理解與詮釋者的「存在先決結構」所蔽蔽，雖云事物本身未必不可知，但卻因人們的「存在先決結構」所左右，因此當我們在詮釋某種理解時，不可專憑一己的感性經驗，或附和大眾的想法，俾免影響了事物原初的性質與原本的眞相，以及其原初的究竟，我們須讓事物本身赤裸裸地呈現其本相，而作較圓融周徧的理解。〔註5〕

荀子對於如何調整理解與詮釋之間的問題，俾免於落入所蔽，其所著重的方法，即提倡「無染」，此所謂「無染」即貴在保存其本色之謂，易言之，即以無染的虛壹而靜之心去做衡量的標準，勿以心中之所已藏，而害其所將

〔註4〕英哲經驗論之泰斗培根氏，曾倡毀四大偶像說。四大偶像意指種族偶像，洞穴偶像，市場偶像，與劇場偶像。種族偶像意指人心本性所遺傳，以及人類欲望中之自然習慣。洞穴偶像意指個人所特有之教育，氣質，地位與所崇拜之事物。市場偶像意指語言與名稱之聯想，或言語常用爲不存在事物之名稱。或因實際存在之物之名因混淆不清，定義不明，所引起之混淆。劇場偶像意指錯誤的學說或哲學的結果，或錯誤的論證法則。

〔註5〕參海德格《存有與時間》頁153。Martin Heidegger: "*SEIN UND ZEIT*"，陳嘉映、王慶節合譯，北京：三聯書局，1987年初版。

受，同時此心必須純一而不可旁鶩，更不可以「彼一」而害「此一」，必專心致志，精於一事，俾能觸類旁通，而舉一反三，故荀子說：「心枝則無知，傾則不精，貳則疑惑。」（〈解蔽篇〉）

蓋心不宜落入枝節，一落入枝節則不得其正，必歧出而忘其所本，故舉凡任何詮釋必求合乎原本與根原，若擅作歧出的詮釋，最後必陷入妄解，而妄解無疑乎無知。此外心傾則有所偏而不得其正，而專阿其所好，故判斷何能精確。至於心有旁鶩，不能純一與專一不二，則對問題的研判必欠周詳，其所作的結論必疑惑叢起，何得據為定論，故荀子對此中問題，一言而中，揭發出其所隱藏的大蔽對解蔽的工作確有莫大的貢獻。荀子強調擇一而壹之，此壹之必壹於道而藉以稽贊萬物。

荀子認為人們的心如同槃水，易受干擾，故必精於道者方能兼物物之妙，而對宇宙萬有作整體觀，平衡觀，庶幾不落入偏激的弊病之中。總觀荀子所著重的解蔽之方，乃注重於「壹」與「靜」二種方法上，就前者而言，荀子強調君子壹於道而贊稽萬物，後者則重乎不以夢劇亂知謂之靜。易言之即對於問題的原委，應有純一的把握，勿使其雜染一己好惡之判斷以失其原委；更不可以己之妄見，虛擬假想以亂其真。故為學論道之士應撒開一己感性上的愛憎與心理上的好惡，以及心意上的固執與自專俾免落入偏狹之中而不自知，荀子即根據此種基準作為判斷諸子百家的學說的根據，而發為其非十二子的宏論，而總結於精於道與精於物，使一切還其本來的面目，而解開一切人為的虛飾與雜染，故荀子說：「精於物者以物物，精於道者兼物物，故君子壹於道而以贊稽物，壹於道則正，以贊稽物則察，以正志行察論，則萬物官矣。」（〈解蔽篇〉），荀子在此要求對於事物的觀察必須精確，而應還其事物的本來面目，此外更須以宇宙大道去觀照萬有並兼及全局，勿使其落入顛倒見與偏見之謂。

總言之，荀子在此所言之壹於道之意，即在以道觀物，俾使認識清明，以正確的思想去衡量事物的究竟，使其不落入我見的蔽障之中，此即荀子所強調的主知主義的解蔽精神，以達到避免陷入以上所云的十蔽之虞。

第三節　荀子對孔子之盛讚

荀子對其當時之諸子儘加批判，唯獨對孔子則讚譽備至。按孟子曾稱讚

孔子爲聖之時者〔註6〕而荀子更推崇孔子，稱其學爲最能全、能盡、能粹之聖且智者。荀子謂：「若夫總方略，齊言行，壹統類、而群天下之英傑，而告之以大古，教立以至順，奧窔之間。簟席之上，斂然聖王之文章具焉，佛然平世之俗起焉……仲尼，子弓是也。」（〈非十二子篇〉），這無疑說明孔子是博洽圓融的大聖哲，所見的不只是一方之說，而能周徧全盡，而總天下之方略，且能言行一致，表裏如一，對各種統類之知，能得其齊一並進之道，而足爲天下英傑的楷模，且能與中國古聖先賢的文化精神相契合；其教育之道尤能順乎天下之情勢，順應人類之需求，在斗室之中，卒能教化天下人心，而變革一代的社會風氣，無遠而弗屆，這比孟子稱讚孔子之言，尤有勝者。

　　荀子又於〈解蔽篇〉說：「夫道者，體常而盡變，一隅不足以舉之，曲知之人，觀於道之一隅，而未之能識也，故以爲足以飾之，內以自亂，外以惑人，上以蔽下，下以蔽上，此蔽塞之禍也。孔子仁智且不蔽，故學亂術足以爲先王者也，一家得周道，舉而用之，不蔽於成積也。故德與周公齊、名與三王竝，此不蔽之福也。」（〈解蔽篇〉），這可說乃對當時天下學術界曲知之士一棒致命的痛擊。因爲「道」貴體其常，又觀其變，一方面固須知常曰明，一方面又須把握其時中精神，而不可墨守爲典要，故「道」非一隅所可舉，任何囿於一隅之見的人，都不足以明瞭大道。至於一些曲知的人，只囿於一己小知的範圍，所見未廣，所察未深，所體未周，而每好發爲曲說，所論多不出井蛙之見，是未之能識也。惟此輩曲士卻自以爲知，自以爲至足而徒自粉飾，內以自欺，外以蠱惑天下人士，使上下相互蒙蔽，而陷入蔽塞之大禍尚不自知，這是荀子所引爲深惡痛絕的。至於孔子卻仁智自足，凡事能把握全盡，全粹，全徧的精神，故其博學多能，獨得周道之全而不蔽於一曲之成積也。故荀子稱讚他德與周公齊，名與三王竝，而譽爲不蔽之福。

　　由上述可知荀子與孟子俱道孔子，但孟子之讚孔子，反未若荀子之周全。就荀子看來，當時百家諸子，雖各有所見，但亦各有所蔽，俱皆不全，不盡，不粹、惟獨孔子且仁且智而不蔽於曲士之知，能知「道」之大體，故有別於當時曲士之論，蓋就荀子觀察的結果，當時諸子大多僅觀道之一隅，未得周全，故乃稱讚孔子爲集大成者。

　　孟子以孔子爲集大成者，且以集大成者喻爲金聲而玉振，孟子更以金聲

〔註6〕孟子曰：伯夷，聖之清者也。伊尹，聖之任者也。柳下惠，聖之和者也。孔子聖之時者也。孔子之謂集大成，集大成也者，金聲而玉振之也。

也者爲始條理，玉振也者爲終條理，且認始條理者爲智之事，而終條理者，乃聖之事。〔註7〕由是孟子以孔子爲集智聖合一的仁者，並爲通貫始終條理的大思想家。荀子也盛讚孔子爲集大成者，且爲能仁能智的大全者，故稱讚孔子爲仁智俱全而不蔽的全局的大聖者。

但荀子卻比孟子更進一步地說明孔子能總領道術，明綱紀，統類別，以通古今之大道，而能順乎事物之理，貫通禮義之統，而爲教化天下大宗師，且其一身乃集聖智於一爐，而爲天下人所共同景仰者。

我們可以發現荀子之所以再三強調蔽塞之禍，其所持之論點，乃著重於倫類不通，綱紀不明，故必待通貫古今，博覽遠近，總觀全局，周徧圓融，而不著一曲之見，始可解開人類文化與歷史問題的癥結。我們細察荀子對孔子的盛讚，唯一地認孔子爲獨得智仁聖不蔽之福的聖者，乃人類歷史文化中能盡能粹能全的仁者，故引《詩》曰：「鳳凰秋秋，其翼若干，其聲若簫，有鳳有凰，樂帝之心。」此爲不蔽之福。〔註8〕

荀子引此《詩》以鳳凰來儀，與帝堯的美德，來讚揚孔子的不蔽精神，以與其時中的精神相輝映，故認聖人之行道也無彊，仁者之思也恭，聖者之思也樂，來作爲治心之道。蓋仁者行道是出乎自然而然的，聖人之行道，不出乎勉強，故孔子乃透過踐仁，使性與天道契合的大哲，並非徒尚言辭之論者。其與道同契，心若虛靜，清明在躬，兼賅萬物，博覽古今，而爲時中的大聖，自是不虛之譽。

第四節　論荀子對諸子的評判

荀子評論當時十二子的基本立場，乃基於其解蔽的精神，認爲當時諸子莫不陷入欲、惡、始、終、遠、近、博、淺、古、今之十蔽之中，皆有見於此，而無見於彼，故皆不盡，不全，不粹，而落爲一曲之士，不能闇於大理，

〔註7〕 參《孟子・萬章下》，又按《尚書》言，簫韶九成，眾樂合奏完成曰「一成」，九成即九回合也。金聲指鎛鐘之聲，玉者指特磬聲，凡奏樂，先擊鎛鐘以發其聲，終擊特磬以收其音。條理，指眾樂合奏之節奏言，言以鎛鐘始之，而以特磬終之也。凡做人，始用修養工夫，是智之事，必先明善，擇善，而固執之，以底於成，始能始終如一，則爲聖矣。

〔註8〕 見《逸詩》。《爾雅》謂鶼鳳其雌凰，秋秋猶蹌蹌，謂舞也，干者楯也。此帝蓋謂堯之稱。堯詩鳳凰巢於河閭，言堯能用賢不蔽，天下和平，故有鳳凰來儀之福也。

其所以蔽於一曲，皆因失其正求之道，而陷於一隅，未能審觀周徧，虛壹而靜的緣故，荀子更以彼等常以一己之所已藏而害所將受，故未得心境上的大清明，以致未能壹於道而兼賅萬物，通貫萬理，遂至有見於此，而無見於彼之失。荀子最忌人們以「非」察「是」，以「是」察「非」，專肆於辯言，致利口飾非，言亂為誀，或治怪誕之說，玩奇辭以相撓滑，是皆有失辨別是非之道。此外荀子更忌姦說，所謂姦說即「析辭以為察，言物而為辨，復好相擁擠，彊鉗利口，而未得隆正之道。」此即指專尚口辭辨析，玩弄詞句，而以屬口自稱之輩，有名而無實，此乃荀子所引為詬病者。由是可知荀子特重分是非，治曲直，其態度正與莊周相反，蓋莊子在〈齊物論〉中特倡齊萬致而不相非，並欲破天下各是其所非，而非其所是的狂囂之論。這可說乃莊荀二子所道不同並對治學心態有所差異而有以致之。

　　荀子本著他的解蔽精神而發為非十二子之評議，我們以純學術眼光看來，其申論確有見地，但若干評論亦未必無可非議之處，所以當我們讀荀子的解蔽思想的時候，亦不可落入荀子本身之蔽，否則以此蔽破彼蔽，仍難免落入蔽中，是為解蔽之惑，自不可不慎。今按荀子本身的評論順序，作一分析與綜合批判，荀子說：「墨子蔽於用而不知文，宋子蔽於欲而不知得，慎子蔽於法而不知賢，申子蔽於勢而不知知，惠子蔽於辭而不知實，莊子蔽於天而不知人」(〈解蔽篇〉)，荀子除在〈解蔽篇〉評述以上六子之外，又在〈非十二子篇〉作更進一步的析論，以非諸子的失當處，茲謹逐一分述之如下：

一、論墨子蔽於用而不知文有見於齊無見於畸

　　墨子所代表的是刻苦精神與苦行主義，更是當時平民階級的代言人，墨子及墨徒的生活均極清苦自屬，對於周文自持反對的態度，因為墨子所效法的乃是大禹的精神，對於儒家禮樂教化認為是屬於資產階級的文化，墨子本身自不予重視，墨子與墨徒所重視的乃如何增進勞動，生產，效益，以促進社會之經濟基礎，荀子認為墨子及墨徒太耽於實用主義與功利思想，對於社會高度文化的發展難免持輕視的態度，諸如主張節約，薄葬，非禮，非樂等主張，皆立基於經濟利益的立場而予以反對，而未站在文化的立場去做長效性的看法，故荀子認其蔽於近而不知遠，蔽於用而不知文。蓋荀子認為墨子太注重經濟本位主義，而太過提倡儉約以致過度地節用而反使天下貧窮，實屬於匱乏主義者的主張。

在〈富國篇〉中荀子極力批判墨子的匱乏主張爲非是，荀子謂：「墨子大有天下，小有一國，將蹙然衣麤食惡，憂戚而非樂、若是則瘠，瘠則不足欲，不足欲則賞不行。墨子大有天下，小有一國，將少人徒，省官職，上功勞苦，則百姓均事業，齊功勞，若是則不威，不威則罰不行。賞不行，則賢者不可得而進也。罰不行，則不肖者不可得而退也。賢者不可得而進，不肖者不可得而退，則能不能不可得而官也。若是，則萬物失宜，事變失應，上失天時，下失地利，中失人和，天下敖然若燒若焦，墨子雖爲之衣褐帶索，嚽菽飲水，惡能足之乎，既以伐其本，竭其原，而焦天下矣，故先王聖人爲之不然。」

由以上荀子批評墨子之言觀之，可知荀子是極力反對墨子的匱乏主義的經濟思想，認其主張不足以興國利民，反近乎吝嗇主義，使人人徒然終日勞苦憂戚，而未得人生之樂，故荀子鄭重聲言：「墨學誠行，則天下尙儉而彌貧，非鬥而日爭，勞苦頓萃而愈無功，愀然憂戚非樂而日不和。」（〈富國篇〉），荀子認爲倘依墨子的儉約主義行之，則必使社會經濟日益薄弱，國計民生日益萎縮，蓋荀子之經濟思想乃著重積極有爲的富國論者，不欲因太過儉約而致陷入國蹙民貧，故荀子以墨子但知就節用方面以言節流，卻不能就積極方面以言開源，故認墨子並非有見地的經濟思想家。

且墨子的現實主義和節用主義過於削除了人倫社會間所必要的禮節，且其在〈非樂篇〉中所宣稱的對音樂用處的否定，乃未得音樂教育重要性的見解。墨子反認爲音樂屬於奢侈，無補於民生實際的需要，這可說是較爲武斷的見解。墨子只見到當時上流社會溺於樂聲，生活奢侈，且不事生產勞動；故認爲音樂必侈人心志，無補於生產事業，更與廣大的平民或勞動階級無關，所以極力排斥音樂的用處，認與人類的生活無必要的關聯性，但墨子究竟未站在文化薰陶與禮樂教育之實際意義與作用上，去探討音樂對人生的貢獻，更沒有考慮到音樂教化與人格範型上的重要性，所以荀子批評墨子，認其觀點太囿於實用主義與功利主義而未知音樂教育對文化上的果效與價值。

此外荀子又於〈天論篇〉中批評墨子謂：「墨子有見於齊，無見於畸。」認爲墨子著書立說，只知尙同兼愛，是只見其上齊而未見其不齊。關此梁啓超氏亦曾批評墨子謂：「墨子兼愛，尙同，以絕對的平等爲至道，不知物之不齊，物之情也。儒家之親親之殺，尊賢之等，有殺有等，乃適愜其平」，〔註9〕故評墨子之優差等，皆僅見平等的一面，是爲平頭主義的平等，而不知社會

〔註9〕參梁啓超《飲冰室全集》，〈評墨子之論〉。

角色差等的作用，在人倫關係中確有其重要性與必要性。

按墨子本身雖屬兼士而非以後的別墨之徒，但其在〈節用〉,〈非樂〉〈非儒〉諸篇中所提出的主張，難免於太過現實，而純本乎經濟效用主義，而不知禮樂對倫理關係的重要性。且墨子在〈節用篇〉中雖對歷代聖王的愛民措施提倡得不遺餘力，但終因其太著眼於節用，儉約而極力反對文飾，故顯得有些反文明的傾向，譬如墨子在〈節用〉,〈節葬〉諸篇中，對於宮室的要求，祇要其上可圉風寒，霜雪，雨露，中可以供祭祀，宮牆足以爲男女之別則可，其他如藝術工飾，以求美侖美奐，則認爲無此必要〔註10〕此種主張固不離實用效益，就文化與藝術，尤以美學觀點而言，實未免過於簡陋而無文。

在〈非樂篇〉中墨子又認爲，樂者上考之不中聖王之事，下度之不中萬民之利，是故子墨子曰，爲樂非也。〔註11〕墨子又認爲音樂之樂調，使丈夫爲之，必廢丈夫耕稼樹藝的時間，使婦人爲之必廢婦人紡績織紝的事務，所以墨子力斥爲樂之事。衡察墨子之非樂理論，不過純站在勞動生產的立場上，求工作的實效，而以音樂無用，且曠廢人們寶貴的時間，而對生產無補，墨子殊不知音樂亦有益於人之身心，促進人之情緒，使人樂爲生產而不知疲倦，故大凡當今工業先進之國家，莫不於工廠中設有播音室，以美妙樂聲，娛勞動群眾，此誠墨子之所未察之處。

此外墨子又於〈非儒篇〉中指責儒者親親之等的思想是家族主義的主張，而未能推廣社會上無差等的兼愛，殊不知儒家家族倫理，首由家族中先做起，倘若一家族尚不能親親遑論去兼愛大眾社會。故荀子認墨子之論點華而不實，未能盡粹，盡全，更未就社會整體面上去觀察，是乃一曲之見。

墨子譏誚孔儒，在其〈非儒篇〉中，甚且藉晏子之言，以譏孔子的人格，墨子引晏子謂：「今孔某深處同謀以奉賊，勞思盡知以行邪，勸下亂上，教臣殺君。非賢人之行也，入人之國，而與人之賊，非義之類也……逃人而後謀，避人而後言，行義不可明於民，謀慮不可通於君，嬰不知孔某之有異於白公也。」〔註12〕無疑的，察該篇的論旨，乃墨子有意假藉晏子之口吻以諷刺孔子，事實上，乃係歪曲的批評。按晏子乃站在當時法家的立場，爲統治者發言，認孔子

〔註10〕參《墨子閒詁》卷六,〈節葬下〉,頁10。
〔註11〕參《墨子閒詁》卷八,〈非樂上〉,頁35。
〔註12〕參《墨子閒詁》卷九,〈非儒下〉,頁39。按白公乃楚平王之將名勝，其與石乞作亂事，見《左傳・哀公十六年》,惟此事本不可信。按《呂氏春秋・精通篇》,《淮南子・道應訓》,並載白公與孔子問答，或因彼而誤傳歟。

之輩主張革命，不忠於王室，事實上，晏子之輩不過替王族的利益而申張，而墨子本身乃屬於勞動階級，豈能藉著王室附和者的言論來諷刺孔子。

在〈非十二子篇〉中荀子曾將墨翟與宋鈃並稱，認爲其立說持之有故，其言之成理，足以欺惑愚眾，是按荀子之批評，亦未免於籠統，蓋墨子本身乃兼士，非一曲之見之別士，雖其主張非樂，非儒，節用等雖未必盡妥，但墨學本身在我國學術思想上乃確有其價值處，尤以邏輯與論理上的貢獻，不容抹煞，且墨子主張兼愛非攻，助宋破楚，強調社會正義，且尚同一義於天，倡導明天志的宗教思想，對社會倫理亦頗有貢獻，荀子僅以其持之有故，言之成理，足以欺惑愚眾視之，是亦未必然的貶辭，故我們不可因荀子對墨子的貶辭，遂認爲墨學一無是處。〔註13〕

按墨子學說頗富宗教信念，且宣揚人類社會平等的大理想，在先秦時期號稱儒、道、墨三大家，與孔儒鼎足而三，且墨子亦學儒術，但其學說有異於儒學，蓋其純站在勞動階級而立言，故倡兼愛思想，而否定一階級，一家族的小愛與小利，而力倡平等無差別之愛，俾作爲建立平等新社會的藍圖。〔註14〕

一般而言，墨學乃出於史角之後及清廟之守，其學崇尚夏禹精神，不惜勞苦，一意以蒼生爲重，故主張發揮人類的大愛。且墨子之徒多刻苦自屬，生活清苦，如衣葛帶繩，食菽麥、從苦役、尚平和、盡力奮鬥，篤信主宰之天，以上帝爲神明之主，故〈天志篇〉中：「上尊天，中事鬼，下愛人」此種說法，自與荀子的自然天道觀不相侔，無怪荀子乃力闢之。

吾人觀墨子之說極富邏輯色彩不離三表之法〔註15〕其爲人頗富科學思考，其論說咸首尾一貫，自有其立論之可探處。但審度墨學中言兼愛雖不免有功利的目的，但究竟以「義」爲取捨，且其立論不離天志爲本，未必流入惡平等。墨子之倡兼愛，亦未必是破壞現有的人倫關係，亦未若孟子所罵的無父無君的反人倫思想，墨子所倡的兼愛，並非掠奪別人的私有財產，僅係欲擴大君臣，父子，夫婦，兄弟，朋友等五倫的範圍，而主張兼愛群倫，是亦有其可取之處。

就荀子而言，最忌墨子言非樂的主張，因爲就荀子而言，禮樂教化乃教育理想的手段，可藉其陶治人們的身心，故就荀子觀之，墨子之說終難免重

〔註13〕按宋鈃乃宋人，與孟子，尹文子，彭蒙，慎到等同時，孟子稱之爲宋牼，牼與鈃本同音。
〔註14〕參《呂氏春秋·當染篇》。
〔註15〕所謂三表法即本、原、用三者。本者爲立論之根本。原者即用演繹歸納二法。用則爲實施於日常之間之行爲。

功利而輕文化。但衡諸事實，墨子在當時所非之樂乃社會上佚淫之樂聲，並非所有的周文。蓋當孔子之時，鄭齊兩國的淫樂已進入朝廷，敗壞了傳統的禮樂精神，即連孔子本身亦曾爲此而嘆息過，故墨子所非者，即此淫樂，未必非一切之正樂。

按墨子之時諸侯多作長夜之飲，恣佚遊，倘淫樂，蓄優伶，諸般費用皆轉嫁於人民身上，以增加人民的稅負，故此墨子力闢之。更有甚者，當時淫靡的音樂，已由上而下，播及了整個社會，上行下效，傷風敗俗莫此爲甚，故墨子乃力倡當時之樂聲消磨人們剛健的志氣，使社會民風趨於墮落，況且妨害生產，其貽禍足以亡國滅家，故墨子認爲姑勿論音樂演奏得如何完美，決不能以彈琴鼓瑟去却寇。也不能吹笙鳴笛以退兵，故認爲樂之道不切實際。

但衡實而言，墨子所非者若爲淫樂，則無可厚非，若爲充實國防，並爲實用起見而竟主張廢棄所有的音樂，則未免因噎而廢食，因爲音樂之道也可做爲國防上的武器，蓋千古以來有以音樂而亡人國者，此誠墨子所未察處，且儒者以音樂有移風易俗之美，墨子曷不知樂之爲樂，故荀子乃著〈樂論〉以闢之。總言之，儒家兼重物質與精神層次，而墨家未免太重乎實利，故荀子評論墨子之處，雖未必一一恰當，但以「墨子不知文」，可謂中的之論。即連莊子在其〈天下篇〉中也對墨子的行徑加以批判，認其決無法施行。〔註16〕莊子且謂：「墨翟，禽滑釐之意則是，其行則非也。將使後世之墨者，必自若以腓無胈，脛無毛相進而已矣，亂之上也，治之下也。」〔註17〕

莊子在此批評墨家徒自刻苦厲行，實無異自虐其身體，而對實際社會人生未必有補，且此種刻苦精神實有反人情之常，故不值得提倡，墨徒雖有此抱負，但就長期實踐而言，則大有窒碍難行之處。

二、論宋子蔽於欲而不知得，有見於少無見於多

荀子在〈非十二子篇〉中對宋鈃的批評，乃合併於對墨翟之批評中，認其亦係持之有故，言之成理，足以欺惑愚眾者，但在〈解蔽篇〉中卻以宋子

〔註16〕見《莊子・天下篇》第三十三，《莊子集釋》，頁第 1072。莊子云：「不侈於後世，不靡於萬物，不暉於數度，以繩墨自矯，而備世之急，古之道術有在於是者。墨翟，禽滑釐聞其風而說之，爲之大過，已之大循，作爲非樂，命之曰節用，生不歌，死无服，墨子汎愛兼利而非鬥，其道不怒，又好學而博，不異，不與先王同，毀古之禮樂。」
〔註17〕全見《莊子・天下篇》。

蔽於欲而不知得。

按宋鈃亦名宋牼，乃宋國人，和孟子莊子同時，且較二子尤早，可說是彼等的先輩，時人多尊重之，呼之曰先生，或曰宋子。宋鈃另又名宋榮子，或子榮之。按牼鈃兩字古音本相通，故兩字多混用。宋牼與禽滑釐皆係墨子之高足，並繼承墨子之和平非攻的主張，並鼓吹兼愛精神，宋子又從老子處領略得恬淡的意境，故其為人之刻苦精神似尚比墨子為高。

按韓非子在〈顯學篇〉中曾對宋鈃之論評謂：「宋榮子之議，設不鬥爭，取不隨仇，不羞囹圄，見侮不辱。」此所說的見侮不辱之說，正是荀子於〈正名篇〉中所極力批評者，認其所說極不合名學原理。因侮本即是辱，絕無見侮不辱之理。荀子且認此乃「以名亂名」乃三惑之一。荀子以宋子教人「見侮不辱」，除犯了名學上的錯誤外，還隱含著教人不鬥之意，故必渙散一國國民的心志，而認為其所言雖持之有故，言之成理，但終究是欺惑愚眾者。

按宋子的言論本乃揉合墨子與老子的主張，故力倡恬淡平和，與世無爭之說，是以雖見侮而不起怒，則自然不以為辱了。因此宋子乃站在道德修養極高的層次來發表此說，自不計較在名學推理上是否可通的問題，且宋子認為不但個人與個人之間應該見侮不辱，即連國與國間亦當存此心理，誠如佛家所說的忍辱精進，或如耶穌所說的彼此間相互饒恕的精神，抑或本乎老子所提倡的無爭之說，故在宋子視之猶當然耳，但依荀子看來，此種主張誠足以鬆懈人們的鬥志和奮進圖強的精神；故不論在名理上或在實質意義上均認其說之不妥。

有關宋子之事，在孟子書中亦曾記載及之，孟子曾在石丘的地方遇見宋子，當時宋子正欲首途前赴秦國，孟子曾問其先生將何之，宋子答道，因彼曾聞秦楚構兵，故極欲前往構和，且曾經往說過楚王，可惜因楚王不聽，所以乃改道前往以說秦王。孟子復問宋子，當其抵秦時，將以何說面謁秦王，宋子則覆以當以戰爭之利與不利以說秦王。孟子卻詢以，何不以正義與王道之說去干說秦王，由是可知宋孟二子對戰爭的看法有所不同，宋子是由作戰利與不利的立場來觀察，而孟子乃由仁義與王道問題方面去著手。〔註18〕孟子雖亦反對戰爭，但究竟沒有到處奔走去呼籲列國止戰，但宋子卻效法墨子

〔註18〕見《孟子·告子篇》第二十四章：「宋牼將之楚，孟子遇於石丘，曰：先生將何之，曰：吾聞秦楚構兵，我將見楚王，說而罷之，楚王不悅，我將見秦王，說而罷之，二王，我將有所遇焉……。」

的行徑，爲戰禍的可怕並爲和平起見而奔走天下干說列君，以企求和平，因此莊子曾批評宋子謂：「不累於俗，不飾於物，不苟於人，不忮於眾，願天下之安寧以活人命，人我之養畢足而止，此以白心，古之道術有在於是者。宋鈃尹文聞其風而悅之，作爲華山之冠以自表，接萬物以別宥爲始，語心之容，命之曰心之行，以聏合驩，以調海內，請欲置之以爲主。見侮不辱，救民之鬥，禁攻寢兵，救世之戰，以此周行天下，上說下教，雖天下不取，強聒而不舍者也，故曰上下見厭而強見也。」〔註19〕所以宋子所說的「見侮不辱」即連莊子也嘆爲觀止，誠乃千古難能之士，毋怪乎荀子於當日曾斥其太過造作，而不近乎人情。

按孟宋二子固同樣反對攻伐，但孟子以仁義王道而止戰，而宋子卻以攻戰均不利於交戰雙方團體故止戰，故所道的立場不同。又觀宋子一生實太過寡欲，是乃人情之所難勝任者。所以若將當時的宋子與楊朱兩人的思想加以比較，則可說是南轅北轍，實恰相反。按楊子倡爲我之說，言拔一毛利天下而不爲，至於宋子則爲人不顧己饑，不忘天下之危難，不論日夜皆爲蒼生奔走，以圖止戰而救世。是以荀子評其「蔽於欲而不知得」，即是責備其太過於寡欲而致自傷其身。即如莊子也說其太過於自苦而不顧自己和弟子的飢渴，只留五斗米而自奉，終身不忘天下，日夜奔勞，是可見其刻苦精神的一般。〔註20〕

荀子在〈非十二子篇〉中，將宋子與墨子相提並論，並認其「不知壹天下建國家之權稱，上功用，大儉約，而僈差等，曾不足以容辨異，縣君臣，然而其持之有故，其言之成理，足以欺惑愚眾，是墨翟，宋鈃也。按宋鈃在當時社會乃被認爲小民階級的思想家，故對上層統治階級之所爲，頗不以爲然，是其欲自建其合乎廣大低級民眾的學說體系，俾便齊鳴於世，故莊子亦批評之謂：「故夫知效一官，行比一鄉德合一君，而徵一國者，其自視也亦若此矣。而宋榮子猶然笑之。且舉世而譽之而不加勸，舉世而非之而不加沮，定乎內外之分，辨乎榮辱之境，斯已矣。彼其於世，未數數然也。」〔註21〕按宋子既持舉世譽之而不加勸，舉世非子而不加沮，無怪乎其視人生的毀譽爲不足道，故乃置之度外，而倡見侮不辱之說了。

〔註19〕見《莊子・天下篇》，《莊子集釋》頁 1082。
〔註20〕見《莊子集釋・天下篇》，頁 1084。「雖然，其爲人太多，其自爲太少，曰：請欲固置五升之飯足矣，先生恐不得飽，弟子雖飢，不忘天下日夜不休，曰：我必得活哉，圖傲乎救世之士哉！」
〔註21〕見《莊子集釋・逍遙遊篇》頁 16～17。

　　我們綜觀宋子的思想大要，莫非是定內外之分，辨榮辱之境，蓋當戰國之時社會紊亂，民生塗炭，宋子欲救濟當時之時弊，故乃欲從人們的心理上去入手改造。按一般而言，人多渴望欲望的滿足，否則人與人間自難免發生衝突，宋子卻提倡「人之情欲寡」以為對策。時人復以見侮必挺身而起而與之鬥，以保護一已的榮譽，故社會上難免因之而起爭執，是以宋子復因之而提倡見侮不辱之說。這在荀子看來卻認為不然，故在〈正論篇〉曾引宋子之言而駁之，荀子謂：「子宋子曰：人之情欲寡，而皆以己之情欲為多，是過也。」又於同篇引：「見侮不辱」之論曰：「子宋子曰：明見侮之不辱，則不鬥也。」但荀子卻本乎邏輯與名學上的推理而非之曰：「應之曰，然則亦以人之情為不惡侮乎。曰惡而不辱也。曰若是則必不得所求焉。凡人之鬥也，必以其惡之為說，非以其辱之為故也。今俳優侏儒狎徒詈侮而不鬥者，是豈鉅知見侮之為不辱哉。然而不鬥者，不惡故也，今人或入其央瀆，竊其豬彘，則援劍戟而逐之，不避死傷，是豈以喪豬為辱也哉，然而不憚鬥者，惡之故也。雖以見侮為辱也，不惡則不鬥，雖知見侮為不辱，惡之則必鬥，然則鬥與不鬥邪，亡於辱之與不辱也，乃在於惡之與不惡也，夫今子宋子不能解人之惡侮，而務說人以勿辱也，豈不過甚矣哉。」（〈正論篇〉）

　　按以上荀子所引宋子之言加以分析，可知宋子立論純由人生涵養與倫理學的立場著眼，而荀子對宋子的批評，卻由名學推理的立場出發而加以批判，衡察宋子之原意，認為人生貴有含忍之德，故具有宗教家悲天憫人的態度，認為人人若能明瞭被侵侮未必即為羞辱的大義，自能釋然於懷，而不以為忤，自不致於相爭了。蓋人們之所以耽於相鬥，皆因人人以被侵侮乃為羞辱之事，苟不以侵侮視為羞辱，則自不致有爭鬥之事發生。但荀子卻批評宋子之推論不正確，蓋大凡人之所以爭鬥，多肇因於彼此間之憎惡，並非悉為羞辱之故。如優俳、侏儒、狎徒之相互侮辱，皆為諧謔之故，故其雖彼此詛罵，卻未必互相打鬥，皆因彼等心中不相惡之故。由是荀子更進一步分析謂，縱使人們認為被侵侮並非羞辱之事，倘心中存有憎惡，則爭鬥之事亦必層出不窮。是按荀子觀之，人間之鬥與不鬥，本不純在於羞辱與不羞辱的問題，而端在乎憎惡與不憎惡的事上。若見侮明知其為羞辱，倘心中不起憤懣與憎惡之念，則亦不致於發生相鬥之事，故荀子認為按宋子之所言，實不能消解人間憎惡與羞侮之事，倘我們一意地勸人不要以侮為辱，是則失卻情理，乃違背常情之事，故認宋子之立論難免有欠妥之處。

　　此外荀子復在〈天論篇〉中批評宋子之說爲「有見於少，無見於多。」此蓋宋子以「情欲寡爲教」，而不知人之情實各有不同，不可一概而論，蓋人們有欲寡者，亦有欲多者，是未必完全等同。宋子一意地只見到「欲寡」之爲妥，而不知欲多亦爲人情之常，故未可相提並論，是以荀子在〈天論篇〉中特評宋子爲「有少而無多，則群眾不化。」

　　按荀子人性論乃立基於人之情欲之上，情者性之之質，欲者情之應，苟人無情欲則不足以表其性，故在荀子人性論的體系中，情與欲的成分極爲重要，今宋子欲否定情與欲的重要性，自然與荀子的立論在根本上不相合，無怪乎荀子乃著論力闢之。

　　按荀子之人性論，重在化性起僞，而化性起僞之功夫，端在轉移其情欲，而轉移之道厥在明禮。故荀子以爲欲多則可以勸誘之以遷於善，若皆欲小，或根本無欲，則將何以化之，蓋荀子之理論不重日遷而反其初，殆因人性本惡故，人性之惡端在情欲上顯，故應順勢利導，利用人類欲多的心理，可以收到勸化起僞之功。倘使人人泯其欲望，則人人無疑皆成槁木死灰，自無法去進行勸化起僞之功了。

　　由是以觀宋子寡欲的主張，反成爲社會進步與經濟繁榮的阻礙和絆腳石，所以荀子期期然自認爲不可了。

　　由以上之分析，可知荀子之評述宋子，並非毫無理由，但究其實，宋荀二子立論之基準不同，且所道的心態也大有差別，自也難於任所厚非，而斷定其優劣了。

　　按宋子立論有墨家兼愛及崇尚天志的影響，更兼有宗教家慈愛博厚之心懷，另有莊子曠達釋然的心胸，故認欲寡則不爭，見侮而不以之爲辱則自無紛爭之可能。荀子除了從名理學的立場上予以分析外，更從人類心理學的立場上加以分析，認爲受辱之爭，乃起於厭惡與憎恨，倘人無憎惡之心，則雖見侮亦未必辱；惟荀子以名理上言，以侮與辱本有邏輯上之連帶關係，若凡事竟無覩於衷而認爲不辱，此殆有反人情之常。惟宋子乃站在宗教家之立場，而荀子卻站在名理學與人倫之常上而立言故所道不合，是以荀子乃作論以駁之。

三、論愼子蔽於法而不知賢有見於後無見於先

　　荀子在〈解蔽篇〉中論「愼子蔽於法而不知賢」，在〈天論篇〉中卻評「愼子爲有見於後，無見於先」。在〈非十二子篇〉卻將愼到與田駢合論而評之爲：

「尙法而無法、下脩而好作，上則取聽於上。下則取從於俗，終日言成文典，反訓察之、則偶然無所歸宿，不可以經國定分，然而其持之有故，其言之成理，足以欺惑愚眾，是愼到、田駢也」。

關於愼到的生平經歷，今人所知頗少，我們對他的認識，惟按《史記‧孟荀列傳》對他的附記，而知愼到本趙國人，曾學黃老道德之術，因而多能予以發揮，並敘其意旨爲十二論，同爲稷下學派的學子，但愼到卻先於申不害和韓非，而其學說更受申韓二氏的稱讚。當時正值天下紛亂的時候，唯獨齊國稷下地方能獨免戰禍，故天下學者多雲集此地，各發表其學說讜論，此中諸如愼到、彭蒙、田駢、騶奭、淳于髡、環淵，接輿等尤爲稷下學派中的卓越者。有關愼子的著作西漢劉向氏曾定爲四十二篇，迄《隋唐志》則定爲十卷，《崇文總目》列爲二卷三十七篇，今本《百子全書》則僅有短短五篇。惟近年所出版之《四部叢刊本》和後來的《四庫本》，《守山閣本》以及專門輯收佚文的《群書治要》、《太平御覽》等，則全異其旨趣，篇章甚多，計分內外二篇，內篇凡三十六事、外篇五十事。〔註22〕惟《史記》謹記載愼到著十二論。《漢書藝文志》則言法家愼子有四十二篇。

事實上，愼到的學說乃係後人採輯其佚文而成者，故在體系上並不完整，莊子曾批評之謂：「公而不當（黨），易（異）而無私。決然無主，趣物而不兩，不顧於慮，不謀於知，於物無擇，與之俱往，古之道術有在於是者。彭蒙、田駢、愼到聞其風而悅之、齊萬物以爲首、曰天能覆之，而不能載之，地能載之，而不能覆之，大道能包之，而不能辯之，知萬物皆有所可，有所不可，故曰選則不徧，教則不至，道則無遺者矣，是故愼到棄知而已，而緣不已。〔註23〕

莊子在〈天下篇〉中一方面固然稱讚愼到任法，講求公允，爲人不阿黨偏私，凡事更能依理決斷，除法以外別無可爲主宰者，於萬物各得其旨趣故能意理無碍而和一，且依理用法，不顧前後左右，所有決斷皆能正直無所懼慮，於法之外，更別無可擇者；故莊子稱之謂自五帝以來以法爲政術者，皆有可尙之迹，且受到彭蒙、田駢等稷下之士的聞風景從，蓋天覆地載各有所能，而大道包容萬有，不嘗辨說，且萬物有可與不可，乃隨其性分之當任。若必欲勉強揀選，則反而不周徧，且世間萬物不同，稟性各異，不可強一，

〔註22〕參日本‧渡邊秀方著《中國哲學史》，上世哲學：第六篇，法家，頁190～191。
〔註23〕參郭慶藩，《莊子集釋‧天下篇》。

故必欲以此教彼，則反非至極之道，蓋率至元道之初，物物皆自得，而無遺失。故慎到一方面秉承道家精神，息慮棄知，忘身去己，而另一方面又揀鍊是非，據法斷決一切，慎到即守此法則以爲道理。此乃莊子〈天下篇〉中對慎到的論述，本乎道家的觀點，對慎到作一批判，但莊子〈天下篇〉究非莊子所自撰，乃莊子之後學所撰寫，難免雜以法家的思想去批評慎到。

然在崇尚禮治的荀子看來，慎子之崇法，實乃蔽於法而不知賢，且有見於後果，而未見於機先，故認其崇法之說爲不當。

慎子一方面承繼莊子的思想，認萬物大小美醜，在絕對的見地上可說是同一的，不過在差別的自相上，則各有其差異，故萬物皆有所可，有所不可，因此在人生的看法上，乃主張摒棄一己主觀的小智，歸依於自然的法理，故云：「有權衡者不可欺以輕重，有尺寸者不可差以長短，有法度者不可巧以詐僞」。〔註24〕這說明慎子是一個講究法度衡準的人，一切作爲皆受法之制衡，故偏重於客觀上法制的建立。

因此，在政治方面慎子特別強調政治的要務，乃在保全社會的秩序，倘使社會上各級人士，能各安其本份，則亂當無由以生。慎子且將社會的構成分爲三級，即君、臣、民三等，君者乃爲政治的目的或社會的利益而設立，而社會則非爲君而設，君之行政自必有取於臣，而取臣之道，務在使臣得以自爲而爲君。取臣之後必任臣以事，臣盡其力，而君致其治，但在慎子整個看來，政治之道究不離法與勢，而不在乎賢才。法爲客觀的準則，藉以定民眾行爲的賞罰。君者，執法而治，重法不重人，而政治本身又與權勢結不解之緣，故謂：「爲人君者，不多聽，據法倚數，以觀得失，無法之言，不聽於耳，無法之勞，不圖於功，無勞之親，不任於官，官不私親，法不遺愛，上下無事，惟法所在」。〔註25〕

由是可知慎子既重法與勢，故凡一切行爲措施莫不主張以法爲準，故爲君者之聽，悉以是否合乎法度爲準，無法之言，不聽於耳，由是可知慎子之如何重視法治。慎子更謂：「大君任法而躬，則事斷於法，法之所加，各以其分，蒙其賞罰而無望於君，是以怨不生而上下和矣」。〔註26〕

又云：「法雖不善，猶愈於無法，所以一人心也。夫投鈎以分財，投策以

〔註24〕見《慎子·君人篇》第五。
〔註25〕參《群書治要》引《慎子·君臣篇》。
〔註26〕見《慎子·君人篇》。

分馬，誹鈞策為均也，使得美者不知所以德，使得惡者不知所以怨，以所以塞願望也。……法制禮籍，所以立公義也，凡立公所以棄私也」。〔註27〕

這更表明了慎子重法的主張，他認為為君者不必凡事躬親過問，但問之是否合乎法度，倘人人遭受賞罰，並非出諸君主之私意、一切悉本之於法，則人人必不致出怨尤了。且慎子認為不論法之本身是否臻於完善，有法總比無法為優，且法乃齊一人心的手段和方法，又如當分馬、分財之時皆須遵循準則，方如是人才不致有怨尤了。所以法制之立，主要在乎棄私而立公信。

慎子既重法又重勢，故認為政治非權勢莫為，故謂：「飛龍乘雲，騰蛇遊霧，雲罷霧霽，而龍蛇與螾螘同矣，則失其所乘也。賢人而詘於不肖者，則權輕位卑也。不肖而能服於賢者，則權重位尊也。堯為匹夫，不能治三人。而桀為天子，能亂天下。吾以此知勢位之足恃，而賢智之不足慕也。夫弩弱而矢高者，激於風也，身不肖而令行者，得助於眾也。堯教於隸屬；而民不聽，至於南面而王天下，令則行，禁則止，由此觀之，賢智未足以服眾，而勢位足以任賢者也」。〔註28〕

由這段話更可知慎子任勢、任權而不任賢的主張了，因為以龍蛇之銳亦當乘雲霧之勢。堯雖有賢才，但因有勢、有權，卻可以左右天下。這正如矢必乘風，苟不得其勢、其權，則雖有賢能亦不足以發揮力量。

由以上慎子的主張觀之，慎子重法、重勢、重權，就重法之立場言之，慎子之主張頗異於商鞅，他認為法必須客觀，必須有權威，超然獨立，俾使受刑罰之人，心悅誠服，由是可知慎子主張法權獨立，不受侵犯，俾受刑者亦自甘於服刑，別無怨恨。故慎子主張人君當任法而不任躬，且反對法先王之道，因為先王之道早已時過境遷，不合時宜了。但孟子卻認為「遵先王之法，而過者未之有也」，〔註29〕又謂：「為政不因先王之道，可謂智乎」。〔註30〕

按孟子所主張之法先王之道，乃是法效先王為政之精神，未必是法效其制度，且孟子所法效者乃先王之法的優越處，並非一味地保守，至於慎子則不然，他是絕對的反古，反保守，並且貶黜聖人，尊崇自然，而以後人之制為準。況且慎子太過重視權勢的重要性，所以認為大凡執法者與為政者，不可不內具威

〔註27〕見《慎子‧威德篇》。
〔註28〕見陳奇猷校訂，《韓非子集釋》，卷十七，〈難勢篇〉第四十，頁886。
〔註29〕見《孟子‧離婁篇》。
〔註30〕同上。

嚴，外具親和，否則其法當不能自行，故愼子特言「賢人而詘於不肖者，則權輕位卑也，不肖而能服於賢者，則權重位尊也，是無權雖有才能亦無所用也」。〔註31〕

　　由是可知愼子之重視權勢，認雖有賢才而無權勢則亦無所用，但其重視權勢的理論，連韓非子亦未必同意，故韓非子曾著論駁斥愼子之見解，認爲大凡政事必才，德、權勢相互發揮，方可奏效，僅有權勢未必成功。而愼子本身爲了使「法」從個人主觀的立場中分離出來。故欲使「法」獨立而如同自然法則一般，以保持其客觀的權威性。

　　由以上所述觀之，可知愼子之重法、重權、重勢之立場，其任法不任賢的主張，即連莊子亦不以爲然，曾撰論駁斥愼子之不妥，由是荀子乃評愼子爲蔽於法而不知賢。

　　蓋愼子既以法爲主，則治天下之事，惟在奉法而已，愼子且以法立則君雖不賢可也。且百官之事，亦惟以守法，不須必賢。故曰立君而尊賢，而賢與君爭，其亂甚於無君。愼子此種尊法輕賢的主張，恰與荀子之尊君、崇聖、重禮義之主張背道而馳。以荀子的觀點看來，人君乃操政教之柄，爲化性起僞之君師，今愼子竟尚法而不尚賢，且以法超越於一切之上，並欲人君無以爲，凡事不必躬親過問，一任法之運行即可，故百官之賢不肖亦不必考慮，祇要人君有權勢在握，即可操縱管理一切，此實與儒家崇賢之政治思想相悖。按儒家的政治思想在化民成俗，以聖王德化一切，愼子既尚因時爲治，因勢利導，故不重德化與賢能的功能，但憑法制去管理，這正和孟荀二子所主張的不同，無怪荀子評之爲蔽於法而不知賢，且愼子太著重於後世之法制，而不崇尚先王的政績，所以荀子又批評之謂：「有見於後，無見於先」。認其思想體係爲不全、不粹、不盡者。

　　按韓非固有駁愼子言勢之說，但韓非終究亦不免言勢，不過二人在程度上，稍有出入而已，祇是韓非尚肯定賢德的重要性，尤以治人與治法之間的制衡作用更不容忽視，至於愼子則祇知一味地任法，崇權勢，而不計賢才，則是其不知徒法不足以自行的原理。因此即連莊子也都批判愼子不尚賢之欠當，故荀子在〈非十二子篇〉中，特作論以闢之。

　　蓋愼子既以法爲主，則治天下之事，惟在奉法而已，認爲法立則君雖不賢可也，百官之事，亦惟以守法，不須必賢，此種見解在儒道兩家看來，自

〔註31〕見《韓非子集釋》，卷第十七，〈難勢第四十〉，頁886。

無法接受，因為不賢之人而有權勢，必致濫用權勢，隕越法度，反而因擁有權勢而玩法，反成無法，此殆愼子之輩所不察耳。

至於荀子所連帶論到的田駢，其思想實與愼到無異，皆以任法為主。按《呂氏春秋》〈不二篇〉曾言：陳駢貴齊，尸子則云田子貴均。總之，田駢、接輿、愼到、環淵之徒，皆當時所謂稷下學派的學士，其學說實不過揉合了道家與法家，而其主要思想莫非崇道尚齊，隨物而動，故不重知識，僅以道術應用於政治，一方面又重道家所倡的無為，另方面復強調尚法，故荀子評之為：「終日言成文典，反紃察之，則倜然無所歸宿，不可以經國之分……足以欺惑愚眾，是愼到、田駢也」（見〈非十二子篇〉）。

由以上所析，可知荀子的批評，頗為中肯，因為愼子之論有失公允，且所見難免膚淺，無怪荀子之深責了。

四、論申子蔽於勢而不知知

荀子在其〈解蔽篇〉中論申不害為「蔽於勢而不知知」，按李悝，申不害，商鞅，皆為當時刑名法術之士，李悝尤為其中之先導者，但李悝與申不害二家之書並不傳，惟獨商君書見在，但申不害之遺文猶可見於他書稱述中。《史記》記載申不害乃京邑人，為故鄭國之賤臣，申子曾以學說干說韓昭侯，昭侯用為相，乃內修政教，外應諸侯，凡十五年，終申子之身，國治兵彊，外國無敢侵韓者。

考申子之學實本於黃老，但卻主刑名，曾著書二篇，號曰《申子》。《漢書藝文志・法家》云《申子》六篇，但其書已佚，唯見於後人所掇拾，其學可考者有三，一為以虛靜無為為君術，二為尊法，三為重勢。

韓非子〈定法篇〉說：「申不害言術，公孫鞅為法，按術法二者，本無輕重，須相待相需而後政令乃可得而行，韓非子乃認，申、商二子各得其偏，故不能成其王伯之業，韓非子解其術謂：「術者，因任而授官，循名而責實，操殺生之柄，課群臣之能也，此人主所執也」。〔註32〕

按申子所言之法，除刑罰外，實兼含有如當今之民法與一般行政法規，乃粗具規模，而其精神則與當今法律無異，但申子除法之外又特著重君主御臣之法，此種方法實可謂之術，蓋法為治民，而術則為人君南面之術，韓非

〔註32〕同上，卷第十七，〈定法〉第四十三，頁第96。

子卻認為此兩者是不可分離的，惟申子卻更看重術與勢以作施政的手段。

申子特言為君之術謂：「愼而言也，人且知女，愼而行也，人且隨女，而有知見也，人且匿女，而無知見也，人且意女，女有知也，人且臧女，女無知也，人且行女，故曰唯無為可以規之」。〔註33〕按以上申子所言，實不過掇黃老之所言，效黃老無為之術，以作為人主自制之道，申子認為人主祇要控制權勢，則可無為而治，故人君當以冷靜之態度御下，不當挾私情，聽近臣之言，否則必生姦亂。

惟按申子之本意，以為人君不可自示其好惡之情，否則臣下必立察其意，而競相迎合奉承了。又若人君自示其知識見解，則臣下必千方百計以文飾其識見，以便取悅邀寵，是以人君最好宜純樸不用智慧，則臣下當不致於競相用智，如是人君則可憑權勢，以坐收號令之功，俾使臣下無所窺伺其底細，此乃保全君道與君勢之秘訣。

司馬遷曾批評申子此種主張乃基於黃老之說，但事實上，黃老任道不任勢，任自然而不任權術，此實黃老與申子之不同處。因此荀子乃評之謂：「蔽於勢而不知知」，此即指申子一味地著重權勢的一面，而竟忘卻了君主當用智慧以判斷與謀事，且更當運用智能以行使實際的政策，設使君主無能而有勢，則其勢亦不能自行，況且勢力未必可恃，亦終有旁落的時候，或為權臣所乘，故荀子批評他有見於此，無見於彼，其所言重勢之說，究非確當也。且戰國之時，縱橫之士各以其智術干說人主，以致禍國亂法者頗不乏人，故申子倡人君當以無知為上，不用知為善，是乃昏庸之君，正因其無能，而每為其臣下所左右。由是以觀，則申子之論確有其未竟處，故荀子對其蔽於勢而不知知的批判，是乃確為的論。

五、論惠子蔽於辭而不知實

荀子在〈解蔽篇〉中論惠子為「蔽於辭而不知實」，於〈非十二子篇〉中則謂：「不法先王，不是禮義，而好治怪說。玩綺辭，甚察而不惠，辯而無用，多事而寡功，不可以為治綱紀，然而其持之有故，其言之成理，足以欺惑愚眾，是惠施鄧析也」。荀子在此將惠施與鄧析相提並論，蓋認彼等皆屬名辯析辭之士，而昧於大道，有見於名句文身，卻忽視了其大義所在，故乃著論而

〔註33〕同上，卷第十三，〈外儲說〉，同上第三十四，頁728。

非之。

按戰國時期名家諸子與別墨之徒實相互影響，尤以別墨諸子受名家之影響頗深，故難免將名家之理論，吸收於《墨經》之中，尤以〈大取〉、〈小取篇〉等為著。觀《莊子‧天下篇》且云：「惠施以此為大，觀於天下，而曉辯者」。按《莊子‧天下篇》中所說的「辯者」，實乃泛指當時一般辯論家之總稱，而別墨之徒，則為其中之一派而已。

據《漢書‧藝文志》謂：名家者流，蓋出於禮官，古者名位不同，禮數亦異；《漢志》敘名七家，三十六篇，今所傳者惟鄧析、尹文、公孫龍等之書，而鄧析之書又非其原始之者。

按晉朝魯勝曾著《墨經註》，其〈序文〉曾云：「名者所以別同異，明是非，道義之門，政化之準繩也。孔子曰：必也正名乎，名不正則言不順，言不順則事不成，墨子著書作辯經，以至名本，惠施公孫龍、祖述其學，以正刑名，顯於世，孟子非墨子，其辯言正辭，則與墨同，荀卿莊周皆非毀名家，而不能易其論也」。〔註34〕

按此段記載，特言墨子著書作〈辯經〉，而惠施、公孫龍之輩則祖述其學。故胡適氏乃據此以發論，認為名家乃出諸別墨諸子。殊不知《晉書》所記在後，其對於墨家與名家之關係所傳未可據為定論，且《墨經》之中含有鄧析、公孫龍、惠施等名家學說，正所以證明別墨之徒，乃受過名家的影響，且吸取了名家之說，而將之置於〈墨辯〉之中，如果惠施是別墨，則荀子當不會將之與鄧析並稱，莊子也不會說「以曉辯者」了，而尹文子中亦不致將名、法、儒、墨四家並列了。胡適氏過分相信魯勝的〈序文〉，反而抹煞了先秦所直接留下來的文獻資料。

吾人觀荀子的心目中，總以惠施與鄧析並論，咸認二子乃同一系統的論理學家，且荀子在〈不苟篇〉中所載的「山淵平，天地比，齊秦襲，入乎耳，出乎口，鈎有須，卵有毛」等學說亦同見諸《墨經》，此乃別墨引證名家之說，不可謂係名家抄襲別墨者。

在《莊子‧天下篇》中亦言：「惠施多方，其書五車，其道舛駁，其言也不中」。莊子一方面評述墨子，一方面復引證惠施的論題，來加以發揮論證。按〈天下篇〉中對惠施的論證，可分為十大項，大致如下：

（一）至大無外，謂之大一，至小無內，謂之小一。

（二）無厚，不可積也，其大千里。

（三）天與地卑，山與澤平。

（四）日方中方睨，物方生方死。

（五）大同與小同異，此之謂小同異，萬物畢同畢異，此之謂大同異。

（六）南方無窮而有窮。

（七）今日適越而昔來。

（八）連環可解。

（九）我知天下之中央，燕之北，越之南是也。

（十）氾愛萬物，天地一體也。

按《莊子・天下篇》復謂：「惠施以此為大，觀於天下而曉辯者，天下之辯者相與樂之，卵有毛，雞三足，郢有天下，犬可以為羊，馬有卵，丁子有尾，火不熱，山出口，輪不蹍地，目不見，指不至，至不絕，龜長於蛇，矩不方，規不可以為圓，鑿不圍枘，飛鳥之景未嘗動也，鏃矢之疾而有不行不止之時，狗非犬，黃馬驪牛三，白狗黑，孤駒未曾有母，一尺之捶日取其半萬世不竭，辯者以此與惠施相應，終身無窮。」

在《莊子・天下篇》中最後一段，乃對惠施學說作一總評謂：「然惠施之口談，自以為最賢，日天地其壯乎，施存雄而無術，南方有倚人焉日黃繚，問天地所以不墜不陷，風雨雷霆之故，惠施不辭而應，不慮而對，徧為萬物說，說而不休，多而無已，猶以為寡，益之以怪，以反人為實而欲以勝人為名，是以與眾不適……由天地之道觀惠施之能，其猶一蚉一蝱之勞者也，其於物也何庸！夫充一尚可，日愈貴道，幾乎，惠施不能以此自寧，散於萬物而不厭，卒以善辯為名，惜乎！惠施之才，駘蕩而不得，逐萬物而不反，是窮響以聲，形與影競走也，悲夫！」

夫以上所列舉惠施所提出的十項辯證，第一、二、三、四、五、六、七、八、九諸項皆可認係有關空間之分割而非實相之論，至於一、四、七諸項，則有關時間辯證之區別，亦認為本非實相。至於三、五兩項則辯證一切之同異亦非絕對的。至於第十項則為以上九項的結論，故所云十項辯論，實可將之分為三組。

惠子按其相對的宇宙觀來敘說他的人生觀，他認為當我們體認到宇宙的無限以及一切的差別本為假相時，即可泯滅世間一切差別上的爭論。事實上，惠子這種思想對莊子也有莫大的影響，莊子在〈齊物論〉中曾說：「天下莫大於秋

毫之末，而大山爲小，莫壽乎殤子，而彭祖爲夭，天地與我並生，而萬物與我爲一。」此中思想所含的相對觀，和辯證觀，實可說和惠子的心意是息息相通的。

按天地、高低、上下、左右、東西等名詞皆係人間的方便說辭以及所附的假名，其實空間至大無外，不知其邊，而宇宙中最小的單位也不可窮，故稱之謂小一，亦即至小無內之謂。又若我們將空間無限分割至於點的時候，此時便無幅，無厚可言了，故稱之謂不可積。又若從宇宙無限大的觀點去觀看世界時，則何有天地的差別？又何有山淵的高低。

至於就時間方面的無限性來說，更是不可分割，所以說日方中方睨，蓋自無限時間以言，任何緜延的時間都不過如一瞬間而已。又若從萬物的自相和共相上看來，萬物的異同皆非絕對的，因爲就自相而言，世間上本沒有一個同類的事物是絕對同一的，若就共相上而言，那不過是從自相中所抽象出來的普遍觀念而已，事實上別無實體可言。至於「今日適越而昔來」，則純以地球爲圓的原理，而言在南北極或南北半球，以及由於東西經之經度不同，則其所見自有差異之謂，如在多至或夏至日，由於太陽各偏向南北回歸線，故其日夜間在時間上自有差別。至於由於子午線的分隔，則日照自然不同，故彼西方日中，東方夜半。且若我們每日逐日南移而赴越，則必會產生像今日適越而昨來的現象。故云「今日適越而昔來」。

至於「連環可解」乃喻宇宙本無窮，更不可分割與分斷，且連環乃人間的現象屬乎人爲的構造，明乎此，則知連環可解的奧秘。至於天下的中央是燕之北，越之南，這乃基於地球圓形的原理下所作的中心觀，因爲在球面體上任何一點皆可做一中心點，而與圓心相連接，所以說在北方之燕，和南方之越，都可說是天下的中心。

是按以上所列舉，可知惠施之見，不僅在乎辨辭析理，更是將宇宙和人生中的一切現象視爲相對觀，所以認爲萬物在對待和異同方面，實不過是現象界中的事，且莊子與惠子本乃至交，故莊子自無不受其影響者，是乃因之而言萬物一如的原理，而否認在現象界中認識上的絕對差別觀，但莊子與惠子二人雖云係屬至交，惟二人所見又未必盡同，然因情誼歷久彌堅，故當惠子死後，莊子則覺已無可與言者，自與伯牙與鐘子期之交相若。

然考名家之說本早萌於春秋之際，其重辭令與明析理，自其來也有漸，然馴至戰國時期，其甚者難免流於播弄言辭，詭辯飾非之嫌，但惠施終究是

擅於分析名理，且復兼爲政治家，曾爲梁相，而見重於梁，至於莊子則爲一介山野逸夫，雖云曾爲漆園吏，但終不能與惠施之爲相可比。

惠施之著作至漢代僅存一篇，即《漢書・藝文志》名家著品中所錄〈惠子〉一篇，惟其書今佚而不傳。按惠子之哲學態度悉爲懷疑與辯證的，崇尚相對的知識，富於分析的頭腦，其哲學方法則由經驗層次著手，其與莊子純靠直觀的方法不同。

察惠施之時有關堅白同異之說已膾炙人口，而惠子本身正亦擅此析理故以堅白之說稱道於世，惟惠施之名學在戰國時已自成一家，屬於名學派，乃獨立於儒墨之外。且惠施之學識極爲淵博，其著述亦多，惜前後皆已散佚無存，良深可惜。今吾人所知者，不過《莊子・天下篇》中所說的十論，這可說不過是惠學中的一麟半爪，自無法窺其全豹。且此十論之中，只具論題，而未見惠子本身所提的解釋，至於若干中國哲學史中對此的解釋，則多爲今人據邏輯推理所爲之代言，故惠子之原說析理究竟若何，實莫得而知，我們今天所知者，殆出乎推理臆說：而代爲說辭，而料想其係當然如此，但在惠子當日之人士觀之，則多以怪異之論視之。

吾人今衡察惠學之精微處，則爲相對觀，而排斥任何之獨斷論者，是以惠子之學說在我國古代名學推理上頗有卓越的貢獻，但觀《莊子・天下篇》中之宗旨，雖亦非難惠子，但在非難中究含有無限讚譽之處，至於荀子則站在純粹實用倫理學的範圍內以排斥惠子的辯辭析理，且斥其爲蔽於辭而不知實。但事實上，惠子所欲知之「實」，究非現象界中的事實，殆不過是在名實相符中的名相概念而已，故自與荀子的思路不侔，是以我們自不能純以荀子的見解去作爲評斷惠子的標準。

事實上，惠子不失爲我國古代最具辯證觀的思想家，他能超越出二度空間的狹窄觀點，而作超越并相對的宇宙觀和人生觀，且其邏輯推理終能超越形式邏輯的束縛，而作動態的辯證觀，誠屬難能可貴。

荀子在其所著〈不苟篇〉中，曾斥惠子所提之「山淵平、天地比」的論證，認係極不合事實的論述。然憑公而論，荀子言此乃純站在經驗的層次以觀察現象界中諸般慣常的見解，然惠子乃就析理名言，與辯證邏輯中動態的思考去做觀察，故二者之看法在基本上不同。李頤曾謂：「以地比天，則地卑於天，若宇宙之高，則天地皆卑，天地皆卑，則山與澤平矣」。〔註35〕

〔註35〕李頤乃明朝餘干人，字惟眞，號及泉，隆慶年間進士，中書舍人，精通歷代

按空間中之高低本是相對的，以觀察者的位置而定，若觀察者立於地面，則自山高而澤低，天高而地卑，但若觀察者在空中而俯瞰地面，則頓覺山澤相平，而天地相比了。且就荀子當時而論，究乃屬於二度空宇的看法，和本諸形式邏輯的觀點，去推證一切命題，故自難接受惠子此種辯證析理的觀點，但我們今天替惠子辯解的人，無疑的，是生當四度空宇觀點之後，而在荀子當時恐難有此種覺解，無怪荀子斥其為蔽於辭而不知實了。

然就惠子本身的立論而言，在空間方面認為是相對的，即在時間方面也認為是相對的，故云：「日方中方睨，物方生方死」。成玄英註謂：「睨、側視也。居西者呼為中，處東者呼為側，則無中側也。猶生死也，生者以死為死，死者以生為死」。〔註36〕

衡之牛頓物理學系統之中，皆以空間為絕對的，然就愛因斯坦氏之相對論中，則以宇宙本為四次元空時聯續體，故在宇宙中之所謂時間，乃由比較而定，且其所定的標準，乃以宇宙中的事素相互發生的歷程與緜延關係而得時間之先後，故宇宙中的時間線，可從任何標準而訂定，即物之生死而言，亦莫不以相對的觀點而定其終始。

我們衡觀荀子對惠子的評斷，乃落實在倫理觀的基礎上，但惠子的論點卻基於論理學的立場，故二者所道不同，而荀子對惠子的評論自未見公允。但荀子之主要思想，乃欲建立以禮為本的新倫理觀，透過禮義化約，以達化性起偽的工夫，故評述惠子之論不切實際，且認其對社會的教化工作無補於事，不過徒逞口慧而已，此所以荀子在其〈非十二子篇〉中論評惠子曰：「不法先王，不是禮義，而好治怪說，玩琦辭，甚察而不惠，辯而無用，多事而寡功，不可以為治綱紀……」察以上荀子對惠子的評斷，乃純就建立新社會倫理的秩序而言，故對惠子之純粹論理系統，與思辯式的推理則缺乏興趣，是毋怪荀子對其批評之苛刻了。

六、論莊子蔽於天而不知人

荀子在其〈解蔽篇〉中評論莊子為「蔽於天而不知人」，在〈非十二子篇〉中則未予論列。按莊子的宇宙觀本極超曠，故其人生觀乃持「天地與我並生，萬物與我為一」的境界，主張萬物一體，而同天人，齊物我，泯分別，故對於

典故。
〔註36〕見《莊子集釋》卷十下，〈天下篇〉第三十三，頁1104。

世界上一切的差別相恒持相對的看法，唯其最後的共同歸宿乃同返於「道」。因此，莊子主張道通爲一，其分也，成也，其成也，毀也。但凡物無成與毀，復通爲一……已而不知其然謂之道。〔註37〕莊子以道之變化而生生萬物，而萬萬爲相對的，有成有毀，但道卻爲絕對的，而爲萬物的本根，天地皆本此道而成，人與物自亦由道而來，故萬物畢同畢疑，而天與人之差別在莊子看來本不甚重要，蓋天人同本於道，道之運行有其定則，故云有情有信。道爲自然的存在，故云固存。又道能衍生萬物，萬物亦因以顯示道之存在。

在人生觀方面，莊子有任天的思想，認爲一切後天之人爲矯揉造作，反而斲傷了天道。故云：「聖人不從事於務，不就利，不違害，不喜求，不緣道，無謂有謂，有謂無謂，而遊乎塵垢之外。」〔註38〕莊子又主張不以人害天，是乃反對後天一切反天道運作法則的人事論者。莊子以爲所謂聖人者，能齊是非死生得喪者也，故其人生觀以死生爲一致，認死生不過是自然的大化，如晝夜夢覺一般。故世上一般人以好生畏死，實乃陷於大惑之中而不得其覺解故。是以莊子特倡眞人不悅生，不惡死，而云：「古之眞人不知悅生，不疑惡死，其出不訢，其入不矩，翛然而往，翛然而來而已矣，不忘其所始，不求其所終，受而喜之，忘而復之，是之謂不以心捐道，不以人助天，是之謂眞人。」

按莊子所持之人生觀，乃其宇宙本體觀的反映，他認爲萬物一體，生死一如，故所謂運命者不過自然，萬物在現象上雖出現著種種差異相，但從其本源而言，究爲同一的無爲自然，恰如大塊噫氣一樣，此噫氣對著萬竅怒號，雖生萬籟而萌差別，但究和其本體無關。萬物雖出於幾，而入於幾，故我們若從廣大無邊的自然大道上去觀看時，則覺萬物本是一體，而一切差別相不過是對現象界中的幻象而已。

莊子一生可謂放達不覊，悠然自適於無何有之鄉，不以有天下者累，故豪然開放，不爲形畔。莊子更以現象界中一切之表象當作本體上的假相，同時認爲所謂自然的狀態，適即大道自然的分化，故在自然狀態之下最爲合理，若以人爲矯揉造作而更改之，則最爲不適宜，故莊子曾以混沌開七竅而死的故事來喻人爲造作所釀成的悲劇。

莊子既以天地萬物皆秉道而生，故吾人當應順受之，而本乎自然，是以生乎貧賤，或生乎畸形皆不足爲悲，不足怨望，蓋莊子以眞人，至人本皆與

〔註37〕參《莊子·齊物篇》。

〔註38〕同上。

道相契之人，其修養之最高峯，乃爲無爲自然，無欲、恬淡，並心齋坐忘，使人復歸返於宇宙大道，泯滅一己小智上的分別，而同於大通。故眞人不知悅生，不知惡死，其出不訢，其入不距，翛然而往，翛然而來，不忘其所始，不求其所終，受而喜之，忘而復之，是之謂不以心捐道，不以人助天，自然不重人事修爲之功，是其此種任天無爲的思想，恰與荀子重天生人成，重後天人爲的思想大相逕庭，無怪乎荀子乃著論而闢之。

按荀子既重化性起僞之功夫，認爲以後天之人力，可補先天之不足，且認一切所謂之「善」，皆係漸積所致，爲後天之作爲而成，恰如枸木必待隱括蒸矯而後直，金玉必待琢磨而後成，是以繩墨之設乃爲不直，必待有矯正之準繩，然後作爲準據加上人工方克有濟，至於純任天然的思想，是乃荀子所不採，蓋荀子本乎其後天經驗論的性格，故特重事實，重人爲，重後天的符驗，自然必反對莊子任天無爲的思想了。

觀乎莊荀二子實乃戰國時代兩不同時期中針鋒相對的思想家，一主任道，放任自然，不以人助天，一則力主人爲矯治的重要性。且莊子的思想中頗寓有禪機，以忘我純一無垢的心理來面對人生，冷眼觀世，故對現實社會不存任何希望。至於荀子則可說是亂世中古道熱腸的眞君子，其欲振衰起蔽，奮發有爲，拯救人倫，念念以現世的事功爲職志，故再三強調明禮義化約的重要性，以便發聲振聵，拯當世之沉淪，因此自必決然而起反對莊子之嗒然忘我，心齋坐忘，無爲自然，無欲恬淡，以及萬物一體，生死一如等等的看法了。

至於莊子所提倡的「聖人不由而照之於天」，當更爲荀子所極力反對的主張，因爲在荀子心目中所認爲的聖人，乃是倫之至者，更是發揮盡禮、盡倫、盡制的大學者，故就荀子觀之，聖人之爲聖人，必以聖人之僞，然後方能化性起僞，去感化眾民，故其主張與莊子正如南轅北轍，無法并存，無怪乎荀子乃言莊子是「蔽於天而不知人」了。

但當我們細察二子立論，實具有其時代上與學統上極不同的背景，且二子爲極不同典型的思想家，二者根本上不能相提並論。莊子乃亂世中，超世的思想家，而荀子卻爲亂世中入世的拯救者，由於二氏在基本上出發點不同，所以我們今天自難站在荀子的立場上去排斥莊子。夫莊子所欲達到的人生境界，乃爲寥天一的意境，俾遊心太虛，橫絕滄溟，不落物累，故其無意於人間世中的一切造作，且莊子乃本乎老子的思想，更反對矯治的思想，故其特倡未聞治天下，但聞在宥天下的政治觀。至於荀子則本乎其後天人爲的人生

觀，故期期然強調人為的重要性，必以禮治天下，以後天制約的工夫，去遺補先天的不足，此殆為莊子所正欲反對者。

按莊子所欲嚮往的大宗師，自非屬乎荀子式的聖人，而荀子心目中所嚮往的聖人，也不是莊子所提倡的真人和至人，是以二子在根本上不相侔，其所論自有天淵之差別了。

我們分析荀子的思想體系，特別著重認識心，而不是仁覺心，荀子以此「心」能知道禮義，然後以此知道禮義的心去拯救人性的惡向。然就莊子而言，乃重與「道」相契的先天本性，而以人類後天的認識心不過是「賊心」、「機心」與「成心」，故當人類盡其心的結果，反使本來天然的人性失其本真，故云「心使性滑趣」，心見越多，而人性越墮落，故陷入一片迷妄智障和執見之中而不能自拔。是以莊子著論特闢儒墨之徒，以之為有畔。至於荀子生當莊子之後，為儒門後聖之一，為欲復興儒家救世有為的思想，自不能不著論反駁莊子之非是了。但莊子若有知於荀子主張，自必視其學說為徒勞無益也。吾人揆實而論，莊荀二子在識趣，與人生見解上根本不同，本不可同日而語。故荀子對莊子的非議自有其執著處，是其評論亦未必有中肯之處。

惟觀荀子確係亂世中的真君子，其挽危扶顛與救世的熱誠，自頗值得我們的效法。然使人人果真一味效法莊子的處世態度，超然於世變之外，皆不欲赴湯蹈火，拯斯民於袵席，則世道當更無寧日矣。故當今之世，是寧取荀子有為的態度，而難純效莊子處超世的心態，惟吾人效其曠然淡泊的心志固可，方如是庶幾天機純盡，方寸不亂，不與世俗共浮沉，持守真人之分際，自亦有其崇高的價值。但道家思想之末流，馴至魏晉南北朝，自不免陷入玄談，諸如竹林七賢的行徑，當不值效法，但彼等之作為，恐受莊子之思想頗深，但其索隱行怪的精神，恐非莊生所可贊同，蓋一味地索隱行怪恐亦難免矯揉造作之弊，是亦必莊生所反對者。

惟吾人亦不可曲解莊子之意，以為世愈治而愈亂，愈有為而愈劣，但吾人自不能坐望萬方烽火待黎明之心態，而竟然無靚於衷，且若坐以言，而不能起而行；是又何益於社會人生？是以本文對荀子之積極精神，自持贊佩的態度，但關於莊子的空靈境界，未嘗不是亂世中的一帖清涼劑，能沁人肺腑，醒人耳目，是亦吾人所樂道者。至有關荀子對莊子的批評，是人言言殊，歷代來論證亦多，皆未必得其持平，故本文以荀子在〈解蔽篇〉中對莊子的評斷未必客觀，殆因其所道不同有以致之。

七、論老子有見於詘無見於信

　　荀子在〈天論篇〉中批評老子爲「有見於詘，無見於信」，可說是一偏面之詞，有其然亦有其不然處。按老子的思想，在人生論方面向來主張守柔，不爭，並力倡萬物負陰而抱陽，沖氣以爲和。〔註39〕蓋天下萬物莫非陰陽二氣的相互作用，相生相成，而「道」卻爲宇宙萬物的最高統會。至於萬物所生成之「德」，乃是有得於「道」者，但就萬物之生成構造原理而言，皆不離陰陽二者。

　　我們觀察老子的哲學思想，和其所主張的人生態度，無疑是主張守柔的，唯其能柔，能虛，所以能兼包萬物，並蓄眾生。所以老子乃本乎其宇宙思想以言人生，故倡守柔、守雌、虛靜、恬淡等務以沖和爲貴。老子曾力言效法水的美德，以水之柔和來做爲人生涵養的寫照，故云：「上善若水，水善利萬物而不爭，處眾人之所惡，故幾於道。居善地，心善淵，與善仁，言善信，正善治，事善能，動善時，夫唯不爭，故無尤。」〔註40〕這段話可說是老子發揮守柔功夫的有力主張，其主要目的乃在教人懷柔，不爭，和藏詘的原理。老子更進一步地發揮他的曲全原理，認爲世間一切因曲得全，故云：「曲則全，枉則直。窪則盈，敝則新。少則多，多則惑……不自見，故明。不自是，故彰。不自伐，故有功。不自矜，故長。夫唯不爭，故天下莫能與之爭。古之所謂曲則全者，豈虛言哉，誠全而歸之。」〔註41〕這種曲全思想，可說是守柔之道的進一步發揮，因爲老子深深地體會到在宇宙，自然中，以及在歷史演變中，強梁者不得其死的有力證據，故力言當效法水德與致柔的道理，以做爲人生的借鏡。

　　此外老子又力言正反之道，主張「反者道之動」，以正言若反的方式去歷述天下人間，萬事萬物莫不以相反相成，相生相剋的方式去向前進展。如蟄虫的行動其伸乃爲縮、縮乃爲伸，均呈現相反的姿態以維持生存，故老子說明了詘乃爲信之故（按老子此處所云之「信」字乃作伸展解，「詘」字乃作退縮解）以作爲萬物生存的原則，諸如龍蛇之蟄乃爲求生，而尺蠖之屈亦正爲求申之故，故大凡智者必須體驗天地萬物變化之道，以求其適，否則必收到相反的結果。

〔註39〕見《老子道德經》第四十二章。

〔註40〕見《老子道德經》第八章。

〔註41〕見《老子道德經》第二十二章。

老子深觀天道變化，故極重視萬事萬物相對待的原理，嘗謂：「夫高以下爲基，貴以賤爲本，有以無爲用」，此皆其反也，故又曰：「反者道之動，弱者道之用」，蓋老子一生中，皆服膺於守柔、戒剛強的明訓，這不但是出乎對自然界變化中的觀察，也是對歷史成敗得失，紛芸撩攘中所歸納出的至理。故老子謂：「天下莫柔弱於水，而攻堅強者莫之能勝，以其無以易之，弱之勝強，柔之勝剛，天下莫不知，莫能行。」〔註42〕又云：「天下之至柔，弛騁天下之至堅。」〔註43〕由是可知老子乃是從人生與自然的負面去立論的思想家。

我們總觀老子全書，知其到處強調了反者道之勸，與知雄守雌的道理，因爲老子洞觀宇宙現象，自然變化，與歷史演變中，其所呈現者莫不是陰陽交替，剛柔相濟，上下相形，高低相傾，而形成了正反面對偶的現象，但「道」卻爲宇宙中對立的統一。

老子以其人生的歷練，和長期從歷史演變中的觀察，乃體會到了剛柔相濟的原理，而深深地了解到處柔、守雌的妙用，故曰：「人之生也柔弱，其死也堅強，草木之生也柔脆，其死也枯槁，故堅強者死之徒，柔弱者生之徒，是以兵強則不勝，木強則兵，強大處下，柔弱處上。」〔註44〕蓋老子觀察宇宙人生，但見處處皆表現出柔存強折的現象，所以特別提倡屈申和曲全的原理。如云：「天之道，其猶張弓歟，高者抑之，下者舉之，有餘者損之，不足者補之。」〔註45〕又曰：「勇於敢則殺，勇於不敢則活，此兩者或利或害，天之所惡，孰知其故……天之道不爭而善勝，不言而善應，不召而自來。」〔註46〕

由以上所引在在皆說明了守柔藏拙的妙處，故老氏的主張最戒剛強，以強梁者死之徒，柔弱者生之徒。老子更善以水爲喻，如云：「江海所以能爲百谷王者，以其善下之，故能爲百谷王。」〔註47〕蓋老子總是勸誡人們，應站在宇宙與人生之反面去看問題，不應單從正面去看問題，故必透過事物的反面，始能觀得其全。諸如：「善爲士者不武，善戰者不怒，善勝敵者不與，善用人者爲之下，是謂不爭之德。」〔註48〕

〔註42〕見《老子道德經》第七十八章。
〔註43〕見《老子道德經》四十三章。
〔註44〕見《老子道德經》第十六章。
〔註45〕見《老子道德經》第七十七章。
〔註46〕見《老子道德經》第七十三章。
〔註47〕見《老子道德經》第六十六章。
〔註48〕見《老子道德經》第六十八章。

　　由上述所引老子之言，可知老子人生哲學之精華，即在負陰而抱陽，以反面去襯托正面，故教人當常存謙德，而切忌剛強。又認為人們若存驕慢之心是反乎常道，故乃極力排斥之，蓋凡富貴而驕者，莫不自遺其咎。是以老子立論，常從反面或消極的立場，去反襯他的思想。在人生處世方面，老子尤注重以陰柔之道去從事修身養性，俾表現出大道的含藏與廣大。老子曾以三寶勉人，其曰：「一曰慈，二曰儉，三曰不敢為天下先，夫慈故能勇，儉故能廣，不敢為天下先，故能成器長，今舍其慈且勇，舍其儉且廣，舍其後且先，故死矣，夫慈以戰則勝，以守則固，天將救之，以慈衛之。」〔註49〕這些在在都是勸誡人們，當持守懷柔，謙虛和沖和的美德，而力反剛梁、悍勇與暴力的生活。由是老子盛讚柔慈，謙下，與寡欲之德的功效，力勸人們就下、不爭、利物、幾於道，以做為為人處世與人生修養之極致，這是道家思想的哲理，莊子乃因之，而益加發揮。

　　至於荀子則極力反對老子此種思想，因為荀子本身可說是屬於陽剛進取的人物，主張化性起偽的人為主義者，故對老子所主張之守柔、守拙、無為、負陰抱陽等等之思想未能深契與洞澈，且荀子本身所提倡的天道觀與老子迥異，老子主張任天無為，而荀子卻主張天生人成，與天人分職之說，未若老子所倡無為而任自然的主張，無怪乎以荀子的觀點，乃批評老子為「有見於詘，無見於信」。然事實上荀子之批評未必中肯，蓋龍蛇之蟄，正為求伸。老子有見於大自然的事理，故潛觀默察，其所云者，皆係宇宙間的真象，蓋以「詘」與「信」乃一事之兩面，言「詘」者則隱含其「信」。至於荀子但就陽剛進取與伸展之方面立論，故認為老子太著重於藏詘，而忽略了進取與伸展面，殊不知老子特善就藏詘方面立言，以能詘方能伸（信）此乃荀子所未覺者，且荀子本身乃儒家後起的殿軍，一心一意莫不以復興儒術為本，故對老子之主張自不能相侔，是彼此所道不同，故荀子對老子之批評，自亦未得其當處。以吾人今日衡觀荀子之非老子處，似覺其乃執著於命題之間，而未得其正確的詮釋所致。

八、論子思與孟軻之過

　　荀子不但非議諸子，即連孔門正宗的孟子亦在其評論之列，在〈非十二子篇〉中，荀子曾批評子思與孟子謂：「略法先王而不知統，猶然而材劇志大，

聞見雜博，案往舊造說，謂之五行。甚僻違而無類，幽隱而無說，閉約而無解，案飾其辭而祇敬之。曰，此眞先君子之言也，子思唱之，孟軻和之，世俗之溝猶瞀儒，嚾嚾然不知其所非也。遂受而傳之，以爲仲尼、子游，爲茲厚於後世，是則子思、孟軻之罪也。」

按後世諸子百家對孟子的批評，皆未若同門荀子的苛刻，荀子之出乎斯論，蓋因與孟子學統不同有以致之；荀子乃出諸子夏、子弓之系統，而孟子乃出乎子思《學》、《庸》的系統，且荀子在春秋戰國諸子中，獨鍾於仲尼與子弓，認爲：「一天下，財萬物，長養人民，兼利天下，通達之屬，莫不從服，六說者立息，十二子者遷化，則聖人之得勢者，舜禹是也。今夫仁人也，將何務哉，上則法舜禹之制，下則法仲尼子弓之義，以務息十二子之說，如是則天下之害除，仁人之事畢，聖王之跡著矣。」（見《荀子·非十二子篇》）

由以上荀子所陳之論觀之，是可知荀子心目中之聖人惟有舜禹與仲尼子弓而已，其他一切似皆在排斥之列，且荀子法後王，向上追溯至舜禹爲止，以道過三代則蕩，法貳後王謂之不雅。這表明了荀子深受《易》道求新，求變，求通的精神所驅策，凡事不求因襲，保守，必進取有爲，以求其邁入一新境域，故凡事不欲墨守成規，咸認世無不變之法。是以云：道過三代則蕩，法貳後王謂之不雅。按荀子在此所說的「道」乃指人間之法則而言，並非道家所云之「道」。至於「法」貳後王乃指法制繼續綿延而達於後王，是乃不知變通所致，終必面臨窒碍難行之虞。

察孟子當日亦曾評論諸子，尤其力斥楊墨二氏，認爲墨子無父，楊子無君。故對於當時楊墨之言盈天下，乃認爲大逆不道之事，且曾著論以駁之。察孟子之發斯言，是乃純站在其政治哲學的抱負，及其仁義理想與親親之等社會觀所作的觀察，至於荀子評論諸子，乃站在名學推理，及其所存的自然天道觀與社會觀的立場所作的判斷。按荀子固爲一代大儒，且力斥賤儒、豎儒與小人儒之腆靦無恥，且更力排一曲之士，認彼等爲不全、不粹、不盡之士，故其〈非十二子〉之論間多有確當之處，但其對於老子、莊子、子思與孟子等之評述則恐未得其持平處，且其立論之中，難免多受名學上命題之羈絆，而未必精達於義理之處，是難免有其專斷之虞。

我們細察荀子評論孟子，認其法先王之禮義，但卻疏略而不知禮義之統類，認其思想缺乏系統與淵源；是觀荀子對孟子之批評其關鍵本不在思、孟法先王本身的問題，乃在乎確認思孟的思想理路有略而不知其統之虞，因爲

就荀子本身看來，乃自認其一己已獨得孔門禮義之學說，且直承仲尼、子弓之門系，況且在荀子的心目中深信惟有子弓一脈獨得孔子之學，故非屬子弓一系列的學說皆視之爲未得孔儒眞門道之列。

　　但荀子之論果得其平否，孟子之學說及其傳道若果如荀子所言之乃屬於疏略而不知統類，然吾人細察孟子之學說，自知其亦有其淵源可言，曷能如荀子之所言，認其無統類。關於孟子的學歷，司馬遷在《史記》中曾記述謂：「孟子鄒人也，受業子思之門人。」（見《史記・本傳》）故孟子之傳孔子之學，亦自有其不同的傳承，自無疑義，且孟子自稱謂：「君子之澤五世而斬，小人之澤五世而斬，予未得爲孔子徒也，予私淑諸人者也。」〔註50〕又云：「由孔子而來至於今百有餘歲，去聖人之世，若此其未遠也，近聖人之居，若此其甚也。」〔註51〕由是可知孟子距孔子年代雖百有餘年，但鄒魯之邦，國土接壤，孟子自能耳濡目染孔聖之學，私淑其門人自有其學術上的統緒，恐未必盡如荀子所言「略而不知統類」，且孟子在戰國初期當諸子學說並起，與百家爭鳴之世，獨能擔當衛道之精神，奔走列國，不畏權勢，力排眾說，是其不愧爲孔門眞徒，雖云私淑，是其與仲尼之精神實相左右，豈能說略而不知統類。

　　據《孟子外書》云：「曼邱不擇問於孟子曰：夫子焉學？孟子曰：魯有聖人曰孔子，曾子學於孔子，子思學於曾子，子思孔子之孫，伯魚之子也，子思之子曰孔白（字子上），軻嘗學焉，足以得聖人之傳也。」〔註52〕且據漢時趙岐注《孟子》曾云：「長師孔子之孫，治儒術之道，通《五經》，尤長於《詩》、《書》。」〔註53〕由以上所云觀之，孟子之學統顯然可見，安得如荀子所云，略而不知統類。按孟子生當戰國初期，正處韓、趙、魏三家分晉之時，時秦孝公正用商鞅變法，反儒術去虛華，重刑信，由是法家思想大興於秦邦，而東方之齊國則亦大集諸子於稷下，稱曰稷下學派。《史記》稱：「自鄒衍與之稷下先王，如淳于髡、愼到、環淵，接子、田駢、鄒奭之徒，各著書言治亂之事。愼到趙人，田駢，接子齊人，環淵楚人，皆學黃老道德之術。」〔註54〕按孟子之時，天下之學說大致可分爲燕齊派，包括雜家、陰陽、縱橫等家，以虛無、迂怪，功利等思想爲其特徵。另有陳楚派，則以農家、墨家、老莊

〔註50〕見《孟子・離婁下》。
〔註51〕見《孟子・盡心篇》。
〔註52〕見《孟子外書・性善辨》。
〔註53〕見《孟子》趙岐注。參清、焦循《孟子正義》，上冊，〈孟子題辭〉。
〔註54〕見《史記・孟荀列傳》。

等派爲骨幹。又有鄭衛派，以法家、名家等爲主，此外即是鄭魯派，以子思、孟子獨倡儒學，此所謂九流諸子之中，除了孟子之外，均爲非儒之論。又自新興的法家而言，有韓人申不害言「術」，趙人愼到言「勢」，誠如荀子所評之「申子蔽於勢而不知智」，「愼到蔽於法不知賢」。孟子生當如此複雜的學術背景中，獨以仁義道德爲天下倡，是乃可知其道德勇氣有以致之。

按孟子時諸子皆好辯，名道、縱橫、法農等家，均以善言談而稱「辯者」，如道家莊子善辯，名家惠施好辯，墨家亦有別墨派之善辯者，孟子處當此時會之中，焉能不辯以應諸子？故孟子自云：「予豈好辯哉，予不得已矣。」是可知孟子於當時伸張正義，發揮王道之說，其處境遠比孔子之時爲惡劣，孔子所遇者爲好富國強兵之諸侯，而孟子所遇者，乃眾口鑠金之辯士，與百說爭鳴，令人莫所適從的時代。正所謂聖王不作，諸侯放恣，處士橫議之秋，諸侯以攻伐爲尚，以功利爲上，孟子祖述子思性善之說，發揚人類先天道德理性，崇尙圓善之論，而貶抑功利，強調人人皆可爲堯舜，堅持仁義良知之說，以與當時佔優勢的功利主義者與邪說相抗衡，是其爲人更富有道德勇氣與果敢精神，以義對不義，以仁對不仁，故以王道斥霸道，論衡諸子，批述時政，以仁民愛物爲指歸，故其思想頗饒有啓發性、挑戰性，然而當時列國君侯，皆以其說爲逆耳，自無法接納，但孟子本身從不氣餒，仍然挺立於危世之中而曰：「如欲平治天下，當今之世，舍我其誰。」〔註55〕但荀子卻因此批評孟子爲「材劇志大」，認其自出豪語，而有自命不凡之處。

我們細察荀子評論孟子之學，認孟子乃「其學雜駁」、「不識統類」、「不足以經國定分」，恐係屬于情感之言，而非學術上正確的評斷。至於荀子評述孟子「道五行」，此「五行」究係何指，是否指鄒衍之五行終始說，或五德烊始說。按此「五行」實乃五常之稱，即指「仁義禮智信」之五種正行而言，恐未必是鄒衍所指之「水火木金土」之五行。近人章太炎氏曾謂：「尋子思作《中庸》，其發達曰天命之謂性，鄭注認爲，木神則仁，金神則義，火神則禮，水神則智，土神則信，孝經說略同此，是子思之遺說也。」案思孟五行之說，本不見乎《中庸》與《孟子》二書，或以〈逸篇〉之中有斯言否，猶未可知。按《漢書・藝文志》云：子思子二十三篇，今所傳者只《中庸》等四篇，又《孟子》本云十一篇，今只七篇，皆未見有五行之說，夫孟子言「五常」，是乃仁義禮智信，荀子何得比附援引，認其乃承襲鄒衍五行之說，而加以非難，

〔註55〕見《孟子・公孫丑篇》。

此殆爲歷史上待考證的問題，自不可遽爲定論。

按章太炎氏據鄭注之說，遽認五行乃子思之遺說，恐亦未免武斷，若夫五行之說肇自《洪範九疇》，孟子淵源《詩》、《書》傳統，恐亦有得之，但此五行思想恐非如鄒衍之陰陽五行說所可比擬，故荀子批判孟子就前古之事，自造一說，謂之五行，認此五行之說，極其僻邪而無條貫，乃屬幽隱閉結，不出儒門，恐是荀子以孟子之說有附會鄒衍之處，故乃闢之，然究其實，荀子之論恐難中肯。

又荀子批判孟子多文飾其辭，而說是先君子（孔子）之教，認孟子有附會之處，故荀子非之，更評孟子爲「溝猶瞀儒」（按溝字音寇，作愚解，瞀字音茂作暗解），是無疑說孟子爲人既愚且暗，未明眞道，而以講瞀之儒譏之，荀子不但譏評孟子，即連子思亦在批評之列，認子思倡於前，孟子和於後，認他們二人都是世俗愚蒙的儒者，不能冷靜地省察一己誤謬之所在，遂盲目地受而傳之，自以爲直傳孔子、子弓之言，故荀子力斥孟子爲不得道統，且更進而認爲孔子之道反因思孟之過，而暗澹無光了。由是以觀；荀子此種論說實未得其持平之處，不意當時戰國諸子皆未對孟子發出如斯猛烈的攻擊，反倒是儒門師弟，出此激烈的言論，是亦千載詘詘怪事了。

平實而論，孟子重乎內聖，荀子重乎外王，以外王之事功去彰顯內聖，故特重仁人所應爲之事，故其所指之「統類」，乃指前法「舜禹」之制，後法「仲尼、子弓」之義，故皆不離禮義本身立言，蓋就荀子心目中所存之仲尼與子弓，自是偏重於外王之一面，以外王而顯其內聖，但荀子卻無視於思孟一派專以道德主體性之體認與內省之思路。

孟子當日曾以「闢邪說，放淫辭」爲倡，欲澄清當時天下囂囂之論，俾維護孔子仁義之說，而荀子反斥孟子爲不知統類，幽閉無說，此乃因荀子自詡其獨得子弓的學統，而未諳子思、孟子的思路，故其批判自未得其平，我們恐難遽以荀子的批評去定論孟子，是乃不可不察者。

按孟荀二子對孔子而言皆可說是後儒，二人各繼承孔子之學說，孟子所重者乃仁義內住之道，而荀子所重者乃孔子禮義之學，皆保有各自不同的新義。孟子哲學之基礎，爲仁知合一，乃重《詩》、《書》傳道的系統，以伸堯舜的德化精神。在道德觀上，孟子重良知說，以心善言性善，發揮人人皆可爲堯舜之說，其在知性作用上不重客觀認識心，而乃著重內覺的仁識心，故特重道德上內在之反省與自覺之功夫，由不忍人之心，發爲不忍人之政，故

特偏重於良知自證，而孟子更特推崇曾子與子思學派，故其特重於良心實體論，此在孔子眾弟子中可說罕有與其相近者。孟子尤重反身而誠，以仁心證仁體，人生之樂，純由仁來，故時賢以孔孟並稱。至於荀子則不然，蓋荀子獨得乎冉雍之術，以大儒莫之能立，獨仲尼子弓是也。荀子在知性方面特重客觀認識心，爲知性主體觀，不取孟子之內在直觀，而取外在經驗的途徑，以道德乃純出乎後天的修爲，更以《禮》爲匡正人性的準繩。

在本體論方面，荀子特重「自然之天」，天人各自獨立存在，人天並不相應，且認爲天並無意志，純任自然，故其言仁義並無道德本心，與本體上的根據，是以不得不落入「功利道德」之上。其所言一切之道德皆出乎聖人之僞（人爲），故毋怪乎循荀子之思路，最後竟由禮而法，而重乎外在之修爲，故不由內在的仁覺心上立論，且認人之立德乃在後天，而非在先天，是以言「長遷不返其初」，故荀子之道德觀終究缺乏心體上的本源，是乃純由知覺心而發的主張，是乃孔子學說的別出者。

由是以觀，荀子之評孟子爲「略法先王而不知統，猶然而材劇志大，聞見雜博，案往舊說，謂之五行，其僻違而無類，幽隱而無說，閉約而無解，案飾其辭而祇敬之，曰，此眞先君子之言也，子思唱之，孟子和之，世俗之溝猶瞀儒，嚾嚾然而不知其所非也，遂受而傳之，以爲仲尼、子游爲茲厚於後天，是則子思，孟子之罪也。」可知此種批評，出乎情感之成份居多，出乎理性批判之成份甚少，我們恐難據之而對孟子作如是之定論。

荀子論孟子「略法先王而不知統」，「聞見博雜」，此說恐非孟子及人人所能接受，蓋荀子評孟子於其身後，若孟荀同時，則孟子恐亦不甘緘默也，千載以下，吾人讀荀子〈非十二子〉之文，觀其對子思與孟子之評議，自知並非持平之論。

一言以蔽之，孔孟二子乃取仁義內住與德化之精神，而荀子則兼受當時諸家學派之影響，難免走入功利的思想。故先秦儒家至荀子之時，可謂面臨了一大轉折，當我們正視先秦原始儒家之眞精神時，當可據其原義，以證荀子之評孟子誠未得其平也。

九、荀子對他囂、魏牟、陳仲、史鰌等的批判

荀子在〈非十二子篇〉中曾開宗明義地批評當時的雜家，如他囂、魏牟、陳仲、史鰌等四人。荀子謂：「假今之世，飾邪說，文姦言，以梟亂天下，矞

宇嵬瑣，使天下混然不知是非治亂之所存者，有人矣。縱情性，安恣睢，禽獸行，不足以合文通治，然而其持之有故，其言之成理，足以欺惑愚眾，是他囂、魏牟也。」至對於陳仲、史鰌二人則評謂：「忍情性，綦谿利跂，苟以分異人爲高，不足以合大眾，明大分，然而其持之有故，其言之成理，足以欺惑愚眾，是陳仲、史鰌是也。」

按以上荀子所列舉的諸子乃是當時的雜家，其中魏牟氏乃魏國之公子，據高誘考證云：「公子牟，魏公子也，魏伐中山得之，以封子牟。因曰：中山公子牟也」。〔註56〕又據《漢書‧藝文志》乃將魏子列爲道家，謂《公子牟四篇》，但其書今佚而不傳，不過魏牟之思想亦注重人生貴應與道相合，見《莊子‧秋水篇》云：「公子牟曰，且夫知，不知論極妙之言，而自適一時之利者，是非陷井之鼃與？且彼此跐黃泉而登大皇，無南無北，奭然四解，淪於不測，無東無西，始於玄冥，反於大通。」由是可知連莊子亦借重公子牟的話來表達他個人的思想，是可知魏牟子思想之曠達了。

我們細察魏牟的思想乃深得道家怡然自適，而與道爲伍之樂，故無意於人間世的作爲，是其此種思想自與荀子之人事論者不合，故荀子評其爲縱欲，安恣睢，禽獸行等評語，但我們看班固卻極稱重魏牟，稱之謂：「先莊子，莊子稱之。」在《說苑‧敬慎篇》中且述魏牟曾勸穰侯「重生遠罪」，清朝學者孫詒讓氏在其《子莫學說考》中曾稱魏牟爲：「殆樂生玩世，純任自然，而放浪形骸之外。」荀子在當時恐未察其實，乃評之爲縱欲主義者。事實上，此種樂生玩世，純任自然的思想，未必即是物欲主義者，第因其不重人爲，不事禮樂，故與荀子所倡者不合，是故乃著論以非之。蓋荀子的基本觀點乃據禮義之統以建立其一己思想的體系，凡所道不合其「禮義之中」的學說，皆在荀子抨擊之列，故其批評魏牟的思想並非無故。

至於他囂氏，在荀子觀點中乃置之與牟子並論，未詳其爲何代人，惟據《世本》所云，其乃楚平王之孫，有田公它成之稱，惟其說頗與魏牟相同，均屬于當時道家放任自然之說，故荀子乃將之與魏牟並論，且力闢其說之非。

至於荀子所評論的陳仲，乃係齊人，其爲人狷介，世居於陵（按於陵在今山東省長山縣西南）。孟子曾謂：「於齊國之士，吾必以仲子爲巨擘焉，雖然，仲子惡能廉，充仲子之操，則蚓而後可者也。夫蚓，上食槁壤，下飲黃泉。仲子所居之室，伯夷之所築與，抑亦盜跖之所築與，所食之粟，伯夷之

〔註56〕參《呂覽》注。

所樹與抑亦盜跖之所樹與，未可知也。」〔註57〕

　　按孟子對於陳仲子的行誼頗爲稱讚嘉許，曾引當時士人匡章之語謂：「陳仲子豈不誠廉士哉？居於陵、三日不食，耳無聞，目無見也，井上有李、螬食實者過半矣，匍匐往，將食之，三咽，然後耳有聞，目有見。」〔註58〕按陳仲子本是齊國的世家，其兄曾仕於朝，一載食祿萬鐘、而仲子竟以其兄之所得爲不義之祿，故守志不食。又以其兄之室，爲不義之室，而不居室終身辟兄離母，獨處於陵之境，避世而不見。由上引《孟子・滕文公篇》之記載可知，陳子乃亂世中之隱遯者，志行高潔，不欲隨俗遷流，故乃離家獨處，自力工作，勞苦疲乏，以求自奉，且輕功名利祿，爲墨家之信徒，抗懷千古，特立獨行，不欲與世同俯仰，但終因太求名節不食不義之食，遂致餓死曠野，這是陳仲子爲人之灑落處，但荀子終認其太過造作，而不予贊同。

　　又《淮南子・氾論訓》曾謂：「陳仲子立節抗行，不入誇君之朝，不食亂世之食，遂餓而死。」《戰國策・齊策》曾記：「趙威后問齊使曰，於陵子仲尙存乎？其爲人也，上不臣於王，下不治其家，中不索交諸侯，此率民而出於無用者，何爲至今不殺乎？」《孟子・盡心篇》中曾記曰：「仲子不義與之齊國而弗受，人皆信之。是舍簞食豆羹之義也，人莫大焉亡親戚君臣上下。以其小者，信其大者，奚可哉。」此乃說明陳仲子爲人品性磊落光明，不隨波逐流，不欲見污於濁世，故志行高潔，凡不合於義，悉不受之，故即使以齊國悉奉之，亦所弗受。這是當時人人皆信的事實。然在孟子看來，並不苟同陳仲子的行徑，所以孟子斥之爲不過是「舍簞食豆羹之義」，故認其陳義不高而不值效法者。因爲在孟子看來，陳氏的行徑不過是小義，而未知大義之所在，故乃力斥之，表示不欲取此種心態的人格者。

　　以孟子看來尙且不取陳仲子的作風，無怪乎提倡積極入世有爲的荀子自然更不取仲子的作風了。是以，荀子批判他說：「忍性情，綦谿利跂，苟以分異人爲高，不足以合大眾，明大分，然而其持之有故，其言之成理，足以欺惑愚眾，是陳仲，史鰌也。」（見《荀子・非十二子篇》）由上可知荀子以仲子之輩固屬秉性磊落，特立獨行，但終究是孤高自賞，離群索居，不合於當時之社會，且其對人群毫無貢獻，徒有清高之令名，而無入世救溺之決心與捨己爲人之美德，是其此種孤芳自賞之精神究與社會人群曷益？是以荀子乃

〔註57〕見《孟子・滕文公篇》。
〔註58〕同上。

著論以闢之，認仲子此種自絕於人群的生活，本不值得提倡，爲了糾正世人對其錯誤的觀念，故乃向世人宣告，不宜宣揚此種孤僻的行徑，俾免世人皆效陳仲子之行爲而自誤誤人了。

事實上，陳仲子乃亂世中憤世疾俗的隱君子，對於現實自呈不滿的態度，對於當時各國之統治者深惡痛絕，是其認爲世上已無淨土，一方面既乏問世的興趣，另方面自亦受各國統治階級之深惡痛絕；陳仲子雖無心求名，但其無名之名實亦招人忌諱了。

總之荀子對他囂、魏牟，皆認係縱情性、安恣睢、禽獸行，不足以合文通治稱之，因爲在荀子心目中，此派人士皆係自然主義者，而反對人爲矯治，故與荀子倡禮義之中之說不合。至於陳仲、史鰌則被判爲忍情性、綦谿利跂，而被認爲是分歧分子，不能合群利眾，而成爲社會上的廢物，這乃是荀子由社會功利的立場所作的評斷，而對於當時隱逸之士自然皆持反對的態度。

十、荀子對子張子夏子游門人的批判

在《荀子·非十二子篇》末段中，曾載荀子對子張、子夏、子游等門人的指責。認爲這三派的門人但知奉其師之名，在外招搖，而彼等之行誼卻大不如其師輩等之謹嚴，故乃痛責彼等爲賤儒，爲子張、子夏、子游的罪人。

今人讀《荀子》每多不察，認爲荀子曾批評子張、子夏、子游三學派，是乃無稽之談。按荀子並非責子張、子夏、子游三人爲賤儒，乃責彼三人之門下，但知炫耀乃師之名，而以學派自居，有名無實，不能奉師道而行，誠有辱其師門之尊嚴，故乃稱之爲賤儒。

《荀子·非十二子篇》中謂：「弟佗其冠，神襌其辭，禹行舜趨，是子張氏之賤儒也。正其衣冠，齊其顏色，嗛然而終日不言，是子夏氏之賤儒也。偷儒憚事，無廉恥，而嗜飲食，必曰君子固不用力，是子游氏之賤儒也。」按荀子在此乃責備此輩門人似子張、子夏、子游之貌，而不得其師道之眞傳處，故言這些陋儒居然屬於三子之門下實爲可賤，故其所賤者乃此輩之門人，而並非指三子本身而言。

荀子指責子張門下之陋儒但知虛與委蛇，言談淺薄（沖澹）終日頭戴儒冠，儼然學者之態，行誼間刻意摹仿禹舜的行動，但百不得一，此皆子張門人但知子張善於修容，故有意效之，而終不得子張內在之德容。至於子夏門下之輩，終日衣冠楚楚，容顏莊肅，宛若聖人模樣，但終因學而不實，內裡

空虛，故口中如有所銜，終日一語不發，宛若金人三銜其口，實係虛妄不學之輩，故言其等乃子夏一派的賤儒。按子夏曾曰：「君子有三變，望之儼然，即之也溫，聽其言也厲。」其門下但知子夏所言之外表，而不察其實質，故徒效其外貌之威儀而事實上卻未得其實質上充實之美。至於子游之門下，更是等而下之，荀子責彼輩為懶惰、儒弱、而不事勞動，終日惟游蕩而無所事事，又嗜酒食，且還自我不斷地強顏解嘲，自認為君子是不必要從事勞力的，荀子責彼輩強顏無恥，因為這些門人不過是依附三家的門牆，而為陋儒、俗儒；有儒之名，而未得其實、故痛責他們是賤儒。事實上這些人多是戰國時期的游士，皆以三家之門下自居，俾作為晉身之資，是以荀子極鄙之。

按孔子之弟子號為三千，而賢者七十二人，但其中實有先進弟子與後進弟子的區別，先進弟子蓋指孔子去魯至衛以前所收的門人，這些弟子中多是當日和孔子共度患難的高足，如顏回、閔子騫、冉伯牛、仲弓、子路、冉有、公西華、宰我、子貢、原憲、子羔等人。而後進弟子乃指孔子自衛返魯以後，從事講學著述時期的門人，可說是後期的門生，如子游、子夏、有子、子張、樊遲、漆雕開、澹台滅明等人。若以分科十哲而論，則多為後進弟子，蓋自孔子周遊列國歸魯之後，先進弟子多不在身邊，乃散居各國，或貨殖，或仕進，故孔子嘆曰：「從我於陳蔡者，皆不及門也。」在先進、後進弟子中，孔子分得意門人為四科共十哲，計德行方面以顏淵、閔子騫、冉伯牛、仲弓為主。言語方面則以宰我、子貢為主。政事方面計有，冉有、季路。而文學方面，則唯子游、子夏為主（見《論語‧先進篇》）。此蓋傳孔子道德思想、政治思想、與文學思想者各不相同，尤以文學一科為屬諸後進弟子所傳，其他則均由先進弟子所傳，故孔子曾曰：「如用之，則吾從先進」（〈先進篇〉）。嘗云當孔子會見老子時，老子見孔子從弟子五人，曾問曰為誰？孔子對曰：「子路為勇，其次子貢為智，曾子為孝，顏回為仁，子張為武。」老子乃嘉曰：「吾聞南方有鳥焉，其鳴為鳳，鳳之所居也，積石千里，河水出下，鳳鳥居上，天為生食。有樹名瓊，枝高百仞，以璆琳琅玕為實，天又為生離珠。一人三頭，遞臥遞起，以伺琅玕。鳳鳥之文，戴聖嬰仁，左智右賢」（見《太平御覽》引《莊子》言）由是可知老子盛讚孔門之多才。

又《列子》一書中曾記：「子夏問孔子，顏回之為人也，奚若？子曰，回之仁賢於丘也。曰：子貢之為人奚若？子曰：賜之辯賢於丘也。曰：子路之為人奚若？子曰：由之勇賢於丘也。曰：子張之為人奚若？曰：師之莊賢於

丘也。子夏避席而問曰：然則四子者何爲事夫子？曰：居，吾語汝，夫回也能仁而不能反，賜能辯而不能訥，由能勇而不能怯，師能莊而不能圓。兼四子之有以易吾，吾弗許也，此所以事吾而不二也。」（見《禮記・仲尼篇》第四）

在孔門七十二賢中，荀子獨鐘於子弓、子夏，且自詡是得子弓、子夏之學統，故對冒用子夏、子張、子游之陋儒，荀子深爲痛惡之。

按卜商子夏本衛人，少孔子四十四歲，擅文學詩藝，《孔子家語》中頗稱讚子夏，曾記：「孔子歿後子夏居西河（今山西汾州）教授，爲魏文侯師，而資國政焉」（《七十二弟子解》）察孔門六藝之學，除商瞿子木傳《易》外，諸子多無所傳，惟子夏傳《詩》，六傳而至荀卿，乃授浮邱伯，爲《魯詩》之祖，又傳《春秋》於公穀，是爲《今文春秋》之本。

按孔子先進弟子多從事傳道，而後進弟子乃從事傳經，在傳經工作中，尤以子夏、子游、子張爲主，故爲荀子一派一脈相承傳經的系統，至於那些陋儒，本不學之無，而掛著子夏、子游、子張學派的名義而從事仕進的工作，自難免受荀子的痛責了。即連孟子亦云：「子夏、子游、子張皆有聖人之一體」，可知眞傳孔子之學者，多屬後進弟子。此中尤以子夏傳《詩》最具盛名，故《荀子》一書每篇中輒多徵引《詩》曰，此乃獨得《詩》教之傳者。

至於子游本吳國人，但《洙泗考信錄》中，卻認他是魯人，小孔子四十五歲，孔子逝世時，子游年已廿八歲，多習禮樂文學，與子夏並稱，曾仕魯，爲武城宰，以禮樂爲教。

按有清王夫之先生曾讚曰：「子游爲宰，以文學宰邑，而所得者質樸勇決之士，斯吾之儒乎（見王夫之《四書訓義》）。事實上，子游之學，以習禮知名，今吾人就《禮記・檀弓篇》證知當日公卿大夫庶人，凡議禮而有不決之時，輒就教於子游，故子游爲傳《禮》的權威，亦即爲荀子重禮學說之所本。

至於子張本姓顓孫名師，陳國人，據《呂氏春秋・尊賢篇》稱：「子張，魯之鄙家也」其先世自陳奔魯，後家道中衰，故稱爲「魯之鄙家」（見崔述《考信錄》），子張少孔子四十八歲，爲後進弟子中卓越者，爲人有高達的志氣，但不務立於仁義之門，頗以功利爲尚，故子游曰：「吾友張也，爲難能也，然而未仁。」（《論語・子張篇》），但子張特別強調「在邦必聞，在家必聞」（〈顏淵篇〉），由是可知他著重做個實行家俾伸展他的政治抱負，這和提倡外王，並著重事功的荀子而言，可說是同氣相投的，所以荀子對以上三子獨有所鍾，

而對於此三派的門人假乃師之名，而無乃師之實，自然必加痛責了。

按以上三子，子夏傳《詩》，子游、子張皆傳《禮》，與荀子獨傳禮學之傳統者正相合，故荀子特重之，乃進而批判其門人。

十一、論荀子〈解蔽〉精神與〈非十二子〉平議

當我們仔細看過荀子在〈解蔽篇〉與〈非十二子篇〉的評述，可知荀子是站在孔子能全、能盡、能粹的觀點去品評天下眾學派的，對荀子本身而言，他著重上則法舜禹之制，下則法仲尼之義，故以後王之道與仲尼之道為本。

荀子之學雖云成於齊之稷下，但他卻不滿於稷下諸子，終乃述齊魯之學，而歸於儒。其所著書較孟子為多，且富現實主義色彩，亦即偏重於外王的一面。荀子晚孟子五十七年，在思想上他傳仲弓南面之術，重禮樂化約、化性起偽之工夫，而不重內聖的思路，故屬乎隆禮義殺詩書的系統，唯荀子有名家思辯的能力，但他本人不好察名析理，故極惡玩琦辭，治壞說之輩，認名家諸子，乃落入名辯之蔽中而不知實，此可見荀子並不重純粹邏輯思辯的興趣，至對於道家的任天、法天、不事人為，亦加以反對，認莊子是蔽於天而不知人，老子太著重柔面，而不知剛面，認各子皆有所偏。至於稷下諸子，在荀子視之，本不值一顧，但他為責備一曲之士起見，不得不著論力闢當時諸子。平實而言，荀子之論自有其出發點，且對於慎到、申子、宋鈃、惠子等輩之思想批判，確有其適當處，但對於老子、莊子、孟子等之批評，恐未得其平，蓋荀子以一己之蔽破他人之蔽，終乃在蔽中，故其〈解蔽篇〉未必為確論，《莊子·天下篇》中，亦有同樣的抱負，欲評盡天下諸子，但《莊子·天下篇》，乃莊子的後序，乃其後學所加恐非儘是莊子之本意。但荀子〈非十二子篇〉及〈解蔽篇〉之思想乃荀子本人的思想，故其立論自然代表自家的看法，我們於千載之後讀其解蔽思想，頗對其論點有共鳴處，認為他的看法大致不出積極有為、天生人成的思想，而且一味地反辯析、反天然、反放任，而重人為事功，與後天的修為，且一切皆落實於禮義化約之中，但此在老子視之，尤難免認為禮者忠信之薄，而亂之首也，故未必首肯。

然而荀子思想在論名實與推理方面確有其莫大的貢獻，但荀子的論名實、辯析理不是純粹屬於墨辯派或名家的思想。荀子無意於玩辭析理，或作命題分析的工夫，其主旨乃在闢人之患，使人免於蔽於一曲，而闇於大理，其主要目標乃在於倫理學上與政治學上的興趣，而無意於命題之鑽研。荀子

曰：「君子必辯」（〈非相篇〉），但其辯乃在「制名以指實」、「制名以責實」俾能正道辨姦，使辨說也者，心之象道也，心也者，道之主宰也，心合於道，說合於心，辭合於說，正名而期，這乃是荀子的根本立場。

荀子的概念命題判斷，乃在「辭順可與言道之理」（〈勸學篇〉），透過概念的分析俾「以人度人，以情度情，以類度類」（〈非相篇〉），再由特殊的命題去類比推理，「以類行雜，以一行萬」（〈王制篇〉），「以近知遠，以一知萬」（〈非相篇〉），使人由一中見多，而不做一曲之士，這可說是荀子名學的基本原則。

荀子又善於從心理學的立場去論知性主體，可說是先天理性與後天經驗的合一論者，荀子特重心何以知，曰，虛壹而靜，並認此虛壹的工夫，乃是內在的大清明，苟不得此內在的大清明，則一切看法，都難免是妄見。

荀子更重知有所會謂之智，心枝則無知，傾則不精，三則疑惑，故心之虛壹為知之大本。荀子以知有所會謂之智，實結合了理性與經驗的統一，即此心之慮與外境的真正合一之謂，荀子以善學盡其理（〈大略篇〉），故特重是是非非之辨，而曰：「是是非非謂之知，非是是非謂之愚」（〈修身篇〉），更確認「知之曰知之，不知曰不知，內不自以誣，外不自以欺」（〈儒效篇〉），故荀子是理性經驗，心境內外合一的論者。

由於他無意於析辭玩理，故對於名家的純思維遊戲，不感興趣，故所評各點頗有意味。

至對於法家諸子荀子亦不予重視，因為在荀子看來倘無內在禮義之化約，而純靠外在之法亦不能濟事，故對慎到、申不害等重勢、重術皆無好感。又因他是絕對的人事論者，故對莊子的任天無為思想，自亦難以接納。對於老子而言，乃重先天道德，而荀子卻重後天道德，亦即人為道德，故亦與老氏思想不合，而一心一意倡隆禮的倫理思想，俾使人道與群道相合。荀子更重由個人倫理而走向群居和一的倫理，使人而能群，而達群居和一之道，在禮義的化約之下而達成之。

總之孔孟皆重內發，道家卻重天成，獨荀子特重外鑠之功，而重天生而人成，與化性起偽的工夫，蓋習俗移志，安久移質，故荀子特重久積化約的教育功能，荀子此種思想與思孟派不同，與老莊亦不同，更與墨家、名家有異，又與稷下諸子大異其趣，故乃著〈解蔽〉，並發為〈評十二子〉之宏論。

但吾人平心而論，諸子固難免有蔽；而荀子未嘗無蔽，以荀子之蔽去他

子之蔽，仍適在蔽中，非有莊子〈齊物論〉的精神，恐不克眞正去蔽。然荀子對知識的開通，人德的建立，破天權重人事的主張，未嘗不無裨益，是其〈非十二子篇〉亦有卓越的貢獻自不可不察。

　　總之，荀子乃積善全盡的提倡者，亦全盡，全粹的理想主義者，蓋積善全盡之謂聖人，聖人者人之積也（〈儒效篇〉）。觀荀子此說自與思孟、老莊大異其趣，故荀子之批判他子，仍難免有其一己之蔽了。

第十章　荀學精神及其在中國學術上的影響

第一節　荀學的根本精神及其文化取向

　　荀學乃儒家思想中的別派，與孔子、曾、思、孟之傳統思想路向不同，但其旨趣卻大同而小異。荀子生於孟子晚年，世益亂，強秦連破山東諸侯，有侵吞宇內之勢，此時縱橫之士，弄權謀，逞詐能，無所不至，人心愈險，荀子面臨此種境遇，自難能接受孟子之性善說。

　　按荀子本係繼承孔門子夏、子弓學統之大儒，比之繼承敦厚謹嚴之曾、思、孟之系統，自有不同。夫子夏長於文學，乃一時之才選，故其學說難免有向外並矜名節之處，荀子因之自與思孟內向而重心性之學統不同。加之荀子為人狷介剛愎，深自信恃，故極力於推崇個人之意志力，不信任何形上之神秘力，尤不重主宰之天，乃倡絕對之人事論者。蓋上古對天之宗教信仰，至春秋戰國時，業已逐漸式微，孔子且以內在道德性之天，以代外在之敬祀。至荀子本人對天則已不存在任何賞善罰惡之念頭，但以天純出自然，認人定勝天，故倡天人分職，天生人成之說，力言不盡人力而妄參天事，則人類所以參天地的基礎，亦將因之損失，故極力就自然之意味下以解釋天。荀子既不重主宰或義理之天，自無法接受天心內貫於吾人性分內之善性，因而否認天賦性善，故以人性之善，須待後天人為之加工。按孟子以義理內貫為基礎，故認為教化基於發揚內在之善根，荀子則以知識心為基礎，認為教化不過從外面以矯正人性內部之惡根。孟子之思想乃由內聖而向外彰顯，以達上下與

天地同流之境界。荀子則重外在之明禮尚義，由外部向內在去匡正人類行為之不當，俾達禮義化約之目的，以彰顯其外王之功夫。

孟子以「反身而誠，樂莫大焉」，故天德之本原，即呈露於吾人之本心。荀子雖云：「唯仁之為守，唯義之為行」，惟仁義皆非外在之事物，但荀子於此究未能深切把握其內住之重要，故大本不立，乃轉而向外探索，而言師法、言積習，只知君師能造禮義，而不知能造禮義之心，即是仁心，故天與性在荀子體系中，全是外在的東西，故無法在人性之中而見天德。夫孟子由四端之心而悟良知良能之可貴，故主仁義內在，天心與天理本即吾人性分中事，故吾心能備萬物而證天心。至於荀子則以此心不過是向外求認識廣被之心，此心可知「道」，由知「道」之心，方能明辨是非善惡，而助吾人之性使之匡正，是其所重視者乃為禮義之統，與全盡之道，是皆不離外在化約之工夫。

夫孟子所重視者為體仁之心，為生命之直觀，能體天地之精神與我同流。荀子則僅止於此知識之心，重客觀精神，與外在之規約，故特別重分、重義，而表現其外王說之極致。

由是可知荀學的根本精神，乃重客觀、重徵驗、重外在事功、重義外、重禮義化約，不重形上思考與宗教精神，但由於其本原不足，缺乏靈明內在，尤缺乏天地精神之內貫，與仁德之內住，故在在表現出人工之斧痕。但不論如何，儒者皆不離人倫而空言道理，夫道體不離人倫，以人倫彰顯道體，離開人倫亦無法表現純粹之客觀精神，故荀子思想雖重客觀，但亦不離吾人主體性之自覺，是與近代意義之客觀精神亦迥然有別。

按荀子所重之「道」，實即人之所以道，亦即人道、君道、群道與治道，故此「道」實即「人文化成」與「禮義之統」。倘缺乏此種工夫，人格價值亦未必能自我彰顯。荀子之人觀，乃重在人為之功，以義與分顯，人始終是客觀世界中之存在體，不能離群與禮而單獨存在，故荀子所彰顯的不是天地精神與藝術精神，而是群倫精神，與人為精神。荀子不採「仁者，人也」之思路，乃以禮義化約為人為之基本工夫，故人之存在並非先天自足者，苟無後天之起偽，則人並非圓滿之存在體。

自孔孟之體系言之，禮義乃由內生，仁義為禮義之統，故禮義法度皆吾性分中事。自荀子言之，禮義法度悉由外鑠與人為，故人之安頓悉由外力所促成。孔孟精神在乎人天合德，為形上之天、德化之天，荀子則是天人分立之天，人天本不相涉，故非宗教性與形上義，尤乏生命內在之情調。

　　孟子透過內聖精神，上下與天地相互往來，以求宇宙之全德充滿於吾心，荀子則誠樸篤實，表現為在人間世中，實踐禮義之規約。總觀荀學之客觀精神，為孟子所不及，孟子固主仁義內住，而向主體精神與天地精神方面發展，然在外王方面不若荀子之重視。荀子重群、重分、重義、隆禮義而殺詩書，知通統類而一制度，在在皆是客觀精神之彰顯，表現為統而一之，類而應之之一致性。故荀子之根本精神即是發揮整治矯正之實際價值，但其最大缺憾即是缺少天宗的大本源，以及莊嚴神聖之形上動力，與仁德內住之生命精神，故荀子不言天地合德與日月合明，因為天地日月不過是自然的大化，乃客觀的存在體，荀子不將之視為生生不息的仁體之發揮，乃以全宇宙攝入吾人之行為系統之中，以人之道即天之道，故特重視戡天役物，人文化成之功。是以吾人可斷言者，荀子之所重處，乃孟子之所略處，然孟子之所立處，正亦荀子所不可須臾離者。孟子就人性內在深處去把握其生命之善根，而荀子卻不就此以體認人性之大義，惟以「生而所以然者」而言「生性」與「欲性」。故孟荀二子希聖希賢之心雖同，但孟由內在生命之中流出，而荀子卻由禮治匡正之負面，以求禮法之化約，此殆二子精神之主要差異處。又荀子特重視人之動物性層面，故自乏善可陳，是以必以禮義觀照我心，以吾心反照於禮義，始能以此知「道」之心，以格吾性之非。然而，荀子所云之「心」自非「道德天心」，乃係「認識之心」。而由智心所發展出者，為分別智與理性主體，是以荀子之思想，有如西方哲人亞里士多德之思路，重客觀存在，由經驗論出發，以禮義為依皈，最後終導致禮儀三百，威儀三千，皆非吾性分中之物，且非由情而出，悉賴於外在之鞭策，與禮法之所不得不然者，是以要始至終終感缺乏內在主動之道德命令，在道德形上學之觀點以言，自不免有所缺陷。惟孟荀二子之所道雖有不同，但二者實相輔相成，各有其文化之成就，是乃缺一不可。

　　夫道德所能成者乃個人之安身立命，與內心之安頓；而禮義法制與社會秩序之建立，乃為群倫團體與國家之要求，故荀學之文化取向，乃在建立社會整體之文化與秩序，以國家形式，政治形式來間接輔導人性之不足，並進而促進公私道德生活之建立，以促使群體倫理之產生。

　　夫孔孟精神之價值乃值根於人性深處之德化與陶冶，俾使吾民族之德命得以縣延，而荀子之精神價值，厥在以禮法約束以匡正吾人之積非，俾使社會倫理，國家秩序得以維持與鞏固，而使政治與道德相互調和，以建立健全

之社會，故荀子之精神與文化取向，在吾國儒家思想中之價值殊不容忽視。尤且荀子之客觀精神，與經驗取向，頗有助於建立客觀之學術思想體系，此殆為國人知識心態中之所缺乏者。又觀荀子對於自然之探討，戡天役物之提倡，雖云近乎功利，但功利之事功亦為建立文明社會之所必需之基礎，且荀子之反匱乏主義，反貧窮主義，皆在在可促進社會之建設，俾邁向法治之進步國家，故觀荀子之精神自有其可取之一面，惟惜秦漢以後荀學多受歧視，此正我國文化思想中之一大缺憾也。

第二節　荀子對漢儒心性論的影響

按先秦諸子言性可大別分為「生而謂性」，「以德說性」，以及就後天環境以言「習性」等之三條路向。就生而說性者而言，乃我國傳統中最早之思路，凡見諸《尚書》、《左傳》、《莊子》、《告子》、《荀子》等諸哲之學說中。至於以德說性者，厥為子思、孟子之思路。以後天環境之積習而言性者則如公都子等。至於由《易傳》之思路，以陰陽而言氣性者，則獨立另成一路，此殆為後起之思想。如云：「一陰一陽之謂道，繼之者善也，成之者性也」，此派對於後儒之言氣性者影響頗深。

但吾人總括而言，先秦言性之主要者，要不外孟荀二子，孟子以天心直向我心落，故以「天心之善」以言「我心之善」，然後即心言性，以此心之善以言性善。荀子則以生而有欲之欲情之性，以表明人性之不善，故性善，性不善此兩種思想對後儒之影響頗深，尤因荀子主性惡說之緣故，故對兩漢以後主性善惡混之論者影響頗深，茲分別擇要闡述如下：

一、董仲舒人性論與荀子

按心性問題，全為儒道釋三家所共同注意者，不過所道不同而已，孟子以心善言性善從道德心之立場去把握本心，故認為義由心出，為心所固有，是以倡性善之說。荀子則以情欲而言人性，從認知能力以把握此心，將心與性二分，以性者即情欲之表現。故認人性為惡。莊子則以「性」乃本初之樸，而與「道」相契，然因此「心」觸境而動，使性失卻其原初之純樸，是以心使性滑趣，故乃主張復性之初，而回歸於大道並與之相契。故認所謂「德」者，乃有「得」於道，愈與原初之「道」相契者，則其性愈真純。

　　至於漢儒言性多有得於陰陽之說，但未必本諸《易傳》之系統，其或有得於陰陽家之成分居多。董子以天有陰陽二氣，認陰惡而陽善，人既稟受乎天，故同時亦承受天之陰陽二氣，受乎陽者爲善，受乎陰者爲惡。是觀董子在基本上乃採生而謂性之思路，而參合氣性之論者。董子曾對人性下過定義謂：「今世闇於性，言之者不同，性者質也，故不試反性之名？性之名非生與？如其生之自然之資謂之性。性者質也。詰性之質於善之名，能中之與？既不能中矣，而尚謂之質善何哉？」。〔註1〕

　　按性字從生，是表示生而即有的本質與本能，亦即如其生之自然之資，因此董子所云有關於性之定義，實近乎告子與荀子，但告子卻倡性本無善惡，但董子卻由性之名詞分析而出，而將性與情分開；認性善、情惡。此一分別，對於後來言性者發生極大之影響，是觀董子此種性情之分別，乃本其陽善、陰惡之思想。按《白虎通・情性篇》，即受董子思想之影響，以「性者陽之施，情者陰之化」。《許氏說文》謂：「情，人之陰氣，有欲者。性，人之陽氣，性善者也。」

　　董子之人性論除受陰陽氣化說之影響外，要以孔子所說之「惟上智與下愚不移」之說爲基礎，以駁孟荀二子之性論，而開創其一己之「性三品說」。董子謂：「聖人之性，不可以名性，斗筲之性，亦不可以謂性，性者中民之性也。米出禾中，而禾未可全爲米也，善出性中，而性未可全爲善也，繭有絲，而繭非絲也，卵有雛而卵非雛也，故謂性未盡善。」〔註2〕

　　事實上，董子言性頗近乎告子與荀子，皆以生即性，但因復受陰陽思想之影響，故以人所受以生之性即是生之質，而即含陰陽二方面之因素，以陰爲惡，以陽爲善。故吾人之性中即含有善性與惡性，恰如天之有陰陽然，故董子乃因之而倡性善惡混之說。此種思想可說無異是對孟荀二子之反動，而實際上亦是承受了孟荀二子言性之影響，而加以其個人獨特之見解，並綜合了陰陽思想而成。此可說是漢儒言性之特色，亦即莫不受氣性說之影響者。

　　董子爲反對孟荀二子之言性，乃倡性三品說，以上品者爲善，中品者爲善惡混，而下品者則其性惡。董子認爲「或曰性也善，或曰性未善，則各謂善者各異意也。」〔註3〕其認人性之中包括性與情，此則與告子和荀子相近。按言生即性者，此中自含善惡之作用，可謂善惡混。此顯然乃採孟荀二子之

〔註1〕　見董仲舒《春秋繁露》卷十，〈深察名號篇〉第三十五。
〔註2〕　仝上。
〔註3〕　仝上。

性說，而加以綜合者。按董子以禾麥爲例，認禾麥並耕，有結實與不結實之別，即結實者，亦有質善與不善之差，故董子言性，事實上乃重其所秉之質，是以認禾麥宜有後天之栽培，而人則貴有後天之教育，以資匡正之也。

董子謂：「故性比於禾，善比於米，米出禾中，而禾米可全爲米也，善出性中，而性未可全善也。」〔註4〕又云：「性有善端，心有善質，尚安非善。」〔註5〕孟子以四端言性善，此四端乃天之所賦，存於吾人之道德本心中，但董子言善端，卻加上陰陽氣說，以陽爲善，陰爲惡，故將性情二分，以性爲善，以情爲惡。但董子又言：「性雖出善，而性未可謂善。」〔註6〕是觀董子之說似有前後矛盾之嫌，但其主旨莫非教人向聖人看齊，是終與荀子有異曲同工之處也。

總括而言，董子將性分爲三等，認上等之性不待教，下等之性雖教亦無益，而中特之性，則有善之端，須待教而成。是觀董子之說事實上乃兼採孟荀二子更加上其所特重之陰陽二氣以說性而已。按漢儒論性，自董仲舒以降，大都以陰陽善惡爲其標準，以調和孟荀兩家之性說。王充說：「仲舒覽孫孟之書，作情性之說，曰：天之大經，一陰一陽，人之大經，一情一性。性生於陽，情生於陰。陰氣鄙，陽氣仁。曰性善者，是見其陽也；謂惡者，是見其陰也。」〔註7〕是觀董子此種主張，察其究竟，是乃反對孟子之性善說，而其對「性」之主張似與荀子略合符節也。故曰：「性者，天質之樸也。善者，王教之化也。無其質，則王教不能化，無其王教，則質樸不能善。」〔註8〕由以上所陳可知，其乃深受荀子性惡說之影響者，且以心爲一身之主宰，俾作爲制惡，節欲之中樞，是無疑與荀子之說一鼻孔出氣了。〔註9〕不過董子與荀子不同者乃在強調教化當有「質」爲其基本而已，但有質而無教，亦不能徒善。故總觀董子之說反對孟子之成份者居多，而與荀子之相近處頗切也。故漢劉向有言曰：「漢興董仲舒亦大儒，作書美郇卿，孟子董先生皆小五伯，以爲仲尼之門，五尺童子皆羞稱五伯，如人君能用郇卿，庶幾乎王……觀郇卿之書其陳王道甚易，疾世莫能用，其言悽愴，甚可痛也。」〔註10〕

〔註4〕仝上。
〔註5〕仝上。
〔註6〕見《春秋繁露‧實性篇》第三十六。
〔註7〕見王充《論衡‧本性篇》。
〔註8〕見《春秋繁露‧實性篇》第三十六。
〔註9〕參《荀子‧性惡篇》。
〔註10〕見王先謙《荀子集釋》，〈考證下〉，頁30。

二、劉向人性論與荀子

劉向論性認為「性情相應，情不獨善，情不獨惡」。〔註11〕劉氏以性情配陰陽，以陰陽相生原理以說明人性，此乃繼漢儒中以陰陽說性之特色，劉子以性情是一致的，性中有善有惡，情中亦有善有惡，故情非無善，性非無惡。劉向以性生而自然者也，在於身而不發，情接於物而然者也。此種以陰陽思想與性情二分之看法與荀子之人性觀未必相同，但其所謂之性生而自然者也，則是循生而謂性之思路，自與荀子人性觀有若干之關係，惟漢儒說性皆不免兼綜孟荀，但劉向認性情之中有惡之問題，故並非認同於孟子之性善說者，其無形中乃受荀子思想之影響。

三、揚雄人性論與荀子

揚雄在一般學說方面多推崇孟子，但在心性論方面卻未循孟子即心言性，以心善言性善之途徑，反而接近於荀子言性之思路，頗重後天人事之修為，不過其對孟子之學說仍甚尊重而已。

揚子認為「人之性也善惡混，修其善，則為善人，修其惡，則為惡人。」〔註12〕所謂善惡混，乃指善惡同時并存之謂，其說顯係綜合孟子與荀子。但揚雄認為人性之中善與惡都僅是潛存狀態，由潛藏狀態轉而為一念之動機，再以一念之動機，向外加以實現，然實現之時，則有待一己生命之力量，此力量即是「氣」，而「氣」之本身無一定之善惡，宛如一匹馬本可負載善惡之物，故揚子認為「氣」者通善惡之馬也」，〔註13〕是以揚雄以人性之善不善，全以修養之功夫如何而定，故乃力述後天教養之重要。但衡揚子之人性論，實混形上之性與倫理之性為一談，形上之性乃人之本質，倫理之性乃人之行誼，性不能悉待行誼之果效而作判斷。待行為果效之判斷，則多以情之流露而為說明，此去孟荀說性之途徑甚遠。蓋孟子以人有善端，而荀子卻以人有惡端，惟揚子僅就行為上之結果，以「情」所顯露之為善、為惡而定人性善惡之標準，此殆非孟子之思路，不過其所強調後天修為之努力，則與荀子略有相似之處，不過荀子肯定性為惡，必待後天之化性起偽之工夫而後善。揚子卻以性有惡、有善、均呈隱藏狀態，必待其行為上之果效而後顯，是以人

〔註11〕見荀悅《申鑒·雜言下》引。
〔註12〕見揚雄《法言·卷三·修身篇》。
〔註13〕仝上。

之欲向善，自必待於教化之功夫。

如揚子云：「學者，所以修性也，視聽言貌思，性所有也。學則正，否則邪……習乎習，以習非之勝是，況習是之勝非乎！於戲！學者審其是而已矣。」〔註14〕是觀揚子本意，性中兼含善惡，如習善則足以克服性中之惡，而習惡則足以抑制性中之善。故云：「鳥獸觸其情者也，眾人則異乎，賢人則異眾人矣。聖人則異賢人矣。禮義之作，有以矣夫，人而不學，雖無憂，如禽何，學者所以求爲君子也。求而不得者有矣夫，未有不求而得之者也。」〔註15〕

揚子認爲天下有三門，由于情欲，入自禽門。由於禮義，入自人門，由於獨智，入自聖門。」〔註16〕此顯見揚子認爲出於情欲，即順從性中之惡，則近於禽獸。出乎禮義，即能發展性中之善，方可爲君子，是其咸認善惡乃由果效而顯者，尤以揚子特重由禮義可發展性中之善，而荀子卻以唯有禮義可以糾正人性之惡而使之趨善，是其乃崇禮義之功，二者頗有相近之處。

四、王充人性論與荀子

王充之人性論事實上乃折衷孟荀二子與揚子之主張，認爲孟子之性善說乃適合於中人以上之性，荀子之性惡說，乃適合於中人以下之性，而揚子之性善惡交混說乃中人之性，且認三者各偏一方而皆未得其平。

王充在〈率性篇〉認爲「人性有善有惡，其善而固自善也，其惡者故可教告率勉，而使之爲善。」〔註17〕按王充之人性論主要亦受陰陽氣稟說之影響，以人性之善惡乃受陰陽二氣所秉之厚薄而定，如同種子同播於九州之土中，因秉受田土之肥脊而顯其高下。

王充謂：「人性有善有惡，猶人才有高有下也，高不可下，下不可高。謂性無善惡，是謂人才無高下也……余固以孟軻言人性善者，即中人以上也，孫卿言人性惡者，中人以下者也，揚雄言人性善惡混者，中人也。」〔註18〕王充又推論孟荀二子之言性，氏謂：「孟子之言情性，未爲實也；然而性善之論，亦有所緣，一歲嬰兒無爭奪之心，長大之後，或漸利色，狂心悖行，由此生也。」「夫孫卿之言，未爲得實，然而性惡之言，有緣也，一歲嬰兒，無

〔註14〕仝上。
〔註15〕仝上。
〔註16〕仝上。
〔註17〕見王充《論衡・率性篇》。
〔註18〕見王充《論衡・率性篇》。

推讓之心，見食，號欲食之，睹好，啼欲玩之，長大之後，禁情割欲，勉勵
爲善矣。」〔註19〕

不過王充以人之性雖惡而可化，故云：「人之性善可變爲惡，惡可變爲善，
在所漸染，而善惡變矣」，〔註20〕由是可知王充既重氣化之先天秉賦，亦重後
天習性之漸染，而以教化爲補救之道，是與孟荀二子同重教育之主張無疑。

以上略述漢時重要人性論者對人性之看法，以明其與孟荀二子之關係，其
他如鄭玄，荀悅等諸子則不贅焉。夫孟子言性善，乃以人之內心有仁義禮智四
端。荀子之言性惡，乃以人生之行爲中本無先天之禮義，一切之道德行爲，皆
待後天之訓練方能成功。是以孟荀之言人性，各有其所獨特處，孟子所重者，
乃以吾人之性雖善，但有待不斷擴張之，以彰其善。荀子所重者，乃吾人之性
本未善，故須待不斷改造之以臻至善。雖二子一主性善，一主性惡，但卻彼此
相反相成。至於漢儒說性，多採陰陽氣稟之說，以性之所秉有厚薄，故性有善
惡混，或三品九品之說等，且將性情二分，是與孟荀二子未儘符合，但後人之
言人性論者，要皆以孟荀二子爲其基礎。察人性本身本不可以品級分，姑不論
三品、九品之說，要皆未盡人性義之究竟。事實上人性之呈現若必以品分，則
何啻千品萬品也，本文但以孟荀二子之說性乃爲人性論之基礎，雖殊途而實同
歸，至於其他紛芸之說自可值參考但非本文所擬探討者。

第三節　荀學對兩漢學術思想之影響

荀學之最大貢獻，厥爲傳孔子之學，故其傳經之功實不可沒，漢朝既以經
學而見著於世，則經學之傳，自直接間接受荀卿之影響。漢朝在傳《禮》，傳《樂》
並建立禮樂之制度方面，確受荀子之影響頗深，尤以荀子對《禮記》之說，對
喪禮及婚禮等之傳授頗爲深切，且按《禮記》之所云，實可與荀子之〈禮論篇〉
彼此相互參照。

荀子不但講祭祀祖宗之祭禮，即有關任何祭禮之理論皆重乎君子以爲人
道，百姓以爲鬼事，故在荀子心目中祭祀之效用乃在教育，不在事鬼神。

按《大小戴禮記》中諸篇，多本荀子之觀點以言《禮》，《大學》云「止於
至善」，荀子言「止於至足」。至於《大戴禮記》中之言教育之主張，可說乃直

〔註19〕仝上。
〔註20〕見王充《論衡・率性篇》。

錄《荀子・〈勸學篇〉》之思想。《小戴禮記》中之〈學記〉亦本諸荀子之觀點以言教育，如〈學記〉云：「古之教者，家有塾，黨有庠，術有序，國有學，比年入學，中年考校，一年視離經辨志，三年視敬業樂群，五年視博習親師，七年視論學取友，謂之小成，九年知類通達，強立而不反，謂之大成，夫然後足以化民易俗，近者悅服，而遠者懷之，此大學之道也。」〔註21〕此中所云之「強立而不反」，實即荀子在〈不苟篇〉中所云之「長遷而不反其初則化矣」之意。〈學記〉以「知類通達，強立而不反」，顯係受荀子知通統類思想之影響，察《大小戴禮記》之思想，顯與《荀子・勸學篇》，〈禮論篇〉等之觀點相互表裏，且荀子爲戰國末年之儒學大師，後來之儒者，咸出其門，荀子又特重《禮》，故《大小戴禮記》中諸篇，大半可說皆從荀學之觀點以言禮，有關《大學》中格物致知之說，宋明儒學派中解釋紛紜，且爲程朱陸王二大派主要之爭點，陸王學派有以格物致知爲革吾心中之非者，故以尊德性爲主，而程朱學派則以格物爲道問學。朱子承程子之說，闡揚《大學》「致知在格物」之說，認係爲治學求知之方法。按朱子之見所謂：「致知在格物者，言欲致吾之知，在即物而窮其理也。蓋人心之靈，莫不有知，而天下之物，莫不有理，惟於理有未窮，故其知有不盡也。是以《大學》始教，必使學者即凡天下之物，莫不因其已知之理而益窮之，以求至乎其極，至於用力之久，而一旦豁然貫通焉，則眾物之表裏精粗無不到，而吾心之全體大用無不明矣，此謂物格，此謂知之至也。」〔註22〕按朱子之見頗近於荀子，皆係走道問學之路，荀子雖極重道德，但否認人有德性心，故無德性可尊，衹有惡性待化，是以透過道問學之途徑，以心知「道」而化吾之惡性，是以朱子之解「格物致知」，或有類於荀子之思路歟？

　　荀子傳《禮》，而漢代禮學之淵源大抵出諸孟卿、班固說：「孟卿，東海人也。事蕭奮以事后蒼，魯闓丘卿。蒼說禮數萬言，號曰后氏《曲臺記》。授沛聞人通漢子方，梁戴德廷延君，戴聖次君，沛慶普孝公。孝公爲東平太傅。德號大戴，爲信都太傅。聖號小戴，以博士論石渠，至九江太守。由是《禮》有慶氏大戴小戴之學。」〔註23〕按孟卿本與荀子同鄉，皆屬東海蘭陵人，劉向曾謂：「蘭陵人喜字爲卿，蓋以法孫卿也。」〔註24〕由是可知《大小戴禮記》

〔註21〕見《禮記・卷十一・學記》。
〔註22〕見《朱子語類》卷十五〈大學〉二經下。
〔註23〕見《漢書・儒林傳》。
〔註24〕見劉向《敘錄》。

皆出於后蒼，亦即出自孟卿，而與荀子思想不無關係。且荀子倡禮治於前，而禮治者即廣義之法治，故秦漢併吞宇內之後，皆採用法治，間採儒家之思想者，均不外荀子之主張，是以漢儒中之政治思想自受荀子極大之影響。

吾人按文獻而可斷言者，《中庸》大部分爲孟學，而《大學》則大部分爲荀學，此二篇思想對以後中國哲學之思想極爲重大，要皆承受孟荀二字之影響，而《大學》、《中庸》之成書多在漢朝，是《大學》中所云之思想，頗多承受荀子之學說，《大學》云「學止之」，「惡乎止之」，荀子乃云：「止諸至足」，《大學》則曰：「止於至善」。荀子以聖爲「至足」者，「聖也者，盡倫者也」，《大學》中所云之「爲人君止於仁，亦即荀子盡倫之義。《荀子‧解蔽篇》所云之思想，與虛壹而靜之原理，皆與《大學》思想相表裏，如云：「所謂修身在正其心者，心有所忿懥則不得其正。有所恐懼，則不得其正，有所好樂，則不得其正，有所憂患，則不得其正。」此與荀子所言之「微風過之，湛濁動乎下，清明亂于上，則不可以得本形之正也。」（〈解蔽篇〉），倘心不能「正錯而勿動」則「不足以定是非，明嫌疑矣。」所謂：「凡觀物有疑，中心不定，則外物不清，吾慮不清，則未可定然否也。」（〈解蔽篇〉），故《大學》之正心功夫，正是荀子虛壹而靜之思想。

按荀子除對兩漢之傳《禮》有貢獻外，其學說對於兩漢之政治思想亦頗有關係，尤與漢初之啓蒙思想家在政教方面多所影響，茲擇要略陳之如下：

一、荀子與陸賈

陸賈本楚人，漢高統一天下，賈以說客從高祖，屢有功，爲高祖所寵信。著有《新語》等書，按《百子全書版》，本分爲上下兩卷，共六編。惟宋朝王應麟在其所著《玉海》中云：「今世所存者爲〈道基〉、〈術事〉、〈輔政〉、〈無爲〉、〈資賢〉、〈至德〉、〈懷慮〉七篇。後五篇至宋時即已佚失。《漢志》儒家錄有陸賈二十三篇，當係《新語》十二篇之外，尚有其他著作，但今皆付缺如。

陸子之宇宙觀皆持陰陽二氣之消長，而生生發展者，雖云來自陰陽家之影響，但其與荀子自然天道觀之主張亦頗有吻合處。陸賈在人事論方面亦極重後天之人爲，故倡勘天役物，闢土殖穀，以用養民。甚且在教育方面更受荀子之影響。陸子曰：「夫民知畏法，而無禮義，於是中聖乃設辟雍庠序之教，以正上下之儀，明父子之禮，君臣之義，使強不凌弱，眾不暴寡，弃貪鄙之

心,與清潔之行。」〔註25〕此說明政治除刑罰外,尚需教育。陸子更云:「禮義不行,綱紀不立,後世衰廢,於是後聖乃定《五經》,明《六藝》,承天統地,窮本察微,原情立本,以緒人倫,以匡衰亂。」〔註26〕是可知陸賈極重視教育中禮之重要性,因禮乃人格之塑造與範型之準則,是不可不察也。

此外陸子更有得於荀子法後王之思想,其謂:「善言古者合之於今,能述遠者,考之於近,故說事者,上陳五帝之功,而思之於身,下列桀紂之敗,而戒之於己。」〔註27〕

又云:「故求遠者不可失於近」,「或圖遠而失近」,「道近不必出於久遠,取其至要而有成。」〔註28〕是可知陸子頗受荀子法後王思想之感染所致。

按陸賈所把握者乃活用之《五經》、《六藝》,其目的厥在乎解決現實上之問題,此與《荀子·勸學篇》之思想如出一轍,蓋《五經》之學非徒為口邊之事,乃貴在活用,俾解決現實中之諸般問題,以作為生活上指導之原理。

二、荀子與賈誼

賈誼在西漢政治思想史上頗有顯赫之地位,其治安策乃為解決當時之現實政治問題而發。賈生洛陽人,著有《新書》五十八篇,惟今缺〈問孝〉及〈禮容〉、〈語上〉等二篇,實存五十六篇。賈生思想固綜合儒法二家,但其所受荀子之影響頗大,其表面上之主張固類於法家,但其骨子中卻是儒家,尤其是循荀子的思路,賈生曾說:「法者禁於已然之後,禮者禁於將然之前」,又云:「刑罰積而民怨背」,故認為「必絕惡於未萌,而起教於微眇之中,使民遷善遠罪而不自知。」〔註29〕

賈生在《新書》中語多引用孟子與荀子,尤重禮教,惟在教化上則重「漸」、重「積」,顯係受荀子之影響頗大。在〈禮篇〉中賈生曾曰:「道德仁義非禮不成,教訓正俗非禮不備,分爭辨訟非禮不決,君臣上下父子兄弟,非禮不定,宦學事師非禮不親,班朝治軍,蒞官行法,非禮威嚴不行……禮者所以固國家、定社稷,使君無失其民者也。」〔註30〕由是可見賈生特重以禮防人

〔註25〕見陸賈《新語·道基第一》。
〔註26〕仝上。
〔註27〕見陸賈《新語·術事第二》。
〔註28〕仝上。
〔註29〕見賈誼〈治安策〉。
〔註30〕見賈誼《新書·卷六·禮》。

之心，以法治人之行，是深受荀子禮治思想之影響者。

按賈誼之政治思想中，其主要之精神厥在乎禮，以禮爲全國上下共同遵循之規範，以形成社會上之共同精神秩序，其對漢朝政治之建議與政制之設施上，均著重於禮制之建立，且認爲眞正的法治，唯有奠基在禮的教化下方有完成之可能。

賈生之政治思想顯受禮與倫理之薰陶，認爲人君用人，由吏開始以迄朝廷卿相，皆應由基層開始向上推選，吏之賢否以人民對其愛戴與否而定，但此種判斷究係判斷於已然之後由效果來決定，抑在未用之前，賈生則認爲應先重其未出任前之家庭社會倫理生活之表現以做爲選擇之標準。是以賈誼之政治思想中之主要精神即在禮，是可知其深受荀子禮樂教化思想之陶冶處。

結　語

按西漢初期之思想大勢，儒家之中以荀子之影響大過孟子。惟揚雄在孔門中卻獨推重顏淵，強調孔顏關係，並提出效孔顏樂處，此在西漢初期崇荀聲中殆爲一奇特之事實，揚子極力振拔孟子於諸子之上，使其上及孔子，故韓愈曰：「因揚書而孟子益尊。」〔註31〕是以揚雄除在人性論方面間採荀子之學說外，在政治思想或其他學說方面乃獨崇孟子。

至於王充在政治與哲學思想方面則採黃老之說，而否定荀子之禮教。因爲王充以宿命之人生觀去解釋政治上之治亂。王充認爲「世治非賢聖之功，衰亂非無道之致，國當衰亂，賢聖不能盛，時當治，惡人不能亂，世之治亂在時不在政，國之安危在數不在教。」〔註32〕此殆謂倘時數已屆，則諸緣相互遇合，治亂自必形成，而無可更改。故云：「堯命當禪舜，丹朱爲無道，虞統當傳夏，商均行不軌」又云：「夏殷之朝適窮，桀紂之惡適稔，商周之數適起，湯武之德適豐。」〔註33〕此即云成敗興亡皆非由於人力，悉皆冥冥中氣運所定，由是而言，國家與個人之命運均受氣數之支配，人之命見諸骨相，國之命則決之於時。

夫按王充之所見舉凡治亂既決定於「時數」，故政教不足爲，是當以「不治治之」乃爲唯一合理之術。此種見解實與荀子之基本思想相左，且與荀學治亂

〔註31〕見《韓文公全集》，又見揚子《法言》。
〔註32〕見王充《論衡》一七，〈治期篇〉。
〔註33〕見王充《論衡》卷三〈偶會篇〉。

在乎政教之思想南轅北轍。夫荀學特別強調國家與政治之興衰純在乎禮義與正理平治，而王充則本其宿命論，與歷史氣運決定論之主張對於政教皆持鄙夷之看法，此種主張不但與荀子之思想不侔，即就整個儒家思想體系以觀，亦與孔曾思孟等之思想均不相同。雖然孟子曾云五百年必有王者興；但孟子之發斯言，及純基於儒家救世之精神，亦即本乎孔子「天將以夫子為木鐸」之神聖使命感，初並未含有氣運與宿命之看法。按孟子雖亦曾引齊人之言曰：「雖有智慧不如乘勢」，但此所謂乘勢，乃云運用智慧貴與時勢配合，不能違其時而任所欲為之意，初亦不含宿命論之因素。〔註34〕由是以觀王充政治哲學之見解，實承受道家與陰陽五行家思想之影響，而與儒家孔孟荀思想皆不相侔也。王充且云：「人之生死在命之夭壽，不在行之善惡。國之存亡在朝之長短，不在政之得失。」〔註35〕是可知王充在根本上否定了人事所當盡之重要性。

王充甚且否定儒者天生萬物之說，在《論衡・物勢篇》中且謂：「儒者論曰，天地故生人，此言妄也。夫天地合氣，人偶自生也。猶夫婦合氣，子則自生也。」按荀子曾破天人感應之說，認「天行有常，不為堯存，不為桀亡，應之以治則吉，應之以亂則凶。」(〈天論篇〉)，其目的乃在建立一積極有為之人治思想，王充既否認天生萬物與天人之關係，甚且倡機械之宿命觀，而以天下一切治亂吉凶悉由氣數所定，而非由人為所致，此殆與孔孟荀三子之思想相去甚遠。

此外有關於董仲舒之天人災異說與陰陽五行感應說，則與荀子之天生人成說更不相侔，自勿庸贅述。至於荀子之十三世孫荀悅，卻特倡天人相應與災異之說，顯與其家學淵源相違，不過在治術方面，卻略襲荀卿禮治思想之遺意，以彰化禮教之大義，以補法治之不足而已，是皆受董子思想之影響，而與荀子之看法不相侔。

第四節　唐宋學者對荀學之論述

按唐宋以來之學者對荀學多存異議，夫有唐韓愈氏即以荀子之書為大醇而小疵，迄宋儒因重理氣心性之學，故攻荀者益眾，推其原因皆由於荀子言性惡之故。觀乎《荀子》一書在兩漢之際乏人註釋。待有唐睿聖文武皇帝元

〔註34〕見《孟子・公孫丑》上，引齊人有言曰：「雖有智慧不如乘勢，雖有鎡基不如待時。」
〔註35〕見王充《論衡》卷五，〈異應篇〉。

和十三年，方有楊倞氏首註《荀子》而爲之解詁，然楊倞之註據清朝謝墉氏之見，認其多有舛誤，惟其對荀學之流傳卻頗有貢獻。且楊倞氏獨崇荀子，認其學之醇正，文之博達，自四子而下洵足冠冕群儒，非一切名法諸家所可同類齊觀，其責李斯之言，尤爲楊倞所樂道。楊氏認爲自孔學式微以來，陵夷以至於戰國，於是有申商之苛虐，有孫吳之變詐，又有愼墨蘇張之異論，儒學幾爲絕跡，而孔氏之道幾乎息矣，夫孟軻闡其前，荀卿振其後，觀其立言指事，多根於要理，所以羽翼《六經》，增光孔氏，故其功誠不可沒矣。夫孟子在漢有《趙氏章句》，而荀卿至唐方有楊倞之註，故荀學之得傳，楊倞要爲解詁之首，然唐魏微氏亦特好《荀子》，並爲之著論，且其爲政亦多用《荀子》之主張，是有唐之際，乃對荀學有獨鍾之處。茲擇要簡述如下：

甲、唐代學者對荀子之論述

一、韓愈對荀學之評述

　　韓愈在有唐佛學鼎盛之時期，乃力排佛學，極欲振興儒學之頹勢，而開宋明道學之先驅。韓愈生於唐代宗大曆三年，卒於長慶四年（西元 824 年），享年五十有七，貞元八年登進士第，三度以博學宏詞試於吏部，皆爲中書所黜，不中，後爲節度推官，調四門博士，貞元十九年，年三十六，遷監察御史，爲國學博士，太子右庶子，著有《詩文集》四十卷，《外集》十卷，中以〈原道論〉爲最著。

　　韓愈被稱爲文中之雄，所謂文起八代之衰，韓愈特崇孟子，以爲乃得孔子之正傳，此殆爲以後宋明儒之一貫見解與主張。按西漢初期荀學對漢政制之影響極大，且對傳經之學頗有貢獻，迄漢乃有揚雄首起而崇孟子，直至有唐韓愈繼起而力倡孟學之正統性；於是孟子之地位乃如日中天。夫韓愈一倡，彼此相互響應，且爲邇後宋明理學家之根據與所本之處。夫孟子重直觀內省，而非如荀子之向外探求，故正迎合佛學與心性論者之門徑，認爲荀學太過於外在化，缺少一己身家性命之自反工夫，且認其尤缺乏孟子所云之「萬物皆備於我，反身而誠，樂莫大焉」之旨趣。按韓愈在唐時雖云排佛，但對佛學誠亦有若干之研究，故認荀學去心性之道甚遠，而不能反本。韓愈在〈原道篇〉曾謂：「博愛之謂仁，行而宜之之謂義，由是而之焉之謂道，足乎己無待於外之謂德；仁與義爲定名，道與德爲虛位。」是其直認荀學本身乃缺少「足乎己無待於外」之功夫，且韓愈特重內在之仁義，不重外在之禮法，是以其

與荀學之思路自不相合也。韓愈在〈原道篇〉又云:「斯道也,何道也,曰:斯吾所謂道也,非向所謂老與佛之道也。堯以是傳以舜,舜以是傳之禹,禹以是傳之湯,湯以是傳之文武周公,文武周公傳之孔子,孔子傳之孟軻,軻之死不得其傳焉。荀與揚也,擇焉而不精,語焉而不詳。」〔註36〕是觀韓子之言,乃直認荀子爲未得孔子之正傳,且評其擇而不精,語焉不詳,是未得《五經》與《六藝》之學之精髓也。

按《大學》一書本與荀學道問學系統之發揮,有相互表裏之功用,韓愈以其中有「明明德」,「正心」,「誠意」之說,遂認爲與當時佛學所倡之治心之學有關,是以乃排斥「格物致知」爲向外探求之心,認爲格物致知乃係一己自反而縮之靈明自省,與養心治性之功夫。

按韓愈在人性論方面乃探性情一元說,認性善則情善,性惡則情惡,夫孟子倡動機論,荀子倡效果論,揚子乃倡性善惡混說,至於韓愈則基於孔子「上智與下愚不移」之原理,以及性相近習相遠之義,仍倡性三品說,以性也者,與生而俱來,接物而生,分上中下三品,上者爲善,中者爲可導入上下,下焉者爲惡。且其認爲性者有五,即仁禮信義智。情者之所以爲情有七,即喜怒哀懼愛惡欲,而人性上中下三品中,則兼含此五性七情。事實上,韓愈之性說缺乏學理上之根據,且以此三品而配仁義禮智信,實乃其一己之玄想,殊不足採也。其評荀子之處亦未得其平,僅知就「尊德性」之路向,而忽略「道問學」之重要性。至謂荀學大醇而小疵,認其中有所不妥者在,此殆見仁見智之說,未可同日而語焉。夫孟由仁出,而荀由智入,是各有其千秋,誠未可一一定論。察韓愈在讀《荀子》一篇中曾曰:「我始讀孟軻書,然後知孔子之道尊,⋯⋯以爲孔子之徒沒,尊聖人者,孟氏而已。晚得揚雄書,益尊信孟子⋯⋯及得荀氏書,於是又知有荀氏者也。考其辭,時若不粹,要其歸,與孔子異者鮮矣,抑猶在軻雄之間乎!孔子刪《詩》、《書》,筆削《春秋》,合於道者著之,離於道者黜去之,故《詩》、《書》、《春秋》無疵,余欲荀氏之不合者,附於聖人之藉,亦孔氏之志與?孟氏醇乎醇者也,荀與揚,大醇而小疵。」是韓氏評荀子大醇而小疵或有過當之處,但其終究認爲「要其辭,與孔子異者鮮矣」,是皆不失爲公平之論,故對於後世之尊荀者頗有斟酌之處。

〔註36〕見《韓文公全集》卷十一,《四部叢刊》本,頁1〜3。

二、楊倞對荀子之評述

　　楊倞在〈荀子序〉中，對荀子多所讚揚，氏謂：「昔周公稽古三五之道，損益夏殷之典，制《禮》作《樂》，以仁義理天下，其德化刑政存乎《詩》……孟軻闡其前，荀卿振其後，觀其立言指事，根極理要，敷陳往古，掎挈當世，撥亂興理，易於反掌，眞名世之士，王者之師。」故以荀卿有羽翼《六經》，增光孔氏之功，非徒諸子之言也。楊停究以孟荀同有功於時政，是爲持平之論。按楊倞以荀子爲名世之士，王者之師，羽翼《六經》，增光孔氏，可謂推崇備至，故荀子對儒學之振興，厥功甚偉，殊不可沒，其學說思想足以匡正人心，是唐倞氏之高見也。

三、魏徵對荀學之治要

　　按唐，魏徵曾著《荀子治要》一書，今本乃據日本昭和十六年，宮內省所存《群書治要卷》第三十八刊印而來，該書乃唐秘書監魏徵奉勅所撰，可見唐太宗對荀子之學說亦頗重視。魏徵所纂《治要》實乃荀子之節本，將其中各篇擇其要者，臚列陳述，略加註批，但並未作序言，察其《治要》內容，全部語簡擇精，撮其大要，莫非作爲唐太宗政治之參考，故唐時治荀學者除楊倞外，厥爲魏徵，一般人但知有荀子楊倞註，而不知有魏徵《荀子政要》之著也。

　　魏徵在荀子治要章底，特別摘錄治政之道曰：「桓公用其賊，文公用其盜，故明主任計不信怒，闇主信怒不任計，計勝怒則強，怒勝計者亡。」此殆爲魏徵進諫太宗之言歟。又如章底摘錄云：「雖堯舜不能去民之欲利，然而能使其欲利，不克其好義也。雖桀紂亦不能去民之好義，然而能使其好義，不勝其欲利也。故義勝利者爲治世，利克義者爲亂世，上重義，則義克利；上重利則利克義。」〔註37〕此殆爲魏徵有得於荀子治道之主張，故特修之，以奉人主，藉爲資治之寶鑑，是可知魏徵所受荀子禮治精神之陶冶，並欲亟力提倡實施之，俾使社會達到正理平治。

　　按《貞觀政要》一書乃唐史官吳兢所撰，乃集貞觀朝政之政事與論議筆之於書，凡十卷，其中思想多有採《荀子》禮治之大要者。如〈論君道〉第一曾載，貞觀初，太宗謂侍臣曰：「爲君之道，必須先存百姓，若損百姓以奉其身，猶割股以啖腹，腹飽而身斃，若安天下，必須先正其身，未有身正而影

───────────────────

〔註37〕見唐，魏徵《荀子治要》，參嚴靈峯先生編《無求備齋荀子集成》，卷二九，頁51。原見日本天明七年尾張國校刊本。又見日本昭和十六年宮內省印本。

曲，上理而下亂者。朕每思傷其身者，不在外物，皆由嗜欲以成其禍，若耽嗜滋味，玩悅聲色，所欲既多，所損亦大，既妨政事，又擾生人，且復出一非理之言，萬姓爲之解體，怨讟既作，離叛亦興，朕每思此，不敢縱逸。」諫議大夫魏徵對曰：「古者聖哲之王，皆亦近取諸身，故能遠體諸物，昔楚聘詹何，問其理國之要，詹何對以修身之術，楚王又問，理國何如，詹何曰：未聞身理而國亂者，陛下所明，實同古義。」〔註38〕按貞觀之治悉由賢臣佐之，而魏徵以荀子之治道佐太宗以治天下，是其有得荀子之治要可謂知言矣。

乙、宋代學者對荀子之論述

一、蘇軾荀卿論

夫有宋一代之儒者，多一反唐人之見解，對於荀學多持相反之看法，故輒毀多於譽，輒加詆毀者實大有人在。如蘇軾即詆毀荀子最爲激烈，蓋東坡自以名士自居，性豪爽放逸且好道家之學，故對荀子之言禮，皆目爲禮法之士，是乃其所側目相視者。

蘇軾曾撰〈荀卿論〉頗貶荀子，其言曰：「昔者嘗怪李斯事荀卿，既而焚滅其書，大變古聖先王之法。於其師之道，不啻若寇讐，及今觀荀卿之書，然後知李斯之所以事秦者，皆出於荀卿，而不怪也。荀卿者喜爲異說而不讓，敢爲高論而不顧者也，其言，愚人之所驚，小人之所喜也。子思、孟軻世之所謂賢人君子，荀卿獨曰，亂天下者子思，孟軻也。天下之人，爲此其眾也，仁人義士，爲此其多也。荀卿獨曰：人性惡，桀紂性也，堯舜僞也。由是觀之，意其爲人，必也剛愎不遜，而自許太高。彼李斯者，特又其者耳。……獨能奮而不顧，焚燒夫子之六經，烹滅三代之諸侯，破壞周公之井田，此亦必有所持者矣。彼見其師歷詆天下之賢人，自是其愚，以爲古聖先王皆足法者，不知荀卿特快一時之論，而不自知其禍之至於此也，其父殺人報仇，其子必且行刦，荀卿明王道，述禮樂，而李斯以其學亂天下，其高談議論，有以激之也。」〔註39〕

東坡批評荀子，以其高談異論，詆毀前賢，排議思孟且倡人性爲惡，並以李斯以亂天下，悉由荀學所以致之。蘇子此言似乎法效荀子之〈非十二子〉之議論，俾一口評倒荀卿，惟按蘇氏所言難免意氣過盛，未合事實。且夫李

〔註38〕見吳兢著《貞觀政要》卷一，〈論君道〉一，頁3。
〔註39〕見《蘇東坡全集・荀卿論》。

斯之事秦，荀卿早有警告，言物禁太盛，且郇卿爲之不食，覩其罹不測之禍也。夫荀子本身乃強調君者舟也，民者水也，水則載舟，水則覆舟。荀學並非專制君主之代言人，而反爲對專制君主之砭劑，夫荀子心目中之君王乃爲能守時中之道之哲君，而非一代荼毒天下之獨夫，今特以李斯之事秦而責荀卿，則何異以家出劣子而必責其父歟？夫荀子之倡人性爲惡，並非欲人永滯於惡，乃欲人知其惡而後不斷遷善，故荀子之終極目標乃爲守善，而非爲惡也。吾人治荀學者能察之，夫子瞻之言，是乃徒逞意氣，料其以名士風流，必不欲受禮法之束縛，故特惡荀子也。

二、唐仲友〈荀子序〉之見解

有宋一代唐仲友氏亦治荀子學曾作性論，氏一反蘇軾之見，而爲荀子鳴不平。唐氏在其〈荀子序〉中曾謂：「孟子學孔子，言王可反掌致，卒不見用。卿後孟子，亦尊孔氏。子思作《中庸》，孟子述之，道性善，至卿以爲人性惡，故非子思，孟軻。揚雄以爲同門異戶，孟子與告子言性，卒絀告子，惜卿不見孟子，不免異說。方說士繳時好，卿獨守儒，議兵以仁義，富以儒術，彊以道德之威，旨意與孟子同。見應侯，病秦無儒，昭王謂儒無益人之國，極明儒效，秦併天下以力。意儒果無用，至於坑焚，滅不旋踵，漢奮布衣，終假儒以定，卿言不用而後驗。自董仲舒、韓愈皆美卿書，言王道雖不及孟子，抑其流亞。廢於衰世，亦命矣夫！學者病卿以李斯、韓非。卿老師，學者已眾，二子適見世，畫寢餔啜，非師之過，使卿登孔門，去異志，書當於七篇止，此君子所爲太息。」〔註40〕

按唐仲友之見解，一反蘇氏之論斷，且無形中有增光荀子之處，其替荀子辯解，認爲李斯韓非之事業，並非荀卿之過，蓋荀卿門下何止李、韓二人，此二子爲衣祿富貴，自未審於師言。故云：「卿老師，學者已眾，二子適見世，畫寢餔啜，非師之過。」堪稱公允之論。惟按反對荀學者自應從學理方面評其非是之處，豈可因所授徒之非是，而責其師之過耶。是唐氏之論荀子，認蘇氏之言乃從常識層面立論，而未得乎荀學之深義故。

三、張橫渠心性修養論與荀子

張子以萬物生於太虛一元之氣，由此氣之浮沈昇降，遂生萬殊與夫物與人之分別，人有貴賤貧富賢不肖之別，悉以得此氣之正偏善惡而定。夫性有

〔註40〕見〈唐仲友序〉，參王先謙《荀子集解》，〈考證上〉，頁2。

「本然之性」與「氣質之性」二者,「本然之性」乃得天地粹然之事,「氣質之性」未得粹然之氣,乃偏正純雜而來。張子基本上反對告子因生說性之思想,認為生即是氣,至於性則為生之理,故云:「以生謂性既不通晝夜之道,且人等於物,故告子之妄,不可不詆。」〔註41〕張子既反對告子生而謂性之思路,自亦與荀子之性論思路不同。張子更以神統性情,以「氣質之性」本含攝於「本然之性」中,根據這個理由,張子之修養工夫,乃分為內外兩層,「本然之性」為善,「氣質之性」為惡,因此外在之修養,重乎人為,必藉禮予以矯治,是與荀子以人間之性為惡,故必加後天聖人之偽與人為之禮予以治理;似有若干相似之處。且張子一生重禮以率弟子,關中士風為之一變,是與荀學重變化氣質頗有相侔之處,自不可不察。按人性之表現本有動物性與道德性之兩面,孟子重其道德性之一面故言性善,荀子言人之動物性之一面,故謂性惡,張子則謂:「氣質之性,君子有弗性者焉。」〔註42〕是張子以氣質之性為未善也,既屬未善,故應變化之,是與荀子確有異曲同工之處。

夫橫渠之學,以《易》為宗,以《中庸》為的,以《禮》為體,以孔孟為極,其告諸生亦謂:「學必如聖人而後已」是與荀子所謂學《禮》盡倫,學為聖人而後已之境界有其相類處。且橫渠嘗言,為學之要,在自求變化氣質,故其重後天修養之工夫與荀子之見地頗有若干相類之處,但橫渠究以天道性命通而為一,又言「仁以敦化為深,化行則顯。」又言「敦篤虛靜者仁之本」,「無所繫閡昏塞,則是虛靜也。」故橫渠對「仁體」體會頗深。其〈大心篇〉之言根本上乃本乎孟子,以心能盡性,人能弘道,性不知檢其心,非道弘人也。由此可知其對心之重視,張子又按《易》理而言繼善成性,盡心成性,故在在皆表現出其歸回論孟之精神,是與荀子相比則以變化氣質方面略有相侔之處而已。

四、司馬光論荀子

司馬溫公事實上承認人性中涵有善惡二種因素,故人性非純善亦非純惡,而二者實兼而有之,故乃為調和孟荀二家之性說者。司馬溫公謂:「孟子以為人性善,其不善者,外物誘之也;荀子以為人性惡,其善者,聖人教之也,是皆得其偏,而遺其大體者也。夫性者,人之所受於天以生者也,善與惡,必兼有之。……其所受多少之間則殊矣。善至多而惡至少,則為聖人。

〔註41〕見《張子全書·誠明篇》。
〔註42〕仝上。

惡至多而善至少，則爲小人。善惡相半，則爲中人……必曰聖人無惡，則安用其學矣；必曰愚人無善，則安用教矣。」〔註43〕

由以上所述可知司馬溫公之人性論不外善惡混之說，是亦與性三品之說相似，但其主要論點，亦與荀子之人性論有相近之處。因不論聖人愚人，皆須化性起僞，透過積學爲善之工夫方可趨善，是其與孟子之性善說相去頗遠，而反與荀子之論性情之說有其相近之處。

五、王安石論荀子

王安石之人性論探性情一致說，以性爲未發，情爲已發，二者共爲心中同質之存在，不過在內未動之時爲性，發於外則爲情。王安石基本上對孟荀二子之性善，性惡說皆持反對之態度，認爲二子所說皆未認得眞，且各有所偏。

王安石以性生情，情方生善惡，其關係和太極生五行，生利害如出一轍。王安石氏曰：「性情一也，世有論者曰，性善情惡，是徒識性情之名，即不知性情之實也，喜怒哀樂好惡欲之未發於外，而存於心者性也，喜怒哀樂好惡欲之發於外見於行者情也，性者情之本；情者性之用，故曰性情一也。」〔註44〕

以王安石氏之所見，性本來一不是善，二不是惡，善惡之生起，主要在乎吾人之性接觸外物，發而爲情之時所感然，故曰性生情，而情生善惡。〔註45〕君子惟其養其性之善，所以情亦善，小人惟其養其性之惡，故情亦惡。是王安石以性情一元論，而反對李翱之二元論，認爲君子務以修養以完其性，故人人當勿效小人之養惡爲惡，而當力求養其善性而趨善也，是以吾人當無怠於修養，務應在修養方面力求其爲善，是其重修養力行方面頗有類於荀子之說處。

六、胡安定門人徐積〈荀子辯〉

宋、胡瑗字翼之，泰州如皋人，七歲善屬文，十三通《五經》以聖賢自期許世號安定先生，先生執教二十餘年，學者稱之，宋世學術之盛，泰山爲之先河，而安定繼之。安定與泰山同窗十有餘年，二人相互媲美，程朱二先生亦以爲然。安定門生滿天下，中有徐積者曾作〈荀子辯〉以駁荀子之說，茲擇其大要簡述於下：

〔註43〕見《司馬溫公全集》。
〔註44〕見《王荊公全集・性情論》。
〔註45〕見《王荊公全集・原性論》。

　　（一）荀子曰，「人之性惡，其善者偽也，古者聖人以人之性惡，以爲偏險而不正，悖亂而不治，是以爲之起禮義，制法度，以矯飾人之性情而正之，以優化人之情性而導之也，使皆出於治合於道也」。安定辯曰：「荀子非也，且人之性既惡矣，又惡知惡之可矯，而善之可爲也，矯性之矯，如矯木之矯，則是杞柳爲桮桊之類也，何異於告子哉，弗思而已矣，余以爲禮義者，所以充其未足之善，法制者，矯其已習之惡。」〔註46〕

　　觀上述可知徐積在此評述荀子「人性爲惡」之說，認爲既以人性爲惡，人性既惡矣，則惡能改正之。然觀荀子在此之本意，乃以「心」有知善之能力，以知善之心透過禮義之矯正自能化性起偽，而使人性趨善，但在安定看來，禮義只能充其未足之善，而未能化其惡，至於法制亦祇能矯正人習性之惡，而無法矯正人本性之惡根。

　　（二）荀子曰：「凡性者天之就也，不可學，不可事」。徐積辯曰：「若如此論，則是上之教可廢，而下之學可棄也，又烏用禮義爲哉。余以爲天能命人之性，而不能就人之性，唯人能就其性，如此則與孔子之意合，孔子曰，成性存存，道義之門。」〔註47〕

　　徐積在此反駁荀子既云性爲天之就，不可學，不可事，則又何能以禮義與聖人之偽以化性起偽哉，性若果眞爲不可學，不可事，則聖人化性起偽之工夫，殆亦不可能。故徐氏認爲天所命與人之性，但卻不將就人性之所爲，唯人類本身能將就其性之所爲，故徐氏本乎孔子成性存存，道義之門之原理，認爲人性可學，可事，當以誠爲守也。不過荀子在此所云之人性不可學，不可事，其原意乃指生而謂性之性向與本能乃在乎天生，本非由可學可事而來；但既成爲性固惡，然藉後天之學習與改造，並非不可能。且荀子亦屢言誠心守仁則形，故對孔子所云之誠性存存，道義之門之說亦不否認其爲入道所必須之門徑矣。

　　（三）荀子曰：「今人之性，飢而欲飽，寒而欲煖，勞而欲休，人之情性也，今人飢，見長者而不敢先食者，將有所讓也。勞而不敢求息者，將有所代也。夫子之讓乎父，弟之讓乎兄，子之代乎父，弟之代乎兄，然此行者，皆反于性而悖于情也。故順情性則不辭讓矣，辭讓則悖于情性矣，用此觀之，人之性惡明矣，其善偽也。」徐積則駁以「夫飢而欲飽，寒而欲煖，勞而欲

〔註46〕見《宋元學案》卷一，〈安定學案〉，頁32。
〔註47〕全上，頁33。

休，此人情之常也，雖聖人亦不免矣，至于子之讓乎父，弟之讓乎兄，子之代父，弟之代兄，此二行者皆出于其性也。何反于性而悖于情哉，有是性，即有是行也，無是性，即無是行也，焉有性惡而能爲孝弟哉，弗思而已矣。」〔註48〕

　　徐積本於孟子四端說以反駁荀子以辭讓爲非出乎本性之說，認其太偏於人欲之性而忽略了人性深處之良知心，蓋子之讓乎父，弟之讓乎兄，乃出乎天倫之愛，乃人性深處之先天所然，自無待乎後天之學習。荀子遽以父子兄弟間之辭讓亦非出乎人性，是即無疑以父子兄弟間彼此之相愛，亦非其本性之必然，而純出乎後天之人爲，此殆與孔孟之學說相去甚遠，是故徐積乃力斥其非。

　　（四）荀子曰「薄願厚，狹願廣，貧願富，賤願貴，苟無之中者，必求於外，故富而不願財，貴而不願勢，苟有之中者不及于外，用此觀之，人之欲爲善者，爲性惡也。」徐積辯曰：「荀子過甚矣，何不顧孟子之意也，孟子以仁義禮智謂之四端，夫端亦微矣，其謂仁者，豈遂足用爲仁哉，其謂義者，豈遂足用爲義哉，是在其養而大之也。此所謂薄願厚，狹願廣，貧願富，賤願貴，以其不足于中而必求于外也。安得曰富而不願財，貴而不願勢，苟有之中而不求于外邪，故人之欲爲善，以其善之未足也，而有可充之資，可爲之質也，何必待性惡而後爲善哉，性惡而爲善，譬如搏水上山，善而爲善，如水之流就濕也，火之始然而燥也，豈不順也。」〔註49〕

　　按徐積對荀子人性爲惡之諸項辯證，本文於論荀子人性論一章中亦已詳予評述，徐積所云之意，間亦包括於中。荀子認爲人因自知不善故方求善，實忽略了善者亦可求更善之理，故荀子之推斷，顯缺乏邏輯之根據，是徐積對其之評述未可謂不當也。

　　（五）荀子曰「性善則去聖王，息禮義。性惡則興聖王，貴禮義」。徐積辯曰：「一陰一陽，天地之常道也。男有室，女有歸，人倫之常道也。君必有民，民必有君，所以爲天下也，不然，何以爲天下聖王之興，豈爲性惡而已哉。故性善，得聖王則愈治，得禮義則愈興，安得曰去聖王息禮義。性善而得禮義，如物萌而得膏雨也，勃然矣，有何不可哉。」〔註50〕

〔註48〕全上，頁33～34。
〔註49〕全上，頁35。
〔註50〕全上，頁35。

　　按徐積在此之推理顯比荀子爲強，荀子似在立論與舉例方面有所不妥，但荀子以人性盡善則勿用聖王，宛若云因晴天故勿須帶傘，是未必云傘無其用處。按荀子之原意，苟人人之性果善則自勿須待聖人之教化；但就徐積氏觀之則認爲大謬大然，因人性若善，則得聖王與禮義之教化後必愈益增輝，宛若春花之遇雨露也，何得云弗用，是觀荀子在此之立論確有其弱點者在。

　　（六）荀子曰「凡人之性，堯舜之與桀跖一也，君子之與小人其性一也。」徐積辯曰：「天下之性惡而已，堯舜桀跖，亦惡而已，是自生民以來，未嘗有一人性善也，未嘗有一人性善，其禮義曷從而有哉，其所謂聖人者，曷從而爲聖人哉。」〔註51〕

　　按荀子在此之原意乃認爲聖人之性亦惡，不過聖人知「道」之心比凡人要強，故其化性起僞之工夫與能力較凡人爲優，但徐積氏則逕以若聖人亦惡，則天下當無聖人矣，既無聖人，則曷有化性之善者。按徐積氏皆由邏輯推理方面，逐項批駁荀子之性惡論，其所言多合推理，但徐氏未站在荀子立論之基礎上以同情之心去領略荀子性惡論之初衷，是以其批駁雖合邏輯，然究未深契荀子思想之核心處。

　　夫有宋一代反對荀子之說者眾矣，然當以徐積爲最烈，以上所舉不過就徐積之辯證反駁中略舉其一二，因非本文之主旨，故勿庸一一列述之。

七、石徂徠《讀荀子》

　　石徂徠先生本爲孫復先生之高弟，按孫復字明復，晉州平陽人，進士不第，退取泰山，學《春秋》，著《尊王發微》十二篇，門人稱爲泰山先生，與胡安定同窗十載，同爲有宋一代理學之創始者。石徂徠乃泰山之門人，名介字守道，魯人稱之徂徠先生，曾入爲國子監直講。

　　徂徠先生曾撰《春秋說》，《讀荀子》以及《徂徠文集》等。《讀荀子》一書凡四卷，對《荀子》書中之文義多所辨正與發揮，於每篇首多加按語，在有宋一代對荀學頗有貢獻。（按石徂徠《讀荀子》一書坊間甚少見，今本乃據日本寶曆十四年京師水玉堂刊本所影印者，今本收於嚴靈峯先生所編之《荀子集成》第四十一集）

　　徂徠於〈勸學篇〉首曾按語謂：「方荀子時，學廢久矣，世之小有才者，率恃聰慧，低視聖法，議論無統，百家鼎沸，故荀卿作書，首勸學也。」〔註52〕

〔註51〕全上，頁36。
〔註52〕見石徂徠著《讀荀子》，原見日本京師《水玉堂》本，今本收集於嚴靈峯先生

徂徠對於荀卿之意頗多發揮，可謂解荀之高手，對於古音尤能辨正，頗值一讀。

　　以上略舉有宋若干學者對荀學之論述，或相似處之比較研究，至於明道、濂溪、橫渠等，則基本上與荀子思路不同，其言性之路向亦有異，非本文範圍所宜論述，茲不贅。至於朱子之思路可與荀子相比較者，以及其對荀子之評語，當於下節中略加以敘述。

第五節　荀學與朱子思想

　　按孟子即心言性，以本心即是性，本乎思、孟《論語》、《中庸》、《易傳》一貫相通之思路，而以成德存誠爲本，故其所弘揚者亦即以成德之仁教。故先秦儒家發展至《中庸》、《易傳》之時，皆本乎《論》、《孟》爲其依據，故不循知識形上學之系統，所著重者莫非道德形上學之思路，使天命與性相通而爲一，故先儒言心，實以孟子所言之道德本心爲其標準，此「道德本心」，非吾人血肉之心，亦非心理學上之心，亦非荀子所云之「認識之心」，乃是內在的，固有的，超越的，自發的、自律的道德本心，亦即如象山先生所言之「萬物森然于方寸之中」，此方寸即吾存仁之本心。

　　孟子以此本心乃先天所賦且爲道德意識判別的原動力，本乎天命之成性存存，故盡其心者即知其性，是以曰盡心知性而知天。宋儒明道一脈尚能本乎先秦儒家本心即性之觀念，而繼續發揚光大，以天道性命通而爲一，故宋儒濂溪、橫渠，而至明道乃同一思路，而言天道之於穆不已。此道德本心人人有之，可當下認取，自不假外求。

　　惟宋儒至伊川時有一大轉變，與明道之思路大異其趣，伊川將孟子所說之本心即性，分離而成心性情三分，以性爲理，即性中所含之仁義理智之理，心乃實然的心氣或後天心理學上之心；心與性相分離，以心發而爲情；然後由此以說致知格物。故循此思路則孔子所言之「仁」亦只是理而已，而與先秦儒家《論》、《孟》、《中庸》、《易傳》之思路相去甚遠，朱子即繼承伊川此一系統，可說乃孟子思路之轉折，此即有類於荀子之心態以言孔子。夫孟子即心言性，本乎《中庸》、《易傳》之系統，重內在道德心之直證，而荀子卻著重由外在之禮以匡正人類外在之行爲，透過吾人之認識心去辨別匡正之，朱子所重之道問學系統與此相若，雖然朱子亦極崇孟子，但無形中卻與荀子之思路有相近之處。

　　編《荀子集成》，第四一冊，頁 16。

　　按陸象山先生乃從《論》、《孟》入手，極不喜伊川，其自謂乃自家讀《孟子》而有得於心之豁然貫通者，故與朱子之思路不同。蓋朱子卻類於伊川之說，重乎智的思路，朱子將人性分為本然之性與氣質之性；本然之性來自理，氣質之性生自氣，理為絕對之善，故本然之性至善純一，而氣則有清濁偏全，故氣質之性，不能無差別，至於情者，則為心感物而動者也。夫性是人之所受，性即理也，在天喚作理，在事喚作性，性便是心在處之理，心便是理所會之地也。由是可知朱子所言之「心」乃理之會，亦即認識心，而與孟子體仁之仁識心不同，故其思想有類於荀子者，是以荀子思想在有宋一代與朱子頗有相近之處，但論者見仁見智，亦有認為不然者，茲進而申論之如下：

　　按伊川與朱子言性與理之關係，乃將知識問題與成德問題相互并言，故所云之成德路向，亦是循他律者，與荀子之思路有其相近處，皆循漸進之步驟，以格物致知之方式。按部就班，徐徐日新而又新，以達至善之境，而非由吾性命中道德本心之直覺與自悟而來。由是可知明道，濂溪，橫渠乃循《論》、《孟》、《中庸》、《易傳》之系統，而伊川、朱子則循道問學之性理之路（至於陸王則亦本《論》、《孟》之系統而開展為心學之路向）。故朱子之學有類於荀子者，特重《大學》格物致知道問學之路向，但觀《朱子全書》亦未嘗不重「尊德性」之說法，如其所云之「心之德」，「愛之理」，「心具眾理」，「心理合一」，「無心外之法等」，可知其亦重心法；但朱子認為道心乃由義理而發，人心乃由人身而發，雖聖人不能無人心，如饑欲食渴欲飲之類便是；至於小人亦不能無道心，如惻隱之心便是；是以朱子將道心、人心二分，而與孟子言「本心即性」之大義本不相應，且又將理氣二分以理解《中庸》，《易傳》。故朱學之思路與孟子有相異之處，而與荀學卻有相近之處。以朱子之見，聖人亦有「人心」，此「人心」即是「欲心」，朱子認為以理言之，則無不全，以氣言之，則不能無偏，蓋以本然之性而言自無不善，然其所以有惡者，則由於氣質之性故也。然無氣質之性，則本然之性亦無所附麗，是以趨善避惡，惟有變化「氣質之性」，而發揮其「本然之性」。故《朱子語類》一書多有讚揚荀子之處；如云：「諸子百家書，亦有說的好處，如荀子曰：『君子大心則天而道，小心則畏義而節』，此二句說得好，曰看得荀子資質也，是個剛明底人。」〔註53〕又云：「荀子儘有好處，勝似揚子，然亦難看。」〔註54〕「問東坡言三子言性，孟子已道性善，荀子不得不言性惡，

〔註53〕見《朱子語類》第八集，卷第一三七，〈戰國漢唐諸子〉，頁 5281。
〔註54〕全上，頁 5282。

固不是然人之性無自而見，荀子乃言其惡，它莫只是要人修身，故立此說。」
〔註55〕「荀子說能定而後能應，此是荀子好話。」〔註56〕

　　錢穆先生在《朱子新學案》中曾云：「可見朱子所謂工夫，一面是要立得
根本住，一面則要推見出績效，其工夫中尚有道問學，不專在尊德性。」又
云：「孟子說性，亦有說得細處，但只說箇性，無道問學許多禮數，故謂之粗，
又孟子只說性之已成，卻未推向原頭去，故於宇宙萬物生成之理，亦所不及。
朱子論學，固亦一本之於人之心性，然上自宇宙，旁及萬物，細及日常人生
一切禮數皆所究心，此即格物致知之精神也。」〔註57〕可見錢穆先生亦同意
朱子乃循道問學，格物致知與《大學》之路向，此路向亦即荀子之所樂道者，
但錢穆先生反對人們將朱子比擬於荀子，乃謂：「荀子似主道問學，似主下學
踐履，後人乃疑朱子似荀卿，此等見識，皆未足與論學。」〔註58〕

　　剋實而論，朱子之思路是否全類荀卿，吾人似不可曲為論證，察朱子又
云：「不須理會荀卿，且理會孟子性善，渠分明不識道理，如天下之物有黑有
白，此是黑，彼是白，又何須辯。荀揚不惟說不性不是，從頭到底皆不識。
當時未有明道之士，被它說用於世千餘年，韓退之謂荀揚大醇而小疵。伊川
曰：韓子責人甚恕，自今觀之，他不是責人恕，又是看人不破。」〔註59〕朱
子又云：「或言性謂荀卿亦是教人踐履，先生曰：須是有是物而後可踐履，今
於頭段處既錯，又如何踐履。」〔註60〕又曰：「荀卿則全是申韓觀，〈成相〉
一篇可見他見當時庸君暗主戰鬥不息，憤悶惻怛深欲提耳而誨之，故作此篇，
然其要卒歸於明法制，執賞罰而已。」〔註61〕

　　由以上所云，是又可知朱子本人未必心儀荀子，且對之亦頗有指摘處，
朱子且云：「孟子說義理，說得來精細明白，活潑潑地。如荀子空說許多，使
人看著，如喫糙米飯相似。」〔註62〕

　　是以吾人讀書比較，固不可驟言朱子即是循荀子之路線者，但至少朱子

〔註55〕仝上，頁 5282。
〔註56〕仝上，頁 5283。
〔註57〕參錢穆先生著《朱子新學案》第三冊，〈朱子評述孔門以下歷代諸儒〉，頁 592
　　　　～593。
〔註58〕仝上，頁 597。
〔註59〕見《朱子語類》第八集，卷第一三七，〈戰國漢唐諸子〉，頁 5282。
〔註60〕仝上。
〔註61〕仝上，頁 5284。
〔註62〕仝上。

亦未必是循孟子即心言性者，吾人若深體《中庸》、《易傳》體仁之思路，其道問學，格物致知之思想，祇少亦有與荀子同精神者在，故觀朱子雖對荀子褒貶有之，但吾人自不可不加以深察。

第六節　荀學與戴東原思想

　　戴震字東原，安徽休寧人，生於清世宗雍正元年，卒於清高宗乾隆四十二年，著有《原善》、《孟子字義疏證》等書。

　　東原悉心研究《孟子》，力闢宋明之道學，戴氏於《孟子字義疏證·序》中曰：「孟子辯揚墨，後人習聞揚墨老莊佛之言，且以其言汩亂孟子之言，是又後乎孟子者之不可已也。」東原又曰：「宋已前，孔孟自孔孟，老釋自老釋。談老釋者，高妙其言，不依附孔孟。宋以來，孔孟之書，盡失其解，儒者雜襲老釋之言以解之。」〔註 63〕東原認為宋明道學家言孔孟之學多雜有釋老，故乃另闢蹊徑，力排宋明道學家之言，如孟子之闢揚墨然。

　　一般而言，東原重客觀性之理，故云：「必就事物剖析至微，而後理得。」〔註 64〕故對於「心即理」之說則持反對之意見，認為此不過主觀之看法。

　　東原極重為學之工夫，與荀子相若，東原曾謂知之失為蔽，解蔽莫如學，此二語與荀子如出一轍。東原極重心知之養，認為血肉之軀須待養，是心知亦須待其養，故云：「人之血氣心知，本乎陰陽五行者，性也。如血氣資飲食以養。其化也，即為我之血氣，非復所飲食之物矣。心和之資於學問，其自得之也亦然，以血氣言，昔者弱，而今者強，是血氣之得其養也。以心知言，昔者狹小，而今也廣大，昔者闇昧而今也明察，是心知之得其養也。故曰：雖愚必明」，〔註 65〕又云：「形體始乎幼小，終乎長大，德性始乎蒙昧，終乎聖智，其形體之長大也，資於飲食之養，乃長日加益，非復其初，德性資於學問，進而聖智，非復其初，明矣。」〔註 66〕

　　由是可知東原之思路有類於荀子者，荀子亦以德性與學問並論，以心知道而後悟道，以知道之心來框正吾人性中之非，且長遷而不反其初，東原亦以道德之日增，須待道問學之增進，故進而聖智，非復其初。東原以形體血

〔註 63〕見《戴東原集》卷八，〈答彭進士允初書〉，《四部叢刊》本，頁 13。
〔註 64〕見戴震《孟子字義疏證》卷下，頁 128。
〔註 65〕仝上，卷上，頁 52。
〔註 66〕仝上，頁 64～65。

氣須有其養，心性道德何獨不然，但其所養之方法頗類於荀子，卻不同於孟子，因爲孟子重復其本性之善，荀子卻以人性本惡故非復其初，道德之成就乃在乎道問學之日積月累，故無初可復也。東原亦重德性資於學問，進而達聖智之境，故荀子與東原皆重爲學之功。

　　但東原與荀子在基本上亦有其不同者在，荀子以宇宙不過純任自然，禮義道德乃後天人爲之工夫，並無所謂先天之道德原理，東原則不然，認爲宇宙中有客觀之理，禮義道德即本乎此理而生。至於惡之存在，在東原觀之，乃認爲係人之情、欲、知皆有失所致。故云：「欲之失爲私，私則貪邪隨之矣，情之失爲偏，偏則乖戾隨之矣。知之失爲蔽，蔽則差謬隨之矣。不私，則其欲皆仁也，皆禮義也。不偏，則其情必和易而平恕也。不蔽，則其知乃所謂聰明聖智也。」〔註67〕由是可知東原認爲情欲之失乃爲德上惡之起源。故云：「人之不盡其材，患二：曰私，曰蔽……去私莫如強恕，解蔽莫如學。」〔註68〕由是可知，不論荀子與東原皆以「惡」是倫理道德方面之缺陷，故爲「倫理惡」，而非「本體惡」，是以二子所見在此方面略有相似之處。且東原極重解蔽莫如學，此亦恰如荀子後天積善全盡之工夫。但東原又云：「荀子之重學也，無於內而取於外。孟子之重學也，有於內而資於外，夫資於飲食，能爲身之血氣營養者，所資以養者之氣，與其身本受之氣，原於天地，非二也。故所資雖在外，無化爲血氣以益其內，未有內無本受之氣與外相得，而徒資焉者也，問學之於德性亦然。」〔註69〕由是以觀，戴氏無形中似乃左祖孟子而輕荀子之功。蓋荀子思想在東原觀之，乃「無於內而取於外」，是乃無根之說，亦即缺乏內在爲善之動力。不過荀子重學，東原亦重學，且東原以吾人之心本不具衆理，其中只有荀子所云之「可知之質，可能之具」，故須因學以知衆理而實行之，以至於知識日盛，道德日全之地步，故欲達此成就，究非全靠反復其初之工夫，是務須透過道問學，以尊德性，由此以觀荀子思想與戴東原相較，則二人似仍有合符節之處。

第七節　清代以來學者對荀學之研究

　　有清一代重樸學之研究，著重于訓詁與考據，對於我國古代典籍，重加

〔註67〕見戴震《孟子字義疏證》，卷下，頁105。
〔註68〕見戴震著《原善下》，頁22。
〔註69〕見戴震《孟子字義疏證》，卷中，頁92～93。

整理，尤重名理墨辨之鑽研，彼時研究荀子之學者頗不乏人。其中著者如謝墉、郝懿行、劉台拱、孫詒讓、盧文弨、王念孫、王先謙、俞樾、錢大昕、孫星衍、汪中、胡元儀、任兆麟、方苞、馬總等氏，其中在校釋方面尤有大成者，如謝墉與王先謙二氏可云大家，而其餘在考據訓詁等方面，亦皆有莫大之貢獻，其功俱不可沒。

按紀昀《四庫全書總目·子部儒家類》曾載：況之著書，主於明周孔之教，崇禮而勸學。其中最爲口實者，莫過於〈非十二子〉及〈性惡〉兩篇。王應麟《困學紀聞》據《韓詩外傳》所引、卿但非十子而未及子思、孟子，而認今本乃爲其徒李斯所增，不知子思、孟子後來論定爲聖賢。且認荀子以性爲惡，以善爲僞，誠未免於理未融。然卿恐人恃性善之說，任自然而廢學，因言性不可恃，故當勉力於先王之教以竟其功。凡非天性而爲之者，皆謂之僞。其說亦合荀卿本意，後人昧於訓詁，以爲眞僞之僞，遂譁然抨擊，謂荀卿蔑視禮義，如老莊之所言。平心而論，卿之學源出孔門，在諸子中最爲近正，是其所長。然主持太甚，詞義或立於過當，是其所短。韓愈大醇小疵之說，要爲定論，餘皆好惡之詞。此無疑是褒荀子之言，但曰「源出於孔門，在諸子中最爲近正」，與「主持太甚，詞義或至過當」。是乃褒中含貶，但自不失其爲公正之論斷。

惟謝墉氏曾撰《荀子箋釋》一書，其中所言，對荀子則推崇備至，謝氏云：「愚竊嘗讀其全書，而知荀子之學之醇正，文之博達，自四子而下，洵足冠冕群倫，非一切名法諸家，所司同類共觀也。觀於〈議兵篇〉對李斯之問，其言仁義與孔孟同符，而責李斯以不探其本，而索其末，切中暴秦之弊，及蘇軾譏之，至以爲其父殺人，其子必且行刼……此所謂欲加之罪也。荀子在戰國時，不爲游說之智，鄙蘇張之縱橫。…則其人品之高，豈在孟子下，顧以嫉濁世之政，而有〈性惡〉之篇，且詰孟子性善之說而反之，於是宋儒乃口攻之矣。嘗即言性者論之，孟子言性善，蓋勉人以爲善，而爲此言。荀子言性惡，蓋疾人之爲惡，而爲此言。要之，繩以孔子相近之說，則皆爲偏正之論。謂性惡則無上智也，謂性善則無下愚也……然孟子偏於善，則據其上游，荀子偏於惡，則趨乎下風。由憤時疾俗之過甚，不覺其言之也偏。然而論古人，當以孔子爲權衡，過與不及師商均不失爲大賢也。」〔註70〕

又觀錢大昕氏言曰：「蓋自仲尼既歿，儒道以孟荀爲最醇，太史公序列諸

〔註70〕見謝墉《荀子箋釋·序》。

子獨以孟荀標目。韓退之於荀氏，雖有大醇小疵之譏，然其吐辭爲經，優入聖域，則與孟氏並稱，無異詞也。宋儒所訾議者，惟〈性惡〉一篇，愚謂孟言性善，欲人之盡性而樂於善，荀言性惡，欲人之化性而勉於善。立言雖殊，其教以善則一也。宋人言性雖主孟氏，然必分義理與氣質而二之，則已兼取孟荀之義。並其教人變化氣質爲先，實暗用荀子化性之說。然則荀之書詎可以小疵訾之哉。」〔註71〕

　　由以上二者所言，可知謝錢二氏皆先後讚譽荀子，夫孟子重直觀內省，富空靈精神，荀子重客觀外修，而富實踐篤行之工夫，但歷代儒者之所以尊孟屈荀，多因荀子提倡性惡之故。惟孟荀二子實係孔門不世出之大儒，雖所倡不同，但其爲仁之心則同。郝懿行氏亦云：「近讀荀卿書而樂之，其學醇乎醇，其文如孟子，明白宣暢，微爲繁富，益令人入而不能出，頗怪韓退之謂爲大醇小疵……非知言也，何以明之，孟遵孔氏之訓，不道桓文之事，荀矯孟氏之論，欲救時世之急，〈王霸〉一篇，剴切諄于，沁人脈骨。假使六國能用其言，可無暴秦幷吞之禍，因時無王，降而思霸。孟荀之意，其歸一也。至於性惡性善，非有異趣，惟雖善不能廢教，性即惡必假人爲。……孟荀之旨，本無不合，惟其持論，各執一偏，準此聖言性相近，即兼善惡而言，習相遠乃從學染而分，後儒不知此義，妄想詆毀。」〔註72〕

　　此外一代解荀大家王先謙氏乃曰：「昔唐韓愈氏，以荀子書爲大醇小疵、逮宋，攻者益眾，推其由以言性惡故，余謂性惡之說，非荀子本意也，其言曰直木不待隱括而直者，其以直也，枸木必待隱括烝矯然後直者，以其性不直也，今人性惡，必待聖王之治，禮義之化，然後皆出於治，合於善也。夫使荀子而不知人性有善惡，則不知木性有枸直矣……余因以悲荀子遭世大亂，民胥泯棼，感激而出此也。荀子論學論治，皆以禮爲宗，反復推詳，務明其旨趣，爲千古修道立教所莫能外。……探聖門一貫之精，洞古今成敗之故，論議不越几席，而思慮浹於無垠，身未嘗一日加民，而行事可信其放推而皆準。而劇覈之徒，詆詆橫生，擯之不得於斯道，余又以悲荀子術不用於當時，而名滅裂於後世，流俗人之口爲重屈也。」〔註73〕

　　由以上清代荀學大師之見解，是可知皆同情於荀子，是荀學本身確有其

〔註71〕見錢大昕《荀子箋釋・跋》。
〔註72〕見郝懿行《荀子補註》與王引之〈伯申侍郎論孫卿書〉。
〔註73〕見王先謙《荀子集解・序》。

應得之價值者在，殊不能輕予抹煞之。

　　民國以來專門研究荀學者亦頗不乏人，對於荀學有專著者，如梁啓超氏之《荀子評諸子語彙釋》，于省吾之《荀子點評》，楊大膺氏之《荀子學說研究》，陶師承氏之《荀子研究》。陳大齊氏之《荀子學說》，方光氏之《荀子‧非十二子篇釋》，姜忠奎氏之《荀子性善證》，牟宗三氏之《荀學大略》與《名家與荀子》，周紹賢氏之《荀子要義》，以及嚴靈峯氏之《荀子集成》，尤以嚴氏之《荀子集成》能收集中外古今以來荀學之眾版本，可謂研究荀學之大全，而嚴氏之功實不可沒。近人如李滌生氏之《荀子集釋》對荀學之解詁亦有莫大之貢獻，頗值細玩。

　　至於其他有關荀子哲學思想方面之闡述者，則更不乏人，在哲學史方面者如馮友蘭、胡適之、羅光諸先生，專著方面如錢穆、徐復觀、唐君毅、牟宗三、張起鈞、黃公偉等諸先輩。其他凡見諸報章雜誌之時賢論者更多，恕未能一一列舉，至以爲憾。

第八節　荀學在我國文化中的價值與地位

　　荀學在儒家思想之發展中雖被視爲別派；但其在我國文化思想上確有其不可磨滅的價值。關於荀子之傳述儒經，前賢多已論述；按劉向《別錄》，陸德明《經典釋文‧敘錄》，陸璣《毛詩草木蟲魚疏》，以及汪中《荀卿子通論》等各書中之記載，確知荀卿在傳經方面實功不可沒。如漢代之《魯詩》、《韓詩》、《毛詩》、《左氏春秋傳》、《穀梁春秋傳》；以及《大小戴禮記》等皆直接間接受荀卿傳述之影響。荀子雖未必直接傳述《易》、《書》二經，但其本身亦深受《易》之挈淨精微與《書》之疏通知遠之宏教，故汪中曾云：「六藝之傳賴以不絕者，荀卿也。」〔註74〕此當非溢美之辭。

　　按荀子並非專述而不著者，其本身自有著述，其禮樂之教育思想尤爲古今所稱道，其思想之最大特徵，厥能順應時代之需求，效法孔子時中之精神，而配合社會實際之情況，而發爲切中時弊之讜論，故其論述著作多樸實渾厚，而貴在實踐篤行。

　　夫孟子偏於主觀的道德本心，以此心顯性，故重仁體之自證，荀子卻偏於客觀之理，重行爲稱義，其目的乃在乎建立人間社會倫理之秩序。孟子一

〔註74〕見汪中《荀卿子通論》。

脈發揚孔子傳道之精神，荀子一脈卻發揚並光大儒家治學之工夫。夫宋明儒思想中，陸王二子多循孟子之思路，而朱子卻富荀子之精神，蓋孟子特發揮尊德性之方向，而荀子卻重道問學之重要。

自漢，太史公以孟荀竝傳以後，學者遂多以孟荀相提並論，惟孟荀二子在儒家中的地位，一般公認皆是「優入聖域」的兩大儒。其所異者，不過學術思想之路向不同而已，其本要皆歸於同一。《史記》雖以孟荀同傳，但顯明指出，孟子是「序《詩》、《書》述仲尼之意」，而對於荀子則稱：「荀卿嫉濁世之政，亡國亂君相屬，不遂大道，而營巫祝，信機祥，鄙儒小拘，如莊周等，又滑稽亂俗，於是推儒墨道德之行事興壞，列著數萬言而卒。」是按司馬遷之意荀子思想中無疑已受墨、道、名諸家思想之影響甚深。

夫孟子重德性主體，故倡存諸內而發於外，荀子卻重知性主體故倡由外而向內修，著重於禮義化約之工夫，以禮樂制度爲匡正人類行爲之準繩。孔孟以「仁」爲天人相契之媒介，荀子卻以理爲天人間分職之準繩。孟子重發揚天人合德之義理，荀子卻以天人不相應，故重發揮天生人成，勘天役物之效益。孟子透過仁識心而完成道德人格之自我建立，荀子卻透過理性心而完成聖王教化之大業。

在我國儒家諸子中荀子特重名理之辨與科學之方法論，更重客觀經驗與實際之符驗，是爲吾人當今治事所必循之條件。荀子尤不信宿命論之思想，是以極富積極的，有爲的，進取的人生觀與開創精神。荀子尤重批評哲學、故治學謹嚴，一絲不苟，對於正名，析理皆有莫大之貢獻，雖其名理思想未必儘合當今之嚴密，但其在我國二千餘年前能有如此之成就，亦當受其欽崇也。

荀子思想最後雖不免走向法家，但法治終究是當今民主法治國家基本之法則，是不足爲荀子病。因荀子之禮治，即爲廣義之法治。按荀子本身本不贊成絕對之法治與人治，因不得其人，雖有良法，亦行同具文，雖有良法，而無可執行之人，則良法亦徒顯具文而已。是及徒法不足以自行，徒人不足以爲治。故荀子本身乃主張調和德治、禮治、人治與法治之間。故人與法二要素，荀子皆等同視之。當今言法治者，每忽於治人之重要，蓋若無能治之人，則徒有良法亦不足爲治。夫荀子禮治之主張，實爲當今法治之先河，但荀子一再強調法不能單獨存在，蓋法乃社會文化之產物，離開社會文化之基礎，其法亦無以成立。雖然歷代儒者多垢病荀子，認其乃開法治之先驅，與中央集權政體之先聲，此殆爲皮相之見厚誣荀子，而爲不察之言也。倘昔無

荀子其人倡導禮治於前，則法治亦必然成為當今社會之事實，況荀子力倡寓法於禮中，必以禮樂教化，以補刑政之不足，務使人人心悅誠服，方可收匡正之功，否則徒逞權勢則世亦未必治矣。

　　總括而言，荀子之思想，不論對我國社會倫理、道德秩序、政治經濟、哲學推理，甚至國防軍事等各方面，皆有直接之貢獻，其在我國學術思想上之影響，厥為一積極開創之思想家，緬懷當今世亂方亟，人多好老莊恬淡無為之思想而避世遯世，惟荀子卻表現為積極有為的開創精神，故對我國文化之建設大有裨益，是荀學之研究與提倡實有其必要之處。

參考書目

一、荀子註疏與論著

1. 《荀子註》，唐・楊倞註，宋熙寧元年刊本，中華書局印行。

2. 《叢書集成，荀子部（附校勘補遺）》，楊倞註，盧文弨、謝墉校，上海商務印書館初版，民國 25 年 12 月。

3. 《荀子箋釋》，清・謝墉撰，清乾隆五十五年《抱經堂叢書》原刊本。

4. 《荀子補註》，清・郝懿行撰，清嘉慶間刊《齊魯先喆遺書》本。

5. 《荀子補註》，清・劉台拱撰，清嘉慶十一年揚州阮常生刊《劉端臨先生遺書》。

6. 《荀子雜志》，清・王念孫撰，清道光十二年原刊《讀書雜誌》本。

7. 《荀子集解》，清・王先謙撰，清光緒十七年原刊本，《無求備齋荀子集成》，成文出版社影印。

8. 《荀子札迻》，清・孫詒讓撰，清光緒二十年《札迻》原刊本。

9. 《荀卿子通》，清・汪中撰，見王先謙《荀子集解》內。

10. 《荀子點勘》，清・吳汝綸撰，清宣統六年衍星社原刊本。

11. 《荀子平議》，清・俞樾撰，念劬堂原刊《諸子平議》本，民國 11 年。

12. 《荀子非十二子篇釋》，方光著，《無求備齋荀子集成》，成文出版社影印，民國 17 年原刊本。

13. 《荀子補釋》，劉師培撰，藝文印書館，民國 25 年初版。

14. 《荀子斠補》，劉師培撰，藝文印書館，民國 25 年原刊本。

15. 《荀子詞例舉要》，劉師培撰，藝文印書館，民國 25 年原刊本。

16. 《荀子評諸子語彙釋》，梁啓超撰，商務印書館，民國 25 年再版。

17. 《荀子新證》，于省吾撰，藝文印書館，民國 27 年初版。

18. 《荀子新箋》，高亨撰，商務印書館刊本，民國 50 年。

19. 《荀子柬釋》，梁啓雄撰，台灣河洛圖書出版社景印，民國 63 年 12 月。

20. 《荀子約註》，梁叔任撰，臺灣世界書局，民國 66 年 10 月四版。

21. 《荀子集釋》，李滌生著，臺灣學生書局，民國 68 年 2 月初版。

22. 《荀子增註》，日本·久保愛撰，京師水玉堂刊本，日本寬政八年（公元 1796 年）。

23. 《校定荀子箋釋》，日本·朝川鼎撰，江戶和泉屋刊本，日本寬政十三年（公元 1801 年）。

24. 《荀子增註補遺》，日本·豬飼彥博撰，京師水玉堂刊本，日本寬政十三年（公元 1801 年）。

25. 《荀子學說》，陳大齊著，中華文化出版事業委員會，民國 43 年再版。

26. 《荀學大略》，牟宗三著，臺北：中央文物供應社，民國 43 年初版。

27. 《荀子要義》，周紹賢著，臺灣中華書局，民國 66 年 3 月初版。

28. 《荀子讀記》，嚴靈峯著，《無求備齋荀子集成》，成文出版社印行，民國 66 年排印本。

29. 《名家與荀子》，牟宗三著，臺灣學生書局，民國 68 年 3 月初版。

30. 《孟荀道德哲學》，魏元珪著，臺北：谷風出版社，公元 1987 年 5 月初版。

二、思想史及專門論著

1. 《中國思想之研究》，宇野精一主編，臺北：幼獅文化事業公司，民國 68 年 7 月再版。

2. 《中國政治思想史》，蕭公權著，中國文化學院出版部，民國 69 年 10 月新一版。

3. 《中國哲學史》，馮友蘭著，商務印書館，民國 35 年初版。

4. 《中國古代哲學史》，胡適著，臺灣商務印書館，民國 64 年 3 月六版。

5. 《先秦政治思想史》，梁啓超著，臺灣中華書局，民國 67 年 7 月九版。

6. 《中國哲學思想史》，羅光著，先知出版社印行，民國 64 年 8 月。

7. 《中國人性論史》，徐復觀著，臺北：臺灣商務印書館，民國 64 年 1 月二版。

8. 《政道與治道》，牟宗三著，臺灣學生書局，民國 69 年 4 月初版。

9. 《孔孟荀哲學證義》，黃公偉著，幼獅文化事業公司，民國 64 年 1 月出版。

三、經籍類

1. 《十三經注疏》,《欽定四庫全書·十三經注疏》,清嘉慶二十年重刊宋本版。
2. 《左傳會箋》,左邱明著,日本竹添光鴻會箋,鳳凰出版社景印,民國66年9月三版。
3. 《禮記集解》,孫希旦撰,台北:文史哲出版社,民國65年10月再版。
4. 《禮記集說》,陳澔撰,臺灣世界書局,民國58年9月再版。
5. 《周禮正義》,孫詒讓著,臺北:臺灣商務印書館,民國56年臺一版。

四、史籍類

1. 《史記》,司馬遷撰,臺北:大明王氏出版公司,民國64年8月三版。
2. 《前漢書》,班固撰,臺北:大明王氏出版公司,民國64年8月三版。
3. 《後漢書》,范曄撰,臺北:大明王氏出版公司,民國64年8月三版。

五、子籍類

1. 《孟子正義》,焦循著,臺灣世界書局,民國60年10月三版。
2. 《孟子字義疏證》,戴震著,臺灣世界書局,民國55年再版。
3. 《莊子集釋》,郭慶藩輯,臺北:河洛圖書出版社臺景印,民63年10月三版。
4. 《老子道德經注》,晉·王弼撰,唐·陸德明釋文,臺灣世界書局,民國47年10月二版。
5. 《管子纂詁》,安井衡註,臺北:河洛圖書出版社臺景印,民國65年3月初版。
6. 《墨子閒詁》,孫詒讓著,臺北:河洛圖書出版社臺景印,民國65年初版。
7. 《韓非子集釋》,陳奇猷注,臺北:河洛圖書出版社臺景印,民國63年再版。
8. 《公孫龍子》,《四部備要·子部》,中華書局據《宋山閣》本校刊。

六、集著類

1. 《春秋繁露義證》,蘇輿撰,臺北:河洛圖書出版社臺景印,民國64年10月再版。
2. 《新語》,漢·陸賈撰,臺灣世界書局,民國47年5月初版。
3. 《新書》,漢·賈誼撰,臺灣世界書局,民國47年5月初版。
4. 《說苑》,漢·劉向撰,臺灣世界書局,民國67年3月三版。

5. 《新序》，漢·劉向撰，臺灣世界書局，民國 67 年 3 月三版。

6. 《朱子全書》，朱熹撰，臺北：廣學社印書館，民國 66 年初版。

7. 《朱子語類》，朱熹撰，臺北：臺灣商務印書館，民國 62 年 3 月台二版。

8. 《宋元學案》，明·黃宗羲撰，臺北：河洛圖書出版社臺景印，民國 64 年 3 月初版。

9. 《朱子新學案》，錢穆著，文化大學，民國 64 年版。